你真能懂的
项目管理
全景解读
PMBOK®

陈柏菁 ◎ 著

清华大学出版社
北京

内 容 简 介

本书以美国项目管理协会（PMI）发布的《项目管理知识体系指南》（以下简称《PMBOK指南》）为基础，对项目管理的基本概念、项目管理原则、五大过程组和八大绩效域进行了详细、全面的介绍和解读，同时介绍了项目管理过程中常用的模型、工具和工件，并说明具体的应用场景，解决了《PMBOK指南》过于简略、晦涩难懂的问题。

本书可作为备考项目管理专业人士认证（PMP）和信息系统项目管理师、系统集成项目管理工程师职业资格考试的参考资料，也可作为学习项目管理的入门读物及从事项目经理工作的案头工具书。

图书在版编目（CIP）数据

你真能懂的项目管理 : 全景解读 PMBOK / 陈柏菁著 .

北京 : 清华大学出版社 , 2025. 9. -- ISBN 978-7-302-70212-2

Ⅰ. F27

中国国家版本馆 CIP 数据核字第 2025T2Z696 号

责任编辑：杨如林
封面设计：杨玉兰
版式设计：方加青
责任校对：胡伟民
责任印制：丛怀宇

出版发行：清华大学出版社

  网 址：https://www.tup.com.cn, https://www.wqxuetang.com

  地 址：北京清华大学学研大厦 A 座   邮 编：100084

  社 总 机：010-83470000   邮 购：010-62786544

  投稿与读者服务：010-62776969，c-service@tup.tsinghua.edu.cn

  质 量 反 馈：010-62772015，zhiliang@tup.tsinghua.edu.cn

印 装 者：三河市科茂嘉荣印务有限公司

经 销：全国新华书店

开 本：185mm×260mm   印 张：27.75 字 数：710 千字

版 次：2025 年 9 月第 1 版   印 次：2025 年 9 月第 1 次印刷

定 价：119.00 元

产品编号：111166-01

序言

项目管理的力量——从理论到实践的跨越

张君毅

记得多年前，一位好友去国外出差，她当时是联想集团的区域销售负责人。她不停地抱怨酒店网络太慢，没办法上网报名 PMP 考试。其实这个考试与她升职、评定职称关系不大，但她还是一门心思想考取这个证书。事实上，对于大型项目销售人员来讲，懂得项目生产流程、项目风险把控这些知识能给客户留下更好的印象，让客户认为我们是专业的，最终使客户放心地与我们合作。不仅仅是销售，如今在各行各业，懂得项目管理并能系统性地学习和应用相关知识，与时俱进，或许已经成为有抱负、爱上进的人才的基本技能。

作为一名企业管理者、连续创业者、曾经的投资人和国际战略咨询顾问，我在二十多年的职业生涯中几乎一直在参与各种规模和复杂度的项目管理。我读过许多关于项目管理的书籍，包括大量 PMP 考试的培训书籍，但大多数要么过于理论化，要么缺乏实践深度。而陈柏菁的这本书却让我眼前一亮——它不仅系统性地梳理了 PMBOK 的核心框架，更通过真实案例、深度分析和实用工具，让项目管理从"纸上谈兵"变成了"战场指挥手册"。

1. "以战领训、以训促战"：令案例驱动，让理论"活"起来

这本书最打动我的地方是它用鲜活的案例诠释 PMBOK 的核心理念。例如，在讲解项目特点时，结合诺曼底登陆（霸王行动）这一史诗级军事项目，剖析了盟军如何通过多个军事行动（项目）的协同进行来达到战略目标，将人类历史上最大的登陆作战项目转化为历史性胜利。

在做管理咨询顾问时，我们也经常用战争来比喻企业管理的实际挑战，因为"战争冲突是人类对抗的最高形式，在战争领域，战略战术的正确与否所造成的后果远比其在其他领域的表现来得明显"。从战争看竞争，从军事看管理，从而更好地理解决定竞争胜负的那些本质的要素。

"创业公司如何应对市场不确定性？"书中提到的"敏捷迭代"案例（如微信的版本演进）展示了如何通过小步快跑、持续反馈来降低产品失败风险，一步一步完成，积累小胜而得大胜，这是在持久战的情况下获得成功的必要条件，但坚韧有序的项目管理是其前提。

"如何管理复杂项目？"作者介绍了如何通过清晰的责任分配矩阵（RACI模型）和阶段关口管理，确保项目按期交付。事实上，明确了项目授权的范围，划分好边界，做完必要的工作，这才是管理落地的核心所在。或许影响了一部分效率，但从全局而言，是组织效率最大化的根本保证。

书中的案例不仅仅是"故事"，而且是可复用的方法论。读完本书后，我在自己的咨询项目中采用了类似的十系人分析工具，成功规避了因客户高层变动导致的决策延迟问题。毕竟，在如今的经济环境下，客户乃至自身组织发生变化，从而造成决策变化的情况完全不可避免。

2. 深度思考：从"怎么做"到"为什么这么做"

许多项目管理书籍只告诉读者"步骤"，却很少解释"底层逻辑"。而这本书在每一章都融入了深度思考，例如：

"为什么WBS（工作分解结构）是项目管理的基石？"作者用"建造万里长城"的案例说明，如果没有将宏大目标拆解为可管理的任务（如分段修筑、烽火台布局），再优秀的战略也会因执行失控而失败。

"为什么敏捷方法更适合创新项目？"书中对比了传统瀑布模型与敏捷开发的区别，指出在需求模糊、技术快速迭代的领域，固定计划反而会扼杀创新。

这种灌输"知其然，更知其所以然"的写作方式，让读者不仅能掌握工具，还能培养对项目管理的"直觉"——在面对突发问题时，能快速判断该用哪种方法应对，而不是手足无措。因为在管理中，我们始终强调要给予团队What、Why、How的输入，三者紧密相连，共同构成了工作的完整过程。没有What，我们就不知道要做什么；没有Why，我们就缺乏做事的动力；没有How，我们就无法有效地完成工作。只有知道了为什么这么做（Why），才能合理了解工作的动机，从而获得动力，也能知道各种步骤的底层逻辑，防止在背景变化时生搬硬套、削足适履。

3. 实践工具箱：拿来即用的技术（Plug-and-Play）

作为企业管理者，我最怕读到"正确的废话"。记得我刚刚进入罗兰·贝格国际管理咨询公司从事管理咨询时，以前的老领导朱伟每次都要求团队多问几个"so-what"，而另外几个前辈导师唐颖、沈军等给了我大量模板、案例，让我这个当时还是初级顾问的"小朋友"还不至于手足无措地应对客户千变万化的情况。同样，在项目管理领域，这本书提供了大量可直接落地的工具，书的后几个章节和附录如同百宝箱。例如：

- 需求优先级矩阵：在资源有限时，如何判断该优先开发哪个功能？
- 风险应对策略：面对供应链中断风险，可以采用"备选供应商＋安全库存"的组合策略，比单纯"规避风险"更经济高效。

我在自己的创业公司中也尝试过书中的"每日站会＋看板管理"方法，团队效率提升了30%，而此前我们曾因沟通不畅导致项目延期两周。

4. 项目管理即核心竞争力

在当今的商业环境中，企业的竞争越来越表现为"项目执行能力"的竞争，我举两个典型案例。

1）特斯拉 VS 传统车企

不用讨论科技本身先进与否，仅从研发流程和项目管理来看，传统车企采用年度车型开发周期（典型的瀑布模型），而特斯拉通过持续 OTA 升级（敏捷模式）实现"汽车即服务"。书中详细讲解、对比了两种模式的产品迭代速度差异，从这个角度印证了特斯拉与传统车企竞争的不同之处，也给传统企业变革提供了思路。

2）瑞幸咖啡 VS 星巴克

同样类似于闪电战的案例，瑞幸用 18 个月完成从创立到上市（截至上市时门店数量为 2500 家），排除其造假的情况，经过多年的运营验证，他的管理确有很多可取之处，其"闪电扩张"背后的项目管理体系（项目的范围、进度、成本、资源等）在本书中有详细拆解。相比之下，星巴克在中国的拓展虽然稳健，但速度明显落后，甚至于现在考虑出售其中国业务。

这些案例证明，在 VUCA 时代，项目管理能力正在成为企业的核心竞争优势，过去按部就班的项目管理方法逐渐成为企业发展的桎梏，需要用更新的方法打破它。

总体来说，这是一本比较浅显易懂的书，读起来很顺畅。在写序的过程中，我又翻了几遍，感觉又有新的收获，因此这也是一本值得放在案头反复翻阅的书。

无论你是企业高管、创业者，还是咨询顾问，这本书都能帮你做到以下几点：

（1）系统性构建项目管理知识体系——从启动到收尾，十大知识领域无缝衔接。

（2）通过真实案例获得实践洞察——避免自己踩坑，学习他人智慧。

（3）掌握前沿趋势与本土化策略——在全球化与数字化浪潮中保持竞争力。

项目管理不是"可有可无"的技能，而是这个时代每个人的必修课——因为人生就是由无数项目组成的。而这本书，正是你掌控项目、掌控未来的指南针。

另外，如果你正在带团队、做产品、推动变革，或者只是想提升个人效率，不要犹豫——这本书的投资回报率（ROI）会远超你的预期。

张君毅

商汤绝影 CFO

中国汽车工程学会数字化与智能制造工作委员会委员

前罗兰·贝格国际管理咨询公司全球合伙人

前奥纬咨询公司全球董事合伙人 / 亚太工业品及汽车负责人

前蔚来资本创始及管理合伙人

2025 年 8 月

前言

我开始接触项目管理是在 2015 年。在工作了将近 12 年之后，我重新走进校园，攻读项目管理工程硕士学位。毕业之后，我一边工作，一边从事项目管理培训，先后在高校讲授"广告项目管理"课程，在网络上讲授 PMP（项目管理专业人士）职业认证课程和计算机技术与软件专业技术资格（水平）考试（以下简称"软考"）的中级和高级资格的课程。在这将近 10 年的时间里，项目管理学科也在不断发展，让人感到可喜的是当下绝大多数组织和企业已经将项目管理看作发展变革的驱动力，自觉或不自觉地在运用项目管理的方法和体系。本书可以看作我个人多年来从事项目管理教学和研究的心得体会，它基于我在各平台授课的讲义，也加入了个人的一些思考。

接触过项目管理的人都知道美国项目管理协会（PMI）发布的《项目管理知识体系指南》（以下简称《PMBOK 指南》），说它是项目管理行业的圣经一点都不为过。早在 20 世纪 70—80 年代，美国项目管理协会就率先提出了项目管理的知识体系，对项目管理所需的知识、技能和工具进行了概括性的描述。在经过近 20 年的研究和总结后，PMI 于 1996 年正式发布了《PMBOK 指南》（第一版），其中汇聚了全世界项目管理从业人员在工作中应用项目管理实践、原则、过程、工具和技术的结果，是项目管理行业普遍认可的良好实践的汇总。所谓"普遍认可"，是指这些知识和做法在大多数时候适用于大多数项目，并且其价值和有效性已获得一致认可。而所谓"良好实践"，则指在项目管理过程中使用这些知识、技能、工具和技术，能够达成预期的商业价值和成果，从而提高很多项目成功的可能性。之后《PMBOK 指南》以每 4 年一版的速度迭代发布，不断修正和充实，目前最新的《PMBOK 指南》（第七版）于 2022 年发布。

《PMBOK 指南》发布后，很快就成为全世界项目管理从业人员的必读书，五大过程组、十大知识领域为项目经理提供了工作的指南和方向，该书也成为 PMP 认证考试的教科书，并且国内的软考中的系统集成项目管理工程师考试和信息系统项目管理师考试中，关于项目管理的内容也在很大程度上参考了该体系的知识框架。

虽然《PMBOK 指南》很权威，内容也非常丰富，但是读过的人都有一个共同的感觉——《PMBOK 指南》不好读，太难懂了！我的很多学员经常和我反馈，这本书上的每个字都认识，但是连在一起就是不好懂，甚至越看越迷糊。首先是因为这本书的编写方式有点像软件的文档，为了表达的严谨性，使用了大量的专业术语和名词，在理解上造成了障碍；其次，为了兼顾普遍适用的原则，很多理论和实践只是点到为止，没有详细展开，造成读者无法理解；再次，这本书的语言太过精简凝练，再加上是从英文翻译过来的，遣词造句可能不太符合我们的阅读习惯。为了解决这个问题，我在多年的授课过程中都会花大量的时间对《PMBOK 指南》中的概念和理论进行讲解，想尽办法用通俗易懂的语言讲清楚这些晦涩难懂的知识。事实证明，这个方式是有效的，只有当学员真正理解了知识，才有可能真正掌握知识。这也是我写这本书的一个重要目的，让学员和读者能够真正读懂《PMBOK 指南》。所谓真正读懂包含两个方面：

第一，充分理解项目管理的知识体系构架。项目管理作为管理学的一个分支，除了具备管理学科的基本特性之外，也有自己的一些特点。因此在本书的第一部分首先对项目管理的基本原理进行说明，包括项目和项目管理的定义及作用、项目的环境、项目经理的角色等，同时解释了项目管理的 12 项原则，这些原则是具有指导意义的，是后续具体的项目管理实践的根源；五大过程组和十大知识领域是《PMBOK 指南》中的重点内容，它们从两个维度串联起了项目管理的所有过程，而这些过程就是一个个可以实际操作的实践。其实五大过程组解决的是"项目管理怎么管"的问题，十大知识领域解决的是"项目管理管什么"的问题，因此本书的第二、第三部分就围绕这两个问题展开，详细介绍 49 个项目管理过程，包括它们的输入、输出和工具技术。

第二，平衡学和用的关系。项目管理是一门操作性很强的学科，必须在实际工作中运用才能发挥它的作用。但是很多人学完项目管理的知识之后，仅仅停留在应付职业考试的阶段，考完之后就把这些知识抛到脑后，仅仅记下几个专业名词，至于项目章程、项目范围管理计划究竟是什么形式，德尔菲技术、决策树分析、挣值分析具体怎么用，这些全然不知。这显然违背了职业认证考试的初衷。因此本书的第四部分详细介绍了项目管理过程中涉及的模型、工具技术和各类计划文件，对每一个都详细介绍使用的方法、步骤、应用的场景，同时结合具体的例子来说明。读者可以把本书作为一个工具辞典，随时翻阅，随时使用，就像从工具箱中寻找趁手的工具一样，提升我们的工作效率和效果。

最后说说什么人适合读这本书。因为本书是根据我多年进行项目管理职业培训的课堂讲义整理而成，书中的内容几乎完全覆盖了 PMP 认证考试的知识点，也包括软考的中级和高级资格中项目管理的相关知识，因此参加上述考试的考生可以将本书作为辅导材料，帮助他们真正理解《PMBOK 指南》；对于一般的读者而言，本书介绍了当下通行的项目管理知识体系，因此想要了解、入门、学习项目管理的人也可以将本书作为参考。

在古典文献学中，对古籍进行翻译、注解、解释是一项重要的任务，目的是使一般大众能够更轻松地看懂古籍。我觉得我写这本书也有点像在给《PMBOK 指南》做注解和翻译，同时阐述一些个人学习的理解，其中并不涉及创新的观点和理论，因此不会给大家造成额外的理解困难。虽然我尽量用通俗易懂的语言来说明问题，但是由于个人水平所限，书中肯定存在诸多不足之处，希望各位专家、读者能够不吝赐教，多多批评指正。

陈柏菁

2025 年 7 月

目录 ⚙ C O N T E N T S

第二部分　项目管理怎么管——项目管理过程组

第三部分 项目管理管什么——绩效域和知识领域

第四部分　项目管理工具箱——模型、工具和工件

附录

第一部分

项目管理基础知识

第 1 章　项目和项目管理

1.1　什么是项目

在日常生活中，每个人对"项目"这个词都不陌生，在很多场合中我们都会用到这个词。比如：

- 老板兴奋地对所有人宣布："我们公司承接了一个大项目，接下来大家要努力加油干！"
- 两位房地产老板凑在一起，问对方最近新开发了哪个项目。
- 你和朋友老王喝酒，酒过三巡，不禁感慨最近有什么赚钱的项目。
- 在政府年度计划中，经常出现的重点攻坚项目、为民办实事项目。

在以上这些语境中，项目被具象化、具体化了，它可以是一项业务、一个机会、一栋房子、一份工作，甚至是一个具体活动或具体的事情。不可否认，这些都可以称作项目，或者说是广义上的项目，因为它们都会产生某种结果，用专业的术语表述是"可交付成果"，这是项目管理中的一个重要概念，我们在后面会讲到。

"一切都是项目，一切也都将成为项目！"这是美国项目管理协会（PMI）专业资质认证委员会主席保罗·格雷斯的观点。这句话在当下已经获得了广泛的共识，上述那些场景就是证明。但是当我们将项目作为研究的对象，将项目管理当作一门学科时，就有必要对研究的主体进行界定。

那么，到底什么是项目？

按照 PMI 的定义，项目就是为了创造独特的产品、服务或成果而进行的临时性工作。这个定义很简单，直接点明了项目的几个重要特性。但是这个定义也有缺陷，至少表述中缺少了项目的主体价值和环境因素。

首先，项目最大的驱动因素就是价值，价值的实现也是项目成功的一个重要标准。《PMBOK 指南》（第七版）更是直接把项目管理的整体架构和流程称作"价值交付体系"。其次，任何项目都存在一定的制约因素，就像我们做任何事情都会有一定的约束，或者是时间，或者是成本，或者是法律法规或自然规律等。在这些因素的制约作用下，项目的过程和成果必须做出各种各样的妥协，这种妥协会直接影响到我们的项目管理活动。

因此，我们可以在 PMI 的定义上稍做一点延伸——项目是为了在制约条件下创造具有价值的独特的产品、服务或成果而进行的临时性工作。

对于项目的定义，我们可以从以下几个方面来理解：

首先，项目具有明确的目标性。任何项目，无论规模大小，都是要实现某个目标的。这个目标可大可小，当年的阿波罗计划是一个很大的项目，它的目标是实现人类对月球的第一次探索；如今你准备开始减肥，你的目标是体重减掉 5 公斤，这也是一个项目，它直接指向的就是体重减掉 5 公斤这个目标。虽然和登月相比，减肥这个项目涉及的人和物少之又少，所达成的目标也不是惊天动地的大事，但这并不会改变项目明确的目标性。项目没有目标，就不可能有实际的行动，更不会有所谓的成果产生，也就不可能实现任何价值。

其次，项目具备独特性。这个特点更多的是针对项目的可交付成果而言的。做完一个项目，我们都希望它能产生结果，这个结果可以是一些具体的东西，比如一栋房子、一座桥梁、一部新款手机、一种新药；也可以是一种无形的东西，比如一款软件、一项研究成果、某种状态的改变（如生产能力的提高、工作效率的提升、服务品质的改善等）。但无一例外，这些成果或者改变都应该是与众不同的。我们都知道"不要重复发明轮子"这句话，在项目中也是这样，由于项目需要投入人力、物力、财力以及时间，如果最终的成果只是对前人成就的重复，那所有的投入无疑是浪费。2007 年苹果公司发布了 iPhone，当时有一句宣传语是"苹果重新发明了手机"，虽然在 iPhone 发布之前手机已经存在了几十年，但是苹果公司革命性地将多点触控、应用商店、虚拟键盘等技术引入了 iPhone，并由此引发了整个手机设备领域的巨变，甚至开创了移动互联网时代。相比于之前的手机，iPhone 无疑是具有开创性的，也是独一无二的，前无古人的，包括苹果公司的 iTunes 音乐商店、iPod 播放器、iPad 平板电脑等也是如此。

关于独特性还有另一个理解的角度，就是项目所处的环境、条件也具有独特性。古希腊哲学家赫拉克利特说过："人不能两次踏进同一条河流。"我们所处的时代和环境无时无刻不在发生变化，有些变化虽然达不到沧海桑田那么巨大，但却是实实在在地在发生，并作用在我们的身上。你可以试试翻看之前的照片，再和现在的你对比，一定能发现岁月在我们身上留下的痕迹。这还只是看得到的外貌，我们看不到的思想、意识、认知也在随时发生变化。项目同样也会因为现实世界的变化而受到各种影响，这些影响有些是可预见的，有些是不可预见的，所以世界上不存然在两个完全一样的项目，哪怕是同样的人，在同一个地点，用同样的资源，开展同样的工作，最终交付同样的成果，项目也会面临不一样的情景和挑战，对于我们来说，这个项目仍然是独特的。《PMBOK 指南》（第六版）中是这样说的：

"某些项目可交付成果和活动中可能存在重复的元素，但这种重复并不会改变项目工作本质上的独特性。例如，即便采用相同或相似的材料，由相同或不同的团队来建设，但每个建筑项目仍具备独特性（例如位置、设计、环境、情况、参与项目的人员等）。"

再次，项目具备临时性。"临时"这个词会让我们产生一种时间短促的错觉，比如生活中我们常说"我只是临时停一下车""我就是一个临时工"，这两句话都是强调时间短、不固定。但在项目中，临时性所要表达的意思是项目有明确的开始时间和结束时间，并不是持续性的工作。当有了需求，项目被启动；当需求被满足，目标达成，项目就结束。就是这么干脆利落，毫不拖泥带水。虽然有些项目持续的时间很长，但只要需求没有被最终满足，那么项目就没有结束。孙中山先生说："革命尚未成功，同志仍须努力！"要努力到什么时候，没有说，那革命就要继续，直到革命成功的那天。项目具有临时性是由于各种制约因素的影响，比如任何组织和个人都没有办法无休止地往项目中投入资源，更多的时候是要求在有限的时间和成本内完成项目的成果。

最后，项目具备渐进明细性。这个特点由独特性引申而来。正因为每个项目都要在独特的环境和条件下产生独特的产品，这种感觉就像是摸着石头过河。在项目初期，我们对项目的信息基本上是知之甚少的，只有随着时间的推进，随着项目计划的制订，我们才慢慢地了解项目的范围、进度、成本、质量等关键的绩效因素，但也仅仅是计划的阶段。在实际工作中，实际情况和计划还是会有出入的。就算是事先构想得再周全的项目，也不可能完全按照构想中的路线发展，正所谓"计划不如变化快"，这是项目中的常态。这种情况至少提示我们在项目的执行中要注意两点：首先是事前进行周密的计划，尽可能考虑事情发展的各种可能性，使整个计划具有比较大的涵盖性；第二就是周期性、阶段性地调整计划，依据最新的情况和环境做出调整。想要一次性就把计划做得非常周密是不太可能的。这两点看似有些矛盾，一方面是要做周密的计划，另一方面是计划不如变化，要因势利导、随机而为，这让项目管理比起其他的管理领域有了更多的要求。

现在，我们应该对项目的定义有了比较深刻的理解，可以轻松地分辨哪些工作可以称作项目，哪些不是。你可以尝试判断一下，以下的工作哪些是项目？

- 中国的万里长城。
- 研发疫苗。
- 组织一次员工体检。
- 按照订单生产一批笔记本电脑。
- 为公司部署 OA 办公系统。
- 某个正在进行的军事行动。
- 社区图书馆的经营运作。

把我们所讲的项目的 4 个特性放到这些工作中，是否产生了独特的可交付成果？是否有明确的启动时间和结束时间？是否随着工作进展不断细化和调整工作计划？

很明显，万里长城、研发疫苗都会产生独特的成果，为了这个成果开展的活动都是开创性的，之前没有人做过，成果的产生是有时间限制的，因此它们肯定是项目。组织员工体检和部署 OA 办公系统虽然并不是开创性的工作，但是对公司而言，之前可能都没有做过，从他们所产生的成果而言，组织体检的目标并不是最终产生体检报告，而是通过体检让员工了解自己身体的情况，进而感受到公司的关怀，产生归属感；部署 OA 办公系统的最终成果也并不是一堆软硬件的集成，而是公司工作效率的提高，所以产生的成果也是之前没有的，独一无二的，所以这两项也是项目。

再看生产笔记本电脑、社区图书馆的经营运作，前者虽然有时间限制，但产生的成果并不一定是独特的，工厂在其他时间也可以生产同样的电脑，工厂在一开始生产时就非常清楚要生产的东西是什么，规格、型号、配置等都是很清晰明白的，只要按照流程做就可以了，所以它不属于项目；图书馆的经营运作没有时间限制，是常态化的工作，也并没有产生独特的成果，所以它也不是项目。

军事行动是比较特殊的，行动还没有结束，所产生的成果也还没有出现，但是如果从最初的构想来看，它也是一个项目——有明确的起止时间、明确的目标和成果、不断清晰明确的计划，只不过这个项目非常复杂，包含了许多活动，包括部队的集结、后勤的供给、战役的开展等，这些可以看成一个个子项目，各个子项目之间还存在着相互依赖和相互制约的关系，所以更像是一个项目集（关于项目集我们在后面会讲到）。

1.2 项目的作用 ▶▶

我们已经清楚了什么是项目，接下来的问题是：为什么我们要开展项目？它有什么作用？

打过 RPG（角色扮演）游戏的朋友都知道，游戏的角色是可以不断升级的，升级之后人物的生命值、武力值、技能、财富等都能不断提升，进而获得更好的游戏体验。升级的方法不外乎两种：一种是打怪升级；一种是氪金充值。游戏会让玩家去完成一个个设定的主线、支线任务，通过完成任务，玩家获得升级，从"青铜"一步步走向"王者"。游戏人物的升级其实就是一种状态的转变和过渡，而打怪完成任务就是驱动这种状态转变和过渡的手段。在这里，玩家接到的每一个打怪任务，都可以看作是一个项目。

由此我们可以得到一个结论：项目最大的作用就是驱动组织从当前状态过渡到将来的状态。这个过程我们称之为变革。

人类发展历史中经历了无数次变革，从猿到人的转变，从奴隶社会到封建社会，从封建社会到资本主义社会，从石器时代到铁器时代，从工业革命到电气革命再到信息革命，一次次的变革推动着人类向前发展。变革中会淘汰旧事物，产生新事物，顺应变革的继续生存，拒绝变革的走向灭亡。作为组织或企业也是如此，在不断变化的社会环境、经济环境、市场环境、技术环境中，必须寻求不断的变革来获取生存之道，虽然这种变革有时候是自发的，有时候是被迫的。

组织依据自己的战略来锚定未来的状态，接下来就是利用项目向未来的状态前进，如果一个项目不够，那就再来一个。人才战略、技术升级、流程再造、工艺改进，这些都可以生成一个个项目，最终描绘了企业转型升级的路线图。

项目的另一个作用就是获得商业价值。商业价值来自商业的论证，价值其实也是企业战略的一个方面，只是商业价值显得更为直接。一般来说，商业价值分为两类，一类是有形的，另一类是无形的。图 1-1 表明了商业价值的类别。

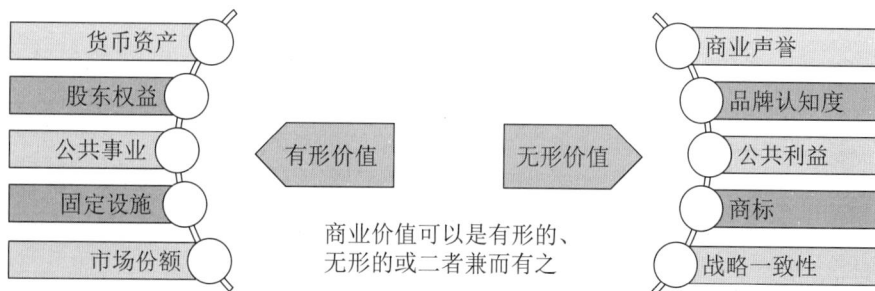

图 1-1 商业价值的类别

组织可以通过商业分析来确定商业价值，并为即将到来的项目设定目标，并确保在整个项目的生命周期中，时刻检查工作与目标的对应程度，并以此来调整工作。

具体来说，项目的作用可以分解为以下几大方面，但它们都是从上述两个方面延伸而来的。

- 解决问题。项目通常是为了解决某个特定问题而设立的。无论是技术问题、业务问题，还是社会问题，通过项目的实施，可以找到有效的解决方案。

- **创造价值。**项目的一个主要作用是创造价值。无论是经济价值、社会价值，还是环境价值，项目的目标通常是通过一系列活动实现这些价值。
- **推动创新。**项目往往是创新的载体。通过项目，组织可以引入新技术、新工艺、新产品或新服务，推动组织或行业的创新和进步。
- **实现战略目标。**项目是实现组织战略目标的重要工具。企业和组织通过项目来执行其战略规划，将长期目标转化为具体的、可操作的任务和成果。
- **增强竞争力。**通过成功的项目实施，组织可以提升其市场竞争力。例如，通过新产品开发项目，企业可以推出市场竞争力更强的产品。
- **学习和改进。**项目过程中的经验和教训是组织宝贵的知识资产。通过项目的总结和评估，组织可以不断学习和改进，提高未来项目的成功率。

《PMBOK 指南》（第六版）中列出了 4 类项目的启动背景，如图 1-2 所示。

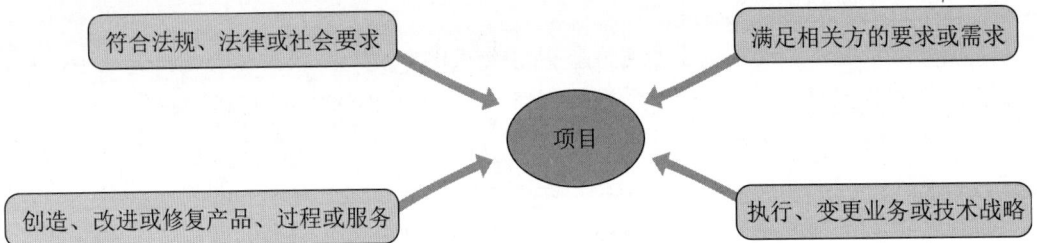

图 1-2　项目的启动背景

我们可以把这 4 个背景理解为项目的驱动因素，也是项目的策源地，组织依据这 4 个背景策划生成各种项目，并借此达到组织的目标。表 1-1 列出了更加详细的项目的驱动因素。

表 1-1　项目的详细驱动因素

驱动因素	示例
新技术	某电子公司批准一个新项目，在计算机内存和电子技术发展基础上，开发一种高速、廉价的小型笔记本电脑
竞争力	为保持竞争力，产品价格要低于竞争对手的产品价格，需要降低生产成本
材料问题	某市政桥梁的一些支承构件出现裂缝，因此需要实施一个项目来解决问题
政治变革	在某新当选官员促动下，当前某项目经费发生变更
市场需求	为应对汽油紧缺，某汽车公司批准一个低油耗车型的研发项目
经济变革	经济滑坡导致某当前项目优先级发生变更
客户要求	为了给新工业园区供电，某电力公司批准一个新变电站建设项目
相关方需求	某相关方要求组织进行新的输出
法律要求	某化工制造商批准一个项目，为妥善处理一种新的有毒材料制定指南
业务过程改进	某组织实施一个运用精益六西格玛价值流图的项目
战略机会或业务需求	为增加收入，某培训公司批准一个项目，开发一门新课程
社会需要	为应对传染病频发，某发展中国家的非政府组织批准一个项目，为社区建设饮用水系统和公共厕所，并开展卫生教育
环境考虑	为减少污染，某上市公司批准一个项目，开创电动汽车共享服务

1.3 为什么需要项目管理 ▕▶

在弄清楚什么是项目之后，我们就可以相对容易地定义什么是项目管理。简单来说，项目管理就是管理项目的活动，将知识、技能、工具与技术应用于项目活动，以满足项目的要求。

管理学作为一个学科，已经有数百年的发展历史，著名管理学家罗宾斯的《管理学》中把管理的基本职能概括为：计划、组织、领导、控制。在这几大职能的共同作用下，利用资源达到特定的目标。管理学也是一门综合学科，融合了经济学、心理学、社会学、运筹学、伦理学等多个领域，也涌现了数量众多、发展成熟的各种理论和实践。而项目管理作为管理学的一个分支学科，可以说通用管理学的理论和实践都适用于项目管理，只不过依据项目的特点会有一些其固有的方法和实践，在诸多方面有不同的侧重。

比如项目的临时性特点就要求我们在管理活动中更加关注目标和时间、成本之间的依赖关系，必须更加高效地利用有限的资源；而项目的独特性特点则要求我们在管理活动中充分考虑各种不确定性可能对项目目标产生的影响，考验管理者是否能够根据变化做出适当的调整和变更；渐进明细的特点要求我们在管理活动中对于计划的周密性和灵活性做好平衡，对规划的能力提出了更高的要求；而项目的各种制约因素则更需要管理者综合考虑各种因素的妥协与平衡。

《PMBOK 指南》（第七版）提出了项目管理的 12 项基本原则和八大绩效域，从项目管理本身的特殊性角度出发，总结了项目管理和一般管理的差异，12 项原则是高层级的方针，提供了一个指导性的框架，而八大绩效域则是在操作层面给项目管理工作提供了方向和评判的标准。本书后面的章节会详细讨论这些内容。

人类的项目管理活动可以追溯到很早之前，我们现在能看到的一些著名的工程，比如中国的万里长城、埃及的金字塔、意大利的罗马古城的建设等，这些浩大的工程需要动用巨大的人力、物力、财力，耗费的时间也非一朝一夕，中途可能面对的各种变化更是无穷无尽。当时的人类运用了什么方法来管理这么浩大的工程，我们不得而知，但有一点可以肯定，项目管理的活动在很早之前就有了，而且从未中断过。一直到 20 世纪，项目管理作为一门独立的学科才渐渐浮出水面，为世人所知晓。相关理论体系的提出，各种方法工具的实践，直接运用到实际的项目中，并被证明取得了非常好的效果，比如"曼哈顿计划"和"阿波罗登月计划"。项目管理提供了一整套知识体系和方法论，用于指导处于多种因素制约环境下的工作，确保项目在可控的绩效范围内取得成功。

现在，项目管理的作用已经不言而喻，组织和企业通过项目管理更好地实现项目的价值，实现战略目标。概括来说，项目管理可以为组织带来以下各种益处：

- 提高效率和生产力。通过系统化的项目管理方法，企业可以优化资源配置，减少浪费，提高工作效率和生产力，从而更快地达成项目目标。
- 确保项目成功。有效的项目管理能够确保项目在规定的时间、预算和质量范围内完成，降低项目失败的风险。
- 增强竞争力。通过高效的项目管理，企业能够更快速和高质量地推出新产品和服务，从而在市场上获得竞争优势。
- 提升客户满意度。项目管理旨在确保项目结果符合客户需求和期望，提高客户满意度和忠诚度，促进企业与客户的长期合作关系。

- 促进创新和变革。项目管理为企业提供了一个系统化的方法来实施创新和变革项目，确保这些项目能够顺利进行并达到预期效果，为组织的变革提供支持。
- 改善团队协作。通过明确的角色分配和沟通计划，项目管理要求团队成员之间的协作，能够提高团队凝聚力和工作效率。
- 有效风险管理。项目管理帮助企业识别、评估和应对潜在风险，制定应急措施，减少风险对项目和企业的负面影响。
- 优化资源利用。通过科学的项目规划和资源调度，企业可以更有效地利用人力、物力和财务资源，避免资源浪费和过度使用。
- 持续改进。项目管理强调项目的评估和反馈，通过总结经验和教训，推动企业不断改进和优化其项目管理流程和方法。

与之相反，忽视项目管理可能给组织和企业带来负面的影响。可能的情况有：超过时限、成本超支、质量低劣、返工、项目范围扩大失控、组织声誉受损、相关方（也称干系人）不满意、正在实施的项目无法达成目标等。

1.4 项目、项目集和项目组合

很多刚接触项目管理的人都会对这 3 个概念存在疑惑，有时甚至分不清楚。确实，单从字面上来看很容易让人感觉三者之间就是包含与被包含的关系，或是数量上的累积关系。项目、项目集和项目组合从规模来看，的确呈现一个从小到大的关系，但从本质上来讲，三者的区别更多的是在于它们对组织发挥的作用和与之匹配的管理水平。

项目，指单一的项目，它只产生一个可交付成果，这也是项目管理所讨论的主题，重点关注如何"正确地做事"，以目标为导向。本书所讨论的就是关于项目的问题。

项目集，就是项目的集合，但是并不是简单的几个项目合在一起。被集合在一起的几个项目之间有相互的联系，可能是相互依赖，也可以是相互制约，把这些项目集合起来管理比起单独管理更有效率，取得的成效更大。项目集强调的是项目之间的联系。

项目组合则是和组织的战略密切关联的，或者说是为组织的战略服务的。因为任何组织的资源都是有限的，要做哪些项目才能更好地实现目标，这就需要项目的排序和资源的配置。通俗地讲就是"好钢要用在刀刃上"。项目组合强调的是"做正确的事"，包括项目、项目集或其他需要做的工作，比如运营工作。图 1-3 是项目、项目集和项目组合的一个具体例子。

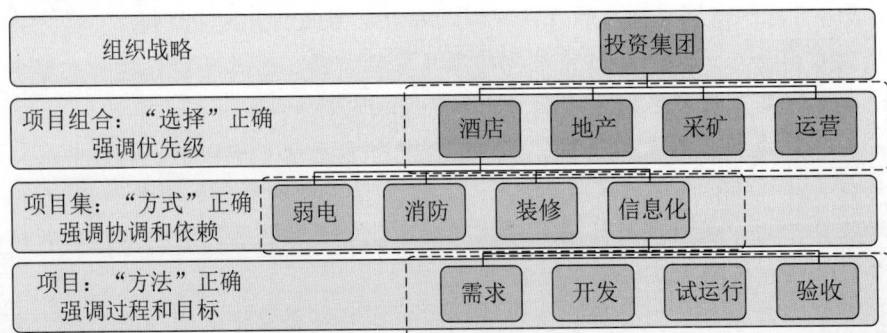

图1-3 项目、项目集和项目组合的具体例子

▶【案例】诺曼底登陆：二战中的决定性一役

诺曼底登陆，代号"霸王行动"，是第二次世界大战中规模最大、最复杂的军事行动之一。1944年6月6日，这场行动开启了西欧战场的解放，为盟军最终战胜纳粹德国奠定了基础。

一、行动前的准备细节

1. 计划和情报准备

诺曼底登陆的首要任务是确定登陆点。盟军选择诺曼底而非防御更严密的加来地区作为主要登陆点。为了确保行动的成功，盟军投入了大量精力收集德军防御信息，包括通过抵抗组织、空中侦察和间谍网络等方式获取的情报。为了迷惑德军，盟军实施了"堡垒行动"，通过假情报、假军队和伪装行动让德军相信主要登陆点在加来。这一系列欺骗措施有效地分散了德军的注意力，减轻了诺曼底防线的压力。

2. 部队和装备集结

盟军动员了超过150 000名士兵，其中包括美国、英国、加拿大和其他盟国的部队。这些部队装备了数千辆坦克、火炮和车辆，以及大量的登陆艇和军舰。为了确保登陆行动的成功，士兵们进行了大规模的两栖登陆训练，模拟实际作战环境，提高了战斗准备水平。

3. 后勤准备

为了保障行动的顺利进行，盟军在英国南部集结了大量的弹药、燃料、食物和医疗物资。详细的运输计划确保登陆部队和物资能够及时输送到前线，支持后续的作战行动。

二、行动的具体过程

1. 空中和海上轰炸

在登陆前的数周内，盟军空军开始对诺曼底地区的德军防御设施进行轰炸，试图破坏敌人的通信和运输线路。1944年6月6日凌晨，盟军海军对诺曼底海岸的防御阵地进行了猛烈炮击，试图削弱德军的防御力量。

2. 空降部队行动

在登陆前夜，盟军的空降师（包括美国第82和101空降师，以及英国第6空降师）在诺曼底内陆实施空降，夺取关键桥梁和路口，切断德军的增援路线。这些空降行动为后续的海滩登陆提供了重要支持。

3. 海滩登陆

诺曼底海岸被分为5个主要登陆区，代号为"犹他""奥马哈""黄金""朱诺"和"宝剑"。

犹他海滩：美国第4步兵师登陆，遇到较轻的抵抗，成功占领。

奥马哈海滩：美国第1和第29步兵师面对强大防御，遭受重大伤亡，但最终突破。

黄金海滩：英国第50步兵师登陆，遇到中等抵抗，成功推进。

朱诺海滩：加拿大第3步兵师登陆，尽管遇到激烈抵抗，但最终占领海滩。

宝剑海滩：英国第3步兵师登陆，并迅速与空降部队会合，推进内陆。

三、行动的战略意义

1. 开辟第二战场

诺曼底登陆标志着西欧第二战场的开辟，迫使德国在东西两线作战，大大减轻了苏联东线的压力。这一战略布局为盟军在欧洲的全面反攻创造了有利条件。

2. 德国防御的瓦解

成功的登陆行动使德军在西欧的防御体系开始崩溃。盟军得以在诺曼底建立坚实的桥头堡，并迅速向内陆推进，解放了法国的大片地区。

3. 解放西欧

在诺曼底登陆后，盟军迅速推进，解放了法国、比利时和荷兰，削弱了德国在西欧的占领势力。这一连串的胜利大大鼓舞了欧洲被占领国家的人民，并加强了盟军的士气。

4. 最终胜利的基础

诺曼底登陆为盟军提供了一个坚实的立足点，使其能够不断向德国推进。随着盟军在东、西两线的共同努力，德国的军事力量逐渐被消耗殆尽，最终在1945年5月实现了对德国的彻底胜利。

诺曼底登陆不仅是一场军事行动的胜利，更是整个二战的转折点。其成功为欧洲的解放和最终战胜纳粹德国奠定了基础。这场战役展示了盟军的战略智慧、卓越的组织能力和坚强的战斗意志，是二战史上的辉煌篇章。

上述案例中，诺曼底登陆作战可以看作一个项目，因为它具备之前讲过的项目的特性：

- 有明确的目标：成功登陆并建立滩头阵地。
- 有时间限制：1944年6月6日当天及后续几天。
- 具备独特性：诺曼底登陆是一次独特的军事行动，具有其特定的战略目标和执行方式，也是人类战争史上规模最大的登陆作战。

但仔细分析可以发现，"霸王行动"更像是一个项目集，因为除了登陆行动这个项目外，还包括其他一系列的行动：

- 空降行动：在诺曼底登陆前夜，空降部队在敌后进行空降，切断敌方增援路线。
- 滩头阵地扩展：在成功登陆后，进一步扩展滩头阵地，确保补给和增援顺利进行。
- 后续推进：从滩头阵地向法国腹地推进，解放更多的法国领土。

以上这些项目互相关联，共同服务于"霸王行动"的战略目标，即在法国开辟第二战场，减轻苏联在东线的压力，最终击败德国。各个项目之间有战略关联和依赖关系，必须通过协调管理，实现比单个项目更大的战略成果。

从更高的层面来看，"霸王行动"只是盟军在欧洲战场的一个军事行动，类似的行动还有很多，比如"市场花园行动"等，从全球战场来看，欧洲战场也只是二战全球战场的一部分，在整个第二次世界大战期间，盟军的所有军事行动可以看作一个项目组合。这个项目组合包括：

- 欧洲战区的所有战役和行动，如诺曼底战役、市场花园行动、阿登战役等。

- 太平洋战区的所有战役和行动，如中途岛战役、瓜达尔卡纳尔战役、硫磺岛战役等。
- 其他战区的军事行动，如北非战役、中东战役等。

除了战役之外，当然还包括盟军各国国内服务于战争的生产，以及各种军需供应保障，以上这些都是这个项目组合的一部分，整体上服务于盟军最终战胜轴心国的战略目标。项目组合的管理需要在不同战区之间分配资源，评估各个战役和行动的优先级，并确保所有行动都朝着共同的战略目标努力。比如战争刚开始的前两年，盟国提出的"先欧后亚"策略，就是一种资源配置的优化。

关于项目、项目集和项目组合之间的区别，可以参照表1-2。

表1-2　项目、项目集、项目组合的区别

比较方面	项目	项目集	项目组合
包含	子项目、工作包、活动	子项目集、项目集活动、项目	子项目组合、运营工作、项目集、项目
管理重点	以"正确"的方式开展项目，项目本身的相互依赖关系	以"正确"的方式开展项目集，项目集组成部分之间的依赖关系	开展"正确"的项目集和项目，资源分配的优先顺序，与组织战略协调一致，共享资源
具体措施	通过制订和实施计划来完成既定的项目范围	解决资源制约、处理变更、管理风险、分配预算	指导组织的投资决策、选择项目集与项目的最佳组合方式、提高实现预期投资回报的可能性
成功标准	以产品、项目的质量、进度、预算达成度、客户满意度来衡量	以项目集向组织交付预期效益的能力及交付效率和效果来衡量	以项目组合的总体投资效果和实现的效益来衡量
范围	有明确目标，范围渐进明细	范围更大，能提供更显著的利益	因组织战略目标的变化而变化

第 2 章 项目的生命周期和阶段

2.1 项目的生命周期 ▷▷

　　人的生命是有限的，每个人都会经历从出生到死亡的过程，按照时间顺序，我们通常把人的一生分为婴儿期、儿童期、少年期、青年期、中年期、老年期、晚年期，不同的时期有着不同的身体特征、心理状态，也有不同的任务和活动，每个时期也有不同的目标。我们把一种事物从出生到消亡的过程称为生命周期，这是一个通用的概念，同类的事物通常都会经历相同的生命周期。

　　生命周期的意义在于对于相对较长的时间跨度，提供了一种聚焦关注的状态，将有限的资源和精力放在当前最重要的事情上。对于项目来说，这点尤其重要。因此就有了项目生命周期的概念。

　　我们把项目从开始到结束的整个过程叫作项目的生命周期，狭义的生命周期是指项目从启动到交付成果的过程；而广义的生命周期可以指项目可交付成果从无到有，再从有到无的整个过程。比如一座桥，建桥的过程是狭义的生命周期，而从桥梁出现到最终因为各种原因被损坏、拆除，直至消失，则是广义的生命周期。在我们的讨论中，指的是狭义的生命周期，广义的生命周期更多是和产品生命周期有关系。

　　项目的种类很多，在不同领域都可以有项目存在，项目生命周期试图提供一个通用的框架，涵盖各类不同的项目。一般来说，一个项目通常需要经历以下的生命周期，如图 2-1 所示。

- 开始项目：商业分析、论证、立项等。
- 组织与准备：设计、规划等。
- 执行项目工作：执行、监控、监督等。
- 结束项目：交付、移交、总结等。

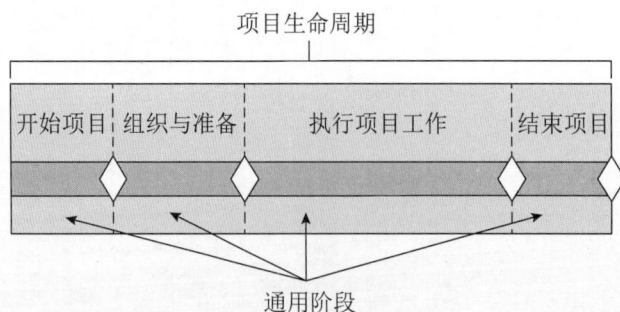

图 2-1 项目生命周期

不同的行业和组织在具体的流程和工作上可能有所不同，但基本可以套用这个通用的生命周期来对项目进行管理。

因为项目最终会产生独特的产品、服务或成果，这个产生的过程也可以称为开发。而开发的过程对于项目来说是最重要的、投入的时间和资源最长最大的环节，因此必须对这个过程单独进行管理，这个过程叫作开发生命周期。

从项目的范围和变更角度来看，开发生命周期一般分为预测型生命周期、适应型生命周期和混合型生命周期。

预测型生命周期是在生命周期的早期阶段确定项目范围、时间和成本。对任何范围的变更都要进行仔细管理。预测型生命周期也称为瀑布型生命周期。预测两个字强调了在项目早期对于项目的理解程度，对于一些工作流程、交付成果非常清晰，而且是反复执行过的项目，我们在初期就对要做什么、怎么做、花多少资源做这些问题非常明确，项目的工作是可以被预测的，比如一些传统的土建项目，如盖楼、造桥、修路等，这类项目通常是在执行过程中做好变更的监督和把控，使项目不偏离计划中的轨道就可以了。

而适应型生命周期正好相反，在项目的早期阶段，范围、时间和成本都不明确，对可交付成果本身的认识是模糊的，对于实现的路径和方法是不确定的。在这种情况下，就要求我们在开发产品时必须不断适应来自范围、进度、成本的变化，甚至是需求、产品、市场环境、资源等方面的变化，针对这些变化调整项目管理的方法和技术。比如我们突然到了一个陌生的环境中，气候、语言、习惯等都是不熟悉的，我们只知道一个目标，那就是生存下去，在这种情况下，我们能做的就是不断适应陌生的环境，解决各种问题和困难。

为了应对模糊性、不确定性、复杂性和易变性，有两种应对方法，一种是迭代，另一种是增量。

迭代型生命周期的项目范围通常在项目生命周期的早期确定，但时间及成本估算将随着项目团队对产品理解的不断深入而定期修改。迭代方法是通过一系列重复的循环活动来开发产品。简单来说就是反复不断地重复和升级。我们现在用的各种软件和App，其开发方法从根本上来说都是迭代的。比如微信，这个App的目标就是要开发一款在移动终端上方便用户进行信息沟通和信息分享的应用。一开始只有一些简单的功能，如发送文字信息、图片等；这离目标还有很大差距，于是App不断迭代升级，功能越来越丰富；到了一定阶段，项目的目标也发生了变化，本来只是打算做一款社交通信App，后来随着用户数量的增加、功能的完善、应用场景的不断扩大，这个目标可能已经变成打造一个基于个人即时通信的应用生态圈。每一次迭代都基于前代用户的体验、反馈，再结合市场环境的变化和用户的需求，不断地重复某些工作（需求收集、需求分析、初步设计、详细设计、开发、测试、发布等）而完成。

➡➡【案例】微信的迭代

微信1.0：2011年1月发布，提供最基本的即时通信功能。

微信2.0：2011年5月发布，推出了语音对讲功能，使聊天更加多样化。

微信3.0：2011年10月发布，引入了"摇一摇"和"漂流瓶"功能，增加了陌生社交的互动方式。

微信4.0：2012年4月发布，增加了"朋友圈"功能，用户可以分享文字、图片和视频。

> 微信 5.0：2013 年 8 月发布，增加了"微信支付"功能，使用户可以通过微信进行付款，推出了"微信表情商店"。
>
> 微信 6.0：2014 年 9 月发布，加入了"微信小视频"功能，用户可以拍摄并分享短视频。
>
> 微信 7.0：2018 年 12 月发布，重磅更新，推出了"时刻视频"，增加了"好看"功能，并对界面进行了全新设计。
>
> 微信 8.0：2021 年 1 月发布，更新了表情包展示效果，新增了"状态"功能，用户可以设置自己的心情状态，还优化了视频号功能。

增量型生命周期是通过在预定的时间区间内渐进增加产品功能的一系列迭代来产出可交付成果。只有在最后一次迭代之后，可交付成果具有了必要和足够的能力，才能被视为完整的。增量型生命周期的特点可以简单理解为"每次进步一点点"。比如小明的学习成绩不好，总是不及格，他决心改进，在老师的帮助下，他制定了奋斗目标——90 分，接下来，小明努力学习，每次考试都进步一点点，60 分、70 分、75 分、83 分……经过不懈努力，他终于考了 90 分。这个过程就是增量。

当我们面对的工作较为复杂、庞大时，我们可以采取循序渐进的方式，每次完成一些工作，交付一些成果。这样化整为零，能够降低我们面对复杂项目时可能存在的风险，也能够让我们的工作效率得到保证。

以下是一个增量型生命周期的例子。

假设我们正在开发一个在线学习平台，目标是让用户能够注册、登录、浏览课程、购买课程以及参加在线考试。

（1）增量 1：用户注册和登录。

● 需求分析：确定用户需要注册和登录功能。

● 设计：设计用户注册和登录界面，数据库表结构（如用户表）。

● 实现：开发注册和登录功能，包括前端页面和后端逻辑。

● 测试：测试注册和登录功能，确保用户可以成功注册和登录。

● 部署：部署增量 1，用户可以注册和登录，但还无法浏览课程。

（2）增量 2：课程浏览。

● 需求分析：确定用户需要浏览可用课程。

● 设计：设计课程浏览界面和课程数据库表结构。

● 实现：开发课程浏览功能，包括前端页面和后端逻辑。

● 测试：测试课程浏览功能，确保用户可以看到所有可用课程。

● 部署：部署增量 2，用户可以注册、登录并浏览课程。

（3）增量 3：课程购买。

● 需求分析：确定用户需要购买课程。

● 设计：设计课程购买界面、支付系统集成、订单数据库表结构。

● 实现：开发课程购买功能，包括前端页面、支付系统集成和后端逻辑。

● 测试：测试课程购买功能，确保用户可以成功购买课程。

- 部署：部署增量3，用户可以注册、登录、浏览并购买课程。

（4）增量4：在线考试。

- 需求分析：确定用户需要参加在线考试。
- 设计：设计在线考试界面和题库数据库表结构。
- 实现：开发在线考试功能，包括前端页面和后端逻辑。
- 测试：测试在线考试功能，确保用户可以参加考试并获得成绩。
- 部署：部署增量4，用户可以注册、登录、浏览、购买课程并参加在线考试。

你可能会发现，上面的迭代和增量方法好像非常相似，都是多次进行成果的交付，也存在功能的不断完善，那么两者如何区别呢？应该说迭代型生命周期强调重复进行一系列开发活动，每次迭代都基于之前的反馈进行改进和扩展，每次迭代都会重新审视和完善整个系统，使之逐步接近最终目标。而增量型生命周期将整个项目分解为多个独立的增量，每个增量在完成时都能提供某种有用的功能，每个增量独立开发、测试和交付，逐步构建出完整的系统。迭代型生命周期强调过程，增量型生命周期强调结果。

迭代型生命周期和增量型生命周期都是适应型生命周期的具体表现，它们可以共同结合成一种新的开发方法——敏捷开发方法。敏捷开发方法兼具了迭代和增量的特点，只不过在迭代周期上变短，在增量规模上变小，就是我们所说的"小步快跑，持续交付"。关于敏捷实践的相关内容，可以参阅本书的附录部分。

最后我们来说说混合型生命周期，这个比较好理解，既有预测型，又有适应型，那就是混合型。我们要明白，所有的生命周期没有好坏之分，只有适合与否，必须依据项目的实际情况选择合适的生命周期。混合型生命周期的应用场景通常有两种，一种是项目中包含多个部分，有的部分需求明确、技术简单、变更较少，这部分就可以用预测型；有些部分需求变化大、变更频繁、技术路线不明确，这部分就可以用适应型。另一种情况是，有些组织处于变革过程中，要从预测型过渡到适应型，但是在能力上还不完全具备，这时就可以用混合型生命周期进行过渡，慢慢转变到敏捷方法。就像家里养猫，要换猫粮的话，就要新旧掺杂，慢慢过渡。

2.2 项目的阶段 ▶

项目的阶段是项目生命周期的组成部分，也有线性时间的概念，不过项目的阶段更侧重从项目活动的角度对项目进行划分。项目阶段是一组具有逻辑关系的项目活动的集合，通常以一个或多个可交付成果的完成为结束。生命周期的某一部分可以被划分为不同的阶段，比如生命周期中的开始项目就可以分为多个阶段，如商业评估阶段、可行性研究阶段、论证阶段、审批立项阶段。所以，项目阶段是根据管理需求、项目特性、行业的标准性做法、法律法规的要求等，将项目工作按照一定的逻辑性进行集合。比如可以把开发和测量这两个具有关联性的活动集合在一起，称作开发测试阶段。

将项目划分为不同阶段的好处是有助于更好地掌控项目管理，同时还可以评估项目绩效，并提供了在后续阶段采取必要的纠正或预防措施的机会。尤其对于一些大型项目，划分不同阶段有助于对项目的每个组成部分进行更好地规划、执行和监控工作，为后续工作提供一个绩效考察和决策的缓冲。这个缓冲称为阶段关口或决策点。

当完成某个阶段的工作，交付了成果之后，这时项目其实还没有结束，我们常说获得"阶段性成果"或"阶段性突破"，这说明我们只走完了万里长征的第一步。这时，通过对阶段成果的审查和对上一阶段工作的分析，接下来可以有如下几种选择：

- 接着进行下一阶段工作；
- 退回重新开展或修改上一阶段工作（如果交付成果不合标准的话）；
- 暂停或终止项目（假如项目绩效出现了严重的问题或成果严重偏离目标的话）。

这就是阶段关口和决策点的作用，为下一阶段的项目工作提供决策依据。

可以依据项目管理的需要，在项目的生命周期中设置阶段关口和决策点。就像在铺设管道时，通常间隔一定的距离会设置一个检查点，目的就是在发生故障时只要排查就近的检查点即可，而不需要对整条线路进行排查。

第3章 项目的过程和过程组

"过程"（process）是指一系列有组织的活动、步骤和任务，这些活动、步骤和任务旨在达到特定的目标或结果。过程通常包含明确的输入和输出，可以理解为过程发生所必须具备的条件和产生的结果，并有一套预定义的规则和方法来执行这些活动。对于过程可以从两个方面来理解：首先，过程是指为了实现特定目标而进行的一系列相关联的活动，这些活动通常按顺序进行，形成一个系统化的工作流程；其次，过程具有一定的结构和规范，确保活动能够高效、有序地进行，从而达成预期的结果。

和项目生命周期、项目阶段类似，项目的过程也包含了时间线的因素，过程与过程之间有时间的先后顺序，但是过程更加强调的是方法和步骤，成熟的过程通常都是经过了人类长久以来的实践，积累下来的一系列良好的做法，这些做法或者可以取得更好的效果，或者更有效率，或者能够节约资源。这些对良好实践的总结就形成了我们经常接触到的项目的过程。

举一个做菜的例子来说明，蛋炒饭大家都知道，但是不同的人做出来的味道千差万别，因为每个人做的过程都不一样，到底是先炒饭再淋上蛋液，还是下锅前先将蛋液和饭搅拌均匀，没有固定的说法。后来经过人们的不断尝试，总结出了最优做法。于是把每个步骤和流程固定下来，把每一步的时间和火候固定下来，就形成了蛋炒饭的最佳实践，按照这个过程，每个人都能做出好吃的蛋炒饭。

《PMBOK 指南》（第六版）中重点叙述了项目管理的 49 个过程，每个过程都用结构化的方式来表达，也就是输入、工具与技术、输出。这种类似于软件运作逻辑的方法，让项目管理的过程从难以描述的复杂工作变成了可以标准化操作的流程，具备可操作性、可复制性、标准化和结构化，使项目管理的方法和体系更容易传播和学习。《PMBOK 指南》中将这个过程的来源总结为"普遍认可"和"最佳实践"。所谓"普遍认可"，是指这些知识和做法在大多数时候适用于大多数项目，并且其价值和有效性已获得一致认可；所谓"良好实践"，则是指人们普遍认为，在项目管理过程中使用这些知识、技能、工具和技术，能够达成预期的商业价值和成果，从而提高很多项目成功的可能性。

对于项目的生命周期和阶段，一般来说都是唯一的、一次性的，就像项目准备阶段只有一个，虽然这个阶段可能时间跨度很长，但在整个项目生命周期中只有一次。而项目的过程则可以是一次性的，也可以多次进行，或者持续进行。在不同的生命周期中，不同的阶段中，都可以反复执行项目的过程。

过程通常分为 3 类：

● *仅开展一次或仅在项目预定义点开展的过程，例如制定项目章程以及结束项目或阶段。*

- 根据需要定期开展的过程，例如在需要资源时执行获取资源，在需要采购之前执行实施采购。
- 贯穿项目始终执行的过程，例如在整个项目生命周期中可能执行的过程定义活动，特别是当项目使用滚动式规划或适应型开发方法时，以及从项目开始到项目结束需要持续开展许多监控过程。

3.1　项目管理过程组 ▸

可以依据项目过程开展的时间、作用和产生的成果，把过程进行分组，于是就有了过程组的概念。过程组就是过程的组合。因为项目的各项工作具有时间先后顺序，我们按照时间逻辑把过程组分为5个，分别是启动过程组、规划过程组、执行过程组、监控过程组、收尾过程组。

五大过程组的理论来自著名的PDCA循环，如图3-1所示。PDCA循环是美国质量管理专家沃特·阿曼德·休哈特（Walter A. Shewhart）首先提出的，由戴明采纳、宣传，获得普及，所以又称为戴明环。我们熟悉的全面质量管理的思想基础和方法依据就是PDCA循环。PDCA循环的含义是将质量管理分为4个阶段，即计划（Plan）、执行（Do）、检查（Check）和行动（Action）。虽然它是针对质量管理提出的，但事实上这个循环对于组织和企业的很多管理活动都有指导意义，因为它提出了一个持续改进的框架，通过不断地循环和改进，从而提升效率。

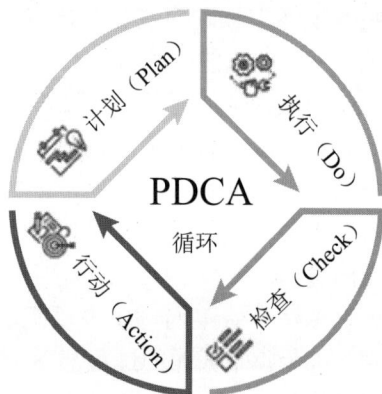

图 3-1　PDCA 循环

PDCA循环分为4个阶段：

（1）计划。这个阶段的主要任务是确定要改进的目标和方向，识别需要改进的问题或机会，分析问题的根本原因，制订详细的改进计划，包括资源、时间和方法。

（2）执行。该阶段按照计划采取具体行动，实施改进措施。确保所有相关人员了解并遵循改进计划，并记录执行过程中的数据和信息。这个阶段会得到改进措施的实施结果和执行记录。

（3）检查。这个阶段主要收集和分析执行过程中的数据和结果，将实际结果与预期目标进行比较，识别改进措施的有效性和不足之处。

（4）行动。该阶段会依据检查阶段的成果进行，如果改进措施有效，将其标准化并推广应用；如果改进措施不完全有效，分析原因并调整计划，然后开始新一轮的PDCA循环，继续改进。

项目管理充分借鉴了PDCA的概念，五大过程组中的"规划——执行——监控"的过程正好和PDCA的"计划——执行——检查"相对应，由于PDCA是一个不断重复的过程，但在项目管理中，由于项目具有临时性，有明确的开始时间和结束时间，所以我们在项目管理的头尾加上"启动"和"收尾"，这样就构成了我们所熟知的五大过程组。

- 启动过程组。定义一个新项目或现有项目的一个新阶段，授权开始该项目或阶段的一组过程。
- 规划过程组。明确项目范围，优化目标，为实现目标制定行动方案的一组过程。
- 执行过程组。完成项目管理计划中确定的工作，以满足项目要求的一组过程。
- 监控过程组。跟踪、审查和调整项目进展与绩效，识别必要的计划变更并启动相应变更的一组过程。
- 收尾过程组。正式完成或结束项目、阶段或合同所执行的过程。

启动、规划、执行、监控、收尾五大过程组为项目管理提供了一个具体的操作框架，让从未接触过项目管理活动的人能够非常直观地了解项目管理的基本过程。每个过程组包含一系列过程，每个过程又包含可操作性很强的输入、输出、工具和技术，基本上回答了很多新手小白关于"项目管理怎么管"的疑问。可以说，了解了五大过程组和49个子过程，基本上就懂得了项目管理的基本框架和原理。因此本书将会用很大的篇幅来详细介绍和讲解项目管理的过程。

刚刚接触项目管理的人容易把项目的阶段和五大过程组混淆，因为两者非常接近，按照逻辑时间来看，阶段和过程组有一些重叠，比如项目开始阶段和启动过程组，项目组织准备阶段和规划过程组。这里要注意的是，项目的阶段总是伴随着可交付成果的产生，而五大过程组则是产生这些可交付成果的方法，在不同的阶段可以重复执行五大过程组的活动，目的就是产生可交付成果。比如，在准备阶段需要得到项目的立项批复文件这个结果，可以通过五大过程组来实现；在设计阶段要完成设计图纸这个成果，也可以通过五大过程组来完成。

如果把项目看作一个方形的面包，每一个切片都可以看作项目的一个阶段，为了得到这个切片，可以利用执行五大过程组和十大知识领域来实现，如图3-2所示。

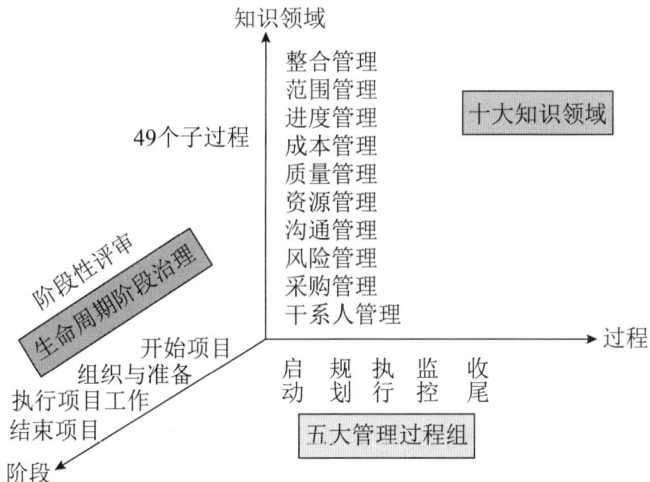

图 3-2 生命周期阶段与五大过程组、十大知识领域的关系

3.2 项目管理十大知识领域 ▶

除了通过五大过程组来看项目管理过程外，我们也可以带着"项目管理管什么"这个

问题，从另一个角度来看项目管理的 49 个过程，那就是项目管理知识领域。

项目本身的特性决定了项目管理是一项综合性的工作。在规定的时间、有限的预算和资源制约下，在充满不确定性和模糊性的环境下，要满足一定的质量要求并且实现目标，依靠单一的、机械的管理肯定是行不通的。许多人管项目会将精力集中在进度和成本上，毕竟这对于组织来说是最敏感的两个因素，但进度和成本并不是孤立存在的，它们和项目的范围、质量、资源、风险等因素相互联系、相互作用，牵一发而动全身，只有系统、全面地管理各种因素，才能获得真正意义上的项目成功。要注意，产生交付成果并不一定意味着项目成功。

图 3-3 列出了项目管理中需要考虑的各种因素以及它们之间的联系。

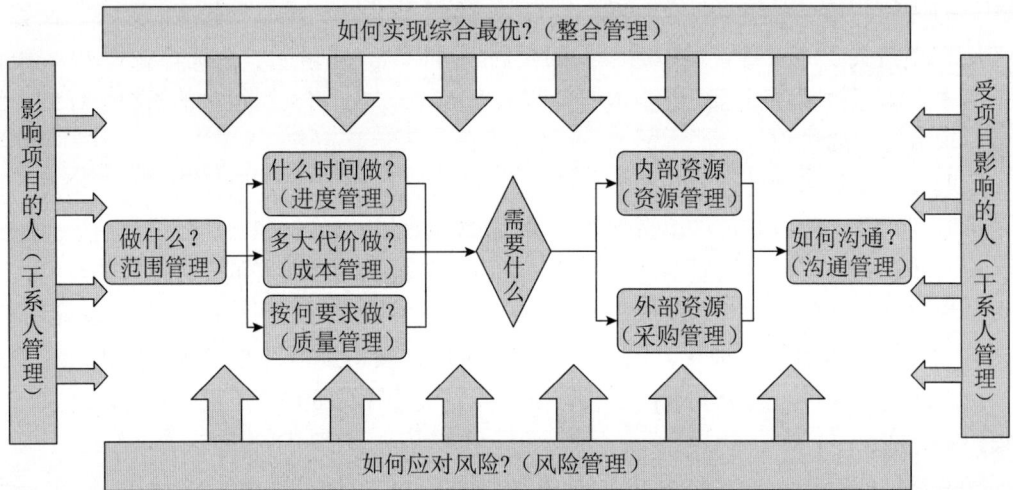

图 3-3　十大知识领域的管理

总结起来，项目管理需要考虑的因素主要集中在以下三大方面：

第一，人的因素。项目是由人发起、完成的。人是项目的实施主体，而人本身又是最复杂的个体，和机器不一样，人有思想、意识、思维、情绪，人会随着环境和时间的变化而变化。我们常说"画龙画虎难画骨，知人知面不知心""小孩的脸像六月的天""女人心，海底针"，这都是在强调这种复杂性和易变性。因此，为了确保项目目标的实现，管理好人的因素这个变量就显得非常重要，因为人既可能给项目带来巨大的成功，也可能把项目带入无尽的深渊。历史中因为某个人的因素导致项目失败的例子很多，这里不一一列举。

项目中的人具体可以包括项目的发起人、项目经理、职能经理、项目团队、项目供应商、相关单位的负责人等，他们在项目中的角色不同，作用大小也不同，有一个专门的术语来描述这些人，就是干系人，也叫相关方。这些人和项目的关系有两个方面：一方面他们可以影响项目，另一方面他们也会受项目的影响。正因如此，我们要识别他们、管理他们，确保他们不会对项目造成严重的负面影响。（这是项目管理中干系人管理的内容。）

同时，人是一种资源，是可以在生产中加以使用并产生价值的，所以，如何获得人力资源，如何管理资源，确保在生产中资源的有效性和可用性也是人的因素需要考虑的一个方面。（这是项目管理中资源管理的内容。）

另外，人是社会性动物，人与人之间的相互作用和影响是通过信息的传递来实现的，这个过程叫作沟通。人通过沟通获取信息、传递信息、做出决定、指导行动。沟通是项目管理中的一种重要的工具和技术，也是确保项目成功的关键因素。缺乏沟通、沟通不畅、无效沟通等造成的问题很多，不单单是在项目管理领域。（这是项目管理中沟通管理的内容。）

第二，方法的因素。当我们定好一个目标后，首先会考虑如何去实现这个目标，就像我们打算到某个地方去，会通过地图规划一条路线。当实现目标的路径制定好之后，我们通常会进一步思考以下几个问题：

- 要做的事情有哪些？（这是项目管理中范围管理的内容。）
- 谁来做？
- 要花多少时间做？（这是项目管理中进度管理的内容。）
- 要花多少成本做？（这是项目管理中成本管理的内容。）
- 要做到什么程度？（这是项目管理中质量管理的内容。）
- 要花多少资源？
- 这些资源我有吗？如果没有怎么办？（这是项目管理中采购管理的内容。）
- 如何确保事情能够顺利进行？

如果这些问题全部得到了完美的解答，那么恭喜你，你已经有了实现目标的方法。只要按照这个方法去做，你就可以实现目标。

在项目管理中，为了保证项目的成功，成熟的项目经理也会考虑上述问题，并且把自己思考和分析的结果输出，就形成了项目的计划，用计划来指导项目的执行，并依据计划来检查执行的结果。这就是为项目目标的实现制定方法和路线图。

第三，环境的因素。项目总是处在一定环境中，而环境则是除了人之外的另一个变量。组织环境、市场环境、自然环境、社会环境都会对项目施加相应的作用力，进而促进或阻碍项目的工作。比如，组织内的文化、管理的模式，既往的经验和教训，市场和社会环境的变化，都会直接影响项目的过程和目标，并限制项目的灵活性。所以在项目管理中，充分考虑环境的变量也是非常必要的，通常来说，环境充满了不确定性、模糊性、易变性和复杂性，简称 UCVA。

处于 UCVA 中的项目相当于暴露在各种风险中，会对项目的目标产生各种机会和威胁，这就要求我们在进行项目管理时，要持续地识别、分析、管理、监督这些因素，并制定相应的应对措施，一旦风险因素出现，及时而有效应对是非常必要的。（这是项目管理中风险管理的内容。）

综合上面讨论的三大因素，现在对于"项目管理管什么"这个问题应该有了比较明确的答案，那就是需要管人、管过程方法、管环境和变化，从这 3 个方面衍生开来，就是项目管理涉及的十大知识领域：整合管理、范围管理、进度管理、成本管理、质量管理、资源管理、沟通管理、风险管理、采购管理、干系人管理。十大领域从另一个角度对过程进行了分类，当我们把五大过程组和十大知识领域结合起来，就形成了项目管理的知识体系，如表 3-1 所示。

表 3-1　项目管理过程组和十大知识领域

知识领域	项目管理过程组				
	启动过程组	规划过程组	执行过程组	监控过程组	收尾过程组
项目整合管理	• 制定项目章程	• 制订项目管理计划	• 指导与管理项目工作 • 管理项目知识	• 监控项目工作实施 • 整体变更控制	• 结束项目或阶段
项目范围管理		• 规划范围管理 • 收集需求 • 定义范围 • 创建 WBS		• 确认范围 • 控制范围	
项目进度管理		• 规划进度管理 • 定义活动 • 排列活动顺序 • 估算活动持续时间 • 制订进度计划		• 控制进度	
项目成本管理		• 规划成本管理 • 估算成本 • 制定预算		• 控制成本	
项目质量管理		• 规划质量管理	• 管理质量	• 控制质量	
项目资源管理		• 规划资源管理 • 估算活动资源	• 获取资源 • 建设团队 • 管理团队	• 控制资源	
项目沟通管理		• 规划沟通管理	• 管理沟通	• 监督沟通	
项目风险管理		• 规划风险管理 • 识别风险 • 实施定性风险分析 • 实施定量风险分析 • 规划风险应对	• 实施风险应对	• 监督风险	
项目采购管理		• 规划采购管理	• 实施采购	• 控制采购	
项目干系人管理	• 识别干系人	• 规划干系人参与	• 管理干系人参与	• 监督干系人参与	

第 4 章　项目的运行环境

4.1　项目的环境因素

人类的发展历史可以说是对环境不断适应的历史。前文已经讲过，在项目管理中，环境是影响项目的三大因素之一，管理者必须对项目运行的环境有清晰的认识，分析可能对项目过程和目标产生的影响，并采取相应的措施应对这些影响。进化论的核心是"适者生存"，只有适应、顺应环境，才能获得项目的成功。

《PMBOK 指南》把环境因素分为两大类，一类叫作事业环境因素，另一类叫作组织过程资产。在后面的内容中会多次出现这两个名词，因此有必要先弄清楚它们到底是什么。

4.1.1　事业环境因素

事业环境因素可以理解为由于客观环境所导致的各种制约，项目团队本身无法控制，也不能改变，更无法消除。它们可能来源于组织内部，也可能来源于组织外部。事业环境因素将对项目产生影响、限制或指令作用，使项目的灵活性大大降低。

《PMBOK 指南》对于内外部事业环境因素进行了举例说明，如以下这些都是内部事业环境因素。

（1）组织文化、结构和治理。例如包括愿景、使命、价值观、信念、文化规范、领导风格、等级制度和职权关系、组织风格、道德和行为规范。这些根植于组织和企业深处，成为组织行动的指南和原则，就像一个人从小接受的教育会直接影响其长大后的认知，而改变认知是极其困难的，想要让一家一直以来都很保守的企业非常激进地做一些高风险的项目明显是很困难的。

（2）设施和资源的地理分布。例如包括工厂位置、虚拟团队、共享系统和云计算。设施和资源都不是一朝一夕形成的，我们不可能因为某个项目的需要就对它们做出改变和调整，不管从制度上还是经济上都不划算。

（3）基础设施。例如包括现有设施、设备、组织通信渠道、信息技术硬件、可用性和功能。俗话说，要揽瓷器活，先有金刚钻。这些硬件设施的规模、数量、性能等都会对项目产生影响，最直接的就是影响自制和采购的决策。

（4）信息技术软件。例如包括进度计划软件工具、配置管理系统、进入其他在线自动化系统的网络界面和工作授权系统。系统和流程往往相辅相成，项目也必须遵循这些流程，最直接的影响就是项目的合规性。

（5）资源可用性。例如包括合同和采购制约因素、获得批准的供应商和分包商以及合作协议。

（6）员工能力。例如包括现有人力资源的专业知识、技能和特定知识。

上述这些都源自组织内部，而项目必定是在一定的组织环境中运行的，因此必须考虑这些因素。有人认为，既然是组织内部因素，为什么不能根据项目的需要改变呢？因为项目是实现组织战略的渠道和途径之一，为了局部而调整整体对于组织来说是不可行的，除非某个项目对于组织来说至关重要，那么是有可能做出细微调整的。但大多数情况下，项目必须遵循这些环境因素的影响。

既然有内部环境因素，相应的就有外部环境因素，主要包括：

（1）市场条件。例如包括竞争对手、市场份额、品牌认知度和商标。

（2）社会和文化影响与问题。例如包括政治氛围、行为规范、道德和观念。

（3）法律限制。例如包括与安全、数据保护、商业行为、雇佣和采购有关的国家或地方法律法规。

（4）商业数据库。例如包括标杆对照成果、标准化的成本估算数据、行业风险研究资料和风险数据库。

（5）学术研究。例如包括行业研究、出版物和标杆对照成果。

（6）政府或行业标准。例如包括与产品、生产、环境、质量和工艺有关的监管机构条例和标准。

（7）财务考虑因素。例如包括货币汇率、利率、通货膨胀率、关税和地理位置。

（8）物理环境要素。例如包括工作环境、天气和制约因素。

以上这些外部环境因素会从多方面影响项目的全过程，比如市场条件可能要求项目的周期时间很短，才能占领先机，领先对手；法律限制要求项目必须符合一定规范，一旦逾越，项目将不可行；政府和行业标准则会限制项目在执行中的流程和质量，比如各种前置的审批和论证；财务因素则直接影响项目成本的测算和预算的制定等。

不管是内部环境因素还是外部环境因素，作为项目管理者都必须遵守，而且要随时保持对这些环境因素的关注，有人形容项目经理就像一个戴着脚镣跳舞的人，既然脚镣无法松开，那就只能适应，因此项目管理也是一门平衡的艺术。

4.1.2 组织过程资产

组织过程资产通常产生于组织内部，过程资产是指在组织的实践中产生的各类计划、信息、模板、规定、经验教训、良好实践、知识库、数据库等，可以把它理解为组织所积累的经验。就像最初的人类面对自然，为了生存和繁衍走了很多弯路，犯了很多错误，也积累了很多经验，经过几百万年的进化，这些经验有一部分直接写入了我们的 DNA 中，成为本能的反应，有些则通过书籍、文字的形式记录下来流传至今。例如面对河流，我们会选择乘船或者过桥，而不是直接蹚过去。为什么？因为我们的祖先沉淀下来的组织过程资产告诉我们，直接蹚过去可能会被淹死。当然，对于组织过程资产，项目管理者可以选择采用，也可以选择不用，决定权在自己。

组织过程资产一般包括两大类：

（1）组织过程、政策和程序。包括组织完成工作的方式，为了完成工作而遵循的规则，以及完成工作所要进行的步骤。这些都是组织在长久的实践中形成的良好做法，可以为项目管理工作的开展提供借鉴和参考。

（2）组织知识库。包括组织完成已往项目的记录，从中可以找到以前团队的所有经验教训，比如项目指标、以往的进度、重要收获、财务数据、文档资料等。

组织过程资产是衡量一个组织实力与成熟度的重要标志，和组织的固定资产、财务资产一样重要。过程资产越丰富，说明组织的实践经验越丰富，处理各种问题的能力就越强大，这对于提升组织的竞争力是很有帮助的。

组织过程资产的另一个重要作用就是为新项目提供指南和方向，由于项目具有独特性的特点，在项目早期，在缺乏相应信息支持的情况下，借助组织过程资产可以让项目管理者快速搭建起工作的框架，并且从中获得有益的借鉴，避免重复工作，避免走弯路，避免踩坑。

关于组织过程资产还有一点必须注意，项目团队必须持续为组织沉淀组织过程资产。这是项目的一项重要工作，就像你踏着前人的路行走，你也有责任为后来的人开路。这个工作将在整个项目生命周期中持续、及时开展，而不仅是在项目结束之后写一份总结报告那么简单。

4.2　组织系统 ▶▷

组织系统是指由相互关联和相互作用的人员、流程、技术和资源组成的有机整体，旨在实现组织的目标和使命。组织系统可以存在于各种类型的组织中，包括企业、政府机构、非营利组织、教育机构等。它涉及对组织内部和外部环境的管理和协调，以确保组织有效运作和持续发展。

项目的组织系统决定了组织系统内部人员的权力、影响力、利益、能力和政治能力，对于项目管理产生作用。一般来说，组织系统的基本构成要素包括以下几部分：

（1）人员。组织的成员，包括管理层、员工和其他利益相关者。他们是组织运作的主体，负责执行任务和决策。

（2）流程。组织内部的工作流程和程序，包括业务流程、管理流程和支持流程。这些流程定义了任务的执行方式和步骤。

（3）文化。组织的价值观、信念、行为规范和氛围。组织文化影响员工的行为和组织的整体氛围。

（4）结构。组织的层级和部门划分，以及权责分配。组织结构决定了信息流动、决策权和职责范围。

在实际的项目管理工作中，要依据组织的实际情况和项目的规模，充分考虑上述 4 个因素，灵活选择组织系统的类型。通常将组织系统的类型分为 3 类，分别是职能型组织、项目型组织和矩阵型组织。

4.2.1　职能型组织

职能型组织是一种按照职能（如市场营销、生产、财务、人力资源等）划分部门的组织结构，如图 4-1 所示，这种结构在许多企业和组织中广泛应用。职能型组织具有以下优点：

（1）专业化。员工在各自的职能领域内工作，能够专注于特定的任务和职责，有助于提高专业技能和效率。专业化的工作环境促进了知识和技能的深度发展，提高了部门内的生产力和质量。

（2）明确的责任和权限。职能部门的职责和权限明确，员工的角色和任务清晰，有助于责任分工和绩效管理。这样的组织内部的管理和控制更加有效，降低了因职责不清导致的冲突和误解。

（3）效率和效能。各部门专注于特定的职能，能够通过标准化和流程优化提高工作效率。减少了重复劳动和资源浪费，提升了整体运营效率。

（4）技术和资源集中。同类职能的资源和技术集中在一起，便于共享和利用最新的技术和知识。增强了组织在各职能领域的竞争力，推动了技术创新和改进。

（5）明确的晋升路径。员工有清晰的职业发展路径，可以在职能领域内逐步晋升。提高了员工的职业安全感和满意度，降低了离职率。

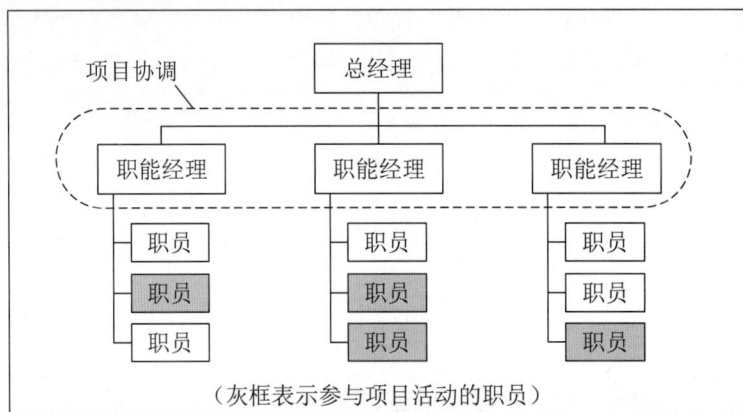

图4-1　职能型组织

当然，职能型组织也有明显的缺点，具体如下：

（1）部门孤立。各职能部门可能会形成"信息孤岛"，缺乏跨部门的沟通和协作。组织整体协同效率降低，可能影响项目的进度和成果。

（2）决策过程缓慢。由于各部门需要协调和批准，决策过程可能变得冗长和复杂。反应速度慢，难以迅速应对市场和环境的变化。

（3）整体视角不足。职能部门关注自身的目标和绩效，可能忽视整体组织的战略目标和协调。难以实现组织的综合效益和长远发展。

（4）资源竞争和冲突。各部门可能会争夺有限的资源和预算，导致内部竞争和冲突。资源分配不均衡，可能影响组织整体效率和和谐。

（5）灵活性不足。结构较为僵化，难以迅速调整和应对外部环境的变化。组织在面对快速变化的市场和技术环境时可能缺乏灵活性和适应性。

（6）跨部门协作困难。跨部门的项目和任务可能面临沟通障碍和协作困难。项目执行效率低下，难以顺利达成跨部门的目标和成果。

4.2.2　项目型组织

项目型组织是一种以项目为中心进行组织和管理的结构，如图4-2所示，在这种结构中，资源和人员被临时分配到特定的项目团队，项目完成后，这些资源和人员可能会返回原部门或被分配到新项目中。项目型组织结构在许多行业中广泛应用，尤其是在需要高度灵活性和创新性的环境中。以下是项目型组织的主要优点：

（1）灵活性。项目型组织可以迅速调整资源和人员以适应项目需求，能够灵活应对市场变化和客户需求，提高了组织的适应能力和响应速度。

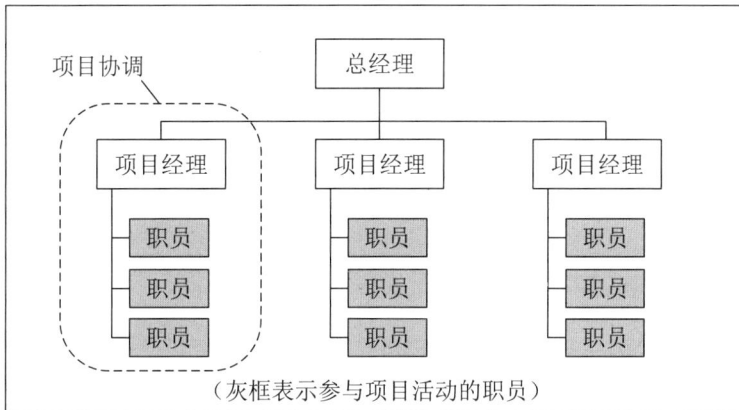

图 4-2　项目型组织

（2）专注性。项目团队专注于特定的项目目标，能够集中精力和资源，提高项目的效率和效果，提升项目的成功率。

（3）创新性。项目团队通常由不同职能和背景的人员组成，鼓励跨职能协作和创新思维，促进了创新和新产品开发，有助于提升组织的竞争力。

（4）责任明确。每个项目都有明确的目标、时间表和责任人，项目经理对项目结果负责，提高了责任感和任务完成的清晰度，减少了模糊和推诿。

（5）快速决策。项目团队内的扁平化结构和短链条沟通使得决策过程更加迅速和高效，增强了团队的反应能力和执行力。

（6）资源优化。资源可以根据项目需求进行动态配置，避免资源闲置和浪费，提升了资源利用率和经济效益。

当然，项目型组织也存在缺点，具体如下：

（1）资源冲突。多个项目可能会同时争夺有限的资源和人员，导致资源分配不均和冲突，这有可能影响项目进度和质量。

（2）人力资源管理复杂。人员频繁在不同项目之间切换，可能导致管理复杂性增加，员工的职业发展路径不清晰，可能会影响员工的稳定性和满意度。

（3）知识流失。项目完成后团队解散，可能导致项目经验和知识的流失，缺乏系统的知识管理，大大降低了组织的整体知识积累和经验传承。

（4）短期导向。项目型组织可能过于关注短期项目成果而忽视长期战略目标和持续发展，可能影响组织的长远规划和可持续发展。

（5）项目管理成本高。每个项目都需要专门的管理和支持，可能导致管理成本上升。增加了组织的运营费用，可能影响整体经济效益。

（6）协调和整合困难。不同项目之间的协调和整合可能面临挑战，特别是在资源共享和战略一致性方面，可能导致项目之间的冲突和组织整体效率的降低。

4.2.3 矩阵型组织

矩阵型组织是一种混合组织结构，它将职能型组织和项目型组织的特点结合起来。员工通常同时隶属于职能部门和项目团队，有两条汇报线，一条是职能经理，另一条是项目经理。矩阵型组织有不同的种类和形式，适应不同的管理需求和项目复杂度。矩阵型组织可以依据项目经理的权力分为以下 3 种：

（1）弱矩阵。如图 4-3 所示，在这种结构中，职能经理有更大的控制权和影响力，项目经理的权力相对较弱，主要负责项目的协调工作。弱矩阵适用于项目较少且相对简单的环境。

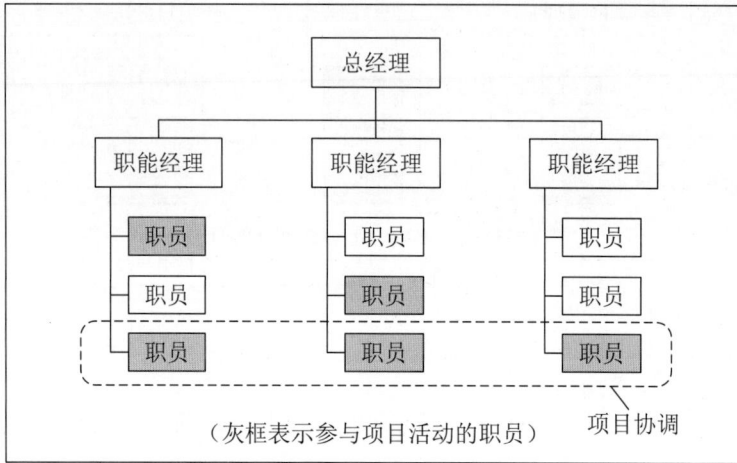

图 4-3　弱矩阵型组织

（2）平衡矩阵。如图 4-4 所示，职能经理和项目经理的权力和职责相对均衡，两者需要协同合作，决策权和资源管理权共同分享。平衡矩阵适用于项目复杂度适中，需要平衡职能部门和项目需求的环境。

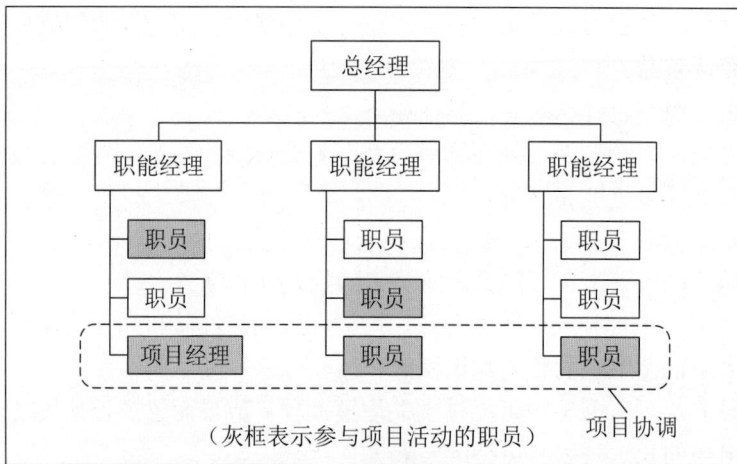

图 4-4　平衡矩阵型组织

（3）强矩阵。如图 4-5 所示，项目经理有更大的控制权和影响力，职能经理的角色相对较弱，主要提供技术支持和专业资源。强矩阵适用于项目较多且复杂，项目管理需要更高优先级的环境。

矩阵型组织通过结合职能型和项目型结构的优点，实现资源优化、灵活性和跨职能协作，适应不同项目的需求。然而，它也面临管理复杂性、角色冲突和资源分配困难等挑战。成功的矩阵型组织管理需要明确的职责划分、有效的沟通机制和强有力的领导支持，以确保组织的高效运作和项目的成功实施。通过平衡职能和项目需求，矩阵型组织可以在动态和复杂的环境中保持竞争优势。

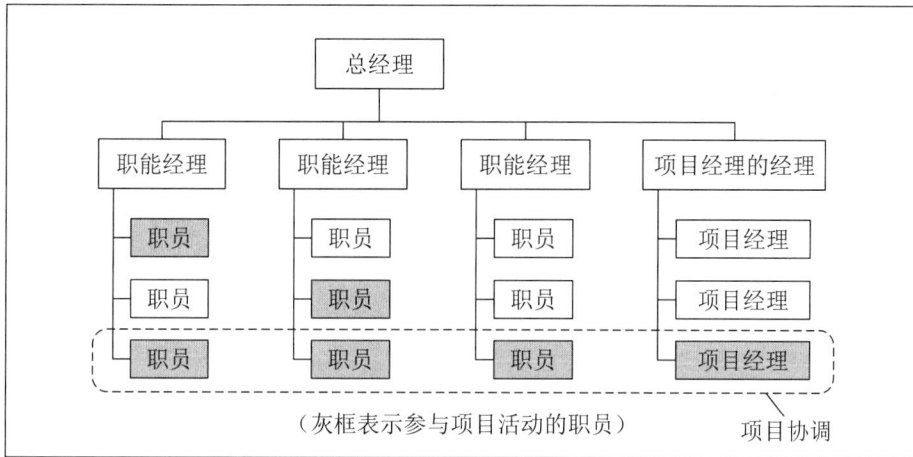

图 4-5　强矩阵型组织

我们可以依据项目经理在组织中的权力和参与程度来分辨以上 3 种组织系统，如图 4-6所示。职能型和项目型处于两个极端，职能型组织中的项目经理几乎没有权力，项目型组织中的项目经理几乎拥有全部权力；这两者的中间就是矩阵型组织，平衡矩阵型的位置在两者的中点，弱矩阵型组织和强矩阵型组织就像两个动点，弱矩阵型落在职能型和平衡矩阵型之间，强矩阵型落在平衡矩阵型和项目型之间，项目经理的权力随着动点向两端的移动而变化。

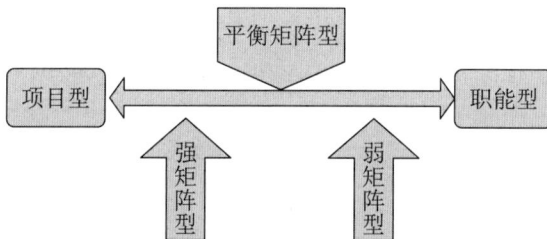

图 4-6　项目经理在 3 种组织系统中的权力和参与程度大小比较

项目可能在任何形式的组织系统中开展，项目经理必须清楚地认识不同类型组织系统的优缺点，以及自己在系统中的定位，并以此来开展各项工作，比如汇报机制、资源获取、变更审批等。

4.3　项目管理办公室 ▷

在一些组织中，为了保证项目管理工作按照组织战略方向顺利开展，确保项目的成功率，通常会设置项目管理办公室（PMO）这样的职能部门，专门负责项目管理的标准化、管理和支持。PMO 的主要目的是提高项目管理效率、提升项目成功率、优化资源利用，并确保项目与组织战略目标的一致性。PMO 的职责范围可大可小，从提供项目管理支持服务，到直接管理一个或多个项目。

要说清楚 PMO 的功能，首先要了解治理（Governance）和管理（Management）的区别和联系，治理和管理是组织运作中至关重要但含义不同的概念。

治理主要涉及制定和实施指导组织方向、目标和行为的框架、政策和程序，关注长远目标、战略方向以及法律和道德的合规性，通常由董事会或高级治理机构负责。管理则侧重于规划、组织、领导和控制组织资源，以实现具体的运营目标和日常任务，主要由中层和基层管理者负责。治理提供战略方向和监督，确保组织的长期健康发展；管理则负责执行这些战略和政策，确保日常运营的高效运转。

治理和管理在目标、职责、方法和范围上有所区别，但在成功的组织中，两者需要紧密协作，平衡宏观战略和微观操作，以实现组织的整体目标和长期成功。

同样的，项目治理和项目管理在组织中的角色和作用各有不同。项目治理提供战略方向和监督框架，确保项目符合组织的整体战略和利益；项目管理则负责具体的执行和操作，确保项目按时、按预算和按质量完成。两者在目标、职责、方法和范围上有所区别，但相辅相成，成功的项目需要两者的紧密协作，以实现组织的整体目标和项目的成功交付。

项目管理办公室依据对项目的控制程度不同，游走在项目治理和项目管理两端。PMO 有支持型和控制型之分。支持型的 PMO 更多的是履行项目治理的职能，而控制型的 PMO 则直接参与项目管理工作。

关于项目管理办公室的其他内容超出了本书的讨论范围，有兴趣的读者可以自行进行延伸学习。

第 5 章　认识项目经理

项目经理是负责项目管理的人。有一句话可以精辟地概括项目经理的角色，就是"在领导面前是专家，在专家面前是领导"，如何理解这句话呢？

首先，项目经理在领导面前是专家。项目经理在领导面前需要展示其在项目管理领域的专业知识和能力，他们必须能够清晰地解释项目的技术细节、进度、风险、预算等，要为领导提供基于事实和数据的项目报告，帮助领导理解项目的状态以及可能的决策影响，并能够将复杂的技术细节简化为领导能理解的内容，同时还能提供有深度的分析和专业建议。在组织中，项目经理被视为项目的权威人士，领导往往会依赖项目经理来解答技术问题或做出技术决策。

其次，项目经理在专家面前是领导。当面对由不同专业背景的人员组成的项目团队时，项目经理需要将项目的战略意图传达给团队，并将团队的工作整合到整体项目目标中。在项目团队中，项目经理需要发挥领导和管理作用，整合各个领域的专业知识，确保项目按计划推进，还要管理团队的协作，解决团队内部的冲突，确保他们能够有效协作，实现项目目标。

可见，在项目中项目经理具备多重角色、多种职能和技能。

项目经理是负责规划、执行和完成项目的核心领导者，通常在预算、时间和范围的约束下，确保项目目标达成。项目经理在项目管理的各个阶段都起着至关重要的作用，从项目启动到项目收尾，项目经理都需要进行全程管理和协调。

5.1　项目经理的角色 ▶▶

项目经理的角色在项目管理中是多面且复杂的。他们不仅负责项目的计划和执行，还需要管理资源、协调团队、与干系人沟通，并确保项目按时、按预算、高质量地完成。以下是项目经理需要扮演的几个关键角色。

1. 项目计划者

项目经理需要与项目干系人一起明确项目的目标、范围和可交付成果，并确保这些目标与组织的战略一致。计划可能包括时间表、预算、资源需求和关键里程碑的详细计划，还必须考虑所有可能的风险和限制条件，并将其纳入项目计划中。

2. 组织协调者

项目经理负责组建和领导项目团队，确保团队成员具备完成项目的必要技能和资源，根据团队成员的能力和项目需求，合理分配任务，确保工作负荷均衡。在跨部门或跨职能项目中，项目经理还必须协调不同部门的工作，使项目顺利推进。

3. 沟通桥梁

项目经理是干系人（包括客户、管理层、供应商等）与项目团队之间的主要联络人。必须确保所有干系人都了解项目进展、潜在风险和决策，并及时向团队和干系人传递重要的项目数据和报告，有效管理干系人的期望，确保项目的目标和范围清晰可见，并能及时解决任何疑虑或冲突。

4. 决策者

项目经理在项目过程中需要做出许多关键决策，包括资源分配、变更管理和风险应对策略。要识别和解决项目中的问题，无论是技术难题、资源不足还是团队冲突。快速有效的决策对于项目的顺利推进至关重要。

5. 风险管理者

项目经理需要主动识别项目中的潜在风险，并评估这些风险对项目的可能影响，制定有效的风险应对策略，以减少或消除风险对项目的负面影响，并在项目的生命周期内保持对风险的持续监控，并根据需要调整应对策略，确保项目不受重大风险的干扰。

6. 质量保证者

项目经理需要确保项目交付物符合既定的质量标准和客户要求，这包括从需求的准确性到最终产品的质量控制，还需要推动项目管理过程的改进，以提升项目效率和质量。

7. 时间管理者

项目经理负责跟踪项目的进展，确保所有任务按时完成，并在必要时进行调整，还要处理项目中的任何延误，并采取措施使项目回到正轨，确保最终交付时间。

8. 变更管理者

项目经理负责处理所有项目变更请求，包括需求变化、范围调整和资源重新分配。当变更请求被提出后，需要评估变更对项目的潜在影响，并通过整体变更控制来决策接受或拒绝这些变更。如果变更被批准，项目经理负责将变更顺利集成到项目中，确保不会对项目进度和质量产生负面影响。

9. 财务管理者

项目经理负责管理项目的预算，确保所有开支都在预算范围内，并合理使用资源。需要监控和控制项目成本，确保项目在规定的预算内完成，避免超支。

10. 顾问与教练

项目经理常常扮演顾问或教练的角色，帮助团队成员提升技能，解决问题，并指导他们如何更好地完成任务。通过持续的反馈和支持，帮助团队成员在项目执行过程中不断学习和成长。

5.2 项目经理的能力 ▌▶

项目管理协会（PMI）为了应对现代项目管理需求，提出 PMI 人才三角（PMI Talent Triangle）的能力模型。它强调项目经理不仅需要掌握传统的项目管理技术，还需要在领导力和战略与商业管理方面发展全面的技能。PMI 人才三角模型的 3 个核心领域帮助项目经理在不断变化和日益复杂的商业环境中取得成功。

这 3 个能力分别是：

（1）项目管理专业技能（Technical Project Management）。专业技能涉及项目经理在项目管理技术和工具方面的专业知识和技能。这是项目经理最基础的能力领域，涵盖了项目管理的核心技术。

（2）领导力（Leadership）。领导力是项目经理在管理团队、激励成员、解决冲突和做出决策方面的能力。领导力在项目成功中起着至关重要的作用，项目经理需要通过有效的领导来确保团队的凝聚力和生产力。

（3）战略与商业管理（Strategic and Business Management）。战略与商业管理要求项目经理理解项目与组织整体战略之间的关系，确保项目不仅能按时交付，还能为组织创造长期价值。

2015 年，为了更好地反映项目专业人士和创变者在不断变化的项目管理世界所需要的技能，PMI 更新了人才三角模型。新版 PMI 人才三角模型的 3 个核心领域分别是：

（1）工作方式（Ways of Working）。强调项目经理需要掌握多种项目管理方法、工具和技术，以应对不同类型的项目。这一领域关注项目经理如何灵活运用不同的项目管理方法，如敏捷、瀑布、混合方法等，以适应项目的具体需求。通过管理项目的整个生命周期，包括需求收集、计划、执行、监控和收尾，确保项目能够按计划进行并实现预期目标。能够熟练使用项目管理工具，如项目计划软件、风险管理工具、质量管理工具等，帮助项目经理有效地控制项目的时间、成本和范围。

（2）影响力技能（Power Skills）。强调项目经理在团队管理和沟通方面的关键能力。这些能力包括如何激励团队、解决冲突、推动变革以及与干系人有效沟通。这一领域特别关注情商、谈判能力和团队协作技能，因为这些"软技能"对项目成功至关重要。

（3）商业敏锐度（Business Acumen）。强调项目经理需要理解项目与组织整体战略和商业目标之间的关系。项目经理必须具备商业敏锐度，能够确保项目的成果为组织带来最大化的商业价值。能够理解市场趋势、竞争环境以及项目对组织财务表现的影响，能够分析商业数据，并将其应用于项目决策中。能够制定和管理项目预算，并评估项目的投资回报率（ROI）。确保项目遵守相关法律法规，识别并管理与项目相关的风险，保护组织利益。

旧版和新版 PMI 人才三角模型如图 5-1 所示。

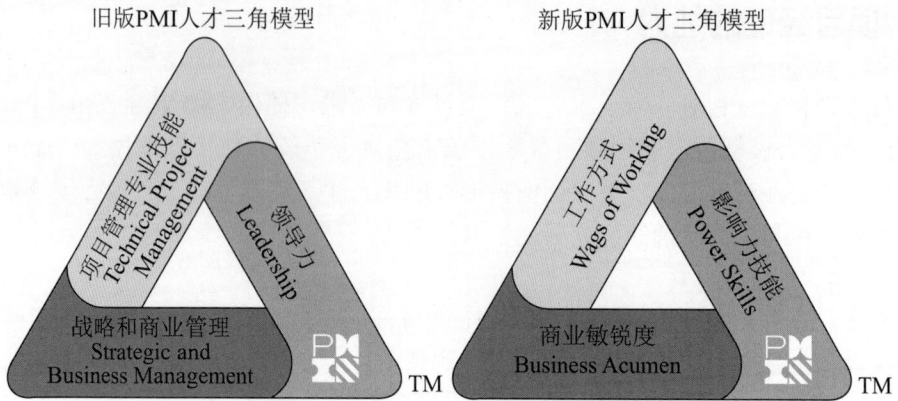

旧版PMI人才三角模型　　　　新版PMI人才三角模型

项目管理专业技能
Technical Project
Management

领导力
Leadership

战略和商业管理
Strategic and
Business Management

TM

工作方式
Wags of Working

影响力技能
Power Skills

商业敏锐度
Business Acumen

TM

图 5-1　旧版和新版 PMI 人才三角模型

　　PMI 的人才三角模型对项目经理提出了一个基本的能力框架，通过平衡和发展这些能力，项目经理能够更好地领导团队，实现项目目标，并为组织带来持续的商业成功。在现代项目管理中，掌握和应用这些能力将使项目经理在复杂多变的环境中脱颖而出，并为项目和组织创造更大的价值。

第6章 项目管理原则之人员篇

6.1 什么是原则

2022 年，PMI 发布了全新的《PMBOK 指南》（第七版），和之前版本最大的不同就是提出了项目管理 12 项原则和八大绩效域，这个改变反映出 PMI 试图更加强调项目管理的高层级的通用性，而淡化了实际的操作层面。之前几个版本的《PMBOK 指南》基本上都围绕五大过程组和十大知识领域展开，为项目管理者提供了一套非常详细完整的项目管理框架，理论上适用于所有的项目，并不局限于某个行业。

从某种意义上来说，之前的《PMBOK 指南》更多的是集中在"术"的层面上，结构化的方法固然对于经验比较欠缺的项目管理者来说容易上手，但是对于有着丰富经验的项目经理，在面对更加复杂多变的项目环境时，这个框架有时又变成了一种束缚。虽然《PMBOK 指南》（第六版）里特别强调了"裁剪"的作用，但是固有的过程框架还是容易限制实际的工作。因此，《PMBOK 指南》（第七版）试图将项目管理上升到"道"的层面。老子有云："道可道，非常道！"他认为道即是真理，是万物运行的最高规律。有没有一种"道"能够涵盖所有类型的项目，能够指导不同环境下的项目管理呢？《PMBOK 指南》（第七版）就是在回应这个问题。于是，项目管理的 12 项基本原则由此产生。

这 12 项基本原则是在全球项目从业者社区的参与下（他们代表不同的行业、文化背景和组织，承担着不同的角色，拥有处理各种项目的经验），经过多轮反馈形成的，代表着"普遍适用"和"良好实践"。项目管理者在项目管理活动中，可以在这 12 项原则的指导下，灵活地采用各种过程、工具和技术来完成项目目标。这无疑给项目管理者提供了更为灵活的管理方式，也印证了项目以价值为导向的理念，不管黑猫白猫，抓住老鼠的就是好猫。

所以，对于项目管理原则的学习，我们要站在较高的层面上，将管理中的原则上升到哲学的高度，用涵盖所有类型项目的视角去理解，进而实现以道御术，面对复杂多变的环境，能够随机应变，灵活应对。《倚天屠龙记》中张三丰传授张无忌太极剑法，之所以短短时间就学完了，就是因为张三丰传授的是剑意，而不是剑招，掌握了关键要领，临敌之际才能不受拘泥，随意而动；《笑傲江湖》中风清扬传授令狐冲独孤九剑也是一样的道理，只教剑道，而没有剑招，其中的总诀式就像高层级的原则一样，在这个原则指导下，见招拆招，无招胜有招。

"原"字的古意是"源"，意为水源，即水流起头的地方，引申为起源，根本，根由；"则"是刻画的意思，古代的法律条文曾刻铸在鼎上，以便让人遵守。这样结合起来，所谓原则，就是需要遵守的根本规律。

在现代含义中，原则是指在行为、判断或决策过程中所依据的基本信念、标准或规范。原则通常是广泛适用的指导准则，用于确保一致性、公正性和道德性。它们可以是被普遍接受的道德信条，也可以是特定领域或组织中制定的指导方针。

原则和法律都有一定的规范性，但是原则更温和一点，所以原则是需要遵循的，而法律则是需要遵守的。违背原则可能导致一些负面后果，比如伦理、道德方面的；而违反法律则需要接受惩罚。项目管理的原则作为一个指导性原则，并不强制项目管理者完全遵守，它提供了一些参考，一些可能性，一些经验，是否遵循或采用取决于个人和组织的意愿。

《PMBOK 指南》（第七版）列出的项目管理的 12 项原则如下：

- 成为勤勉、尊重和关心他人的管家。
- 营造协作的团队环境。
- 有效的干系人参与。
- 展现领导力行为。
- 聚焦于价值。
- 识别、评估和响应系统交互。
- 将质量融入过程和可交付物中。
- 根据环境进行裁剪。
- 拥抱适应性和韧性。
- 驾驭复杂性。
- 优化风险应对。
- 为实现预期的未来状态而驱动变革。

这 12 条原则没有先后顺序，也没有特别强调哪条更重要，为了便于学习和掌握，可以根据项目管理涉及的 3 个重要因素——人员、过程和环境，将这 12 条原则进行简单分类，如表 6-1 所示。

表 6-1　项目管理 12 项原则及其对应领域

项目管理原则	对应领域
成为勤勉、尊重和关心他人的管家	人员
营造协作的团队环境	
有效的干系人参与	
展现领导力行为	
聚焦于价值	过程
识别、评估和响应系统交互	
将质量融入过程和可交付物中	
根据环境进行裁剪	

续表

项目管理原则	对应领域
拥抱适应性和韧性	环境
驾驭复杂性	
优化风险应对	
为实现预期的未来状态而驱动变革	

当然，这个分类并不一定完全准确，比如"根据环境进行裁剪"是针对项目环境而言，但是由于它是一项具体的工作，所以分到了过程领域中；而"优化风险应对"明显是一个过程，分到环境领域是因为风险来源于环境的不确定性。

6.2 原则一：成为勤勉、尊重和关心他人的管家 ▐▶

很明显，这条原则是针对项目管理者，尤其是项目经理提出的，从职业道德、行为规范、专业技术几个角度要求项目经理不仅需要立足整个项目本身，还需要关注整个组织、行业乃至整个社会，必须执行"管家式管理"。

大家印象中的管家常常出现于大户人家，他们对主人负责，虽然也是打工人，但他们拥有一定的权力，也管理着一些人。他们工作的最大职责就是帮助主人打理家中内外事务，让主人满意。在英剧《唐顿庄园》中，管家卡森的角色生动地展现了管家式管理的核心原则和实践。他以高度的责任感、坚定的道德标准和深厚的信任关系，确保了庄园的有序运作和长期发展。通过关注所有利益相关者和对长远目标的坚持，卡森维护了庄园的高标准和荣耀，这也为我们提供了管家式管理的经典范例。

本条原则所提到的"管家式管理"和上述的卡森管家非常类似，许多职能也非常接近，但是"管家式管理"在内涵上更加丰富，主要体现在以下几个方面。

首先，必须关心项目。这是项目经理最重要的职责——受组织委托并授权，利用组织资源完成目标。项目经理对项目负有绝对责任，他需要做的事包括但不限于：

- 制订详细而可行的项目计划。
- 获取项目所需的各类资源，包括来自组织内部和外部的。
- 带领并激励项目团队。
- 关注团队成员的能力和发展。
- 按照项目计划完成各项工作。
- 监督并控制项目的绩效情况。
- 发现项目偏差，并采取纠正措施。
- 控制项目中产生的各类变更。
- 识别并持续关注项目中的不确定性，确保不对项目产生负面影响。
- 识别并分析会对项目产生影响和作用的个人或组织，并对他们进行管理，促进他们对项目的支持。
- 收集、分析项目的各类信息，并用合适的渠道和方法进行沟通。

可以说，项目中的所有事务都和项目经理密切相关，正如一个大家庭里的柴米油盐都和管家有关一样，虽然有些工作可以授权和分工，但是项目经理必须始终承担起管理的责任。

就像父母关心自己的孩子一样，项目经理要把项目当作自己的孩子，做到处处关心、事事上心。关心是一种态度，能够指导行动的开展。我们常说"态度决定一切"，这也是对项目经理职业道德的一种基本要求。只有对项目保持关心，才有可能实现项目目标。

其次，必须关心组织。组织是项目开展的支撑和依托，也是项目目标和最终价值的指向。关心组织就是要把项目放在组织的环境中，把实现组织价值放在第一位，在项目开展过程中持续评估价值产生的可能性，并及时进行调整。

以往的观念认为，项目经理只需对项目本身负责，而组织的事务应由高层管理人员和职能经理来负责，项目经理只要耕好自己的一亩三分地，最终做出成果就可以。然而，现在这种观念已不适用。现如今，项目经理的工作要向两端延伸：一端是项目的商业论证和评估，另一端是项目的运营。虽然这些工作不属于项目的范畴，但是项目经理也要积极参与其中，这有助于实现项目的目标和价值。关心组织具体包括以下内容：

- 熟悉组织的战略并表示认同。
- 参与项目的商业论证并提出专业意见。
- 维护组织的管理流程和方式。
- 实现组织资源的高效利用。
- 在组织的变革中贡献项目的力量。

如果项目是"小家"，那么组织就是"大家"，"小家"固然很重要，但没有"大家"就没有"小家"，因此必须两者兼顾。

第三，必须关心社会。这一点上升到了更高的层面，涉及道德和法律。项目经理除了关心项目和关心组织之外，还要承担起应有的社会责任，这些责任可能包括针对所在环境、资源和经济的影响。这些因素可能在项目进行商业分析时已经由专业人士进行了评估，但是项目经理在项目执行过程中仍然要对其保持关注。例如，某个项目可能涉及使用某些对环境造成破坏的资源。从项目角度来说，这样做能够使项目绩效达到最优；对组织来说，项目是实现商业价值的最好机会；但是对社会来说，这可能造成环境污染和破坏。这时，作为项目经理，就应该尽量去平衡这些因素，运用自己的专业能力做出改变，虽然这可能会牺牲自己的职业。

社会责任还体现在合规性上。符合法律法规和公序良俗是开展项目的前提，也是作为项目经理的职业道德底线。专业从业人员必须大力倡导并身体力行地坚守。

管家式管理和PMI针对项目经理提出的职业道德要求有着异曲同工之妙。PMI提出的职业道德规范对项目经理的行为和决策提供了指导，包括责任（Responsibility）、尊重（Respect）、公平（Fairness）和诚实（Honesty）。这些原则旨在确保项目经理在执行项目时保持高标准的职业道德，促进项目成功并维护项目管理行业的信誉。

作为管家式的项目经理，既需遵守明确的职责，也需要遵守隐含的职责。这些职责可能包括以下方面：

- 诚信。诚信是一种品格，正所谓，人无信不立，事无信不成，商无信不兴。可以说，诚信是构建社会的基石。对于项目经理来说，在项目沟通和团队管理中，都必须秉承诚信原则，所有言行都要合乎道德规范，不隐瞒、不避讳、不闪躲、不掩饰，并将这种原则带给团队。

- 关心。关心的层次在上文已经讲过。所谓"受人之托，忠人之事""在其位，谋其职"，项目经理理应对项目成果保持足够的关注，能够运用自己的专业能力解决项目中的问题，始终保持对项目各方面绩效的监督和控制。面对可能随时变化的环境，能够采取相应对策，保证项目朝既定目标前进。

- 可信。前文提到项目经理"在领导面前是专家，在专家面前是领导"这句话强调了项目经理的专业技术职能和领导管理职能。项目经理是承上启下的角色，对上对项目发起人，对下面对团队成员，项目经理必须发挥自己的专业技能和人际沟通技能，以获得他们的信赖，只有这样，在处理项目的冲突和矛盾时，才能够提升各方对于解决问题的信心。好的项目经理可能通过自己的专业素养和实践经历使发起人或客户在进行项目评估时愿意投入更多的资源，并为此进行决策。

- 合规。在某些时候，项目可能会由于组织的某些流程规范、法律法规的约束而受到很多制约，项目经理应能很好地平衡这些因素，比如主动融入组织文化，采取另外的方法以符合规定。这可能并非项目经理个人能力所及，必要时需要寻求组织高层或专业人士的帮助。

正如《PMBOK 指南》所述："越来越多的组织从整体角度看待业务，它们会同时而不是按顺序考虑财务、技术、社会和环境绩效。由于现在的世界比以往任何时候都相互关联，而且面临有限的资源和共同的环境，因此管家式管理的决策会有超出项目之外的影响。"这种无处不在的关联性要求项目经理必须从整体上管理项目，而且对其在能力和职责上提出了更高的要求。

6.3 原则二：营造协作的团队环境 ▐▶

团队精神被视为职场中的一项基本素质，当今时代在强调个人能力的同时更注重团队力量，个人英雄主义更多的是存在于小说和影视剧中，凭一己之力完成一项工作往往是不切实际的。人类社会生产力进步的一个重要标志就是社会分工，而分工恰恰是团队的基本职能，让专业的人从事专业的工作，是提升效率和质量的好办法。

在项目管理中，项目团队是完成项目工作的主体，项目成果由团队交付。在项目开始时，项目经理就要根据完成项目所需的各种技能和技术组建项目团队，并持续进行团队建设和管理，以提升团队绩效，进而提升整体的工作绩效。项目团队是由人构成的，但如果只是人的集合，并不能构成团队，比如缺乏团队特性的集体只能称为"乌合之众"，并不是团队。团队是为了完成某项工作而聚集在一起的能够展开协作的人，团队精神的本质就是协作精神。

那么，如何打造能够协作的团队呢？

首先，确立团队共识。俗话说"人心齐，泰山移"。同一团队的成员必须要有统一的认识，包括对于项目目标、工作规范和模式、必须遵守的规则等，这些有时也称为团队的基本规则，由团队成员共同制定，并在未来项目过程中共同遵守，这也是团队协作的基础。因为项目团队成员可能来自组织内部的不同职能部门，甚至可能来自组织外部，所以每个人的工作经历、技能背景、性格特质等都各有不同，要使他们在一起工作，就必须有一套被全员认可的标准和规范。同样，在项目内部，团队成员的分工、职责各不相同，也必须有一套规范和标准，这就是团队的共识。

以手机为例，手机有多个组成部分，每个部分可能来自不同厂商，如内存、屏幕、存储、摄像头、Wi-Fi 天线……这些零件的标准、接口、工艺等都不一样，要使它们整合在一部手机里协同工作，就必须设计统一的框架和标准。

团队共识要在项目初期形成，并在项目过程中不断修正和演变，使之能够适应项目需要。

其次，要有适应项目的组织结构。前面已对组织结构进行了详细说明，其主要作用就是在人员和工作之间建立一个互通的框架。组织结构必须满足项目需要，依据项目实际进行裁剪。

组织结构的一个重要组成部分就是团队的角色和职责，就像在剧本中，每个角色都有一定的作用，要么是故事发展需要，要么是推动剧情需要，哪怕是群众演员，也有其特定作用。

项目管理者应在项目启动阶段明确团队的角色，让团队成员清晰地明白自己在团队中所处的位置，同时明确自己所应承担的责任。这里要注意区分职权、担责和职责之间的不同。

- 职权是指在特定背景下有权做出相关决策、制定或改进程序、应用项目资源、支出资金或给予批准的情形。职权是被从一个实体授予（无论是明示授予，还是默示授予）另一个实体。职权和职位是相互联系的，职位一旦失去，职权也随之消失。比如任命某人担任某职位，相应地他就有了职权。
- 担责是指对成果负责的情形。担责不能由他人分担。担责往往和职权有相关性，权力越大，责任越大。在 RACI 矩阵（责任分配矩阵，后文会详细讲解）中，只能有一个 A，目的是使责任更为聚焦，避免因多方负责导致责任不清，无法决策，也便于任务失败时能够进行追责。比如组织中的最高领导者，在拥有很大职权的同时，也需要为组织的大小事情担责。
- 职责是指有义务开展或完成某件事的情形。职责可与他人共同履行。职责通常体现了分工，项目中分配的每个角色都要承担相应的职责，所有职责的集合共同构成了项目工作。比如公司中每个岗位都有自己的职责，也就是分内的事，与职位高低无关。

这里要说明的是，分工并不意味着"各人自扫门前雪，莫管他人瓦上霜"。无论谁负责某个职能，都不是一个人在"战斗"。协作的项目团队对目标是共同负责的，尤其是在敏捷环境中的自组织团队，他们权利共享、责任共担，这才是"团队"二字真正的内涵和意义。

第三，团队要能够定义完成工作的过程。团队能够清晰地制定达成目标的路线和方法。比如在预测型生命周期中，把可交付成果分解成 WBS（工作分解结构），只要完成WBS 的每一个工作包，项目也就完成了；适应型生命周期中则是将所有功能放入待办事项列表，只要完成所有用户故事，交付成果也就完成了。当团队清楚地知道如何完成项目目标时，他们就能够通过职责分工，在团队共识的指导下完成工作。

协作式团队有很多优势。比如团队成员能够对项目目标有一致的认识，并且能按照自己的职责开展工作，有利于项目目标达成；团队共识能够减少冲突，促进团队内部知识的分享和交流，提升团队的技能和绩效，使项目的韧性和可持续性得到增强。因此项目经理应尽力营造协作式的团队环境。

6.4 原则三：有效的干系人参与 ▮▶

大家都听过"算命"，所谓算命是一种迷信的说法，并没有科学根据。但算命先生经过一番推算，会告诉你，你什么时候命中有贵人相助，什么时候会有小人缠身。"贵人"和"小人"是一个统称，并不是指具体的某个人，凡是能帮助你的都叫"贵人"，凡是对你不利的都是"小人"。同样，在项目中也会碰到很多"贵人"和"小人"，他们会对项目结果产生积极或消极的影响，用专业的术语表述是干系人。

干系人是指能影响项目组合、项目集或项目的决策、活动或成果的个人、群体或组织，以及会受或自认为会受这些决策、活动或成果影响的个人、群体或组织。

干系人对项目的影响包含很多方面，他们可能利用自己的身份、地位、权力对项目产生作用，比如作为项目的发起人，必然会对项目的范围、进度、成本产生影响；作为组织的高层或项目治理委员会，会对项目的团队、计划、文化提出自己的想法；公司里的质量部门、风险部门，也有自己关于质量、风险的一整套管理流程；政府部门会对项目的合规性、合法性起到监督和引导的作用；等等。干系人都能以自己的角度和角色对项目的成功和收益的实现进行评判和定义。这就是所谓的众口难调。

既然干系人这么重要，那么应该怎么做呢？

答案就是让干系人有效地参与项目。

当我们对干系人进行识别后，紧接着需要对他们进行分析，明确干系人的身份、背景、职位、权力，甚至喜好，进而对其进行分类和优先级的排列。每个干系人对项目的影响力各不相同，可以根据影响力大小进行优先级排列。但这并不意味着不理会那些对项目影响较小的干系人。每个干系人特点不同，要因人而异，不能一概而论。

让干系人参与的最主要手段就是沟通，项目经理有90%的时间用在了沟通上。沟通就是信息的双向交流，通过沟通，一方面了解各干系人对项目的看法、诉求，征求他们对项目的建议和意见；另一方面，将项目的情况、绩效和遇到的问题及阻碍及时反馈给各干系人，确保他们对项目保持正确且清晰的认知。要做到以上两个方面，就必须借助有效的沟通方法和渠道，让信息能够顺利传达，并获得反馈。比如电子邮件是一种传递信息的好办法，但并不一定适合所有干系人，有的干系人习惯阅读纸质文件，有的干系人希望通过即时聊天工具获得信息；有的干系人喜欢利用社交平台进行交流，有的则喜欢面对面进行沟通。项目经理必须依照干系人的沟通偏好进行沟通，否则沟通就可能受到阻碍。

项目中常会出现干系人对于项目的观点、需求不一致的情况，如果没有达成共识，就可能给项目带来不良后果。沟通便是消除分歧、达成统一的有效方式，比如谈判就是一种通过沟通达成统一意见的方式。具体的形式有互动会议、面对面会议等。

沟通的本质是建立项目与干系人、干系人与干系人之间的联系，这种联系越紧密、越频繁，干系人的参与度就越高。我们所说的参与并非让干系人直接加入我们的团队做具体工作，而是强调让干系人有"参与感"，也就是所谓的"沉浸式体验"，充分强调体验者的参与感，让其有身临其境的感觉，以产生共情。比如，A 和 B 两个项目经理各自负责一个项目，A 经理按部就班地做好各项工作，确保项目绩效都符合组织要求，但他很少和公司领导汇报项目进展，只管埋头苦干；B 经理则不同，虽然他的项目绩效一般，但他会经常向领导汇报项目的各种情况，有时是书面的，有时是口头的，还会征求领导对项目的指导意见，并邀请领导到项目中来指导工作。试问从领导的角度来看，哪个项目会让他更有参与感呢？答案显然是 B 经理的项目，尽管 A 经理的项目绩效可能更优，但领导会感觉与自己无关；而 B 经理通过频繁的沟通，让领导感觉这个项目就像他自己在做一样。当两个项目都需要组织给予支持时，领导更有可能会倾向于 B，因为他感觉这是他自己参与的项目。

在另外一些项目中，干系人的参与还有助于项目成功和成果验收。比如在敏捷环境中，需要干系人持续地参与，其中最有代表性的就是冲刺评审会，项目团队将不断迭代的功能向干系人展示，并获得反馈，然后在下次迭代中修改和完善，这样做大大提升了成果交付的成功率，也有利于团队不断收集干系人的需求，并及时调整、适应。

干系人不同，对项目的参与程度和方式也不同，项目经理需具体问题具体分析。

有效的干系人参与的最终目的就是将干系人的影响力尽可能地往有利于项目的方向引导，将不利的影响力和作用最小化，同时提升干系人的满意度（关于干系人的管理后面会详细讲解）。

6.5　原则四：展现领导力行为 ▷

在生活中，我们常常会混淆"领导"和"管理"的概念，将"领导"视为一种身份的属性，用来指组织中的管理者，而将"管理"看作领导的基本职能。

实际上，这两者是不同的概念。

领导（Leadership）和管理（Management）虽然有许多重叠之处，但在本质上有不同的焦点和职责。以下是两者的主要区别：

（1）领导侧重设定愿景和目标，激励团队成员实现愿景，他们关注未来的发展方向和创新。管理关注实现既定目标和维持日常运作，注重规划、组织和控制，以确保组织的效率和稳定性。

（2）领导主要推动变革和创新，鼓励团队成员接受新的挑战和机会。管理则主要是保持组织的稳定性和一致性，通过既定流程和政策管理变化。

（3）领导更强调人际关系，注重培养团队的士气和文化，激发员工潜能。管理更关注任务和流程，确保资源得到有效利用，目标得以实现。

（4）领导通过个人魅力、愿景和说服力影响和激励他人。管理则通过权力和职位执行任务和做出决策。

（5）领导强调创新，鼓励冒险和尝试新方法。管理则强调执行，确保日常工作按计划进行，避免偏差。

综上所述，领导更关注"做正确的事"，而管理更关注"把事情做对"。两者在成功的组织中是相辅相成的，同时具备才能实现长期成功和短期效率。

履行领导职能所需的能力称为领导力。要注意的是，领导力并非特定角色独有，无论是管理者，还是团队成员，都可以展现领导力行为。展现领导力行为涉及多方面的能力和特质，这些行为能够激励和引导团队成员朝着共同目标努力。以下是一些关键的领导力行为：

（1）设定明确的愿景和目标。能够清晰地表达组织愿景和目标，使团队成员理解他们的工作如何与整体战略相关联，并在项目过程中不断强化和再现这些愿景和目标。

（2）以身作则。能够展现出榜样作用，通过自身行为践行组织的价值观和标准。尤其是团队中的管理者和骨干人员，他们的行为会直接影响团队成员。

（3）激励和鼓舞。善于通过鼓励、认可和奖励激发团队成员的热情和动力，使他们愿意为实现共同目标而努力。

（4）有效沟通。能够保持开放透明的沟通，倾听团队成员的意见和反馈，并清晰地传达信息。

（5）决策果断。在面临复杂和紧急的情况时，能够迅速而果断地做出决策，避免拖延。

（6）培养团队创新和变革的精神。促进团队合作，营造积极的工作氛围，帮助团队成员建立良好的工作关系。鼓励团队成员提出新想法和创新，积极推动组织变革，以适应市场和环境变化。

（7）赋予自主权。信任团队成员，给予他们自主决策的权利，提升他们在工作中的责任感和成就感。

（8）解决冲突。能够有效处理团队内部的冲突和分歧，保持团队和谐与凝聚力。

（9）持续学习和成长。不断提升自身的领导能力，鼓励团队成员学习新知识和技能，推动整个团队持续进步。

（10）反馈和发展。定期给予团队成员建设性反馈，帮助他们认识到自己的优势和不足，并提供必要的支持和资源以促进他们的发展。

以上这些行为有助于领导者建立信任和尊重，激励团队成员，并推动组织实现更高的绩效和更大的成功。PMI 提出的人才三角模型，也把领导力作为其中一项必备技能，可见领导力对于项目成功有促进作用。和管理相比，领导力更注重从人性角度出发，运用行为和激励手段，对团队和个人施加影响，确保他们能够聚焦项目目标，并通过项目的成功促进团队和个人的成长。

一般来说，领导力有以下几种类型，如表 6-2 所示。

表 6-2　领导力的类型

领导力风格	举例
放任型	或称"无为而治"，允许团队自主决策和设定目标，有利于创新
交易型	关注目标、反馈和成就以确定奖励，例外管理
服务型	服务优先于领导，处处先为他人着想；关注他人的成长、学习、发展、人际关系、团体与合作

领导力风格	举例
变革型	通过理想化特质和行为、鼓舞性激励、促进创新和创造，以及个人关怀提高追随者能力
魅力型	精神饱满、热情洋溢、充满自信、说服力强、能够激励他人
交互型	结合了交易型、变革型和魅力型的特点

要注意的是，以上各种领导力风格并无优劣之分，每种风格都有各自的应用场景，具体应视项目情况而定，有时也需要进行裁剪，和项目相适应。领导力与个人的成长背景、知识水平、气质特点等密切相关。在现代组织中，涌现出了很多充满领导力的企业家，他们利用自己的个性和能力，带领团队取得成功，比如雷军、马云等。

《PMBOK 指南》中列举了一些有助于提升领导力的实践，项目管理者可以通过实践提升自己的领导力，或者培养团队成员发挥领导力，相关内容读者可以自行参阅。

第 7 章 项目管理原则之过程篇

7.1 原则五：聚焦于价值

组织开展项目是为了实现价值，而价值需要通过可交付成果来实现。长期以来，项目管理将焦点都放在可交付成果的实现上，所有工作目标都指向可交付物，似乎只要完成可交付物，项目就圆满地结束了，成功了。在这种思维主导下，产生了很多的"形象工程"，可交付物本身没有问题，却未能实现任何价值。对于组织而言，此类项目就是对资源的浪费。

组织对价值的发掘源于项目开始前的商业论证，通过战略一致性评估、风险敞口评估以及各类经济指标（如投资回报率、内部收益率、回收期等）的测算，组织决定通过启动项目实现价值。这个过程回答了以下几个问题：

● 为什么要开展这个项目？（项目理由）
● 项目能为组织带来什么样的商业利益？（商业需要）
● 项目与组织的价值战略是否符合？（商业战略）

作为价值实现的路径，项目要始终关注商业价值，简单来说，就是不能忘了我们为什么开展项目。要不忘初心，牢记使命，项目的初心是组织的商业价值，使命就是实现商业价值。在项目生命周期中，可能会发生各种变更，但初心与使命不能忘，要基于商业论证的结果调整项目进展方向，确保其与商业论证保持一致。如果商业论证发生变更，项目也要随之调整；如果项目与商业论证出现严重偏差，那么最好的办法就是终止项目，不再投入资源。

价值既可以是具体的，也可以是抽象的。在同一项目中，不同干系人期望的价值不同，就像中国四大发明中的火药，我们最开始用其炼丹，而外国人将其用来制造枪炮。虽然很难使可交付物满足所有干系人的期望价值，但应充分考虑，求同存异，进行必要的平衡和妥协。从资源角度出发，可优先实现已达成共识、优先级最高的需求，以实现价值的优化。

聚焦于价值要求项目团队将重点放在项目的预期成果上，而不是可交付物本身。有人或许会说，项目的职责是交付成果，实现价值超出了项目团队所应承担的责任范畴，实现价值是组织职能部门或运营团队的工作。聚焦于价值并不是要项目团队去做超出职责范围的事情，而是强调在完成可交付成果的过程中，不能闭门造车，应站在实现价值的角度开展项目工作，为实现价值创造便利条件和机会。

比如，某公司计划开发一套 OA 办公系统，旨在提高公司无纸化办公水平和工作效率，进而节约组织资源，于是委托一家软件开发公司进行开发。如果仅按照项目的职责约定，软件公司只要完成 OA 系统的开发和部署即可，其他事情一概不管。这样可能产生的结果就是，软件虽开发出来了，但并不好用，员工不会用也不愿用，最终并未实现节约资源和提升效率的目标。但如果软件公司在开发过程中充分考虑软件的易用性，同时做好培训工作，充分考虑用户的使用感受和体验，那么结果必然大不相同。

价值的实现既可以贯穿于整个项目期间，也可以在项目结束或完成之后实现，即所谓的短期价值和长期价值。项目团队可通过有效的管理过程，帮助组织早日实现价值。

聚焦于价值这一原则，体现了项目关注重心的转移，也使得项目在组织中的地位愈加重要。在该原则指导下，项目管理者能够以价值为导向，以结果为目标，合理裁剪适合项目的生命周期、开发方法、过程、工具技术和工件，同时，该原则也为评价项目成功提供了新的标准。

7.2 原则六：识别、评估和响应系统交互 ⏩

系统（System）是由相互关联、相互依赖的部分或组件组成的有组织的整体，这些部分共同作用，以实现特定目标或功能。系统可以是物理的、生物的、社会的、技术的或抽象的。这里有两方面需要注意：一方面，系统由多个组件构成；另一方面，多个组件共同发挥作用，缺一不可。

以人体为例，人体本身就是一个系统，它由多个子系统构成，如循环系统、呼吸系统、消化系统等。每一个子系统又由多个组件构成，以消化系统为例，它由肝脏、胃、小肠、大肠等多个器官共同作用形成。每个器官虽有其独特的作用，但必须与其他器官相互依赖和紧密关联，这样消化系统才能正常工作，同时，消化系统又与其他系统相互依赖和关联，维持人体正常功能。

项目如同人体，也包含多个子系统。这并非仅仅针对大型项目或项目集，单个项目内部也存在不同层面的系统，这就要求我们在项目管理中具备系统思维。

系统思维是一种分析和解决问题的方法，侧重于理解事物的整体性及其相互关系，而不仅仅是关注个别部分或单一因素。它强调认识系统中的各部分是如何相互影响的，以及这些交互如何形成系统的整体行为。以下是系统思维的几个关键要点：

（1）整体观念。强调从整体角度看待问题，而不是孤立地分析其各个部分。关注系统的整体行为和性能，而不仅仅是各组成部分的性能。

（2）相互关系。识别和理解系统内部不同部分之间的相互依赖关系。系统中的任一部分都可能影响其他部分，从而影响整个系统的运作。

（3）反馈循环。识别系统中的正反馈和负反馈循环。正反馈循环会增强系统行为，而负反馈循环则会抑制系统行为。

（4）动态复杂性。系统行为可能是非线性的，且会随时间变化。系统中的延迟和积累效应可能引发意料之外的结果。

（5）长期思维。关注系统行为的长期影响，而不仅仅是短期结果。系统的变化可能需要较长时间才能显现出来。

（6）因果关系。理解复杂系统中的因果关系，避免简单的线性思维。一个问题的解决方案可能会在系统的其他部分引发新问题。

将系统思维运用到项目中，我们要重点理解该原则所提及的3点——识别、评估和响应。

（1）识别。要认识到项目并非孤立存在。从外部看，项目处于组织环境中，是组织实现战略目标的途径之一。一个组织内可能同时存在多个项目、项目集，再加上组织的运营工作，构成项目组合，而项目组合本身也是组织价值交付系统的一部分。从内部看，项目的可交付成果和绩效共同构成项目管理系统，比如范围管理中的WBS分解，就是运用系统思维，将整体可交付成果分解为易于管理的部分；十大知识领域也是如此，范围管理、进度管理、成本管理、质量管理、风险管理……相当于把整体管理分解为专门领域，再通过整合管理将其串联起来。项目管理者要识别项目内外系统的构成和联系，从微观角度看待项目，相较于宏观视角，更能强化对项目的理解和认知。

（2）评估。在充分识别项目内外系统之后，下一步就是分析系统间、整体与局部、局部与局部之间的依赖和联系。比如广为人知的项目三大约束——范围、时间、成本，三者相互关联制约，其中一项变化会引起另外两项变化。这种制约依赖关系在项目中普遍存在，清晰地认识到这种关系有助于深入理解项目目标并采取相应行动。我们在面对一个相对较大的整体时，常会茫然无措，不知从何下手，但当我们把整体分解为模块时，就很容易下手了，我们可以把注意力放在单个模块上，看清它在整体中的地位。比如一本书，看起来很厚，其实书中在分章节讨论问题，当厘清每个章节在全书中的作用后，整本书的内容也就了然于胸了。

（3）响应。响应就是采取行动，在识别和分析系统及其组件之间的依赖和联系后，我们就可通过一定的过程和方法来满足其需求。比如我们知道某个关键工作对后续活动至关重要，一旦延误就会影响工期，这时就可以为该关键活动设定缓冲时间或增加应急储备，以应对可能发生的延误。另一种常见的响应情况就是响应项目变更。项目变更不可避免，由于项目的系统性，变更会引起连锁反应，比如客户在项目过程中提出新需求，会直接引起项目范围的变化，而范围变化又会引发进度和成本变化，因为要做的工作增加了，而进度和成本变更会间接导致资源投入发生变化，如果不采取措施，可能导致质量、沟通等问题，进而导致项目风险变化，甚至威胁项目成果。因此，当项目发生变更时，应采取相应调整措施，确保项目不偏离原来的目标。就像我们去旅游时不小心把钱包丢了，这对我们的旅行产生了很大威胁，需要我们响应这个突发情况，并采取应对行动。

关注系统，要求项目管理者具备整体意识和整合技能，要站在一定的高度俯瞰整个项目，"既要见树木，也要见森林"，才不会迷失在系统的复杂性中。十大知识领域中的整合管理就是专门解决此类问题的，后续章节会详细讲解。

7.3 原则七：将质量融入过程和可交付物中 ▐▶

质量是衡量可交付成果满足需求程度的标准，对于项目发起人和客户而言，需求满足程度越高，质量越高，反之则越低。比如你需要一个保温杯，你的需求是冬天能使杯里的水保持一定温度，并能持续较长的时间。当这个需求得到很好的满足时，我们会说这个保温杯的质量很好。

当然，除了客户陈述出来的需求外，还有一些需求是客户未明确表述出来的。比如这个保温杯既要耐用、美观，还要价格便宜，这些称为隐性需求。如果这些需求未被满足，那么客户也会认为这个产品质量不佳，比如这个保温杯虽然保温效果很好，但很脆弱，一磕就坏，那么质量肯定不过关。

项目发起人投入资源，都希望能够最大程度地满足自身需求，而这些需求的满足都要依靠可交付成果，因此可交付成果的质量就成了发起人和客户非常关心的一个方面。那么，如何保证交付质量呢？

首先，制定相应的质量标准。必须详细描述可交付成果需满足的需求，包括陈述的需求和隐性需求。比如一辆汽车，除了良好的操控性、安全性、舒适性之外，还要满足节能、环保、耐用、可靠、性价比高等要求。只有对可交付成果需要满足的需求进行详细、清晰的定义和说明，才有可能在后续工作和活动中去满足。如果没有质量标准，那么可交付成果就不可能依照用户需求去完成。如同法治建设需"有法可依"，质量管理的先决条件也是先制定质量标准。

其次，要有检验质量的标准，包括检验方法、流程和指标。我们常说"实践是检验真理的唯一标准"，一个理论的得出也必须依靠实践来证明。依据可交付成果的质量标准设定检验标准，可以发现不足和缺陷，为成果的最终交付提供依据。比如，教学大纲就像质量标准，它规定了教学活动后学生必须达到的水平，如需认识2000个单词。那么如何检验这个水平是否达到呢？考试就是检验的方式和标准，通过制定合格标准来检测教学质量。达标者可以毕业，说明质量合格；未达标者需要留级、重考，说明质量不合格，这就是所谓的缺陷补救。

一直以来，检查检验作为检验质量的有效方法被广泛使用，软件开发有专门的测试环节，工厂有专门的质检部门，包括我们定期做的体检，也是一种检查检验方式，用来评估身体状况（质量）。但这些都是事后环节，虽然通过检查检验能够发现已经存在的缺陷或其发展趋势，但这是建立在缺陷已出现的前提下，属于事后补救。就像体检中发现某项指标异常，说明问题已经存在，可能病症也已经发生，就需要我们耗费很大精力去补救。那么，是否有办法杜绝此类情况发生，或在质量问题还未出现时就能将其解决呢？中医理论给出了答案，《黄帝内经·素问·四气调神大论》提到"是故圣人不治已病治未病"，即最高明的医生是在疾病尚未发生时就进行预防和治疗，而不是等疾病发生后才治疗。如何"治未病"？中医建议在未生病时，通过调理身体、改善生活方式、加强锻炼等措施增强体质、提高免疫力，预防疾病；在疾病早期，采取适当的治疗和调理措施，防止病情进一步发展或恶化。

如果我们把质量问题比作疾病，那么避免问题的最好办法就是在日常工作中消除隐患，而不是等问题出现后再解决。"把质量融入工作中"就是这个意思。通过制定严格的操作流程、采用先进的设备、提升人员的技术水平、定期进行检查和反馈、进行常态化培训等方式，在日常工作中就做好每个环节，避免质量问题，或在问题出现之前就采取相应措施解决，这就是项目质量管理中的"治未病"。各类质量问题会给项目带来诸多麻烦，导致工期延误、成本增加、资源投入量增加、交付验收风险提升等。虽然把质量融入工作可能增加成本（质量成本），但从实现目标的角度来看，这种投入显然更加值得。

质量管理中有一个重要概念，叫作"持续改进"，正如前文提到的PDCA循环，质量管理是一个不断重复的过程，通过一系列活动和过程，发现问题和缺陷，然后采取行动改进，再发现问题、再改进，呈现出一个只有更好、没有最好的过程。

我们都知道关注质量会给项目和组织带来很多益处，《PMBOK 指南》列出了很多质量管理的方法可供参照。本条原则需要重点领会的是，好的质量不是靠检查出来的，而是通过明确可交付物的质量标准，并在工作中开展相应的过程来实现的。

7.4 原则八：根据环境进行裁剪 ▶▷

达尔文在《物种起源》中提出"适者生存"，适应性是物种得以延续的基本能力，是指个体、组织或系统在面对变化的环境、条件或要求时，能够有效调整和改变自身行为、策略或结构，以应对新情况和挑战的能力。适应性是一个关键特征，它允许个体或系统在不确定和动态环境中生存、成长和成功。

项目的独特性决定了每个项目都处在独特的环境中，而环境充满不确定性和模糊性，没有一种方法能够适用于所有项目。项目团队应根据项目的实际情况对项目管理的方法、治理和过程做出深思熟虑的调整，使之更适合特定环境和当前任务。这个过程就叫作"裁剪"。

当下制造行业提出"柔性生产"的概念，旨在通过灵活的生产流程和技术，快速响应市场需求的变化，以生产个性化产品。通常包括可重新配置的设备、灵活的工作流程和高效的信息管理系统，以实现高效、多品种、小批量的生产目标。而服务行业则流行"个性化定制"，实际上也是企业面对市场环境的快速变化而提出的应对策略。相对于按照计划指标进行生产，柔性生产可以根据市场和竞争对手的实际情况适时调整产量，使资源投入由硬性变为弹性；相对于完全标准化、结构化的产品，个性化定制依据客户需要进行裁剪，既能提升客户满意度，又能增强产品竞争力。

在项目管理中，每个项目都需要裁剪，区别只在于裁剪的内容和方式。通常来说，需要裁剪的内容包括以下几项。

1. 项目生命周期

要确定项目所需的具体阶段（如启动、规划、执行、监控和收尾），根据项目规模和复杂性适当增加或减少阶段，并调整每个阶段的长度和所需活动，以适应项目的独特需求。

2. 项目管理过程

要选择和调整适合项目的项目管理流程，不同项目可能需要不同的规划、执行和监控流程。根据项目规模和复杂性决定各管理过程的详细程度。例如，简单项目可能不需要详细的风险管理过程，复杂项目则需要更深入的风险分析和管理。

3. 关键文档

要确定所需的项目文档类型和数量，如项目章程、项目管理计划、需求文档、风险登记册等。裁剪可以减少不必要的文档，简化文档编制流程。

4. 项目管理方法

选择适合项目的管理方法（如瀑布式、敏捷式或混合式），根据需要进行裁剪，并选择和裁剪适合项目的管理工具和技术，如进度管理工具、沟通工具、协作平台等。

5. 项目治理

根据项目需求调整项目治理结构，包括项目委员会、指导委员会、项目经理的权限和职责。小型项目可以简化审批流程，大型项目则可能需要更严格的控制和审批程序。

可以发现，几乎项目管理中的每个环节都可以进行裁剪，以符合项目需要。项目团队要和发起人、项目治理部门、项目干系人共同进行裁剪，并达成统一认识。要注意的是，裁剪也是一个迭代的过程，项目团队可以对通过裁剪形成的方法或过程进行实践和反馈，沉淀为组织的过程资产。

我们通过比较以下两个项目的裁剪活动来加深理解。

（1）小型软件开发项目。

● 方法选择：采用敏捷方法。

● 流程裁剪：减少迭代长度，每个迭代 1～2 周。

● 文档裁剪：简化需求文档和进度报告，使用简短的用户故事和任务列表。

● 工具裁剪：使用轻量级敏捷项目管理工具，如 Trello 或 Jira。

（2）大型建设项目。

● 方法选择：采用传统瀑布式方法。

● 流程裁剪：详细规划每个阶段的活动和可交付物，特别是设计和施工阶段。

● 文档裁剪：详细编制项目章程、进度计划、成本估算和风险管理计划。

● 工具裁剪：使用专业的项目管理软件，如 Microsoft Project 或 OmniPlan。

最后，要注意裁剪的原则，和很多人寻找伴侣要找适合自己的一样，项目裁剪必须做到"刚好够"。过度裁剪会导致流程的缺失，引发各种风险；裁剪不足则会增加项目负担，降低工作效率，造成资源浪费。"杀鸡用牛刀""小马拉大车"都不合适，适合项目的才是最好的，如此才能使项目价值最大化，管理制约因素并提高绩效。

第8章　项目管理原则之环境篇

8.1　原则九：拥抱适应性和韧性 ▶▶

前面我们讨论过适应性，它指的是项目应对不断变化的环境的能力，上一条原则所说的裁剪就是适应性的一种能力体现，但它更强调有计划的、可预知的适应。然而，我们在项目中还可能遇到一些由内部或外部因素导致的完全未知的情况，比如团队成员突然离职、客户突然提出新需求、新法规的出台对项目产生新的限制，甚至地震、洪水、战争等极端情况，这些情况需要项目团队重新组合、思考与规划，尽量减少这些因素对项目目标的影响。

传统项目管理观点认为，项目管理应严格遵守早期制订的计划，尽量减少变更，即便出现新的不可预见的因素亦是如此，但这种因循守旧的观念已不适合当下复杂多变的环境。人类历史已经证明，当时代巨变时，如果不能尽快做出调整，最终就只能倒在时代的车轮下。

适应性是国家、民族生存发展的必备能力，也是项目最终实现目标的必要能力。当变化发生时，项目团队及时而有效的调整不仅能使项目工作不偏离既定轨道和目标，还能给项目带来改进的机会，通过适应性调整，寻求更好的解决方案。

敏捷就是展现适应性的一种开发方法。敏捷除了说明项目快速迭代、频繁交付之外，还意味着项目能够根据环境和需求的变化，快速而敏捷地采取应对措施、调整策略，积极拥抱变更。

韧性是项目应具备的另一特性，它由两方面能力构成：一方面是吸收冲击的能力，另一方面是从挫折和失败中快速恢复的能力。我们常评价一个人具有坚韧不拔的性格，说的就是他不仅能够承受外部变化带来的冲击，还能在冲击之后快速恢复。由于各种变化，项目可能遭受意想不到的冲击，进而导致失败和挫折。缺乏韧性的项目，会使团队士气低下、绩效下降，最终导致项目失败；而具备韧性的项目，则能从失败中获得经验教训，在短暂低迷后迅速地恢复状态，继续朝项目目标前进。

当然，适应性和韧性并非与生俱来，在项目环境中，可通过一些良好的实践来培养，下面列举几个方法：

（1）较短的反馈循环，以便快速适应。前文提及的敏捷开发方法，采用快速迭代、频繁交付、持续改进的方式，在变化发生时迅速做出反应。

（2）持续学习和改进。不断学习能使团队技能不断提高，使其具备快速调整的能力。就像一个经常锻炼的人，在不同环境下的适应能力相对更强。

51

（3）开放和透明的规划，让内部和外部干系人参与。广开言路，充分听取各方意见，能让我们对项目情况的认识更加清晰，进而对变化做出明确的判断。正所谓"兼听则明，偏信则暗"。

（4）将决策推迟到最后的责任时刻。不要急于下定论、做决策，要充分分析各方面信息，待局势明朗后再做决定，而随着时间推移，不确定性会逐渐降低。

（5）管理层的支持。迅速地调整和变化可能需要向上审批或动用额外资源，这就需要获得管理层的支持。

当然，支持适应性和韧性的能力还有很多，项目需要不断培养这种能力，就像人需要不断提升自己的能力和素质，以应对由于外界变化带来的各种挑战。

8.2　原则十：驾驭复杂性 ▶

如果把项目看作一个系统，其中包含了众多要素，这些要素之间必然会相互作用，这些作用可能难以用语言描述，复杂性便由此产生。尽管不同项目的复杂性各不相同，但都会对项目产生影响，因此我们要不断评估和驾驭项目的复杂性，以便这些方法和计划能够支撑项目团队成功驾驭项目的生命周期。

通常，项目的复杂性源于以下几个方面：

（1）人类行为。项目的执行主体是人，人是一种复杂的生物，其行为、举止、态度和经验会相互作用，并且受种族、地域、性别、年龄、认知、情绪等诸多因素影响。没有一种方法或过程能够放之四海而皆准。

（2）系统行为。系统的要素与要素之间，要素与环境之间，不同系统之间，都会产生复杂关联。有时看似简单的功能，背后牵涉的系统和要素实则相当复杂，是多个要素之间共同作用的结果。以扫地机器人为例，其整个工作流程是首先由感知系统获取周围环境的信息，然后通过中枢运算系统做出判断，再向行为系统发送指令，最后才完成扫地动作。任何一个环节出现问题，都可能导致工作失败。

（3）不确定性和模糊性。人类对无法认识和解释的事情通常都会觉得复杂，就像远古人类面对打雷、闪电等自然现象，由于无法解释其中的原因，就会心生恐惧、敬畏，觉得这些现象深不可测。因为项目具备渐进明细性，所以不确定性和模糊性普遍存在，给项目工作带来巨大挑战，未知环境会让惯有的实践变得无所适从。就像身处伸手不见五指的房间，由于无法用眼睛感知周围环境，我们连行走、取物等平时轻而易举的事情都变得困难起来。

（4）技术创新。新事物的出现是对原有习惯、认识、行为的一种颠覆，这种颠覆会产生新的作用关系，从而导致复杂性。就像计算机刚出现时，人们普遍对它感到陌生，操作计算机被认为是一项高深的技能，需要经过训练才能掌握。此处，对创新的探索也是充满复杂性的一项工作，需要在前人的基础上，开创性地提出新思路，这也并非易事。

复杂性可能出现在项目的各个领域和生命周期中的任何阶段，不受控制，犹如一匹野马，我们必须学会驾驭它，让它为我们所用。通常来说，可从以下几个方面提升驾驭复杂性的能力：

● 明确项目目标：确保项目目标清晰明确，所有团队成员都对项目目标有共同理解。

- 分解任务：将复杂项目分解成更小、更易管理的任务或子项目，这有助于简化复杂性。
- 使用项目管理工具：利用项目管理软件来跟踪任务、资源和进度，帮助团队成员了解项目状态。
- 建立沟通机制：确保项目团队之间有有效的沟通渠道，及时分享信息和更新，避免误解和重复工作。
- 风险管理：识别项目中的潜在风险，制定相应的缓解策略，减少不确定性和潜在的负面影响。
- 灵活的计划：制订灵活的计划，允许在项目过程中根据实际情况进行调整。
- 跨职能团队：组建跨职能团队，确保不同领域的专家能够共同工作，解决复杂问题。
- 持续监控和控制：持续监控项目进度和性能，及时调整计划以应对变化。
- 利益相关者参与：让所有关键利益相关者参与项目，确保他们的需求和期望得到满足。
- 敏捷方法：采用敏捷方法，如 Scrum 或 Kanban，允许项目在开发过程中进行迭代和调整。
- 培训和教育：对团队成员进行培训，提高他们处理复杂问题的能力。
- 简化流程：尽可能简化项目流程，消除不必要的步骤和瓶颈。
- 利用专业知识：利用外部专家的知识和经验，特别是在处理特定领域的复杂问题时。
- 创新思维：鼓励团队成员运用创新思维，寻找新的解决方案来应对复杂性。
- 评估和学习：定期评估项目进展，并从每个阶段中学习，不断改进项目管理方法。

通过这些策略，项目管理者可以更好地驾驭项目的复杂性，提高项目成功的可能性。

8.3 原则十一：优化风险应对 ▶▶

风险源于不确定性，一旦发生，可能对项目目标产生积极或消极影响。我们把积极影响称作机会，把消极影响称作威胁。风险管理的终极目标就是最大化机会并最小化威胁。

为了实现这一目标，风险管理过程通常包括风险识别、评估、应对策略的制定以及监控和审查。在项目初期，团队成员应集思广益，识别所有潜在的风险因素。随后，通过定量和定性的分析方法，评估这些风险发生的可能性和影响程度。基于评估结果，制订相应的风险应对计划，如风险规避、减轻、转移或接受。最后，持续监控风险状态，并根据项目进展和外部环境变化，适时调整风险管理策略，确保项目目标顺利实现。

当然，不同组织对风险的态度和承受能力不同。有的人觉得"风浪越大，鱼越不好抓"，而有的人会觉得"风浪越大鱼越贵"，这就是风险偏好和风险临界值的差异。这种差异必然导致行动上的差别。以下几条共同的原则需要注意：

（1）适当性和及时性应与风险的重要性相匹配。组织要依据自身实际情况来应对风险，采取适当的措施，对风险视而不见或敷衍应对固然会造成严重后果，而过度反应也可能造成资源浪费，适合的才是最好的。

（2）要有成本意识。应对风险需要投入成本，要评估成本投入与风险带来的收益和损失之间的关系，实现资源利用最大化。

（3）要切合实际。风险的应对要从有效性和可操作性角度出发，贴合项目实际情况，避免规划和执行脱节。

（4）要促进干系人达成共识。由于风险偏好的差异，不同干系人对同一风险的态度不同，这会影响应对措施的实施，干系人应充分考虑这种差异，达成共识。

（5）要有专门的责任人。风险管理要贯穿项目始终，这是一项需要持续开展的工作，在项目生命周期中需保持对风险的监督，为每一个风险分配相应的责任人，负责风险跟踪和应对。

关于风险管理，后续有专门章节详细讲解，在此不再展开。

8.4　原则十二：为实现预期的未来状态而驱动变革 ▐▶

这条原则说明项目所承担的使命就是驱动组织变革。在当今的商业环境中，组织和企业需要面对环境和干系人的需求，不断地评估自己的产品和服务，做出快速响应。项目就是做出响应的方式之一，推动组织从当前状态过渡到未来的期望状态。

项目经理应深刻领会组织战略，洞悉变革方向，并为此做好相应准备，努力促使变革成功。面对变革，项目经理需要付出努力，因为变革往往会存在非常多的阻力和障碍，而且，并非所有干系人都能接受变革，因为在变革过程中可能会触及不同干系人的利益，变革的频率和力度也可能导致组织产生变革疲劳而引发抵制。比如历史上重要的变法和改革，都源于国家希望通过变革来改变现状，但无一例外都会受到保守派或反对派的抵制，因为变革可能触及他们的深层利益。变革的成功往往伴随着艰难曲折的过程和残酷的斗争，因此项目要让受影响者做好准备，以采用和维持新的行为和过程，推动组织变革的发生、实现和巩固。

一般来说，驱动变革的过程分为以下几个关键步骤。

1. 明确预期的未来状态

明确组织或项目在未来希望达到的目标和状态，可能包括市场地位、业务模式、产品或服务的创新、文化变革等。例如，一家公司可能希望在5年内成为其行业的领导者，这涉及市场份额、技术创新、客户满意度等具体指标。

2. 解释变革的必要性

分析当前状态与预期未来状态之间的差距，包括组织的结构、流程、技术、文化等方面的不足，如市场变化、技术进步、竞争压力、客户需求变化等。

3. 变革驱动的策略和方法

制定清晰的变革战略和路线图，明确变革的阶段性目标和里程碑。确保变革获得强有力的领导支持，领导者不仅需要具备推动变革的能力和决心，还要确保所有利益相关者理解变革的目的、过程和他们的角色，并积极参与变革过程。同时，为团队提供必要的培训和支持，帮助他们掌握新技能和知识，适应变革。

4. 变革管理的实施

制订详细的变革实施计划，包括具体的行动步骤、时间表、责任人和资源需求。持续监控变革过程，收集反馈，评估变革进展，并根据需要进行调整和改进，确保变革朝着预期目标方向推进。识别和管理变革过程中的风险，制订应急计划，以应对潜在的挑战和障碍。

5. 实现预期的未来状态

在变革过程中，设定阶段性成果和里程碑，及时庆祝小的成功，保持团队的动力和信心。在实现预期未来状态后，继续推进、持续改进，确保变革的成果得以巩固和提升，保持组织的竞争力和适应能力。

项目经理可能不需要参与所有过程，但必须在整个过程中与干系人紧密合作，解决抵制和变革可能产生的问题，提高变革成功率。

以上内容详细阐述了项目管理的 12 个基本原则，它们从不同角度出发，对成功的项目管理提出要求。这些原则虽然不具备强制性，但是给项目管理者提供了一套管理项目的思维框架，在这些原则的指导下，可以依据项目的实际情况采取各种过程和方法。理解这些原则，有助于我们对项目中采取的各种行动进行判断，确定它们可能产生的影响和效果，从而更好地实现项目目标。

第二部分

⋀

项目管理怎么管——项目管理过程组

在对项目管理基本概念和原则进行了深入探讨之后，接下来我们谈谈具体的操作问题。之前的讨论更多地集中在较为理论的概念讲解方面，虽然选用了一些事实和案例来说明，但还是显得比较"不接地气"，很多初步接触项目管理的读者迫切地想知道，到底项目管理要怎么管，要怎么做才能管好项目，这12项基本原则具体要怎么执行。那么接下来我们就从实践的角度来解决这些问题。虽然其中包含了很多可操作性内容，但是要注意，这和真正的项目实践还是有差距的。我们无法穷尽所有的项目环境，也无法针对某个行业提出具体的操作指南，但是通过后面的学习，你可以掌握项目管理的基本框架，知道从哪里入手、下一步需要做什么、面对问题时应该怎么办。

按照人类的思维逻辑，我们要做一件事时，通常会遵循一定的步骤和流程，它能指引我们达到目标。比如去一个陌生的地方，我们可以用导航，它告诉我们什么时候往左，什么时候往右，什么时候掉头；再比如想做一道菜，我们会用菜谱，它会告诉我们先放什么，后放什么，用什么火候，要煮多久。这些帮助我们达到目标的步骤和流程，我们称之为"过程"。

我们已经知道项目管理是为了更好地实现预期目标，也可以理解为项目管理是针对为实现目标而进行的过程所采取的管理活动，需要对过程进行计划、组织、领导、控制，从而实现目标。因为涉及的过程很多，我们按照逻辑顺序把过程分为启动、规划、执行、监控、收尾五大过程组，这就形成了项目管理的基本框架。之所以说是按照逻辑顺序分组而不是按照时间顺序，是因为五大过程组虽然有一定的先后逻辑，但并不是按照严格的时间线来进行的，有时需要重复执行某个过程组，有时多个过程组需要同时开展，并贯穿整个项目。

接下来，我们逐个学习这五大过程组。首先从宏观上考察每个过程组需要完成哪些任务、获得哪些成果，以及它的作用和意义是什么；然后根据2024年发布的《过程组：实践指南》，从微观上来看每个过程组包含了哪些过程，以及这些过程具体是怎么发挥作用的。

第9章　启动过程组

9.1　启动过程组的主要任务 ▐▶

严格来讲，项目并不是从启动开始的，在项目启动之前，组织会根据自己的战略目标，对项目进行谋划和构思，之后进行分析和评估，这些评估主要集中在项目的价值和可行性上，组织要确认项目能带来什么样的价值（包括商业价值和社会价值），并评估项目是否可执行（包括经济上、技术上以及是否合规），完成以上这些，才会正式启动项目。比如要在河两岸架设一座桥梁，最初的想法是基于某些需求，比如交通便利，可以促进两岸交流、贸易发展，有利于经济发展，又能造福人民。接下来要考虑桥要怎么架、资金预算多少、物料需求是什么、采用什么样的结构、以及安全性如何等问题。当这些问题都明确后，项目就可以真正启动了。

项目启动前的这些工作是必要的，无论是商业论证还是可行性分析，都为项目启动提供了依据。前期的工作成果不仅能指导项目工作的开展，还能为项目价值的实现提供检验标准。我们假定这些工作在项目启动之前已经由专业人士完成，并形成了商业文件，如果是来自组织外部的项目，可能是签署的协议或合同。因此启动过程组划定的项目开始的边界，就是我们所要讨论的范围，即从启动开始直至收尾。

"启动过程组包括定义一个新项目或现有项目的一个新阶段，授权开始该项目或阶段的一组过程。该过程组的目的是：协调干系人期望与项目目的，告知干系人项目范围和目标，并商讨他们对项目及相关阶段的参与将如何有助于实现其期望。在启动过程中，定义初步项目范围和落实初步财务资源，识别那些将相互作用并影响项目总体结果的干系人，任务项目经理（如果尚未指定）。这些信息应反映在项目章程和干系人登记册中。一旦项目章程获得批准，项目也就正式立项，同时，项目经理就有权将组织资源用于项目活动。"

以上是《过程组：实践指南》中对启动过程组的描述。其中，核心工作包括两方面：一方面是将项目和组织战略连接起来，为项目开展提供支持和资源；另一方面是获得项目干系人对于项目的统一认识，进而获得对项目的支持。启动过程组的工作主要包括以下几个方面。

9.1.1　确认项目经理

之所以把确认项目经理放在第一位，是因为后续工作需要项目经理的参与，应该说从项目启动开始，甚至在启动之前，项目经理就应该参与到项目中，越早参与，越有助于项目经理更好地理解项目的战略目标和价值，并在后续工作中时刻保持对目标和价值的关注和维护，即便在启动阶段，项目经理还没得到正式任命。

在整个启动过程组中，项目经理的主要任务包括两项：一项是协助项目发起人制定项目章程，另一项是识别项目干系人。前者有利于初步明确项目的一些基本约束和要求，比如范围、成本、预算、工期、可能存在的风险、初步的资源需求等。虽然在这个阶段的要求较为粗略，但这都是后期进行细化的前提。后者则有助于项目经理尽早掌握项目中人的因素，厘清可能影响项目的各种权力、利益关系，以便在项目过程中管理这些关系，这对项目成败至关重要。

9.1.2 确定企业文化和现有系统

项目在特定的组织背景下开展，组织的文化背景、理念、权力运行机制以及工作流转流程等都会直接或间接地影响项目，产生制约或促进的因素。项目经理必须考察并熟悉这些内容。这就如同你刚搬到一个地方，你会熟悉一下周边环境，比如附近地铁站、公交站、便利店、公园、医院等设施的位置，因为这些都会对你的生活产生影响。

我们前面讲过事业环境因素这个概念，通常这类因素是无法改变、不受控制的。企业文化和现有系统就属于这类因素，项目经理无法改变，只能了解、熟悉并适应。尽早掌握这类因素，可以帮助项目经理充分理解这类因素可能对项目产生的制约，以便在后续规划时，能够充分考虑这些问题，并制定应对措施。比如，在国有企业开展项目，必须遵守审批流程，符合合规性，这通常会导致决策审批流程冗长、工期延长，项目经理无法改变这种情况，只能通过制订相应计划来适应，如设置缓冲时间、预留更多时间储备等。

9.1.3 收集过程、程序和历史信息

当项目经理刚接触一个项目时，能获得的信息是很少的，尤其是在启动阶段，有价值的信息更少，这时参考既往案例和经验不失为一种开始工作的好办法。成熟的组织可能还有一些关于项目过程的指南和模板，这些都是开展项目的重要参考。项目经理应尽量收集这类信息。比如你在准备一个考试，在没有教材和讲义的情况下，可以先了解考试题型、大纲，再收集一些以往考生的笔记、练习题、试卷作为参考。

每个项目都是独特的，以往的经验虽不能直接照搬，但可以作为参考资料。项目经理可以根据项目的实际情况有选择地使用。细心的读者可能会发现，这些信息其实就是组织过程资产。

9.1.4 将项目划分为阶段

将项目划分为阶段不仅有助于聚焦管理、高效地集中资源，也能更加清晰地掌握项目不同阶段之间的相互依赖和联系。在阶段关口，通过考察项目绩效情况，还有利于对后续工作进行决策。特别是针对大型项目，划分阶段更为必要。

例如，在软件开发项目中，将整个过程划分为需求分析、设计、编码、测试和部署等阶段。每个阶段都有明确的目标和可交付成果，这不仅有助于团队成员明确自己的任务和责任，还能确保项目按计划推进。在每个阶段结束时进行评审和反馈，可以及时发现问题并调整策略，确保项目质量。此外，阶段划分还有助于风险管理，通过在不同阶段设置检查点，可以有效控制风险，避免问题累积到项目后期而难以解决。

9.1.5 理解商业论证

商业论证是项目启动的依据，项目经理必须深刻理解商业论证，清晰了解项目所要实现的价值，并将其作为项目的最终目标。理解商业论证也有助于理解项目的可交付成果，这对项目范围和质量的定义及其管理监控也有积极作用。

理解商业论证还要确保项目团队成员对商业论证达成共识，从而在项目执行过程中保持方向和目标一致。此外，项目经理应定期回顾商业论证，确保项目进展与商业目标保持一致，及时调整策略以应对市场变化或内部挑战，确保项目能够持续创造预期价值。

9.1.6 了解初始的需求、假设条件、制约条件和风险

由于项目是渐进明细的，在启动阶段很多信息都不明确，项目经理只能获得粗略的信息，就像从远处看风景，起初只能看到大概的轮廓，比较模糊，随着你越走越近，风景才逐渐清晰。

项目开始时，项目经理可能仅得到一个初始的需求、大致的时间节点和粗略的预算，比如某项目计划在市中心建造一个大型的市民广场，以满足市民日常文化娱乐的需求，预计一年建成，投资 1 亿元。这些信息只是大概勾勒了项目的基本框架，但这个广场如何满足需求、具体建设哪些设施、工期能否保证、预算是否足够，均不明确。而且，项目需要达到什么样的质量标准、投入多少资源、会面临哪些风险以及如何应对，这些都无法准确回答。项目经理需要与关键干系人沟通，收集并初步分析这些信息。这有助于项目经理在后续的规划阶段更准确地定义项目范围、制订计划和预算。

项目往往是建立在各种假设条件之上的。项目的假设条件是指在项目规划和执行过程中，被认为是真实或必然的，但并没有具体证据或验证的条件、事件或环境因素。这些假设为项目计划和决策提供了基础，但也带来了一定的不确定性和风险。比如我们假设项目所需资金能完全到位、关键资源能按时提供、各项审批能顺利通过、不会发生剧烈的环境变化，这些假设条件其实就是项目成功的前提有些假设条件无须验证即存在，但有些假设条件可能发生变化，项目经理应该及早明确并持续管理这些假设条件，充分考虑其可能对项目产生的影响。常见的项目假设条件类型有以下几种：

- 资源假设：关于项目所需资源的可用性和能力。
- 时间假设：关于项目进度和关键里程碑的实现时间。
- 技术假设：关于技术可行性和技术环境的假设。
- 市场假设：关于市场条件、客户需求和竞争环境的假设。
- 外部依赖：关于外部供应商、合作伙伴或监管环境的假设。

此外，项目总是受到各种因素的制约，这些因素限制了项目的灵活性，同时也是项目风险产生的根源。比如项目需要一个特殊资源参与才能进行，那么这个特殊资源就成了限制项目的一个条件；再比如项目的可交付成果必须满足一项强制的质量标准才能顺利交付，这些都会制约项目的进展。项目经理必须充分考虑这些制约条件，确保它们对项目产生正向作用。

在项目启动阶段，充分了解以上信息后，项目经理就需要考虑项目的技术可行性、资源需求和时间框架。同时，识别和记录假设条件和制约条件，如技术限制、市场条件或法

规要求。这可以帮助项目经理在项目执行过程中管理预期和风险。

9.1.7 在平衡制约条件中寻找项目可行性

在项目启动阶段，项目经理需要对项目的范围、进度、成本、质量、资源、风险等多方面的制约因素进行初步的平衡。之所以说是"初步的平衡"，因为在这个阶段所获得的信息不够详尽。因此，项目经理必须依赖于历史数据、行业标准以及专家意见做决策。这些初步的平衡决策将为项目的后续阶段奠定基础，但同时也需要在项目推进过程中不断调整和优化。项目经理还需要建立一个有效的沟通机制，确保所有干系人对项目目标和限制有共同的理解，以便在项目执行过程中能够及时响应各种变化和挑战。

比如，在电影《集结号》中，谷子地所在的九连接到了阻击敌人、掩护大部队撤退的任务，任务结束时间为集结号吹响之时，谷子地在接到任务后，快速盘点资源、评估战场态势，提出了几个要求：加强重火力、需要小山炮及弹药、备足炸药和雷管、需要补充人员。

这其实就是谷子地根据各项制约因素提出的成功阻击敌军的可行性方案，虽然考虑到可能面临的不确定性，但在实际战斗中产生的变化是始料未及的。

9.1.8 识别干系人

干系人分析是识别和理解项目中所有相关方的需求、期望和影响力的过程。项目经理应进行干系人分析，以确定哪些干系人对项目成功至关重要，并制定相应的管理策略。该过程包括建立沟通计划，确保所有干系人都能及时获取项目信息并参与项目决策。有效的干系人管理可以减少冲突、增强合作，从而提高项目成功的概率。

在《红楼梦》第四回中，贾雨村刚刚授职应天府，就遇上薛蟠指使家奴打死人命一案，本想秉公执法，门子却提醒他，若想长久做官，就要知道"护官符"：贾不假，白玉为堂金作马。阿房宫，三百里，住不下金陵一个史。东海缺少白玉床，龙王来请金陵王。丰年好大雪，珍珠如土金如铁。

"护官符"指的是当时权势巨大的四大家族——贾、史、王、薛，而且"四家皆连络有亲，一损皆损，一荣皆荣"。

这就是一个典型的干系人案例，书中写道"倘若不知，一时触犯了这样的人家，不但官爵，只怕连性命还保不成呢"。由此可见识别干系人对项目的重要性。

越早识别干系人，项目经理就能越早清楚项目成功的关键因素，从而更有效地规划资源和时间，及早预测潜在的冲突和风险，并提前制定应对策略，确保项目平稳推进。否则，若忽视干系人的利害关系，不但项目的各项工作可能受到影响，甚至会导致项目失败！

9.1.9 确定项目章程

项目章程是将项目和组织战略联系起来的文件，它明确了项目开展的理由，并为项目动用组织资源提供了依据。项目章程通常由项目发起人制定，项目经理可以参与其中，有助于加深对项目的理解。

项目章程是对前期所做工作的总结性汇总，涵盖项目的大致范围，可交付成果的概括性描述，总体工期、成本，高层级风险，重要的干系人和项目经理的人选等。它为项目团队提供了一个明确的方向，并为后续的详细规划提供基础（作为制订计划的主要输入）。项目章程需得到关键干系人的批准，以确保项目初期就获得适当的支持和资源。

部分项目章程还会规定项目治理结构，包括决策流程、沟通机制和监督机制。这有助于项目在执行过程中及时响应变化，保持透明度和责任性。例如，可以设立项目指导委员会，负责审批关键决策和解决重大问题，项目经理需要与项目发起人及其他关键干系人合作，建立一个有效的项目治理结构。

9.1.10　准备项目启动会议

项目启动会议是向所有干系人正式介绍项目、传达项目目标和计划的重要活动。项目经理应准备会议议程，确保所有关键信息都被涵盖，包括项目目标、范围、初步计划、资源需求和预期挑战。通过该会议，项目经理可以获得干系人对项目的承诺，增强项目团队的凝聚力，确保所有成员对项目有共同的理解和期望，这对未来项目的开展有着重要的作用。

项目启动会议标志着启动过程组结束，意味着项目正式启动，确立了项目在组织中的地位，项目经理将在组织授权下，围绕项目目标开展后续的工作。

9.2　启动过程组的主要过程 ▐▶

在《PMBOK 指南》中，PMI 采用结构化的方式来展示项目管理的 49 个过程。每个过程由输入（Input）工具和技术（Tools&Techniques）以及输出（Output）组成，简称 ITTO。该框架为刚开始接触项目管理的人士提供了开展工作的各类要素参考，确保关键要素都被考虑到。在实际工作中，项目经理可以对过程的输入及工具和技术进行裁剪，可以采用灵活的方式，只要确保最终输出的正确性即可。

接下来我们将逐个分析这些过程，对重点的 ITTO 进行讲解，加深大家对整个过程的理解，所有的 ITTO 均来自《PMBOK 指南》（第六版），个别的术语表述可能有所差异。对于某些重复的输入、输出及工具和技术只说明其在该过程中的作用，读者也可以结合本书的第 17 章内容进行查阅和进一步掌握。

9.2.1　制定项目章程

1. 过程概述

1）输入

（1）商业文件。包括：

● 商业分析：描述项目的商业需求、预期收益、成本分析和投资回报率等。

● 效益管理计划：概述项目成功后预期的效益及其实现时间表。

（2）协议。包括与客户签订的合同、谅解备忘录、服务级别协议等，其中详细描述项目范围和要求。

（3）事业环境因素。包括行业标准和法规、市场条件、组织文化和结构、基础设施、现有的人力资源、风险承受度。

（4）组织过程资产。包括标准化指南和模板、历史信息和经验教训数据库、项目管理制度和程序。

2）工具和技术

（1）专家判断。来自具有相关经验的专家或顾问的意见和建议。

（2）数据收集。包括：

- 头脑风暴：团队成员集思广益，提出项目目标和范围。
- 焦点小组：比头脑风暴更进一步，参与人员都是某个领域的专业人士，讨论的问题也聚焦于该领域。
- 访谈：与关键干系人进行面对面的交流，收集需求和期望。

（3）数据分析。假设情景分析：分析项目假设和限制，评估其对项目的影响。

（4）人际关系与团队技能。包括：

- 冲突管理：解决利益干系人之间的分歧。
- 引导：引导讨论，确保所有观点得到充分表达，以便达成共识。

（5）会议。包括启动会议、研讨会等，组织干系人进行项目讨论和决策。

3）输出

（1）项目章程。包括：

- 项目名称和描述。
- 项目目的和商业目标。
- 主要交付物。
- 项目时间表和里程碑。
- 项目预算。
- 项目范围。
- 项目经理及其授权。
- 主要干系人及其职责。
- 高层管理人员和项目发起人的批准签名。

（2）假设日志。记录所有的假设条件和制约因素。

2. 过程要点

通过项目章程内容的学习，我们知道要得到一份项目章程，需要整合一系列信息，包括项目的主要概况（如项目的主要交付成果、大致的工期和预算、可能存在的风险和制约因素等）。这些内容主要来自以下两个方面：

（1）项目的商业论证。也称作项目的立项文件，包括商业分析和效益管理计划。其中，商业分析记载了项目启动的商业因素；效益管理计划用于定义和规划项目预期效益的管理和实现过程，该计划详细描述了如何识别、量化、监控和评估项目效益，以确保项目目标和商业价值的实现，它为实现项目目标提供了时间、路径、方法和检验标准。

（2）签订的协议。协议是一种契约文件，一般和组织外部签订。当组织作为项目的服务方（即乙方）时，与甲方签订的协议会对具体的服务内容、服务期限、服务价格、质量标准、验收条件等做规定性说明，这些均可作为制定项目章程的依据。

事业环境因素和组织过程资产几乎在所有过程中都可作为输入，它提示项目经理要充分考察项目所处的内外部环境，因地制宜，同时要善于利用组织以往的经验和知识库。就像在战场上，既要充分考虑己方和敌方的兵力、装备情况，又要考察战场的环境、气候、国际关系等因素；还要参考以往的战斗情况、战后复盘总结等。可用两句话概括：一是"知己知彼，百战不殆"；二是"他山之石，可以攻玉"。

制定项目章程采取的工具和技术主要是充分听取各方面的意见和建议（专家判断），收集和分析各类数据，同时利用人际关系技能，识别干系人对于项目可能存在的冲突并采取措施，使各方意见趋于统一、达成共识。召开会议也是常用的工具，主要用于沟通信息，统一各方意见。

通过以上步骤，最终输出一份项目章程，具体内容可概括为"三高两总三人"。三高指高层级需求、高层级项目描述和边界定义、高层级风险；两总指总体里程碑进度、总体预算；三人指项目经理、项目团队和干系人。这里的高层级可理解为宏观的、概括性的、粗略的。要注意，项目章程是正式批准项目和任命项目经理的重要文件，制定后需要得到发起人和重要干系人的批准，获批后将作为项目重要的文件进行管理，不得随意变更，只有发起人能够对项目章程进行修改和维护。

9.2.2 识别干系人

1. 过程概述

1）输入

（1）项目章程。提供项目的正式授权和高层次信息，帮助识别初步的干系人。

（2）商业文件。包括：

● 商业案例：描述项目的商业价值和预期效益，帮助识别相关干系人。

● 效益管理计划：确定项目预期效益和相关干系人。

（3）项目管理计划。包括：

● 沟通管理计划：确定项目的沟通需求和干系人。

● 干系人参与计划：包含对干系人参与的策略和方法。

（4）项目文件。包括：

● 变更日志：记录项目的变更及其影响的干系人。

● 问题日志：记录项目中的问题及相关干系人。

● 需求文件：确定项目需求及其干系人。

（5）协议。与项目相关的合同和其他协议。

（6）事业环境因素。包括组织文化和结构、政治气候、行业标准和法规、现有的人际关系网络。

（7）组织过程资产。包括标准化指南和模板、历史信息和经验教训数据库、干系人名录和联系信息。

2）工具和技术

（1）专家判断。借助具有相关经验的专家的知识和见解，识别和分析干系人。

（2）数据收集。包括：

- 问卷调查：收集干系人信息。
- 头脑风暴：识别潜在的干系人。

（3）数据分析。干系人分析：评估干系人的利益、影响和参与度。

（4）数据表现。干系人映射分析/表现：使用工具（如权力/利益方格、权力/影响方格等）将干系人的影响力和参与度可视化。

（5）人际关系与团队技能。引导：通过引导会议和讨论，识别和分析干系人。

（6）会议。包括启动会议和其他相关讨论，识别和确认干系人。

3）输出

（1）干系人登记册。记录干系人的详细信息，包括姓名、职位、角色、联系方式、影响力和兴趣等。

（2）变更请求。根据识别到的新干系人或变化，可能需要对项目管理计划或文件进行更新。

（3）项目管理计划更新。包括：

- 沟通管理计划：根据新的干系人信息更新沟通策略。
- 干系人参与计划：根据新的干系人信息调整参与策略。

（4）项目文件更新。包括：

- 假设日志：记录与干系人相关的假设条件和制约因素。
- 问题日志：更新与干系人相关的问题。
- 风险登记册：记录与干系人相关的风险。

2. 过程要点

识别干系人的过程应和制定项目章程同时开展，最终成果是干系人登记册。该文件记录了可能影响项目或受项目影响的个人、团体或组织的具体情况，包括但不限于姓名、职位、角色、权力、影响力和兴趣。要注意，识别干系人的过程在整个项目的生命周期中并不是一次性的，随着项目推进，干系人可能会发生变化，有的退出，有的加入，所以该过程应持续开展，或定期开展，以适应项目的变化。

项目章程中已识别出的高层级干系人可以作为参考，并列入干系人登记册。商业文件主要描述项目的商业价值和效益情况，这有助于我们确定价值和效益的最终归属方，如同企业的最终受益人，这些归属方应作为干系人被识别。项目管理计划虽然是规划过程组的输出，但由于该过程是反复开展的，那么已制订的计划就可能影响干系人的识别，比如沟通管理计划，规定了项目中如何进行信息的沟通，包括沟通的内容、方法、渠道、频率，这些都与干系人息息相关；干系人参与计划也是如此，干系人如何参与项目决定了对干系人的识别，比如该计划要求负责项目某项审批的人员必须知晓并支持项目情况，那么我们可据此识别负责项目审批全链条中的人员，如办事员、主管、经理或主任等。

部分项目文件也有助于识别干系人，比如需求文件，其中记载了项目的所有需求，而需求又与干系人紧密相关，一个需求往往对应一个干系人，那么便可从需求去识别干系人；变更日志和问题日志也是如此，可通过变更和问题追溯来源、识别干系人。

该过程采取的工具和技术主要包括两个方面：第一，尽可能地识别出项目中的干系人，可借助专家的知识和见解、组织团队进行头脑风暴等，发挥集体的力量。正所谓"三个臭皮匠，赛过诸葛亮"，这是项目管理中一个很重要的思想，后续很多过程都体现了这一思想。第二，对已识别的干系人进行分析，可以从权力、利益、影响等维度进行评估，这实质上也是对干系人进行优先级排列的过程，因为在项目中识别出来的干系人可能很多，受时间和精力限制，不可能一视同仁，必须按照一定的标准对其进行分类，重点管理高优先级干系人。干系人分析可以采取单一标准，比如按照权力大小排序，也可以采用多个维度综合评估。为了直观呈现干系人的影响力和参与度，可使用权力/利益方格、权力/影响方格进行展示。

一般来说，项目过程中的输出会产生以下几类结果：一是全新成果，二是产生变更，三是引发更新。比如改造房间，在添置新家具后，房间格局就会发生变化，需要调整，而为了搭配新家具，可能还需重新粉刷墙面等。这类情况在很多过程的输出中都会出现，掌握这一规律有助于大家对输入输出进行记忆、理解。

识别干系人的输出是干系人登记册，我们可以称之为干系人登记册1.0版本，因为后续还会更新。随着干系人识别过程的推进，可能会引发变更请求，进而需要更新项目管理计划和项目文件。比如，项目进行到中途，业主单位更换了一位领导，项目团队需识别该干系人，通过分析，发现其对项目提出的需求与之前不同，而且汇报习惯也发生了改变，项目团队需同步更新项目的沟通管理计划、需求清单、问题日志等来适应这种变化。

第 10 章　规划过程组

《礼记·中庸》有云："凡事预则立，不预则废。"意思是做任何事情，事前有准备就可以成功，没有准备就会失败。在启动过程组之后，组织决定开展项目，并任命了项目经理，授权其利用组织资源去实现目标。接下来项目经理要怎么做项目？这是紧接着需要考虑的问题。

虽然在启动过程组，项目经理已经对项目概况有了一定的了解，项目章程中关于项目的描述也能提供相应的参考，但这还远远不够，还需要更多更详细的信息来支撑项目工作的开展，规划过程组的活动就因此而展开。

规划过程组包括明确项目全部范围、定义和优化目标，并为实现目标制定行动方案的一组过程。随着收集和掌握更多的项目信息或特性，项目很可能需要进一步规划。项目生命周期中发生的重大变更可能引发重新开展一个或多个规划过程，对计划进行多次修改、完善。这种对项目管理计划的持续精细化叫作"渐进明细"，表明项目规划和文件编制是迭代或持续开展的活动。本过程组的主要作用是确定成功完成项目或阶段的行动方案。

总体来说，这个过程组最重要的成果就是要得到一份项目计划，或者说项目的行动方案，它是通向项目目标的桥梁。一份好的计划必须具备以下三方面的特点：

（1）全面性。计划应该能够覆盖实现项目目标的所有工作，要充分考虑项目工作的各个环节，做到不遗漏，比如日常生活中需要考虑衣食住行，处理柴米油盐酱醋茶等细节。考虑得越全面，实现项目目标的可能性就越大，项目成功率就越高。

（2）可操作性。计划要切实可行，能通过一定的过程和活动产生结果，项目团队可以根据计划的指导开展工作。因此，要充分考察项目实际情况，因地制宜来制订计划，避免脱离实际、无法落地。

（3）灵活性。俗话说"计划赶不上变化"，项目出现变更是常态，计划需能充分应对可能出现的变化，灵活地进行调整，使之与实际相适应。比如备选方案就是应对变化的一种方法。

关于规划过程组还应注意以下几点：首先，项目计划并非一蹴而就，任何计划都不可能完美无瑕，因此项目规划活动可能需要在生命周期内重复开展、不断细化；其次，项目管理计划是综合性的计划，其中包含多个专门领域的子计划、关键绩效的基准（范围、进度、成本）以及规划中产生的项目工件（项目文件）；第三，项目管理计划需要获得干系人的一致同意，并获得审批，经审批的计划一般不得随意改动，将作为执行过程组和监控过程组的依据。

规划过程组共有 24 个过程，占全部 49 个过程的近一半，可见项目管理的一个重要思想就是重规划。俗话说"磨刀不误砍柴工"。这 24 个过程中，除一个起整合作用的过程外，其余过程涵盖了九大领域，包括范围、进度、成本、质量、资源、沟通、风险、采购和干系人，我们需要对项目的这些领域逐个进行规划。

10.1 规划过程组的主要任务

10.1.1 规划的规划先行

前文提到规划过程组主要对项目的九大领域进行详细规划，但在具体规划之前，需要先对"如何规划"进行说明和规范，即"规划的规划"。比如，在规划范围管理中，会得到一份范围管理计划，该计划对如何进行范围管理做了定义和说明，如采用的方法、运用的标准以及在执行过程组和监控过程组如何操作、监督、控制，相当于指南的作用。在该计划的指导下开展后续的规划工作。总结来说，每个领域的第一个规划过程是"规划××管理"，其输出是"××管理计划"（干系人管理例外，分别为"规划干系人参与"和"干系人参与计划"）。尽管这些管理计划的内容不同，但其作用非常相似，均为某个领域的管理提供指导。

10.1.2 弄明白项目要做什么

规划的第一步是明确项目要做什么，用专业的术语表述就是项目的范围。因为项目具有临时性，且能够利用的资源有限，因此要使资源效益最大化，就要做且只做该做的事。项目范围为项目框定了边界，确定了目标，明确了项目应做什么、无须做什么。项目的范围将项目需求和可交付成果联系起来，即始于用户需求，终于可交付成果。每个需求都需要通过可交付成果来满足，每个可交付成果都对应某一需求。因此，范围规划的开端就是收集需求，项目团队要运用各种方法去挖掘用户需求，再根据需求提炼出项目的范围说明。需求和范围的不同之处在于：需求可能是零散的、片面的、具有主观性的，范围则是系统的、全面的、客观存在的。比如用户对需求的描述可能是"想要一间采光通风好、宽敞的房子"，而对范围的描述应是"用户想要一间面积50平方米、坐北朝南、有两个以上窗户的房子"。定义范围需把用户需求转化为项目团队可执行的工作内容，对满足需求的可交付成果进行详细描述，并提供验收标准。

当范围定义的可交付成果规模较大、比较复杂，不利于工作开展时，可采用系统思维的方法，将其分解为较小的部分，分别进行管理，如此便能降低管理难度。管理学中有个名词叫作管理幅度，一般一个人的管理幅度是 5 ~ 7 人，超出该范围可能会导致管理不到位。比如在战争中，将军指挥几万人的大兵团作战采用的就是分解的办法，部队中的最低建制是班有 8 ~ 12 人，依次往上是排、连、营、团、旅、师、军，最高指挥员的指令层层下达，各层只管好自己层面上的人员，这样几万人的部队就能按照计划开展行动。因此将军实际上主要管理的是手下的几个师长。

项目的范围在经过收集需求、定义范围、工作分解的过程后，就基本形成了，项目团队可以根据制定的范围基准开展工作，只要完成范围基准内的成果，项目即可宣告结束，既不多做，也不少做。

10.1.3　时间就是生命

工期和进度是项目管理中非常重要的制约因素和绩效指标，主要表现在以下两个方面：一方面，工期和进度与成本息息相关；另一方面从实现价值的角度看，越早交付意味着越早实现价值。"项目什么时候能完成？"成了项目管理中最常被问到的问题。项目的时间管理也叫作项目进度管理，在规划阶段的主要任务就是对完成项目工作所需的时间进行规划和安排，确保项目按时完成。

如果说范围管理关注的是可交付成果的问题，那么进度管理关注的则是完成可交付成果所需进行的活动，因为只有活动才会耗费时间。因此，进度规划的起点就是项目的工作分解结构（WBS）。WBS是将可交付成果分解成易于管理的较小部分的技术，分解后的成果叫作工作包，即整体的一部分。进度规划即从工作包入手，将完成工作包所需进行的活动进行分解。比如某道菜是宴席的一部分，完成这道菜具体可分解为购买食材、清洗食材、入锅烹制、装盘上桌等活动。一个成果包括多个工作包，当每个工作包都分解为活动后，便得到一份完成可交付成果的活动清单，这份清单是进行进度规划和后续成本规划的基础。项目的工作分解结构如图10-1所示。

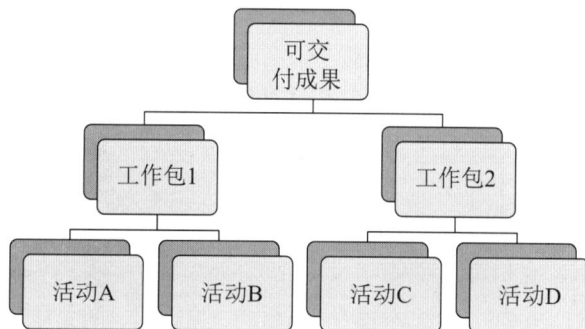

图 10-1　项目的工作分解结构

经验表明，当同时面临多个活动时，我们会对这些活动的顺序进行排列，找出最高效、省时的路径。由此可见，活动顺序会对项目的工期和进度产生影响，我们可以利用活动之间的依赖关系，调整其执行顺序，确定哪些先做、哪些后做、哪些可同时做，以此来规划项目进度。

当活动顺序排好后，就要考虑影响进度的两个变量——活动持续时间和投入的资源数量。活动持续时间如同一条线性的时间轴，串联起各个活动，要知道完成这条时间轴所需的时间，最简单的办法就是估算每个活动的时间，然后把它们相加，所得数值即各个工作包所需的工期。同理，把各个工作包的工期进行汇总，就能得到项目总工期。

至此，我们已基本完成了项目的进度规划，既有项目总工期，又有每个活动需要完成的时间节点，将这些信息用一定的可视化模型呈现出来，就得到了项目进度计划。比如通过甘特图可以直观地看到每项任务的起止时间、持续时间以及任务之间的依赖关系。

10.1.4　需要付出多少代价

活动的进行需要成本，不管是材料成本、人工成本还是固定成本、可变成本，都意味着项目活动必须付出一定的代价。成本规划的目的就是明确完成项目究竟需要付出多少代价，因为每个项目的成本投入都是有限的，组织不可能无限制地对项目进行投入。项目章程中已对整个项目的总成本有了规定和约束，项目必须在这个约束下完成。因此，必须较为精确地对项目所需成本进行估算、汇总，避免超出预算约束。

成本规划相对比较简单，可以依据之前已分解完成的活动清单，对每项活动所需的成本进行估算，然后汇总，从而得到项目的总成本，如图10-2所示。然而，该估算是根据项目范围和进度规划得来的，在实际的项目环境中会产生各种变更和风险，如果我们只是按照估算的结果来准备项目资金，就有可能出现资金短缺、项目无法继续的情况。就好比外出旅游，我们可以估算住宿、餐饮、游玩、交通、购物等活动的花费，但如果旅途中出现突发情况，如生病、路线临时改变、天气原因导致滞留某地，所备资金就可能不够用，所以我们通常会多准备一些资金，以备不时之需。在项目成本规划中也是如此，在估算活动成本后，针对可预见情况的不确定性，为每个活动预留一定冗余，这就是制定应急储备。将活动成本和预留储备汇总后，就得到了项目预算。同时，为应对不可预见的不确定性，可在预算之外再设定一定冗余，这部分冗余叫作管理储备。汇总的成本 + 应急储备 + 管理储备 = 项目的资金需求。由于成本估算的依据是不同时间点进行的活动，因此项目的资金需求具有阶段性和时间属性，这为后续进行成本监控提供了依据。

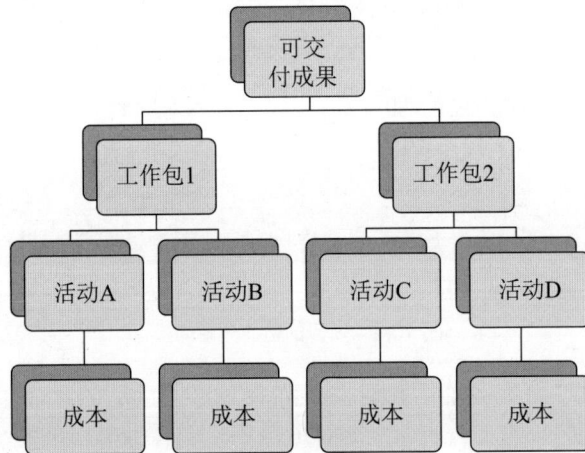

图 10-2　项目的成本规划

10.1.5　要做到什么程度

范围、进度、成本通常被称为项目的三大制约因素，是项目中最重要的 3 个绩效要素，它们相互联系、相互制约，要求项目管理者在项目过程中对它们进行平衡。但这种平衡必须以保证质量为前提。项目管理者可以通过赶工期、压缩成本、调整范围等方式来平衡，但绝不能牺牲质量。

质量是可交付成果满足需求程度的一种度量，因其与需求直接相关，就决定了质量和交付相关，符合质量标准是可交付成果成功验收的前提，也是项目成功的基础。因此，在项目开始之前有必要进行质量规划。比如，当客户想要一个保温杯时，他会提出很多需求，包括保温效果、容量大小、耐用程度、材质环保性、便携性、外观美感、价格合理性等，当这些需求的满足程度越高，客户就会觉得这个产品质量越好，反之则会觉得这个产品质量差。因此，在质量规划阶段，需重点解决以下 3 个方面的问题：第一，用户想要的质量标准是什么？第二，如何达到用户要求的质量？第三，如何检验产品是否符合用户的质量标准？

在质量管理规划中，项目团队需要对上述 3 个问题进行回答。"达到怎样的质量"是质量标准的问题；"如何达到质量要求"是质量保证的问题；"如何检验质量"则是质量控制的问题。在规划中我们可以说明将会采用更好的工艺、更先进的设备，执行更严格的工艺流程，安排更熟练的员工，开展更多的技能培训等来保证质量；还会说明采用什么标准进行测试、抽查、质量评审、质量审计，以确保产品无缺陷。如此，一方面能够增强发起人和干系人对项目成果交付的信心，另一方面也为产品需达到的质量标准提供了答案。

要注意，可交付成果的质量并不是越高越好，因为高质量意味着需要投入更高的质量成本，而这和项目成本是有关联的。因此，做到"刚刚好"就是最好的状态，而不是矫枉过正、片面追求高质量。

10.1.6　兵马动，且粮草行

项目的开展需要投入资源，除了资金这一最重要的资源外，还需要人力、工具和设备等。有的人会说，有了资金，剩下的东西要多少有多少。但实际情况并非如此。比如你的项目需要一个关键的专家资源，但这名专家非常忙，其他项目也需要他参与，这种情况就不是花钱能解决的，你可能需要预约、排期，倘若这个专家资源无法参与项目，后续工作便不能开展。

可见，项目的资源管理并不是单纯花钱那么简单，更重要的是能够确保你需要的资源在你需要之时能够使用，为了达到这个目的，对资源进行规划就显得十分必要。一般来说，资源可分成两大类：一类是人力资源，另一类是实物资源。人力资源就是单一的人；实物资源涵盖的范围比较广，比如机器、设备、原材料、土地等。在现代社会，这两类资源的管理和优化配置对于组织的成功都至关重要。

资源规划的第一步是要了解项目所需资源。可以根据分解后的活动清单来匹配资源，包括需要哪些人、需要什么设备以及什么时候需要、可以尽量对这些资源的属性进行详细描述，方便在后续获取资源的过程中快速获取适合的资源。

第二步，考虑资源的数量问题，这与之前的进度规划密切相关，是影响项目进度的另一个变量（之前提到的一个变量是活动顺序）。原因很简单，一项活动由 1 个人做和由 2 个人做，所需要的时间不同，所以估算资源的输出要作为制订进度计划的输入。由于资源的投入需要成本，因此估算资源又和估算成本过程存在关联。

古代作战讲究"兵马未动，粮草先行"，强调的是后勤的保障和行动的关系。粮草是资源，是支撑战争的基础，先行即提前做好准备。实际上，更重要的不但是先行，还必须随行，因为战争需要持续一定时间，必须保证资源随时可用。项目管理也是如此，既要对所需的资源种类、数量进行规划，更需要规划如何保证资源在需要的时候能够使用，也就是"兵马动，且粮草行"。

10.1.7　规划沟通和干系人参与

干系人的重要性在启动过程组已经讲过，且有效的干系人参与对项目成功有很大的帮助。在项目启动阶段，我们已对干系人进行识别和分析，形成干系人登记册，并对其进行了优先级排列。而接下来在规划过程中，我们需要考虑如何让干系人参与项目，不同的干系人对项目的作用不同，规划的目的就是要让干系人对项目起到推动和促进的作用，减少反对和阻碍的作用。

之所以把沟通和干系人放到一起，是因为沟通是促进干系人参与的一个重要手段。沟通管理也是项目管理十大知识领域之一，沟通不足、沟通不畅导致的项目问题很多，甚至会威胁到项目目标的实现。我们在生活中出现的很多问题也是因为沟通引起的，比如夫妻间吵架，亲子间出现代沟，大多源于沟通不足；人与人之间的矛盾也大多是因为沟通不畅或无效沟通导致的。沟通的本质是信息的流动，信息包括的范围非常广泛，香农对信息的定义是"能够消除随机不确定性的东西"。当信息缺乏时，我们面临的随机不确定性就越大，进而引发信息焦虑，这种情绪外化后就会导致问题和矛盾的出现。比如丈夫晚归，妻子不知其去向，于是产生各种猜测，由此引发夫妻矛盾，但如果丈夫明确地告知妻子是因为工作忙，需要加班才晚归，不确定性就会消除，矛盾也就随之消失。

项目开展的过程中会产生很多信息，这些信息是消除干系人对项目不确定性的来源，也是他们对项目有参与感的证明。因此，在规划过程组，项目团队必须对沟通进行规划，包括沟通的内容、对象、方式、渠道及频率。简而言之，就是在对的时间把对的信息以对的方式传递给对的人，并获得对的反馈。前文说到，项目经理90%的时间应用于沟通，在具体项目中，面对不同的干系人，除了沟通信息之外，沟通情感也同样重要，这也是人际关系技能的一方面，属于项目经理的软技能。

10.1.8 面对风险，未雨绸缪

《左传·襄公十一年》有云："居安思危，思则有备，有备无患。"意思是在安定时要考虑潜在的危险，考虑到危险就会有所准备，有所准备就可以避免灾难。《道德经》中也提到："祸兮，福之所倚，福兮，祸之所伏。"意思是灾祸与福祉相互依存，灾祸中可能蕴含福祉，福祉中也可能潜藏灾祸。古人的经验告诉我们，要充分认识到现实中随处存在的不确定性，并尽早做好准备。同时，有些不确定性可能并不明显，往往隐藏在看似平静和和谐的状态下，要从意识和行动上识别并积极应对这些不确定性。

项目的风险管理也是如此。项目的独特性和渐进明细的特点决定了其不确定性无处不在，不确定性也被称作风险，表现为机会和威胁。比如人们常说的"股市有风险，投资需谨慎"，这提示我们股市投资既可能盈利，也有可能亏损，结果具有不确定性。在明确了项目的主要目标和制约因素后，项目团队要考虑项目可能存在哪些风险，这些风险具体会对项目产生什么样的影响，以及该如何去应对，这些就是风险规划要解决的问题。

风险规划是基于组织对风险的态度偏好和承受能力决定的，项目团队要明确这些因素，同时开展风险识别工作。在项目管理中，涉及"识别"的过程要做的事情都很类似，就是尽量穷尽所有的可能，识别干系人如此，识别风险也是如此。识别的结果是风险登记册，将项目可能存在的各类风险一一罗列，并说明风险来源，初步分析风险可能带来的影响。

本着应收尽收的原则，初始的风险登记册可能非常庞大，记录了几十甚至上百个风险，这固然对项目成功有益，但过多的风险要一一进行监控和管理，这无疑是困难的，因

此，紧接着就需要对识别出的风险进行优先级排列。可以依据风险发生的概率和风险产生的影响两个维度对风险进行评估，找出优先级较高的风险进行重点管理。针对这些优先级较高的风险，可能还需要进一步评估和分析，明确其对整个项目的影响程度及发生概率。经过评估分析，我们对风险的认识已非常深刻，不仅了解具体有哪些风险，也知道每个风险发生的概率和影响，这些都有助于接下来制定风险应对措施。

制定风险应对措施也是风险规划的一项重要工作，针对已识别出的每个风险都应制定相应的应对措施，并指定相应的风险责任人，确保在风险发生时，不至于产生混乱，因为在这之前，团队已经做好了应对方案，只要按照方案去应对即可。我们在生活中会对一些重要的风险制定应急预案，并在日常进行演练，比如火灾、地震应急演练等，这其实就是风险应对措施，一旦出现此类情况，就可按照预案有效应对。

风险规划能帮助项目团队更加清晰地了解项目所处环境，对增加项目的适应性和韧性都有帮助，其目的是将不确定性中的正面因素充分挖掘发挥，尽量避免和减轻负面因素。风险规划的成果会对项目的范围、进度、成本、质量、资源、沟通等领域产生作用，可以作为这些领域规划的参考和依据。

10.1.9 买还是不买，这是值得考虑的事情

项目开展需要各种各样的资源，大部分资源可从组织内部获取，但某些特殊资源可能需要从外部获取。外部资源的获取通常是有偿的，涉及采购活动。采购的内容可以是货物，也可以是服务。采购的过程本身并不复杂，但采购之前的决策和采购过程需要项目团队进行规划。

前文提到，在资源规划中，项目团队会仔细盘点项目所需资源，包括人力资源和实物资源，该过程除了定义资源的数量、要求外，还要明确资源的来源以及如何获取，通常来说，资源可以通过谈判、协调、购买、租赁、自制等渠道获取，当有多个渠道可以获得资源时，团队必须进行评估，评估的标准包括获取的便利性、资源的可用性、成本因素、风险因素等。比如，你有一辆车需要停车位，到底是选择租停车位还是买停车位，就需要进行测算，在使用上没有区别的情况下，你可能会评估哪种方案更经济，结合自身承受能力，最终得出结论。项目采购规划也是如此，要对资源的获取方式进行评估和决策，此时可借助自制采购分析工具。

当决定从外部采购资源之后，进一步的规划就是确定如何采购，包括采购的方式流程、卖方的选择标准、交付方式、合同选择等，以上所有内容共同构成项目的采购管理计划，用以指导项目中的采购行为。项目团队必须谨慎且具有远见地评估采购活动，除了遵循利益最大化原则外，还要考虑采购可能造成的风险因素以及是否会对其他的绩效领域产生影响。因为采购涉及第三方，不可控和不确定性因素会大大增加，充分评估这些因素可以降低采购风险，充分保证项目目标不受影响。

采购规划的成果会对项目的进度、成本、质量、沟通、风险和干系人领域产生作用，可以作为这些领域规划的输入。

10.1.10 需要考虑的其他问题

除了对项目管理十大知识领域的内容进行充分规划外，规划过程组还需要考虑一些其

他问题，这些可能并不属于十大知识领域的内容，但是对项目的执行、开展，乃至目标实现都会产生重大影响，项目团队也必须对这些因素进行规划。

首先是规划变更。我们已经知道项目中的变更不可避免，唯一能做的就是对可能发生的变更进行有效控制，防止随意、无序、失控的变更对项目产生威胁。可以规划如何提出及评估变更、谁有权拒绝和批准变更、变更之后如何跟踪结果及进行反馈等，从而制定一套有效的控制流程，我们把这一过程总结为变更管理规划。

其次是规划配置。项目的配置是指在项目中需要管理和控制的所有物品和文件的集合。具体来说，项目配置包括那些需要被标识、跟踪、控制和记录的项目元素，以确保项目的一致性、完整性和质量。以下是一些主要的配置项示例：

- 文档：项目章程、需求文档、设计文档、用户手册等。
- 软件：源代码、编译后的二进制文件、配置文件等。
- 硬件：服务器、计算机、网络设备等。
- 数据：数据库、数据模型、数据字典等。

我们可以通过制订配置管理计划来管理配置，它与变更管理计划共同配合，确保项目的各项原则不受意外变更的影响。

此外，要注意配置管理计划和范围管理计划之间的区别。从管理对象看，配置管理计划关注项目中的配置项（如硬件、软件、文档等）的管理和控制；范围管理计划关注项目的整体范围，包括所有需要完成的工作和可交付物。从主要活动看，配置管理计划涉及配置项的标识、版本控制、变更控制和审计；范围管理计划涉及范围定义、范围确认、范围控制和范围变更管理。从目的和结果看，配置管理计划旨在确保配置项的一致性和完整性，便于追踪和管理变更；范围管理计划旨在确保项目范围明确，所有工作都被识别和控制，防止范围蔓延。

在整个规划过程组，项目经理需要带领项目团队考虑各方面问题，为项目执行做好充分准备，考虑得越全面，项目成功的概率越高。《PMBOK 指南》用 24 个过程为我们提供了项目规划的方法。

10.2　规划过程组的主要过程 ▷

10.2.1　制订项目管理计划

1. 过程概述

1）输入

（1）项目章程。提供项目的高层次信息和正式授权。

（2）其他过程的输出。来自其他项目管理过程的输出，通常包含详细的子计划和基准。

（3）事业环境因素。包括行业标准、组织文化和结构、基础设施、项目管理信息系统。

（4）组织过程资产。包括标准化指南和模板、历史信息和经验教训数据库、项目管理制度和程序。

2）工具和技术

（1）专家判断。借助专家的知识和经验，制订和评审项目管理计划。

（2）数据收集。包括：

- 头脑风暴。集思广益，收集相关信息和意见。
- 核对单：确保所有重要信息都被考虑到。
- 访谈：与干系人进行交流，收集需求和期望。

（3）数据分析。包括：

- 替代方案分析：评估不同方案，选择最佳解决方案。
- 成本效益分析：评估项目的成本和效益，确保项目可行。

（4）数据表示。包括：

- 思维导图：通过可视化的方式组织和展示信息。
- 流程图：展示项目流程和工作顺序。

（5）人际关系与团队技能。包括：

- 冲突管理：解决团队内外的冲突。
- 引导：引导团队讨论和决策。
- 会议管理：有效管理会议，确保达成共识。

（6）会议。召开项目启动会议和其他相关会议，整合和协调各方面信息。

3）输出

项目管理计划。包含所有子计划和基准的综合文件，指导项目的执行、监控和收尾。子计划可能包括范围管理计划、时间管理计划、成本管理计划、质量管理计划、资源管理计划、沟通管理计划、风险管理计划、采购管理计划、干系人管理计划等。

2. 过程要点

制订项目管理计划是一个整合汇总的过程，这表明项目管理计划是一份综合性的计划，其涵盖了一系列子计划和基准，它们是整个规划过程组的产物，是项目经理和项目团队通过考察组织内外部环境，运用各种方法对项目的多个领域进行规划后，形成的一份用于指导项目执行和监控的文件。

从输入角度看，在开始规划之前，可参考的文件只有项目章程，以此为基础，各领域的规划成果逐步形成，即前文提到的各领域的 XX 管理计划，既然该过程具备整合汇总的功能，那么各领域的输出自然成为下一阶段该领域的输入。

在工具和技术方面，数据收集、数据分析和数据表示作为整合汇总的主要支撑，将各领域的成果进行整合。其中，替代方案分析和成本效益分析重点用于对不同计划进行评估和选取，体现了制订计划的原则是优中选优、效益最大化。在计划制订过程中，不同干系人会有不同意见，人际关系与团队技能主要用于应对各类冲突和矛盾，确保计划在一定范围内达成一致。项目经理要懂得求同存异、和而不同。

该过程最主要的输出就是项目管理计划。由于项目的不确定性和变更的存在，在项目整个生命周期中，可能需要对计划进行修改和更新，以反映项目的变化情况。项目管理计划可繁可简，需要结合项目实际情况进行裁剪，每个子计划的详略程度也各有不同，只要能支撑项目执行、利于项目监控即可。

10.2.2 规划范围管理

1. 过程概述

1）输入

（1）项目章程。提供项目的高层次信息，包括项目目标、范围的初步描述和主要干系人。

（2）项目管理计划。特别是质量管理计划、项目生命周期描述和开发方法，为范围管理提供指导和约束。

（3）事业环境因素。包括组织文化和结构、基础设施、市场条件、法规要求等。

（4）组织过程资产。包括历史信息和经验教训数据库、标准化模板、政策、程序和指南。

2）工具和技术

（1）专家判断。利用具备相关经验和专业知识的个人或团队的建议和见解。

（2）数据分析。备选方案分析：用于评估和选择不同的范围管理方法和工具。

（3）会议。包括团队会议和干系人会议，用于讨论和制订范围管理计划的内容和细节。

3）输出

（1）范围管理计划。详细描述如何定义、验证和控制项目范围，包括：

- 范围定义的过程：描述如何开发详细的项目和产品范围说明书。
- 创建工作分解结构（WBS）的过程：描述如何将项目工作分解成更小、更易管理的部分。
- 范围确认的过程：描述如何获得项目可交付物的正式验收。
- 范围控制的过程：描述如何监控项目范围，并管理范围变更。

（2）需求管理计划。详细描述如何收集、分析、记录和管理项目需求，包括：

- 需求收集的过程：描述如何识别和记录需求。
- 需求优先级排序的过程：描述如何对需求进行优先级排序和权衡。
- 需求跟踪的过程：定义需求跟踪矩阵（RTM），用于跟踪需求从识别到交付的整个过程。
- 需求变更管理的过程：描述如何处理需求的变更请求。
- 需求验证和验收的过程：描述如何验证需求已被满足，并得到干系人的验收。

2. 过程要点

在这个过程中，我们要制订针对范围管理的子计划，用以指导项目的范围管理工作。前文已提到，范围管理的核心要点就是确保项目做且只做应该做的事情。我们或许都有过以下不尽如人意的经历：工作做到一半，才发现有些重要的事情被遗漏了；随着工作的开展，才发现需要做的事情越来越多，远远超出之前的计划；新的想法和需求不断涌现，已完成的工作不断被推翻，离最终目标越来越远……为避免此类情况，我们需要在项目开始前，对需要做的事情进行规划，明确完成项目必须做的工作，并在整个项目过程中确保工作方向不偏离目标。这就是范围管理计划要解决的问题，即描述如何明确范围，确保范围是正确的，并保持更新。

在规划某项管理计划之前，我们可以把项目章程和其他领域的子计划作为输入，作为参考和依据。比如制订范围管理计划时，可以参考质量管理计划、风险管理计划等，这些计划对质量和风险提出的要求，决定了项目需要开展的活动，而这些活动有必要在范围管理计划中体现。

该过程使用的工具和技术主要是专家判断、数据分析和会议。这在其他管理计划的制订中也普遍适用。

范围管理计划和需求管理计划是该过程的两个主要输出。这两个计划都有助于定义项目范围，前者详细列出范围管理要遵循的过程，包括记录范围、确定工作分解结构以及如何控制范围；后者则详细描述如何收集、管理需求，以及后续如何监控和应对需求的变更。

10.2.3　收集需求

1. 过程概述

1）输入

（1）项目章程。提供项目的高层次信息，体现了项目的总体要求。

（2）项目管理计划。包括：

● 范围管理计划：定义如何收集、定义和管理项目范围。

● 需求管理计划：描述需求收集和管理的方法和过程。

● 干系人参与计划：描述干系人的需求和期望的管理和沟通方法。

（3）项目文件。包括：

● 假设日志：记录项目假设和制约因素。

● 经验教训登记册：以前项目的经验和教训。

● 干系人登记册：记录干系人的详细信息。

（4）商业文件。商业案例：描述项目的商业需求和预期效益。

（5）协议。项目相关的合同和其他协议，其中包含了委托方的需求。

（6）事业环境因素。包括组织文化和结构、行业标准、政府或行业法规、市场条件。

（7）组织过程资产。包括标准化指南和模板、历史信息和经验教训数据库、需求收集工具和方法。

2）工具和技术

（1）专家判断。利用专家的知识和经验，指导需求收集。

（2）数据收集。包括：

● 头脑风暴：集思广益，生成需求。

● 访谈：与干系人直接交流，收集需求。

● 焦点小组：召集特定干系人群体，收集需求。

● 问卷调查：大范围收集需求。

● 标杆对照：通过对比其他组织或项目，收集需求。

（3）数据分析。文件分析：分析现有文件，收集需求。

（4）数据表示。包括：

- 亲和图：将需求进行分类和组织。
- 思维导图：通过可视化的方式展示需求。

（5）决策制定。包括：

- 投票：通过投票确定需求的优先级。
- 多标准决策分析：基于多个标准进行需求分析和优先级排序。

（6）人际关系与团队技能。包括：

- 名义小组技术：小组讨论和投票，收集和排序需求。
- 引导：通过引导会议，确保所有需求得到讨论和记录。

（7）原型法。创建初步的产品模型或样本，以便干系人评审和反馈，发掘需求。

（8）文件分析。审查和分析现有文档，识别需求。

3）输出

（1）需求文件。详细记录所有收集到的需求，确保清晰、完整和可验证。

（2）需求跟踪矩阵。将需求与其来源和项目的各个方面（如目标、范围、设计、开发、测试等）进行关联，确保所有需求得到满足。

2. 过程要点

该过程是项目范围管理的起点。项目最终需要构建一个满足一定需求的产品，从这个意义上来说，清楚地了解客户的需求，进而确定要做什么就显得尤为重要。

需求收集的客体是项目干系人，但并非所有的干系人都能清晰、准确地提出自己的需求，这可能会给项目带来很大的麻烦，因为需求不清晰就会导致难以判断项目工作做得正确与否和质量好坏。所以必须提前把项目需求和产品需求记录下来，而且要足够详细。

从输入角度看，项目章程记录了项目的初始需求；项目范围管理计划和需求管理计划为收集、定义需求提供了指南，描述了方法和过程；干系人参与计划描述了干系人如何参与项目，清晰地表达需求是干系人参与项目的一个重要表现；干系人登记册提供了需求收集的来源；假设日志和经验教训登记册为收集需求框定了制约条件和可供参考的经验；商业文件则提供了项目的商业需求和效益需求。

该过程的重点是收集需求的工具和技术。所有方法的核心思路都是让干系人阐述项目要解决什么问题。虽然大部分需求已在商业论证中体现，但这些工具和技术有助于我们对用户需求进行深入挖掘和细化。头脑风暴、访谈、焦点小组都是直接面对干系人，让他们表达对项目的需求；问卷调查、标杆对照则采用间接方式。当用户对需求表达有困难时，可以借助一些工具模型（比如原型法和上下文图）引导用户提出需求。不同的干系人会提出不同的需求，这意味着会存在很多不同意见，当这些意见冲突时，项目经理就必须采用一定的决策技术（比如投票和多标准决策分析），最终达成多数意见统一。

需求文件和需求跟踪矩阵是该过程的成果。需求文件需要列出产品的功能需求和非功能需求。功能需求是一个产品应具有的功能，比如一部智能手机，通话、拍照、上网、游戏等属于功能需求，这是它区别于其他产品的特征；非功能需求也称为"质量需求"，通常是关于产品的隐含期望，比如性能、可靠性和易用性等。

记录在需求文件中的需求必须满足一定的特性，比如需求要清晰、完整、不矛盾且可验证（即可以通过某个产品或功能来检验需求是否得到满足），还需要将需求和组织的商业论证进行参照，不能与之冲突或发生矛盾。需求跟踪矩阵是将需求和可交付成果联系起来的文件，用于对需求进行跟踪，必须做到一一对应，这在控制范围、防止镀金和范围蔓延方面起关键作用。

10.2.4 定义范围

1. 过程概述

1）输入

（1）项目章程。提供项目的高层次信息。

（2）项目管理计划。包括：

● 范围管理计划：描述如何定义、验证和控制项目范围。

● 质量管理计划：定义项目的质量要求和标准。

（3）项目文件。包括：

● 假设日志：记录项目假设和制约因素。

● 需求文件：详细描述干系人的需求。

● 风险登记册：识别可能影响项目范围的风险。

（4）事业环境因素。包括组织文化和结构、行业标准和法规、市场条件。

（5）组织过程资产。包括标准化指南和模板、历史信息和经验教训数据库、项目管理制度和程序。

2）工具和技术

（1）专家判断。利用专家的知识和经验，指导项目范围的定义过程。

（2）数据分析。备选方案分析：评估不同方案以确定最佳的项目范围。

（3）决策制定。多标准决策分析：基于多个标准进行项目范围的分析和选择。

（4）人际关系与团队技能。引导：通过引导会议，确保所有干系人的需求和期望得到充分讨论和理解。

（5）产品分析。包括需求分解、系统分析、系统工程、价值工程和价值分析等技术，以明确产品的功能和特性。

3）输出

（1）项目范围说明书。包含项目的范围描述、主要可交付成果、验收标准和项目边界。

（2）项目文件更新。包括：

● 假设日志：更新项目假设和制约因素。

● 需求文件：更新需求文档以反映定义的项目范围。

● 干系人登记册：更新干系人的信息和期望。

2. 过程要点

在明确用户需求后，我们就更接近项目的范围了。因为需求面对的是用户，我们无法仅根据需求就开展工作。比如，用户需求是新的办公系统更好用、更方便，那么如何做到好用方便、需要采取哪些措施来达成目标，这就是定义范围需要解决的问题。我们需要对项目和产品进行详细描述，包括对产品范围和项目范围边界的界定、明确验收的标准等。

该过程的输入主要包括项目章程、范围管理计划、质量管理计划。质量管理计划包含可交付成果的质量标准，为达到相应标准，需在范围中明确应采取的行动。需求文件是定义范围的重要参考资料，因为它尽可能详细地记录了收集需求过程中的成果，也是上一过程的重要输出。风险登记册记录的风险及应对措施需在范围中体现，同时提示了可能影响范围的风险。

产品分析和数据分析是该过程重要的工具和技术。通过产品分析，定义并阐明项目或产品的具体要求和特性便团队深入了解产品的需求、功能和特性，确保项目成果符合干系人的期望。数据分析则会考虑采用哪些方法来完成工作，评估各种可能性和备选方案，研究不同方法有助于团队找出完成项目最高效的方法。和之前的一些过程相同，定义范围也需要得到干系人的一致认同，并做出相应决策。

项目范围说明书是该过程的重要输出。它对项目范围、主要的可交付成果、假设条件和制约因素进行了详细描述，还包括可交付成果的验收标准和项目的除外责任。范围说明书和工作分解结构（WBS）、WBS 词典共同构成项目的范围基准。

10.2.5 创建 WBS

1. 过程概述

1）输入

（1）项目管理计划。范围管理计划：描述如何定义、验证和控制项目范围。

（2）项目文件。包括：

● 项目范围说明书：提供项目的详细描述、主要可交付成果和项目边界。

● 需求文件：详细记录干系人的需求。

（3）事业环境因素。包括组织文化和结构、行业标准和法规、市场条件。

（4）组织过程资产。包括标准化指南和模板、历史信息和经验教训数据库、项目管理制度和程序。

2）工具和技术

（1）专家判断。利用专家的知识和经验，指导 WBS 的创建过程。

（2）分解。将项目的主要可交付成果分解为更小、更易管理的部分，直到达到适当的详细程度。

3）输出

（1）范围基准。包括：

● 项目范围说明书：包含项目的详细描述、主要可交付成果和项目边界。

● WBS：项目的层级分解结构。

● WBS 词典：详细描述每个工作包的内容、可交付成果和相关信息。

（2）项目文件更新。包括：

● 假设日志：更新项目假设和制约因素。

● 需求文件：更新需求文档以反映 WBS 的定义。

● 经验教训登记册：记录在创建 WBS 过程中获得的经验和教训。

2. 过程要点

在确定项目范围后，为确保所有工作不被遗漏且便于管理，需要将项目的可交付成果分解为较小的部分，该过程叫作创建工作分解结构（WBS）。这也是项目管理中非常重要的过程，有人将 WBS（工作分解结构）、PDM（前导图法）、EVM（挣值管理）并称为项目管理三大技术。

在此过程中，主要任务是明确项目中要开展的全部工作，确保不增加、不遗漏。比如，去露营前检查装备，确保必需物品齐全，且无多余物品。

创建 WBS 之前，可将范围管理计划作为指导，参照需求文件、项目范围说明书中对可交付成果的描述，同时参考组织已有的经验、模板以及行业内已有的良好实践。

分解技术来源于系统理论，体现的是一种微观视角，能够将注意力放在细节上，发现模块之间的相互依赖和关联，正确处理这些关系有助于项目成功。通过这种细致的分解，项目管理者可以更精确地分配资源和任务，确保每个模块都能得到适当的关注和优化。此外，这种分解还有助于识别潜在的风险点，因为每个模块的独立性和依赖性都得以清晰地呈现。通过这种方式，团队不仅能够提高工作效率，还能加强对项目整体进度的控制，从而确保项目按时按质完成。关于分解的原则和注意事项将在第 17 章详细说明，这里暂不展开。

该过程的输出较为重要。首先，要理解将可交付成果分解后，得到的最小单位叫作工作包。工作包是一个工作单元，团队使用这些工作单元来组织完成项目要做的工作。这就说明工作包包含的并不是具体的活动，而是可交付成果的一部分。多个工作包可以汇总成更大的工作包，对于暂时无法详细分解的部分，可定义为规划包，待时机成熟后再进行更加详细的分解。

WBS 完成后，会同时输出 WBS 词典，其相当于对 WBS 的详细说明，包括每个工作包的内容、可交付成果及相关信息。在实际工作中，项目团队可以通过 WBS 了解项目工作，通过 WBS 词典获得更深入的信息。把前一过程获得的项目范围说明书，加上分解得到的 WBS 和 WBS 词典，就得到了项目的范围基准。这是我们获得的第一个项目基准（Project Baseline）。

项目基准是项目管理中的重要概念，它是指项目计划中被正式批准的原始计划或修订后的计划，包括范围、时间表和预算。项目基准是用作衡量和比较项目实际进展和表现的标准。基准可以理解为在特定时间确定的参照线，通过将项目的绩效和参照线进行比较，由此确定和保证项目工作的一致性。基准同样需要经过审批，获批后不得随意改动，如果需要变更基准，就必须通过整体变更控制流程来进行。我们可以将范围基准理解为项目计划在某个时间点的快照，当变更发生且被批准后，会同时变更基准，形成新的快照，后续的项目工作就参照最新的快照来进行。

10.2.6 规划进度管理

1. 过程概述

1）输入

（1）项目章程。提供项目的高层次信息和正式授权。

（2）项目管理计划。包括：

● 范围管理计划：描述如何定义、验证和控制项目范围。

● 开发方法：关于项目开发方法的描述，可能是预测型、适应型或混合型，这与进度息息相关。

（3）事业环境因素。包括组织文化和结构、行业标准和法规、市场条件。

（4）组织过程资产。包括标准化指南和模板、历史信息和经验教训数据库、项目管理制度和程序。

2）工具和技术

（1）专家判断。利用专家的知识和经验，指导进度管理计划的制订。

（2）数据分析。备选方案分析：评估不同方案以确定最佳的进度管理方法。

（3）会议。召开项目会议，讨论和制订进度管理计划，确保所有干系人的参与和认同。

3）输出

（1）进度管理计划。描述如何制定、管理和控制项目进度，包括：

● 进度模型开发。

● 进度计划的维护和控制。

● 进度报告的格式和频率。

● 进度偏差的管理和纠正措施。

（2）项目文件更新。可能包括对假设日志、经验教训登记册等项目文件的更新。

2. 过程要点

进度是项目管理中极为关键的因素之一。通常谈起一个项目，基本上最关心的就是两个问题：一是项目的花费，二是项目的完成时间。进度管理要考虑设定和满足最终期限，这是由项目临时性的特点决定的，并且，项目的进度和范围、成本的关联性很大，同时也与资源、风险、质量相互影响。因此，有必要对如何管理进度制定一份具有指导性的文件，这就是项目进度管理计划。

制订进度管理计划的输入及工具和技术与项目管理的其他过程非常类似，前文已经讲过。由于进度和范围关系密切，因此在范围管理中得到的范围管理计划和范围基准也要作为该过程的输入。此外，还应考虑其他管理领域的成果，比如成本基准、资源需求、质量管理计划、采购管理计划等对进度可能带来的影响。

进度管理计划描述了如何估算工作、跟踪工作进展并提供报告。其中主要包括以下几个方面：

（1）项目进度模型的制定方法、流程。进度模型是项目管理中用于表示项目计划的工具或方法，它展示了项目活动的顺序、时间安排和依赖关系。进度模型帮助项目经理和团队规划、管理和控制项目进度，以确保项目按时完成。常见的进度模型包括甘特图、里程碑图、时标网络图等。

（2）进度计划的准确度。初始的进度计划较为粗略，存在较大误差，随着时间推移和项目开展，对信息的掌握越来越丰富，计划会越来越准确。比如，估算一项工作，一开始只能大致估计所需天数，而在工作即将结束时，就可以很精确地知道具体的完工时间。

（3）如何维护和控制进度模型。进度会受多种因素的干扰和影响，比如投入的资源、面临的风险等，在项目中必须及时准确地反映这些影响，并更新到进度模型中。

（4）进度偏差的管理和纠正措施。在进度管理计划中，还应明确一旦进度发生偏差，应采取哪些应对措施。

10.2.7　定义活动

1.过程概述

1）输入

（1）进度管理计划。描述如何定义、开发、管理和控制项目进度。

（2）范围基准。项目范围说明书、WBS、WBS 词典。

（3）事业环境因素。影响项目活动定义过程的外部条件，如组织文化、市场条件等。

（4）组织过程资产。包括组织的标准化指南和模板、历史信息和经验教训数据库。

2）工具和技术

（1）专家判断。利用专家的知识和经验，识别和定义项目活动。

（2）分解。将 WBS 工作包进一步分解为更小的活动，直到达到适当的详细程度。

（3）滚动式规划。在项目初期规划近期活动的详细内容，远期活动的细节在项目推进过程中逐步明确。

（4）会议。通过项目团队和干系人的讨论，明确和定义项目活动。

3）输出

（1）活动清单。包含所有需要完成的项目活动的详细清单，确保没有遗漏任何工作。

（2）活动属性。为每个活动提供详细信息，如标识码、描述、紧前和紧后活动、持续时间、资源需求、约束和假设等。

（3）里程碑清单。列出项目中所有的重要里程碑，包括强制性和可选的里程碑。

（4）变更请求。识别和定义活动过程中可能需要进行的变更请求。

（5）项目管理计划更新。进度管理计划：根据活动定义的结果进行必要的更新。

（6）项目文件更新。包括：

- 假设日志：更新项目假设和制约因素。
- 经验教训登记册：记录在定义活动过程中获得的经验和教训。

2.过程要点

在范围管理中我们已将可交付成果进行分解，得到了一个个的工作包，这就是 WBS 和 WBS 词典。规划进度将从这些工作包入手，因为可交付成果本身并不耗费时间，为了完成它而进行的工作才会耗费时间。所以在进度规划的初始，需要对 WBS 进一步分解，此过程叫作定义活动。

定义活动最重要的输入是范围基准，其中包含对项目可交付成果的详细说明和描述，已分解完成的 WBS 为进一步的分解活动提供了便利，因为所有工作包汇总后就是项目需要完成的全部范围，同理，以此为基础分解的项目活动就包含了该范围的所有工作，这样对于进度的估算才有意义。

该过程重要的工具和技术仍是分解，这相当于为项目可交付成果的完成制定了操作线路图，明确了为得到某个成果必须开展的活动。这一步的分解要做到详略得当，分解到恰到好处。比如之前举过的例子：某道菜是整个宴席的工作包，为做出这道菜，需买菜、洗菜、炒菜，我们只需定义这3个活动即可，无须再把"买菜"又分解成"开车、选菜、回程"，把"洗菜"分解成"放水、清洗、沥水"。过度分解反而会造成管理不便。

这里还需要注意滚动式规划。该技术符合项目渐进明细的特点，是把远期要执行的活动暂时搁置，对近期要做的活动优先进行详细分解；同时也适用于持续时间长、不确定性大、变更频繁的项目。当活动临近时再详细规划，可充分掌握项目信息，提升项目对环境的适应性。被搁置的工作包称为规划包。

该过程得到的主要成果是活动清单和活动属性，二者将作为后续进行进度估算和成本估算的基础，且两者互为补充。活动属性是对活动清单进一步的描述和说明，包含活动的工作顺序、紧前紧后活动、制约因素、所需资源等。

里程碑是项目中的重要时间节点，通常会产生可交付成果。里程碑本身并不耗费时间，其持续时间为零，它代表从一种状态到另一种状态的转变。里程碑清单是阶段性、标志性活动的清单，标注了项目中一些重要的时间节点和成果，可作为项目检查点。对于组织高层和项目发起人而言，关注里程碑清单能够让他们在宏观上了解项目整体进度，便于对项目进行检查和评估。

此外还需注意，在定义活动时，可能会识别出一些新的活动，这可能引发范围和需求的变化，进而导致管理计划和基准的更新。

10.2.8　排列活动顺序

1. 过程概述

1）输入

（1）项目管理计划。包括：

● *进度管理计划：提供如何管理项目进度的指导。*

● *范围基准：包括项目范围说明书、WBS、WBS 词典。*

（2）项目文件。包括：

● *活动清单：列出所有需要完成的项目活动。*

● *活动属性：提供有关活动的详细信息，如紧前和紧后关系、持续时间、资源需求等。*

● *里程碑清单：列出项目中的关键里程碑。*

（3）事业环境因素。包括组织文化和结构、市场条件、政府或行业标准、项目管理信息系统（PMIS）等。

（4）组织过程资产。包括相关的政策、程序、模板、历史信息和经验教训数据库。

2）工具和技术

（1）前导图法。使用节点表示活动，并通过箭线表示活动之间的逻辑关系。

（2）确定和整合依赖关系。包括强制性依赖关系、选择性依赖关系、外部依赖关系、内部依赖关系。

（3）提前量（允许其后续活动提前开始的一段时间）和滞后量（延迟其后续活动开始的一段时间）。

（4）项目管理信息系统。使用软件工具和系统辅助排列活动顺序，生成和管理进度模型。

3）输出

（1）项目进度网络图。图形表示活动之间的逻辑关系，展示项目活动的顺序。

（2）项目文件更新。包括：

- 活动属性：更新活动的详细信息。
- 活动清单：更新活动的顺序和依赖关系。
- 假设日志：更新关于活动顺序和依赖关系的假设。
- 里程碑清单：更新里程碑的依赖关系和时间安排。

2. 过程要点

既然已经明确完成项目所需的所有活动，那么接下来需要考虑的就是这些活动的开展顺序。我们可以通过一个简单的例子来解释为什么需要对活动顺序进行排列。假设我们要泡茶喝，所需的活动包括清洗茶具、拿茶叶、烧开水和泡茶，不同的人可能有不同的操作顺序，如图10-3所示。

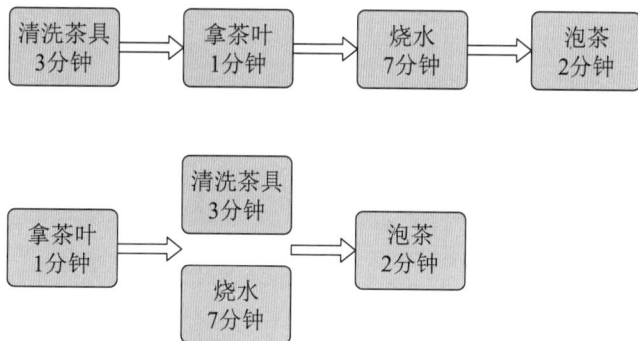

图 10-3　不同人的泡茶顺序

如果按照第一种顺序，直接将几个活动依次串联起来，可以计算出能喝到茶的时间是13分钟；而按照第二种顺序，先拿茶叶，然后清洗茶具和烧水同时进行，利用烧水的时间完成茶具的清洗，水烧开后直接泡茶，此时能喝到茶的时间就变成了10分钟，比第一种顺序节省了3分钟。由此可见，活动顺序对项目的工期有直接影响，我们可以通过活动顺序的调整来优化项目的工期，达到最高效的进度。当然，活动顺序的排列必须考虑它们之间的依赖关系，后续会展开讲解。

排列活动顺序的主体是活动，我们应把定义活动过程的成果——活动清单和活动属性作为该过程的主要输入，同时参考进度管理计划和范围基准。

在排列活动顺序之前，先定义紧前活动和紧后活动，这是指在活动之间存在逻辑关系的活动。紧前活动是在逻辑关系中发生在另一个活动之前的活动，它决定了紧后活动何时可以开始或完成。紧后活动是在逻辑关系中发生在另一个活动之后的活动，它的开始或完成取决于紧前活动的完成或开始。

在活动属性中已提到活动的紧前紧后关系，在此可用直观的方式把它们呈现出来，这就是前导图法。前导图法包含了活动与活动之间的 4 种逻辑关系，如表 10-1 所示。

表 10-1　活动与活动之间的 4 种逻辑关系

逻辑关系	说明	例子
完成到开始（Finish-to-Start，FS）	紧前活动必须完成，紧后活动才能开始	设计完成后（紧前活动），开发才能开始（紧后活动）
完成到完成（Finish-to-Finish，FF）	紧前活动必须完成，紧后活动才能完成	编辑工作完成后（紧前活动），校对工作才能完成（紧后活动）
开始到开始（Start-to-Start，SS）	紧前活动必须开始，紧后活动才能开始	地基工作开始后（紧前活动），墙体施工才能开始（紧后活动）
开始到完成（Start-to-Finish，SF）	紧前活动必须开始，紧后活动才能完成。这种关系较为少见	新系统启动（紧前活动）后，旧系统才能停止（紧后活动）

除了活动与活动之间的逻辑关系外，还应考察活动与活动之间的依赖关系，如表 10-2 所示。

表 10-2　活动与活动之间的 4 种依赖关系

依赖关系类型	说明	例子
强制性依赖关系（Mandatory Dependencies）	这种依赖关系通常由项目的本质决定，无法改变。也称为"硬逻辑"或"硬约束"	建造房屋时，必须先完成地基（紧前活动），才能开始建造房屋结构（紧后活动）
选择性依赖关系（Discretionary Dependencies）	这种依赖关系是基于最佳实践或特定顺序的选择，通常可以调整。也称为"软逻辑"或"优先逻辑"	在软件开发中，团队可以选择在开发模块 A 之前先开发模块 B，以减少风险
外部依赖关系（External Dependencies）	这种依赖关系涉及项目团队无法控制的外部活动或条件	在构建桥梁项目中，需要等待政府的环境评估批准（外部依赖），才能开始施工
内部依赖关系（Internal Dependencies）	这种依赖关系涉及项目团队内部活动的顺序安排，团队可以控制	在产品开发项目中，设计活动完成后（紧前活动），才能进行原型制作（紧后活动）

活动与活动之间还有一些特殊情况，比如提前量和滞后量，用于调整活动间的时间关系，描述活动间的时间偏移，以更好地控制和优化项目进度。

提前量是指紧后活动可以提前于紧前活动完成之前开始的一段时间，即允许紧后活动比逻辑关系所定义的时间提前开始。比如在软件开发项目中，测试活动可以在开发活动完成前 2 天开始。假设开发活动预计在 5 月 10 日完成，如果设置 2 天的提前量，那么测试活动可以在 5 月 8 日开始。

滞后量是指紧后活动相对于紧前活动完成之后需要延迟开始的一段时间，即引入一段等待时间，紧后活动会在紧前活动完成后经过一段滞后时间才开始。比如在建筑项目中，混凝土浇筑后需要养护 7 天才能继续后续施工。假设混凝土浇筑活动在 6 月 1 日完成，如果设置 7 天的滞后量，后续的施工活动将在 6 月 8 日开始。

提前量和滞后量反映了活动关系对进度的制约，项目团队必须在制订进度计划中考虑这些制约的存在。

当把各类因素都考虑清楚后，即可得到一份包含活动先后顺序的网络进度图。该图能清晰地展示活动间的关系和项目进度，助力识别关键路径，确定哪些活动对项目完工时间至关重要，有助于发现并解决资源冲突，优化资源配置，并通过跟踪活动的完成情况，及时发现和解决进度偏差。可以说，网络进度图是进度管理和控制的非常重要的工具。同时，该过程也会引发项目文件的更新，当排列活动顺序时，前期创建的一些文件信息也需要同步调整，比如活动清单、活动属性、假设日志等。

10.2.9　估算活动持续时间

1. 过程概述

1）输入

（1）进度管理计划。提供如何管理和控制项目进度的指导原则和标准。

（2）范围基准。包含项目范围说明书、WBS 和 WBS 词典，为活动持续时间估算提供详细的项目范围信息。

（3）活动清单。列出项目中的所有活动，作为估算持续时间的基础。

（4）活动属性。提供活动的详细信息，如资源需求、紧前和紧后关系等。

（5）资源需求。描述每个活动所需的资源类型和数量。

（6）资源分解结构。展示项目资源的层级结构，便于资源管理和分配。

（7）资源日历。显示资源的可用时间和不可用时间，帮助确定活动的实际持续时间。

（8）项目范围说明书。提供关于项目范围和可交付成果的详细描述。

（9）风险登记册。列出项目风险及其可能影响，帮助考虑风险对活动持续时间的影响。

（10）事业环境因素。包括市场条件、组织文化和结构、资源可用性等外部和内部环境因素。

（11）组织过程资产。包括历史信息和经验教训数据库、模板、政策和程序。

2）工具和技术

（1）专家判断。利用具有相关经验和知识的专家进行活动持续时间的估算。

（2）类比估算。使用过去类似项目的持续时间作为当前项目活动的估算基础。

（3）参数估算。使用统计关系和参数（如单位时间、单位成本）来估算活动持续时间。

（4）三点估算。基于最乐观、最可能和最悲观 3 个估算值计算活动持续时间。

（5）群体决策技术。通过集体讨论和头脑风暴等方式确定活动持续时间。

（6）储备分析。估算应急储备时间，以应对活动中的不确定性和风险。

（7）项目管理软件。使用项目管理软件工具进行活动持续时间的估算和管理。

3）输出

（1）持续时间估算。每个活动的持续时间估算值，包括范围和假设条件。

（2）估算依据。记录持续时间估算的详细信息和依据，包括假设、方法和数据源。

（3）项目文件更新。更新活动属性、假设日志等项目文件。

2. 过程要点

我们已经知道，网络进度图展示了活动间的逻辑关系和先后顺序，这会对项目进度产生影响。而影响进度的另一个重要因素就是活动的持续时间，通常，一个活动的持续时间可能取决于活动本身的范围、投入的资源数量、可能面临的风险等。为确定整个项目所需的时间，就需要对每个活动所需时间进行估算并汇总。在项目管理中，把对所需花费时间的估算叫作持续时间估算。

该过程的输入需要其他多个过程的输出作为支撑。首先，范围基准、活动清单和活动属性为估算圈定了边界，范围说明书则列出了各个活动的制约因素和假设；资源管理领域输出的活动资源需求和资源分解结构，明确了项目需要投入资源的类型、数量以及资源可用性的时间等；风险登记册提示项目中可能存在的各种不确定性及应对措施，这些因素会对活动持续时间产生制约和影响，在估算时要给予充分考虑。要注意，估算活动持续时间并不是某个人凭空估算出来的，需结合组织的历史信息和项目记录，并参考以往项目的估算，如此才能使当下的估算更加准确，这便是组织过程资产的作用。

在工具和技术方面，估算是该过程中非常重要的手段。由于是估算，那么结果和实际就是存在偏差的，这与我们所处的时间、环境和采用的方法有关。类比估算、参数估算、三点估算分别体现了 3 种不同的估算程度。

在项目初期，各类信息尚不明确，为了快速估算活动的结果，可以找过去类似的项目作为估算的基础，此为类比估算；当掌握了一定的信息后，可以利用统计关系、计算公式进行相对准确的估算，此为参数估算；若想要更进一步，希望在估算中充分考虑各种不确定因素对持续时间的影响，则可用三点估算，得到不同估算的概率。

既然考虑到不确定性，便可以分析其对进度造成的影响，提前增加额外时间来应对风险，还可以对备选方案进行分析，全面考虑各种可能性，找出最高效的交付路径。上文提到，估算活动持续时间不是一个人的事情，要充分发挥集体的力量，邀请专家、团队成员开展头脑风暴，或让最熟悉该活动的人员进行估算，也可以使用项目管理软件来辅助估算。这些工具和技术的具体使用将在第 17 章中详细讲解。

该过程的主要输出是活动持续时间估算，它包含了活动清单中各个活动所花费时间的估算，该估算可以是几个小时、几天、几周……可以是任何工作时间单位，而且不同任务可能会使用不同的工作时间单位。同时，还需说明估算的依据，用于提高估算结果的可信度。

在进行活动持续时间估算时，要特别注意各方面因素对时间的制约。投入更多资源虽然可使持续时间变短，但也会使成本增加；而缩小范围虽然也会节约时间，但可能导致可交付成果的完整性受损。总而言之，该过程是多因素平衡的结果。

10.2.10　制订进度计划

1. 过程概述

1）输入

（1）进度管理计划。指导如何创建、管理和控制项目进度。

（2）活动清单。包含所有需要执行的项目活动。

（3）活动属性。提供活动的详细描述和信息。

（4）项目进度网络图。展示活动之间的逻辑关系和顺序。

（5）活动资源需求。每个活动所需的资源类型和数量。

（6）资源日历。显示资源的可用时间和不可用时间。

（7）活动持续时间估算。每个活动的持续时间估算值。

（8）项目范围说明书。提供项目的详细描述和可交付成果。

（9）风险登记册。列出项目风险及其可能影响。

（10）项目团队分配。详细说明项目团队成员的职责和分配情况。

（11）事业环境因素。包括组织文化和结构、市场条件等外部和内部环境因素。

（12）组织过程资产。包括模板、政策、历史信息和经验教训数据库等。

2）工具和技术

（1）进度网络分析。使用多种方法（如关键路径法、关键链法）分析和优化项目进度网络图。

（2）关键路径法。识别项目中最长路径上的关键活动，以确定项目的最短完工时间。

（3）关键链法。在考虑资源约束的情况下，优化项目进度计划。

（4）资源优化技术。包括资源平衡和资源平滑等技术。

（5）数据分析。包括假设情景分析和模拟（例如蒙特卡洛分析）等。

（6）提前量和滞后量。调整活动之间的时间偏移。

（7）进度压缩。包括赶工和快速跟进等技术。

（8）项目管理信息系统。使用项目管理软件工具辅助进度计划的制订和管理。

（9）敏捷发布规划。在敏捷项目管理中，规划多个迭代发布的时间和内容。

3）输出

（1）进度计划。包括进度网络图、甘特图、里程碑图表等。

（2）进度基准。经过批准的项目进度计划，用于比较实际进度和计划进度。

（3）进度数据。包括活动清单、里程碑、项目进度网络图、资源分配和进度风险等信息。

（4）项目日历。显示项目中所有活动和资源的时间安排。

（5）项目管理计划更新。更新进度管理计划和成本基准等子计划。

（6）项目文件更新。包括活动属性、假设日志、风险登记册等文件的更新。

2. 过程要点

制订进度计划是一个成果集成的过程，它将活动顺序、活动持续时间、资源需求等过程的成果和进度制约因素整合到一个可执行的项目进度计划中，通过系统化的输入、工具和技术，项目团队可以创建和维护一个切实可行的项目进度计划，确保项目按时完成并满足项目目标。正因如此，其他项目管理过程的所有输出都可以作为制订进度计划的输入。

该过程的主要输入包括活动清单、活动属性、进度网络图、持续时间的估算、所需资源的估算、范围说明书、风险登记册等，还包括项目签订的协议，因为它可能规定项目的制约因素，如必须严格遵守的特定日期，以及其他里程碑。比如，与客户签订的合同约定项目交付工期为 3 个月，自签订合同之日起计算，否则视为违约，这就要求我们在进度计划中体现这类制约。

该过程需要的工具和技术较多，主要是对之前成果的分析、整合、优化，比如关键路径法。关键路径法是项目管理中用于确定项目最短完工时间和关键任务的技术。通过识别项目中最长路径上的活动，关键路径法帮助项目经理确保这些关键活动按时完成，以避免项目延期。关于关键路径法的原理，可用一个简单的例子来说明：某地举办徒步活动，规划了 3 条路线，所耗费的时间各相同，参与者可任选一条路线，但只有当所有参与的人全部到达终点后，活动才能结束，那么这个活动最少需要耗费多少时间呢？如图 10-4 所示。

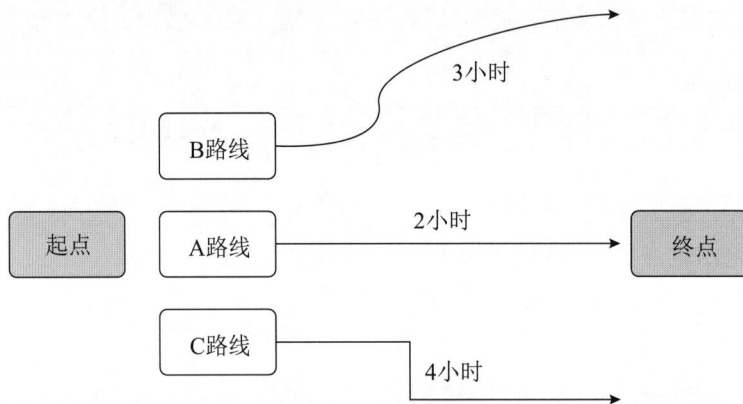

图 10-4　关键路径示例

由于 3 条路线所需时间不同，A 路线最短，C 路线最长，但是活动结束的时间取决于所有人都到达终点的时刻，这就导致 A 路线和 B 路线的人到达终点后，还需要等待 C 路线的人到达终点，此时活动才能结束。所以，该活动最少的耗费时间是以 C 路线的时间为准，即 4 小时。C 路线就是关键路径，如果 C 路线时间延长，那么整个活动的时间也随之延长。

在项目中找出关键路径，有以下几个作用：

（1）确定项目的最短工期，了解项目的持续时间。

（2）对于关键路径上的活动加以重点关注和监控。

（3）对于非关键路径上的活动，能够知道其可灵活浮动的时间，提高执行的自由度。

还应注意，可以根据关键路径法推算活动的最早开始时间和结束时间、最晚开始时间和结束时间，并将这些信息添加到进度网络图中，以便于进行进度管理。

我们都知道资源对进度的影响较大，当资源可用性受到制约时，必须对进度做出调整来适应，这就是资源优化技术。该技术主要包括资源平衡和资源平滑。比如，原计划一项工作由 A 和 B 两个人耗时 3 天完成，结果 A 临时无法参加，导致只能让 B 先做，等 A 回来再共同推进，这便会导致工期延长。资源优化技术主要是解决资源矛盾冲突的方法。

还有一种情况，当进度和计划之间出现偏差，最常见的就是进度落后，此时需要进行进度压缩，通常的方法就是赶工和快速跟进。赶工即加班，通过增加资源来追回进度；快速跟进是指将任务并行，即把原本需要先后进行的活动调整为同时进行。比如某项目通过关键路径的分析，需要 10 天的工期，但是工期约束必须在 8 天内完成，此时就需要进行进度压缩，采用对某些活动增加资源或快速跟进的方式，压缩出 2 天的工期。

制订进度计划还需要考虑假设因素，这其实也是应对不确定性的方法。通过对活动进行假设提问，比如"车辆出现故障怎么办？""团队成员突然离职怎么办？"等，分析这些可能发生的问题对进度产生的影响，可以让进度计划更科学。假设因素也可以借助计算机来模拟比如蒙特卡洛模拟，通过模型设置各种条件，分析其不确定性对进度的影响有多大，以便制定应对策略。

该过程的主要输出是项目进度计划和进度基准。项目进度计划用来列出项目活动的时间表。它包括所有项目任务的开始和结束日期、任务顺序以及任务间的依赖关系，包含对之前所做的分析和建模汇总整合后生成的每个人都能接受的进度计划，全面考虑每个可能出现的情况并分配了资源，做出对完成项目所需工作的准确预测。而进度基准是项目进度计划的已批准版本，是项目执行和控制过程中衡量项目进展的标准。它是项目进度管理的参考点，用于监控和控制项目进度。

下面举例说明项目进度计划和进度基准之间的区别。

假设一个项目包括以下任务：

任务 A：收集需求。

任务 B：设计系统。

任务 C：开发代码。

任务 D：测试系统。

项目进度计划可能如下：

任务 A：1 月 1 日—1 月 10 日。

任务 B：1 月 11 日—1 月 20 日。

任务 C：1 月 21 日—2 月 15 日。

任务 D：2 月 16 日—2 月 28 日。

进度基准以上述时间表作为基准，并添加里程碑，如下：

1 月 10 日：完成需求收集。

1 月 20 日：完成系统设计。

2 月 15 日：完成代码开发。

2 月 28 日：完成系统测试。

10.2.11 规划成本管理

1.过程概述

1）输入

（1）项目管理计划。这是制订成本管理计划的基础，包含了项目范围、进度、资源、风险等各方面信息，有助于制订合理的成本管理计划。

（2）项目章程。提供项目的总体预算和高层次的财务约束，为成本管理计划的制订提供了基本框架和方向。

（3）事业环境因素。包括经济环境、行业标准、市场条件等，这些因素会影响项目的成本估算和管理。

（4）组织过程资产。包括以前项目的财务信息、成本管理的标准流程和模板等，可以参考和借鉴，确保成本管理计划的制订符合组织的政策和程序。

2）工具和技术

（1）专家判断。通过有经验的专家对成本管理方法、工具和技术的建议，确保制订的成本管理计划科学、可行。

（2）数据分析。通过技术和经济分析，选择最合适的成本管理方法，例如对比分析、趋势分析等。

（3）会议。组织相关团队成员和利益相关者的会议，讨论和确定成本管理的策略和方法。

3）输出

成本管理计划。指导项目成本管理的文件，内容包括：

- 成本估算方法：描述如何进行成本估算，包括所采用的工具和技术。
- 预算制定方法：描述如何将估算的成本汇总成项目的总预算。
- 成本控制方法：描述如何监控和控制项目成本，确保项目在预算范围内执行。
- 报告格式：定义如何报告成本绩效，包括使用的报告格式和频率。
- 组织程序链接：说明成本管理活动如何与组织的其他程序和流程链接。

2. 过程要点

所有项目归根结底都是为了盈利，组织希望通过一定的成本投入获得收益。但是每个组织对项目的投入都是有限的，因为项目收益也是有限的，所以需要考虑投入产出比。既然成本是有限的，那就需要通过一系列方法对成本进行有效规划和管理，确保资源"花在刀刃"上。

该过程的输入和其他规划管理过程类似，主要是项目章程和其他过程的部分子计划，包括对成本有影响的部分过程领域，比如范围、进度、质量、资源、风险、采购等。

通过对输入内容进行专家判断、数据分析，制定一份对成本管理中将要使用的所有过程和方法进行规划的文件。该文件用于指定成本估算的准确度、确定成本估算过程是否有效的规则，以及项目过程中跟踪预算的方法。由于成本管理涉及财务系统，必须参考所在组织的财务规定。比如，公司会用部分财务数据跟踪项目，如净现值、内部收益率、回收期等，那么成本管理计划中就应该体现这些规定，包括报告格式、流程、程序等。

10.2.12 估算成本

1. 过程概述

1）输入

（1）项目管理计划。包括：

- 成本管理计划：提供估算成本的方法和工具。

- 质量管理计划：影响成本估算的质量要求。
- 范围基准：明确项目范围，支持成本估算。
- 进度基准：提供了项目的可行的进度计划。

（2）项目文件。包括：

- 项目进度计划：明确活动时间框架。
- 风险登记册：识别潜在风险对成本的影响。
- 经验教训登记册：提供历史成本数据。
- 项目团队分配：了解资源分配情况。
- 资源需求：明确活动所需资源。

（3）事业环境因素。包括市场条件、通货膨胀率等影响因素。

（4）组织过程资产。包括成本估算模板和历史项目数据。

2）工具和技术

（1）专家判断。通过经验丰富的专家提供成本估算的意见。

（2）类比估算。基于历史数据和类似项目进行估算。

（3）参数估算。使用统计关系和参数模型进行估算。

（4）自下而上估算。对各个活动进行详细估算，然后汇总。

（5）三点估算。使用最乐观、最可能和最悲观 3 种情况进行估算。

（6）储备分析。确定应急储备以应对不确定性和风险。

（7）质量成本。包括预防成本、评估成本（统称一致性成本）和失败成本（即非一致性成本）。

（8）项目管理信息系统。使用软件工具辅助成本估算。

（9）决策分析。通过投票、专家判断等方法进行成本决策。

3）输出

（1）成本估算。包括对完成项目所需的所有资源和费用的估算，通常以货币单位表示。

（2）估算依据。详细记录成本估算的方法、假设和约束条件，以支持估算结果的准确性和可追溯性。

（3）项目文件更新。包括更新风险登记册、假设日志、经验教训登记册等，以反映新的成本估算信息。

2. 过程要点

前面我们已经接触过一个和估算相关的过程——估算活动持续时间。估算过程的基本逻辑就是把需要估算的内容和参考资料运用一定的工具和技术进行分析，最终得出估算的结果及其依据。估算成本过程也是如此，后续还会接触到另一个估算过程——估算活动资源，其原理也与此一致。

成本管理计划是指导成本领域所有过程的文件；质量管理计划中有关于可交付成果的质量标准和要求，而达到标准和要求都需要投入成本；范围基准和进度基准为成本估算提供了范围边界和时间模型。成本估算如同进度计划一样，也是基于活动进行的，这能确保估算的口径统一，便于监控时将二者结合起来。因此，活动清单和活动属性仍是该过程的输入。另外，考虑环境因素、风险因素和经验教训，参考组织的历史项目和已有模板，都有助于估算成本活动的展开。

类比估算、参数估算和三点估算是常见的估算成本的工具和技术，具体的使用方法和估算活动持续时间类似，在此不再赘述。其他可使用的工具还包括自下而上估算，这是一种基于汇总的估算方法。在WBS中将可交付成果分解为工作包，在定义活动过程中进一步把工作包分解为活动。分解是自上而下、化整为零的过程；汇总则是自下而上、聚零为整的过程。

储备分析和质量成本是该过程中需要重点关注的两个工具和技术。这两个工具分别从风险角度和质量角度考虑这两个因素对成本的影响。《左传》有云："备豫不虞，古之善教也。"强调了提前准备和储备的重要性，以应对未来的不确定性。项目管理中也必须提前准备并采取相应措施，为其预留一定的储备。如同之前所举的例子，外出旅行时，为应对突发情况，会额外准备一些资金，这些资金就是储备。质量成本是为了满足质量要求而投入的成本。正品和仿品之间价格相差很多，原因就是正品为保证质量，投入更多成本，比如先进的技术和设备、更严格的流程和工艺、更全面的检查和测试环节等；而仿品则将这些全部省去，所以价格就低，但质量难以保证。以上两个工具和技术都会导致成本增加，这是在估算成本时需要考虑的。

该过程的输出主要是成本估算和估算依据，这些将作为后续过程的重要输入。

10.2.13　制定预算

1. 过程概述

1）输入

（1）项目管理计划。包括：

- 成本管理计划：描述如何管理项目成本，指导预算的制定。
- 资源管理计划：提供资源使用和成本信息，确保预算涵盖所有资源成本。
- 范围基准：包括项目范围说明书、WBS和WBS词典，确保预算涵盖项目的全部工作。

（2）项目文件。包括：

- 成本估算：提供每个活动或工作包的估算成本，为预算制定提供基础数据。
- 项目进度计划：提供活动的时间安排和顺序，有助于确定资金需求的时间节点。
- 风险登记册：识别潜在风险和应对措施，确保预算包括应急储备。

（3）事业环境因素。市场条件、通货膨胀率、汇率等外部因素可能影响项目成本，需要在预算中考虑。

（4）组织过程资产。包括历史信息、预算模板、政策、程序等，有助于预算的制定和标准化。

2）工具和技术

（1）成本汇总。将单个活动或工作包的成本汇总到更高的层次，如控制账户，然后汇总成项目总预算。

（2）数据分析。储备分析：确定应急储备和管理储备，用于应对项目不确定性和风险。

（3）专家判断。利用具有相关经验和知识的专家提供意见和建议，确保预算的准确性和可行性。

（4）历史信息审查。审查过去项目的数据，帮助预测和估算未来项目的成本。

（5）资金限制平衡。调整项目支出计划，使其与资金限制和现金流量相一致，确保项目资金充足。

（6）融资。考虑项目的融资需求和安排，确保项目有足够的资金支持。

3）输出

（1）成本基准。经批准的项目预算，包括所有的预计成本和应急储备，但不包括管理储备。成本基准是项目成本控制的基准。

（2）项目资金需求。包括总资金需求和分期资金需求，根据项目进度计划安排的资金拨付时间节点。

（3）项目文件更新。更新风险登记册、成本估算、项目进度计划等，以反映最新的预算信息。

2. 过程要点

首先要清楚在项目管理中成本和预算的区别。成本是指在生产产品或提供服务的过程中发生的实际支出，是为了获取收入而付出的代价。通常来说，成本可分为以下几种类型：

- 直接成本：直接与生产产品或提供服务相关的成本，如原材料、直接人工费用。
- 间接成本：无法直接归属于某一具体产品或服务的成本，如水电费、管理人员工资。
- 固定成本：不随生产量或服务量的变化而变化的成本，如租金、固定工资。
- 变动成本：随生产量或服务量变化而变化的成本，如原材料成本、生产工人的计件工资。

预算则是组织或个人对未来某一特定时期收入和支出的详细计划。它通常是一个预估的数字，表示预计的资金流入和流出。也可以把预算理解为组织愿意为某个项目支付的所有的资金数量。而预算不仅包含成本，还包含项目可能产生的所有支出。比如，计划购买一台车，销售人员首先会问预算是多少，也就是为买车能支付的所有费用，因为除了车本身的价格外，还需要支付购置税、保险、上牌等其他费用，其中车本身的价格可以理解为成本，包含生产制造车所花费的物料、人工、运输、仓储等成本，甚至还包含经销商的利润，有时不同的车型、颜色、配置还会产生溢价。因此，预算的范畴远大于成本。

在前文所讲的成本估算过程中，通过自下而上的估算方法，汇总得到项目的成本估算（包括人力资源成本和实物资源成本），这些数据都将作为本过程的输入，但项目实际的资金需求远不止如此，还需要考虑项目过程中可能存在的不确定性。然而，当下无法对这些不确定性所需要花费的成本进行估算，因为有的风险可能发生，也可能不发生，甚至有的风险未被识别到。这时通常会适当增加冗余来应对。这一过程称为储备分析。

风险通常分为以下两大类：

（1）已被识别出的风险。对于这类风险，唯一不确定的是何时会发生，所以叫作"已知—未知"风险，前一"已知"代表已经识别到，后一"未知"代表不知道它是否会发生以及何时发生。

（2）未被识别到的风险。未识别到，更不可能知道它何时发生，所以叫作"未知—未知"风险。

为了应对这两类风险，需额外准备一些资金、资源、时间（统称为储备）来应对。应对"已知—未知"风险的储备叫作应急储备，应对"未知—未知"风险的储备叫作管理储备。二者的区别在于，项目经理可以在风险发生时，直接动用应急储备来应对，而不需要经过批准；而管理储备则需要向发起人申请，经审批后方可动用。

该过程的重要输出是项目的成本基准和项目资金需求。成本基准是项目管理的三大基准之一，它决定了项目经理可以动用的所有资金。成本基准包括两部分：一部分是汇总后的项目成本；另一部分是项目的应急储备，这也解释了为什么项目经理无须申请便可动用应急储备，因为它包含在项目的成本基准中，而且成本基准已得到发起人的同意和认可。关于成本基准，和其他基准一样，一旦批准不得随意变更，若需要变更则要遵循整体变更控制流程。

项目资金需求可以从两个角度来看：一个是阶段性的资金需求，因为成本的汇总依据的是活动，呈现时间特性，因此成本的投入也呈现阶段性和时间性的特点，对组织而言，阶段性的资金需求能够为财务部门提供资金需求指南，明确何时要花多少资金。另一个是总体的资金需求，它代表着整个项目需要花费的总费用，除了项目的成本基准外，还包括为应对不可预见风险的管理储备。项目总体的资金需求也就是项目预算，它包括所有活动的成本、应急储备、管理储备，如图 10-5 所示。

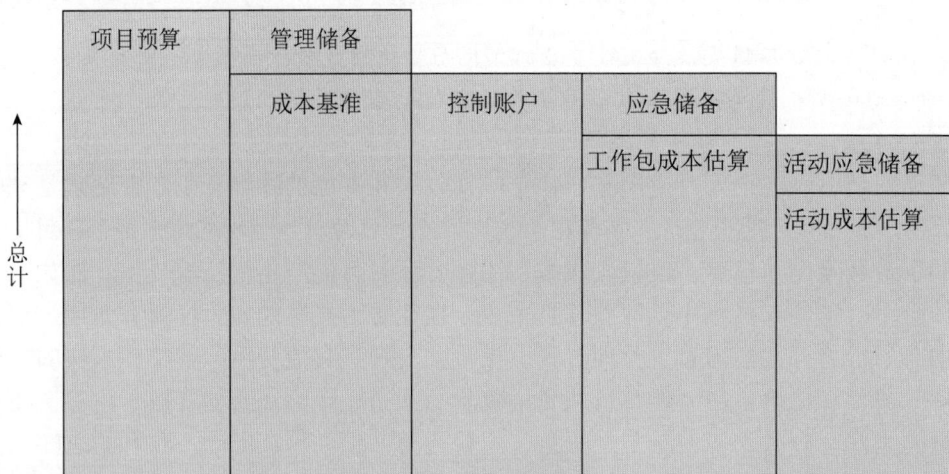

项目预算的组成

图 10-5　项目预算的组成

该过程还应注意的一个工具和技术是资金限制平衡，这是财务和项目管理中确保项目或组织在预算内运作的一个关键概念。它指的是在预定的资金限制范围内有效地分配和管理资源，以确保所有的支出和投资都能得到足够的资金支持，从而避免超支和资金短缺。项目的正常开展需要资金保障，如果发现资金限制与计划支出存在差异，就需要通过调整工作进度来平衡资金支出的水平。

最后需要说明的是，预算的制定可能导致一些项目文件的更新，比如成本估算和项目进度计划，这也反映了项目三大制约因素之间的相互作用。

10.2.14 规划质量管理

1. 过程概述

1）输入

（1）项目章程。提供项目的高层次信息，如项目目标、需求和关键可交付物。

（2）项目管理计划。包括需求管理计划、干系人参与计划、范围管理计划、风险管理计划等，与质量管理、风险管理相关的各个子计划。

（3）项目文件。包括需求文件、风险登记册、干系人登记册、假设日志等。

（4）事业环境因素。包括相关的法规标准、行业标准、市场条件等外部因素。

（5）组织过程资产。包括质量政策、质量管理体系、模板、历史信息和经验教训等组织内部的标准和指南。

2）工具和技术

（1）专家判断。利用具有相关领域知识和经验的专家的意见。

（2）数据收集。例如头脑风暴、访谈、焦点小组讨论等方法，用于收集质量需求和标准。

（3）数据分析。成本效益分析、成本质量分析、过程分析等。

（4）决策制定。多标准决策分析，用于评估和选择质量管理方法和工具。

（5）数据表现。流程图、逻辑数据模型、矩阵图等。

（6）测试和检查规划。确定需要的测试和检查类型、时间和责任人。

（7）会议。通过团队会议、审查会议等方式进行沟通和协作。

3）输出

（1）质量管理计划。描述如何定义、测量和管理项目质量。包括质量标准、质量目标、质量控制措施、质量改进措施等。

（2）质量测量指标。定义具体的质量指标，用于衡量项目或产品的质量水平。

（3）项目管理计划更新。更新项目管理计划中的其他相关部分，如风险管理计划、范围管理计划等。

（4）项目文件更新。更新项目文件，如假设日志、需求文件、干系人登记册等。

2. 过程要点

按照《PMBOK 指南》中的定义，质量是可交付成果满足需求的程度，是评价可交付成果的一项重要指标。如果满足需求的程度越高，可交付成果的质量越好，反之则越差。前文提及用户的需求很多，包括功能性需求和非功能性需求。比如一部手机，对它的功能性需求是通话、发短信、上网、拍照、娱乐等；非功能性需求包括续航时间、结实耐用、轻便小巧、交互便捷等。当这些需求被满足的程度越高时，用户会认为产品的质量越好。要特别注意的是，不能忽视非功能性需求，它们同样也是用户评价质量的重要标准。

质量管理的重要性主要表现在需要兼顾项目制约和实现项目价值两个方面。一方面质量会受到范围、进度、成本、资源、风险等因素的影响，另一方面可交付成果是实现项目价值的基础。因此，项目需要在满足质量的前提下平衡各项因素的制约，若牺牲可交付成果的质量则会直接导致项目失败。

规划质量管理过程的主要任务就是明确项目要达到的质量标准以及如何达到。因此该过程的成果主要有两个；一个是质量管理计划，另一个是质量测量指标。质量管理计划是项目管理计划的一部分，它详细记录了项目过程中如何识别项目及可交付成果的质量要求和标准，并描述项目如何证明符合质量要求和标准。质量测量指标用来描述如何验证可交付成果符合质量标准。比如，教学大纲描述了通过学习需要达到的标准和水平以及如何达到，相当于质量管理计划；而考试大纲则描述了如何检验达到相应的标准和水平以及通过哪些方式来测试，如考试的题型、分值、评分标准等，相当于质量测量指标。

从输出反过来推导输入，该过程的输入需要考虑需求管理计划和干系人参与计划，前者提供了识别、管理需求的方法，后者记录了干系人对需求和质量的期望。除此之外，还应参考风险管理计划、风险登记册，因为风险可能对可交付成果产生威胁和机会。

为了实现质量管理的两个成果，需要采取一些工具和技术，主要有以下几种：

（1）估算质量成本。质量成本是指为了满足某种质量标准而必须投入的成本的总和。按照《PMBOK指南》的描述，质量成本分为一致性成本和非一致性成本，一致性成本又分为预防成本和评估成本，非一致性成本分为内部失败成本和外部失败成本，如图10-6所示。

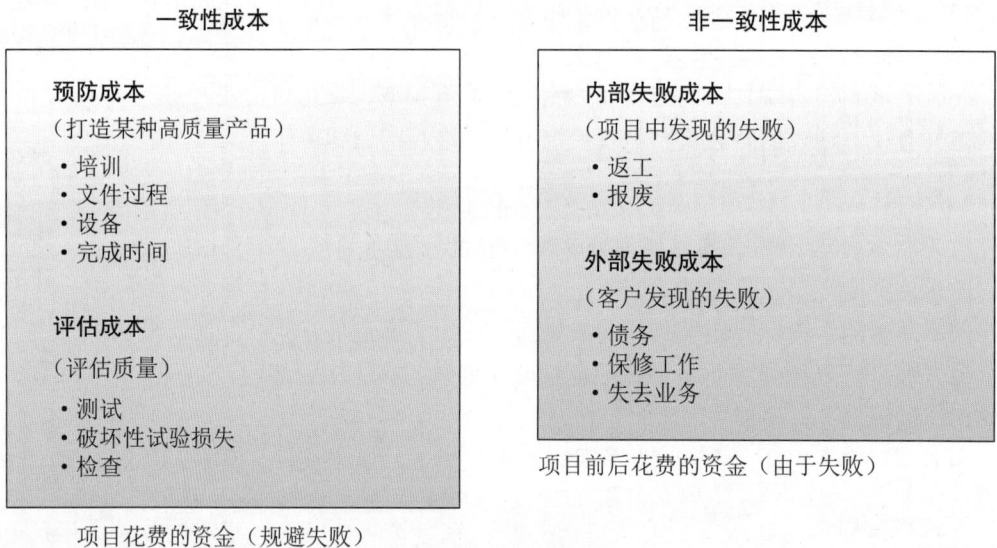

一致性成本

预防成本
（打造某种高质量产品）
- 培训
- 文件过程
- 设备
- 完成时间

评估成本
（评估质量）
- 测试
- 破坏性试验损失
- 检查

项目花费的资金（规避失败）

非一致性成本

内部失败成本
（项目中发现的失败）
- 返工
- 报废

外部失败成本
（客户发现的失败）
- 债务
- 保修工作
- 失去业务

项目前后花费的资金（由于失败）

图 10-6 质量成本

简而言之，在开始项目前，为确保质量达标可以采取一系列措施，比如对团队成员进行培训、运用更先进的技术设备、详细制定各种规划文件等，这些活动的目的是防止质量问题的出现（如同疫苗接种是为了防止感染病毒），这些活动不可避免地需要投入成本，这就是预防成本。当可交付成果完成后，为确保质量，必须对其进行测试和评估、检查和检验，找出有缺陷的部分，由此产生的成本叫作评估成本；除了测试本身需要成本外，有时对产品进行的破坏性试验（比如汽车进行碰撞试验，损毁的车也需要成本）也会产生成本。

一致性成本可以理解为为了避免出现质量问题而产生的成本；而非一致性成本是质量问题已经发生、缺陷已经出现后产生的成本。当项目中出现缺陷时，有的可以通过返工修复，有的因无法修复而直接报废，不管返工还是报废都会产生成本；当有缺陷的产品流到客户手中，就有可能产生退货、保修、索赔等情况，由此产生的连锁反应还包括客户对产品信任度的下降、产品品牌和口碑受到影响等。以上这些均可称为非一致性成本。

质量成本的意义在于从成本角度考虑质量管理的问题，项目经理可以在成本规划时提前将质量成本考虑在内，比如培训成本、测试成本，这有助于保证可交付成果的质量。

质量成本给我们的另一个启示是要打造高质量必然需要投入成本，组织需对投入的质量成本和产品收益之间做出平衡。投入更多质量成本虽然可以使质量大大提升，但同时也会导致价格上升，从而影响销量，进而影响给组织带来的收益。所以，组织不能片面追求高质量，而应进行成本效益分析，确定最优的质量成本投入，使之达到平衡状态。

（2）其他数据表现技术。主要是一些图表，比如流程图、矩阵图等，这些工具和技术就是通过可视化形式展示，以便于找出需要关注的质量问题。比如流程图，是将整个生产工艺的各个环节用图形形式呈现，展示每个步骤和可能的分支，有助于进行过程改进和流程再造。这些工具和技术的应用在后续章节中会详细介绍。

该过程在质量管理领域起到总领全局的作用，既提供了质量标准和检测方法，也为如何保证质量和控制质量提供了指南。之所以在规划过程组中进行，也体现了质量管理中一个重要的理念——质量不是靠检查出来的，而应该将质量管理融入过程和产品中（参阅项目管理原则部分），即重点在于预防，而不是控制。

10.2.15 规划资源管理

1. 过程概述

1）输入

（1）项目章程。提供项目的高层次信息和批准的项目目标。

（2）项目管理计划。包括范围管理计划、质量管理计划、风险管理计划等与资源管理相关的各个子计划。

（3）项目文件。包括项目进度计划、需求文件、风险登记册、干系人登记册等。

（4）事业环境因素。包括组织结构、资源可用性、市场条件等外部因素。

（5）组织过程资产。包括资源管理政策、标准和指南、历史信息和经验教训等组织内部的标准和指南。

2）工具和技术

（1）专家判断。利用具有资源管理经验和知识的专家的建议。

（2）数据表现。如层级图、责任分配矩阵、文本格式等。

（3）组织理论。应用有关团队建设和动机的理论，帮助设计适当的项目组织结构和资源分配。

（4）会议。通过团队会议、规划会议等方式进行沟通和协作。

3）输出

（1）资源管理计划。描述如何定义、获取、管理和控制项目资源。包括角色和职责、项目组织图、人员管理、资源培训、资源控制等。

（2）团队章程。包括团队价值观、协议、操作准则、团队沟通、决策制定和解决冲突的指南等。

（3）项目文件更新。更新项目文件，如假设日志、风险登记册、干系人登记册等。

2. 过程要点

在项目管理中，资源通常分为人力资源和实物资源两类。有人可能会提出疑问：之前进行的成本管理已经涉及资源的成本，该过程不会与之重复吗？实际上资源管理的核心不在于成本问题，而是资源的可用性。资源是保证项目顺利开展的重要保障，正所谓"巧妇难为无米之炊"，资源的数量、质量、获取渠道、是否可用等问题，都是项目经理重点关注的，当然，这些问题和成本也有关，那就是必须在成本基准的约束下满足项目对资源的需求。因此，对资源进行规划管理十分必要。

不同项目对资源的需求各不相同，因此，规划资源管理的起点是对项目的类型和复杂程度进行评估，并确定资源管理的方法。通过对项目章程、项目管理计划及项目文件的分析，获取项目所需资源的种类、数量等相关信息，尤其是一些稀缺资源或竞争性资源要提前考虑。在输入中，事业环境因素和组织过程资产也会对资源规划产生影响，制约资源的获取，对此也必须充分考虑。

为了更好地管理资源，可以借助一些工具和技术，比如层级图、责任分配矩阵。层级图能形成项目所需资源的层级式列表，按照资源的种类不断细化，有助于识别资源。责任分配矩阵可以用于人力资源的分工和责任分配，有利于团队成员明确自身职责，避免执行过程中互相推诿。由于资源管理的重心需要放在人力资源管理上，因此可以借鉴一些组织管理理论，如塔克曼阶梯理论、激励理论等。

该过程的主要输出包括资源管理计划和团队章程。前者描述了如何定义、获取、管理和控制项目资源，包括角色和职责、项目组织图、人员管理、资源培训、资源控制等，为后续的资源管理活动提供了指南。团队章程主要针对人力资源的管理，其主要作用是为团队建立统一的项目愿景，树立一致的价值观，让团队达成共识，并规范工作流程和指南。人们常说的"约法三章""丑话说在前头"便是此意，在项目开始前，让团队成员认可需要遵守的规则，有助于减少团队成员间的误解，避免冲突产生和升级，尤其是当新成员加入团队时，可借助团队章程让其尽快融入。需注意，团队章程的制定应全员参与，并获得一致认可。

10.2.16 估算活动资源

1. 过程概述

1）输入

（1）项目管理计划。包括：

- 资源管理计划：提供项目资源的获取、分配、管理和释放的策略和方法。
- 范围基准：包括项目范围说明书、WBS、WBS词典。

（2）项目文件。包括：

- 活动清单：列出所有需要完成的项目活动。
- 活动属性：提供每个活动的详细信息，如活动描述、所需资源类型等。
- 资源日历：描述资源的可用性。
- 风险登记册：列出项目风险及其潜在影响。
- 资源分解结构：分解和列出所有项目资源。
- 成本估算：描述了资源数量与质量和成本之间的关系。

（3）事业环境因素。包括组织的资源可用性、市场条件、供应商信息等。

（4）组织过程资产。包括资源估算政策、标准化的估算数据、历史信息和经验教训数据库等。

2）工具和技术

（1）专家判断。利用具有资源估算经验和知识的专家的建议。

（2）类比估算。基于过去类似项目的资源使用情况进行估算。

（3）参数估算。使用统计关系和历史数据，通过参数化模型进行资源估算。

（4）自下而上估算。对每个工作包或活动进行详细估算，然后汇总得出总体资源需求。

（5）数据分析。包括备选方案分析，用于评估不同资源配置方案。

（6）项目管理信息系统。使用软件工具进行资源估算和管理。

（7）会议。通过团队会议、规划会议等方式进行沟通和协作，以确定资源需求。

3）输出

（1）资源需求。描述完成项目活动所需的各类资源数量和类型。

（2）估算依据。为估算出的资源提供根据和说明。

（3）资源分解结构。分解和列出所有项目资源，以分类和层次结构形式表示。

（4）项目文件更新。更新项目文件，如活动清单、活动属性、资源日历、假设日志、风险登记册等。

2. 过程要点

此前，我们已经学习了两个和估算相关的过程：估算活动持续时间和估算成本。而估算活动资源的目的是估算活动所需的团队资源，以及材料、设备、用品等实物资源的类型和数量。与前两个估算过程类似，估算活动资源的依据仍是项目需要开展的所有活动，因此活动清单和活动属性是最关键的两个输入，以此为基础，还需要参考资源日历，因为它记录了项目资源的可用性情况。

估算资源的工具和技术包括类比估算、参数估算、自下而上估算等。该过程的主要输出包括资源需求、估算依据和资源分解结构。资源需求可看作一份资源清单，列出了项目所需的人力资源和实物资源的数量、质量、需求时间及其他详细情况，为后续的资源获取提供了依据，如同一份购物清单，到了商店只需"按图索骥"即可。资源分解结构则以层级化的方式呈现项目所需资源，有助于项目管理团队清晰地了解各种资源的类别及其细化分解后的详细情况，便于资源的获取和监督。

总体来说，活动资源估算给项目经理和团队带来的作用如下：

（1）确保资源充足。通过详细的资源估算，确保项目在计划执行时有足够的资源支持。

（2）优化资源配置。运用类比估算、参数估算和自下而上估算等技术，优化资源的分配和使用。

（3）提高估算准确性。结合专家判断和数据分析，提高资源估算的准确性，减少资源不足或浪费的风险。

（4）增强团队协作。通过会议和沟通，确保团队成员对资源需求和分配有一致的理解和预期。

需要重点理解的是，资源估算过程与其他管理过程和知识领域相互影响。比如，对于进度管理而言，资源数量会直接影响项目进度，如一项活动由 10 个人做和 5 个人做，所需时间不同；技术娴熟的成员和新手做同一项工作，需要的时间也不同。然而资源的数量、质量又和项目成本有关，投入更多或更优质的资源通常意味着更高的成本。因此，项目经理必须统筹进度、成本、资源三者的平衡。

10.2.17 规划沟通管理

1. 过程概述

1）输入

（1）项目章程。提供项目的高层次信息，包括项目目标、干系人和主要可交付物。

（2）项目管理计划。包括：

● 资源管理计划：描述项目团队及其他资源的管理方法。

● 干系人参与计划：描述干系人参与和沟通的策略和方法。

（3）项目文件。包括：

● 需求文件：记录项目和产品需求。

● 干系人登记册：列出所有项目干系人及其信息。

（4）事业环境因素。包括组织文化、项目管理信息系统、沟通渠道、市场条件等。

（5）组织过程资产。包括沟通政策、模板、历史信息和经验教训等。

2）工具和技术

（1）专家判断。利用具有沟通管理经验和知识的专家的建议。

（2）沟通需求分析。分析干系人的信息需求、沟通渠道和频率等。

（3）沟通技术。选择适当的沟通技术和工具，如电子邮件、会议、协作平台等。

（4）沟通模型。应用沟通模型，如发送者－接收者模型，确保信息传递的有效性。

（5）沟通方法。确定和使用适当的沟通方法，如书面、口头、正式、非正式等。

（6）会议。通过团队会议、规划会议等方式进行沟通和协作。

3）输出

（1）沟通管理计划。描述项目沟通的策略和方法。包括干系人的沟通需求、沟通渠道、频率、格式、责任人等。

（2）项目管理计划更新。更新项目管理计划中的相关部分，如干系人参与计划。

（3）项目文件更新。更新项目文件，如干系人登记册、项目进度计划、需求文件等。

2. 过程要点

沟通是信息传递的活动，通常发生在人与人之间。沟通的主体是发送者和接收者，沟通的内容是信息，沟通的行为模式是信息的编码、发送、解码的过程，如图 10-7 所示。因此，沟通管理领域主要解决的问题是如何让对的信息在对的时间，用对的方式传递给对的人，并获得对的反馈。在现实生活中，常会遇到由于缺乏沟通或者沟通不畅而导致的各种矛盾，比如夫妻间、父子间、同事间。在项目管理环境中，会产生各种各样的工作数据和信息，会有众多干系人，如何让这些信息顺利传递给各干系人，就需要制订恰当的方法和计划。

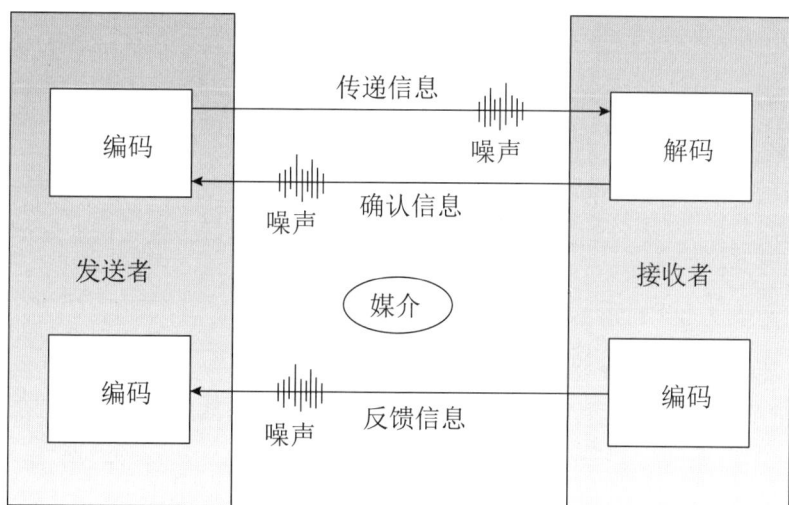

图 10-7 沟通的行为模式

其实沟通管理的难点不是沟通本身，而在于沟通需求各异。正如"一千个读者就有一千个哈姆雷特"，没有一种沟通方法适用于所有人。这就需要我们充分了解干系人的沟通习惯和喜好，进行"量身定制"。比如有的人习惯在手机、平板等电子产品上阅读文件，有的人则喜欢阅读纸质材料；有的人习惯私下沟通，有的人则习惯公开交流；有的人习惯掌握宏观信息，有的人则习惯事无巨细。项目经理需掌握这些偏好，有针对性地选择沟通的内容、方法、渠道，确保沟通的有效性，提升项目的成功率。

沟通的第二个难点在于沟通方法和技术的选择。人类的沟通方法和技术多种多样，从最原始的口头交流，到书信、电话沟通，再到电子邮件、即时社交软件、各类协作平台等。我们把能够承载信息并进行传播的渠道称为媒介。我们主要从速度、深度和效度 3 个方面来评价媒介。速度指的是信息传播的及时性，比如书信和电话相比，电话的传播速度更快；深度指的是媒介的信息承载量，比如书面报告和口头报告相比，书面报告更详细，能承载更多信息；而效度则是衡量媒介对信息接收者产生影响大小的标准。无论是沟通还是传播，有效性都是基础。比如，对于不识字的人，采用书面沟通的方式虽然无效；相比于单纯用语言，融合了音频、视频的多媒体资料更能让人印象深刻。当然，并不存在某个方法或技术是最好的，项目经理必须依据项目的实际情况选择不同的沟通方法和技术，除了考虑干系人的沟通偏好和习惯外，还需要考虑沟通的内容、沟通的紧迫性、沟通渠道的可用性、可靠性和易用性等。

沟通管理计划是该过程的主要输出。这是一份内容丰富的子计划，详细描述了如何规划、执行、监控和控制项目中的沟通活动，以确保信息在干系人之间准确、及时和有效地传递。该计划包括沟通需求分析、沟通渠道和技术、沟通方法和频率、沟通责任人、沟通时间表、沟通协议和约定以及绩效监控和反馈机制。通过明确各类沟通活动的内容、格式、频率和责任人，提高项目的透明度，促进团队协作，确保干系人对项目的参与和支持，及时识别并解决潜在的沟通障碍，从而保障项目按计划顺利进行，最终成功完成。

10.2.18 规划风险管理

1. 过程概述

1）输入

（1）项目章程。提供项目的高层次信息，包括项目目标、关键干系人和主要可交付物。

（2）项目管理计划。所有组成部分，包括范围基准、时间基准、成本基准等，特别是项目范围管理计划、进度管理计划、成本管理计划、质量管理计划、资源管理计划等。

（3）项目文件。包括：

● 干系人登记册：列出所有项目干系人及其信息。

● 假设日志：记录项目的假设条件和制约因素。

（4）事业环境因素。包括行业标准、市场条件、风险态度、组织文化和结构等。

（5）组织过程资产。包括风险管理政策、模板、历史信息和经验教训等。

2）工具和技术

（1）专家判断。利用具有风险管理经验和知识的专家的建议。

（2）数据分析。包括风险数据质量评估、风险分类、风险应对策略评估等。

（3）会议。通过团队会议、风险管理规划会议等方式进行沟通和协作。

3）输出

（1）风险管理计划。描述如何定义、分析、应对和监控项目风险。包括风险管理方法学、角色和职责、预算和时间表、风险类别、风险概率和影响的定义、风险应对策略等。

（2）项目文件更新。更新项目文件，如假设日志、干系人登记册等。

2. 过程要点

关于风险，多数人认为风险是负面的，意味着突发灾难和威胁，所以大家往往都不喜欢风险。其实风险源于不确定性。比如下班回家打开门时，我们无法预知门后是祝贺生日的鲜花掌声，还是家中遭贼的意外情况。这种不确定性广泛存在于我们周围的世界中，可能带来正面影响，也可能带来负面影响。可以说，正是这种不确定性，让生活充满未知的乐趣。假如所有事情都已确定，我们便如计算机设定好的程序一样，循规蹈矩，毫无乐趣可言。

既然不确定性有正反两面，出于趋利避害的本能，我们都希望尽量规避负面威胁，因为这些威胁会对我们的生活、学习造成不利影响，甚至造成损失。在项目管理中亦是如此，项目中的风险无处不在，那些负面风险可能导致项目工期延误、成本超支等，甚至导致项目失败。因此，有必要对项目的不确定性，即风险进行管理，旨在尽量促使正面影响出现，避免负面影响。

规划风险管理的目的是要制订一个计划，详细说明风险的定义、如何识别风险、如何应对风险、如何监控风险、具体执行人员等内容。在整个项目过程中，该计划是应对风险的指导性文件。

在此，需重点理解风险的相对性。同一个不确定性因素，对甲而言可能是威胁，而对乙来说则可能是机会。比如，有的人认为，风浪大时出海捕鱼很危险，可能导致船毁人亡，而有的人却认为"风浪越大，鱼越贵"。产生这种差异的原因，一方面在于不同的人对于风险的态度不同，有的人天生喜欢冒险，热衷于刺激的事情，而有的人则天性保守，行事小心谨慎；另一方面是风险承受能力的差异，大船抵抗风浪的能力强，而小舢板却容易在风浪中倾覆。这两方面因素共同作用形成了风险偏好。因此，在规划风险管理中，首先要了解组织和干系人的风险偏好，以此为基础对风险进行定义、识别，进而进行风险分析、排序以及应对措施的制定。

该过程的主要输出是风险管理计划，作为指导性文件，其内容包含以下几项：

（1）关于风险的一系列信息。基于组织的风险偏好，可以得到组织的风险战略，以及面对风险的方法论，组织准备应对风险的资金和资源，也包括应对风险的角色职责和风险类别。风险类别可以用风险分解结构呈现，这有助于项目团队考虑单个项目风险的所有可能来源，有助于识别风险或归类已识别的风险。

（2）定义如何评价和评估风险的标准。通常来说，风险有两个关键性指标：发生概率和发生之后产生的影响。因风险偏好不同，各组织对概率和影响的定义也不同，比如40%的风险概率，有的组织认为偏高，有的则觉得可以接受。风险的影响也有类似的区别。组织应该依据自身实际情况对概率和风险进行定义，并赋予量化指标，即概率影响矩阵。在后续实施定性风险分析时，可以利用概率影响矩阵来排列风险的优先级，将概率和影响的分值加权相乘，分值越高，优先级越高，反之则越低。

（3）关于风险的监督和控制的流程及报告格式。包括何时召开风险评估会、如何报告风险状态等。

通过制订详细的风险管理计划，确保项目团队能够系统化地识别、分析和应对项目风险。通过明确的角色和职责分配，确保每个团队成员清楚自己的风险管理职责和流程；通过预算和时间表的规划，确保项目资源能够有效地用于风险管理活动；通过对风险的定义和分类，项目团队能够更有针对性地制定和实施风险应对策略。

10.2.19 识别风险

1. 过程概述

1）输入

（1）项目管理计划。包括：

- 风险管理计划：指导如何识别和管理风险。
- 其他子计划：如范围管理计划、进度管理计划、成本管理计划、质量管理计划、资源管理计划等。

（2）项目文件。包括：

- 假设日志：记录项目的假设和制约因素。
- 成本估算：提供项目成本的详细信息。
- 持续改进登记册：记录所有持续改进的机会。
- 进度估算：提供项目进度的详细信息。
- 质量报告：提供质量控制活动的结果和分析。
- 资源需求：描述完成项目活动所需的资源。
- 干系人登记册：列出所有项目干系人及其信息。
- 项目文件：包括项目进度计划、里程碑清单、采购文件等。

（3）协议。包括与供应商、客户和其他第三方签订的合同和协议。

（4）采购文件。包括采购合同、招标文件、供应商提案等。

（5）事业环境因素。包括行业标准、市场条件、风险态度、法规和法律约束等。

（6）组织过程资产。包括风险登记册模板、历史信息和经验教训、标准化的风险管理流程和政策等。

2）工具和技术

（1）专家判断。利用具有风险管理经验和知识的专家的建议和意见。

（2）数据收集。包括：

- 头脑风暴：通过团队讨论产生潜在风险的列表。
- 访谈：与项目团队、干系人和专家进行一对一的讨论，识别可能存在的风险。
- 问卷调查：收集各方对潜在风险的意见和建议。

（3）数据分析。包括：

- 根本原因分析：识别问题的根本原因。
- 假设情景分析：分析项目假设的有效性和可能影响。
- SWOT分析：评估项目的优势、劣势、机会和威胁。

（4）数据表现。包括：

- 鱼骨图（因果图）：分析问题的原因。
- 流程图：显示项目流程中的风险点。
- 脑图：可视化风险和相关因素。

（5）引导式研讨会。组织团队成员和干系人参与的研讨会，系统地识别和分析风险。

3）输出

（1）风险登记册。包括识别到的风险、风险描述、风险类别、潜在应对措施等。

（2）风险报告。包括总体项目风险状态、主要风险和其对项目的潜在影响。

（3）项目文件更新。更新项目文件，如假设日志、问题日志、干系人登记册等。

2. 过程要点

和这一识别干系人识别过程类似，识别风险过程的主要任务是尽可能识别出项目中可能存在的各种风险，包括单个风险和整体风险。

单个风险是指可能对项目目标产生正面或负面影响的特定事件或条件，该风险针对项目的某一部分或某一活动。比如，关键团队成员可能会离职，供应商可能会延迟交付关键材料，某项技术可能无法按预期运行等。

整体风险是指所有单个风险和其他不确定性因素对项目整体目标造成的综合影响。它关注的是项目整体成功的可能性和项目对不确定性的整体暴露。比如，项目在预算内按时完成的可能性整体较低，项目整体技术的复杂性可能导致难以实现预期结果，市场需求的不确定性可能影响项目整体的可行性和收益等。多个单个风险的共同作用可能会导致整体风险的出现。

与其他项目过程一样，识别风险过程并非某个人的活动，而必须进行团队协作。这里的团队涵盖广泛，除了项目经理、团队成员、组织的职能部门外，还可能包括客户、相关领域专家、最终用户，甚至其他项目团队的成员。总之要尽可能广泛地收集风险的有关数据，专家判断、头脑风暴、访谈、问卷调查等是常用的工具和技术。

识别风险的另一个实用工具是对项目计划和文件进行分析排查。比如排查家庭火灾风险点，可查看户型平面图、水电施工图、装修材料清单等。因此，该过程的输入包含一系列项目管理计划和项目文件，仔细阅读这些文件，可以结合一些数据分析技术，比如SWOT 分析、根本原因分析、假设条件和制约因素分析等。根本原因分析即分析每个风险，明确其根本原因，若多个风险都指向同一个原因，则该原因可能就是引发风险的关键因素；假设条件和制约因素在制定项目章程的过程中就已经罗列出来，此时可以对其进行检查，制约因素是风险的直接来源，而假设条件如果不合理，那么这个假设条件就会成为风险。

除了上述方法，还有一些查找风险的方法，比如模拟假设法。可以从项目资源入手，根据资源管理计划和资源需求清单，查看是否存在关键资源，此时可以模拟一种情景，假设该关键资源不可用，这是一个风险；假设某个团队成员突然离职，这也是一个风险。有人也许会说，这样"杞人忧天"岂不是让项目时刻处在焦虑中。其实，在识别风险阶段我们尽可能罗列各种可能性，而后续会分析评估每个风险发生的概率和影响，对其进行优先级排列，这有助于我们把精力放在高优先级的风险上。识别风险还可以查看关键路径上的活动，关键路径决定了项目的最短工期，那么关键路径上的活动和非关键路径上的活动相比，就存在着较大风险。

风险不仅来自组织内部，也可能来自组织外部，比如刚出台的法规、供应商延迟交货等，识别风险时要充分考虑外部风险，避免毫无防备。

识别风险的工具和技术很多，回顾在规划风险管理中制定的风险分解结构，此时便可根据其中的风险类别来识别风险。也可借助 PESTLE、TECOP、VUCA 等模型来识别风险。这些统称为提示清单。

该过程最终的输出是风险登记册，其主要内容有以下 3 项：一是已识别的风险清单；二是潜在的风险责任人；三是潜在的风险应对措施。简而言之，是将识别的风险记录下来，且为每个风险指派相应的责任人，并简要说明如何应对这些风险。"潜在"意味着这些信息是简单的、大概的、粗略的、暂时的，因为还未对风险进行深入分析和认识，后续随着定性和定量分析的开展，这些信息会进一步细化和确定。因此要注意，风险登记册在整个风险管理过程中会不断迭代更新，一方面是随着风险分析的深入，风险的相关信息会逐步明确；另一方面是随着项目开展，可能出现新的风险，这些都需要及时反映在风险登记册中。此外，除了上述 3 项主要内容外，风险登记册中还可以记录风险的原因、触发条件及受影响的范围等。

该过程的另一个重要输出是风险报告，它是在完成某个风险管理过程（比如识别风险、实施定性风险分析）后，需要编写一份关于风险相关情况的报告（比如识别风险的类别、风险的数量、主要的风险来源等），向发起人或组织高层汇报。

10.2.20 实施定性风险分析

1. 过程概述

1）输入

（1）项目管理计划。风险管理计划：提供如何进行定性风险分析的框架和方法。

（2）项目文件。包括：

- 假设日志：记录项目的假设和制约因素，可能影响风险分析。
- 风险登记册：列出识别到的风险及其初步信息。
- 风险报告：提供前期风险分析的结果和风险状况。

（3）事业环境因素。包括行业标准、市场条件、风险态度、法规和法律约束等。

（4）组织过程资产。包括风险分类标准、历史信息和经验教训、标准化的风险管理流程和政策等。

2）工具和技术

（1）专家判断。利用具有风险管理经验和知识的专家的建议和意见，对风险进行评估。

（2）数据收集。访谈：与项目团队、干系人和专家进行一对一的讨论，收集对风险的看法和评估。

（3）数据分析。包括：

- 风险概率和影响评估：评估每个风险发生的可能性和对项目目标的潜在影响。
- 偏差和趋势分析：分析风险的历史数据和趋势，以预测未来的风险影响。

（4）数据表现。包括：

- 层级图：可视化风险的层级结构，展示风险之间的关系和优先级。
- 概率和影响矩阵：用矩阵图展示风险的概率和影响，以确定其优先级。

（5）引导式研讨会。组织团队成员和干系人参与的研讨会，系统地进行风险评估和排序。

（6）风险分类。根据风险的类别（如技术风险、组织风险、外部风险等）对风险进行分类，以便更好地分析和管理。

（7）风险紧急程度评估。评估风险的紧急程度，以确定哪些风险需要优先处理。

3）输出

项目文件更新。包括：

- 风险登记册：更新识别的风险的概率、影响、分类和优先级。
- 假设日志：更新与风险相关的假设和制约因素。
- 风险报告：更新风险分析的结果和风险状况。

2. 过程要点

在识别风险的过程中，我们尽可能罗列出项目可能存在的风险，形成风险登记册（可以称之为风险登记册1.0），该登记册可能记录了几十个甚至上百个风险，一些大型项目数量可能更多。这些风险有的可能发生，有的可能不会发生；有些风险影响巨大，有些则"微不足道"。项目管理者更关注的是发生概率高且影响大的风险，同时由于项目的时间、资源有限，因此无法对每个风险都投入同等程度的关注，那么合理的做法是重点关注优先级高的风险，而如何定义风险的优先级，就涉及接下来要进行的过程——实施定性风险分析。

什么是定性和定量？定性研究和定量研究是科学研究中的两种方法。定性研究是一种探索性研究方法，旨在理解现象的本质和背景，通过深入的描述和解释来揭示问题的复杂性。其主要使用非数值数据，如文字、图像、声音等，通过主题分析、内容分析、叙事分析等手段来解释数据。定性研究的结果通常以详细的描述、案例分析、故事等形式呈现。

定量研究是一种验证性研究方法，旨在通过统计和数学模型来测量和分析变量之间的关系。其主要使用数值数据，如问卷调查结果、实验数据、统计数据等。常用的方法包括结构化问卷调查、实验研究、数据库分析等。通过统计分析（如回归分析、方差分析等）、数学模型等方式来处理数据。定量研究的结果通常以统计图表、数值报告等形式呈现。

我们可以这样理解，基于主观的分析、理解得到的判断就是定性，而利用数据、模型的计算分析得到的结论就是定量。比如，看到某人的照片后说"这个人很胖"。这是一个定性判断，因为缺乏数据支撑，对"胖"的判断仅基于照片及个人对胖的理解；如果测量出此人体重180斤、体脂率40%，基于这两个数据说"这个人很胖"，这就是定量判断，因为根据的是实际测量得到的数据。相对而言，定量判断更具说服性。定性研究和定量研究适用于不同的研究目的和问题。实际研究中常将二者结合使用，以获得更全面可靠的研究结果，如定性研究用于探索性阶段生成假设，而定量研究则用于验证这些假设。

实施定性风险分析的主要目的是评估单个风险发生的概率和影响，进而对风险进行优先级排列。由于定性分析具有一定的主观性，那么评估人的风险态度、风险偏好就会影响评估结果，因此，应依据在规划风险管理过程中输出的风险管理计划展开评估，该计划记载了风险评估的参数指标和具体方法，有助于更客观准确地评估。风险评估还需要参考各类风险数据，团队应该通过各种渠道收集这些数据，包括邀请内外部的专家提供指导意见。比如天气因素可能引发风险，为了评估天气对项目的影响，可以收集历年的天气信息，咨询气象专家、当地民众，获取有用的信息来评估天气问题发生的概率，同时，这些数据必须准确、有效，具有指导参考作用。

定性分析最常用的两个参数是风险发生的概率和影响，在风险管理计划中已对其进行了定义，形成概率影响矩阵。可以参照其中的评分方法，对每个风险进行评分，如此便能快速地对风险的优先级进行排序。此外，也可以通过会议、访谈的形式征求干系人对风险的概率和影响的感知，与已有评估进行参照、比对。要注意，除了概率和风险两个关键指标外，还应该充分考虑其他风险参数，如紧迫性、邻近性、可管理性、可监测性等，从多角度来评估风险的优先级。

评估风险时还可依据风险的分类，如RBS（风险分解结构），它相当于对风险进行了分组。比如按照项目阶段分类，或者按照风险来源分类，若发现某个分类中的风险高度集中，或某个分类对组织来说是关键环节，就应把注意力和精力集中在这些领域，提高其风险优先级。

对于优先级高的风险，需重点关注，并准备更加充足的资源储备来应对；但对于风险级别相对较低，概率和影响相对较小的风险，也不能置之不理，而应将其列入观察清单，持续监测。风险会随环境和时间的变化而变化，风险的优先级也是如此，观察清单可以提醒我们留意这些变化，并及时做出调整。

该过程的输出是风险登记册的更新，可以称之为风险登记册2.0，和之前的版本相比更为丰富和详细，已识别的风险也已按照优先级排列，增加了概率和影响的评估，指定了风险责任人（1.0版本是潜在责任人），还包含风险紧迫性信息以及低优先级风险的观察清单等。当然，更新尚未结束，在后续过程中，风险登记册也将进一步充实和完善。

10.2.21　实施定量风险分析

1. 过程概述

1）输入

（1）项目管理计划。包括：

● 风险管理计划：提供如何进行定量风险分析的框架和方法。
● 范围基准：项目范围的详细描述，有助于理解风险的潜在影响。
● 进度基准：项目时间表，有助于评估与时间相关的风险。
● 成本基准：项目预算，有助于评估与成本相关的风险。

（2）项目文件。包括：

● 假设日志：记录项目的假设和制约因素，可能影响风险分析。
● 成本估算：提供项目成本的详细信息。
● 进度估算：提供项目进度的详细信息。
● 风险登记册：包含识别到的风险及其初步信息。

（3）事业环境因素。包括行业标准、市场条件、风险态度、法规和法律约束等。
（4）组织过程资产。包括风险管理政策、风险分析模板、历史信息和经验教训等。

2）工具和技术

（1）专家判断。利用具有风险管理经验和知识的专家的建议和意见，指导定量分析。
（2）数据收集。访谈：通过与项目团队和专家进行一对一的讨论，收集定量风险数据。
（3）数据分析。包括：

● 蒙特卡洛模拟：使用随机抽样和统计建模技术，评估风险对项目目标的总体影响。

- 决策树分析：使用图形化模型展示决策路径和每条路径的可能结果。
- 敏感性分析：确定哪些风险对项目结果的影响最大。
- 预期货币价值分析：计算每个风险的潜在财务影响。

（4）数据表现。层级图（如影响图）：可视化风险的层级结构和相互关系。

（5）模拟。通过模拟技术，创建项目的不确定性和潜在风险的模型。

3）输出

项目文件更新。包括：

- 风险登记册：更新每个风险的定量分析结果，包括其概率、影响和优先级。
- 假设日志：更新与风险相关的假设和制约因素。
- 风险报告：更新项目整体风险状况和关键风险的定量分析结果。

2. 过程要点

尽管定性风险分析确定了哪些风险的优先级高，但这仍不够，我们会继续追问——既然这个风险优先级很高，那么发生的概率和影响到底是多少？是50%还是80%？单个风险对整体项目目标的影响有多大？想要知道这些，就必须对那些优先级高的风险进行进一步分析，该过程就是实施定量风险分析。定量风险分析通过使用统计和数学模型量化风险的概率和影响，使项目团队能够更准确地评估单个风险和整体项目风险的潜在影响。这种量化分析有助于更好地理解风险的真实威胁程度和可能的后果。当然，并非所有的项目都需要实施定量风险分析，这取决于项目的规模、重要性、复杂程度以及客户要求。

由于定量风险分析主要针对项目整体风险，因此项目的关键绩效，如范围、进度、成本应作为首要考虑的因素，三大基准都应作为该过程的输入。同时，由于定量分析涉及数据模型计算，在此之前的过程中得到的估算结果也是重要输入。

定量分析的工具和技术主要有两大类：一类用于获得更多的风险相关数据，另一类用于分析所得数据，分别对应数据收集和数据分析。

数据收集除了常见的访谈、引导等方法外，还特别需要注意不确定性的表现方式。定量分析的关键在于两个方面：一是数据，二是对数据进行分析的模型。以活动的持续时间为例，可以用概率分布（比如三角分布、β分布等）来表示不同时间的可能区间。需要将风险和不确定性转化为可输入数据进行分析的模型，这是定量分析的关键。比如，已知身体摄入过量钠会增加患心血管疾病的风险，若要探究钠摄入量和风险的关联，就需要建立一个模型将这两个变量间的联系表现出来，当输入不同的钠摄入量的数据时，便能知道对应的风险数值。

数据分析是定量分析的重要工具和技术，主要包括敏感性分析、决策树分析、模拟和影响图。敏感性分析是将各种影响因素单独隔离，查看单个影响因素可能产生的影响，以此来找出哪个影响因素造成的后果最严重。比如敏感性鼻炎，其过敏原较多，包括粉尘、油烟、尘螨、真菌、动物毛发、羽毛、棉花絮等，还可能是食物过敏或接触过敏，治疗时最难的是找出过敏原，此时可将可能的过敏原逐一实验，查看哪个过敏原引发症状即可锁定。这就是敏感性分析。通过敏感性分析，可以用龙卷风图查看项目对单个风险因素的敏感性。

决策树分析主要是进行预期货币价值的计算。可以分析项目过程中可能采取的所有路径的成本，每个路径相当于一种决策，将每个决策指定一个货币价值，然后分析不同决策的概率，最后计算每个决策分支预期的货币价值。比如进行自主创业，有项目 A 和项目 B 供选择时，可以计算若选择 A，需要投入的资金、收益情况、成功和失败的概率，对项目 B 也做同样的评估。最终可能得出结论，项目 A 收益 100 万元，项目 B 收益 80 万元，此时做决策就相对容易。关于预期货币价值的计算会在第 17 章中详细讲解。

模拟，即通过建模程序分析项目风险，蒙特卡洛分析是常用的一种工具，它可以随机生成风险结果和发生概率，帮助我们更好地了解如何处理已识别的风险。比如，某传染病高发期间，专家团队根据人口数据、每日的确诊人数、治愈人数等数据，参考流行病传播模型，用计算机模拟出传染病未来趋势，预测感染高峰和拐点等。模拟的根本逻辑是不断更换各种变量来推导可能出现的结果，由于需要大量变量来模拟各种可能性，因此需要借助计算机来完成海量运算。模拟的典型输出包括表示模拟得到特定结果的次数的直方图，或表示获得等于或小于特定数值的结果的累积概率分布曲线（S 曲线）。

影响图和敏感性分析类似，它将项目或项目中的情境呈现为一系列实体、结果和影响，进而找出它们之间的关系和相互影响。如果因为存在单个项目风险或其他不确定性来源而导致影响图中的某些要素不确定，就以区间或概率分布的形式表示这些要素，再借助模拟技术（如蒙特卡洛分析）分析哪些要素对重要结果影响最大。

该过程的重要输出是风险登记册的更新，至此已更新到了 3.0 版本，较之前版本增加了风险详细概率的分析、对项目整体风险敞口的评估结果，同时重新排列了风险等级，更新了更详细的风险信息，并初步制定某些风险的应对措施等。

10.2.22　规划风险应对

1. 过程概述

1）输入

（1）项目管理计划。包括：

- 风险管理计划：指导风险应对计划的制订。
- 资源管理计划：提供资源的可用性和分配信息。
- 范围基准：项目范围的详细定义和说明。
- 进度基准：项目进度计划的详细信息。
- 成本基准：项目预算和成本信息。

（2）项目文件。包括：

- 假设日志：记录项目假设及其潜在影响。
- 成本估算：项目成本的详细信息。
- 成本预测：未来的成本趋势和预测。
- 持续改进登记册：记录所有持续改进的机会。
- 经验教训登记册：以前项目的经验和教训。
- 资源要求：完成项目活动所需的资源。
- 进度估算：项目进度的详细信息。

- 风险登记册：识别到的风险及其详细信息。
- 风险报告：风险分析的结果和当前风险状况。
- 干系人登记册：列出所有项目干系人及其信息。

（3）事业环境因素。包括行业标准、市场条件、风险态度、法规和法律约束等。

（4）组织过程资产。包括风险应对政策、风险管理模板、以往项目的风险应对经验和历史数据等。

2）工具和技术

（1）专家判断。利用具有风险管理经验和知识的专家的建议和意见，制定和评估风险应对策略。

（2）数据收集。包括：

- 头脑风暴：通过团队讨论产生风险应对措施的列表。
- 访谈：与项目团队、干系人和专家进行一对一的讨论，收集风险应对措施的建议。

（3）数据分析。包括：

- 备选方案分析：评估不同的风险应对方案的可行性和有效性。
- 成本效益分析：评估每个风险应对措施的成本和效益，选择最合适的措施。

（4）多标准决策分析。根据多种标准对不同的风险应对措施进行评估和选择。

（5）数据表现。包括：

- 逻辑图：可视化风险应对措施的逻辑关系和依赖关系。
- 影响图：展示风险及其应对措施对项目的潜在影响。

（6）引导式研讨会。组织团队成员和干系人参与的研讨会，共同讨论和制定风险应对措施。

3）输出

（1）变更请求。根据制定的风险应对措施，可能需要对项目管理计划或项目文件进行变更，并提交变更请求。

（2）项目管理计划更新。可能需要更新的计划部分包括进度管理计划、成本管理计划、质量管理计划、资源管理计划、采购管理计划、范围基准、进度基准和成本基准。

（3）项目文件更新。包括：

- 更新风险登记册：添加新的应对措施及其状态。
- 假设日志：更新与风险应对相关的假设。
- 经验教训登记册：记录风险应对过程中的经验和教训。
- 项目进度计划：根据应对措施调整进度。
- 项目团队分配：根据应对措施调整团队分配。
- 资源日历：更新资源的可用性和分配信息。
- 风险报告：更新风险分析结果和应对措施的状态。
- 风险登记册：详细记录新的应对措施及其执行状态。

2.过程要点

前面已完成风险识别，并通过实施定性风险分析、定量风险分析对风险进行了排序，并明确其可能发生的概率和对项目整体目标的影响。接下来要解决的问题是"当风险发生时应该怎么做"。所有制定的应对措施都应同步更新到风险登记册中，并明确相应的风险责任人。在规划风险应对过程中，需向组织高层或相关干系人汇报情况，以便其对可能出现的变更做出决策。

规划风险应对过程需要参考多个项目管理计划、项目基准和项目文件，因为该过程主要考虑"怎么做"，与项目中各领域之间的联系非常紧密，可谓"牵一发而动全身"，必须全局考虑。其中，3.0版本的风险登记册是规划的依据，其中记录的风险优先级、风险概率和影响程度等信息可以作为制定应对措施的参考。

针对单个风险的应对措施很多，总结起来可分为两大类：一类是应对正面风险，即机会，主要措施有上报、开拓、分享、提高和接受；另一类是应对负面风险，即威胁，主要措施有上报、规避、转移、减轻、接受。可以将两类应对措施进行对比分析，以理解其内在的逻辑和具体应用场景。

上报是应对机会和威胁共有的策略。当风险已超出项目团队所能控制的范围，或超出项目层面，又或是超出项目经理的管理权限时，需要将风险上报给组织，由组织中更高层级的部门或专门的职能部门来处理。可见，风险上报有一定限制，并非遇到风险就上报，除非是上述几种情况。项目经理作为项目责任人，不能推卸对风险的管理责任，若凡事都上报，那项目经理便会失去价值。而且，上报风险的前提是组织中有部门或人员愿意接收并承担责任，否则该风险依然会停留在项目层面。因此，上报并不是"甩锅"，而是将无法处理的风险上升到更高层级去处理。比如投诉餐厅菜品不新鲜，服务员无法处理这个问题，只能将诉求上报给餐厅经理，让他来处理。这是风险处理的升级机制。一旦风险上报且被接收管理，项目团队就不再对该风险进行监控。

开拓和规避的思路是确保希望的结果100%实现。对于机会来说，开拓的策略是采取一切办法让机会实现；对于威胁来说，则是规避其出现。比如，某演出票只能线下购买，一票难求，为确保买到票需通宵排队，这是开拓；有人担心坐飞机出行有危险，便选择自驾或火车出行，避免乘坐飞机，这是规避。

分享和转移也是同样的逻辑。分享对于机会而言是"有钱大家赚"，仅自身无法实现机会，便找其他人共同实现，虽然需要付出代价，但好过独自无法实现；转移就是，当风险（威胁）发生时，让他人分担风险损失，虽然也需要付出一定代价，但也比独自承担好。比如，联合体投标，中标后再分工，每个人都有活干，这是分享；购买保险，出险时损失由保险公司承担，这是转移。分享和转移的共同点就是需要付出相应代价，比如利润降低或支付保险费等。

提高和减轻也可看作同一逻辑的两种操作。当不确定性必然存在，不可避免时，尽可能采取措施来提高或减轻风险可能带来的机会或威胁。与开拓、规避不同的是，提高和减轻并不能确保希望的结果100%出现，有时可能是70%、50%甚至更低。可以简单理解为"尽人事，听天命"，即尽心尽力去做，能否成功就得听其自然了！比如，为增加和心仪对象邂逅的机会，去其常出现的地方活动，虽然不一定确保能遇上，但至少增加了邂逅的概率；为预防感冒，通过多穿衣、多锻炼、合理饮食等措施，虽然感冒还是可能发生，但至少能够起到预防作用。

最后是接受。对于低优先级或概率和影响相对较小的风险，最佳策略是"接受"，不主动采取措施。对于无法通过任何措施加以应对的风险，也可以选择接受。对于机会而言，接受是"把握机遇"；对于威胁而言，接受是"顺势而为"。当然，接受并不是无所作为，仍需对这些风险进行监控，了解其发展趋势，也可以制定应急储备，预留时间和资金资源用于应对。

规划风险应对中还有一种应急应对策略，用于处理高影响但不确定性较高且可能性较低的风险。这些策略是在事先识别和规划的基础上，当特定触发条件或事件发生时才会执行。比如发现错过了重要的里程碑，或依赖的供应商倒闭了，对此可以提出一个计划，一旦这类情况发生，就会触发这个计划的执行，确保项目始终正常推进。这就如同 UPS 电源，一旦触发断电信号，电源就开始工作，确保已完成的工作不会丢失。

规划风险应对是风险管理规划的最后一步，此过程结束后，会输出一份相对完整、可执行性较高的风险登记册（可称之为 4.0 版）。为应对风险，可能需要对此前已制订的各项计划标准进行调整，因此会提出变更请求，获批后需同步更新项目管理计划、基准和项目文件。

10.2.23 规划采购管理

1. 过程概述

1）输入

（1）项目章程。提供项目的高层次需求和初步范围定义。

（2）项目管理计划。包括：

- 范围管理计划：定义范围的过程和控制。
- 质量管理计划：定义质量要求和标准。
- 资源管理计划：定义资源获取和管理的过程。
- 范围基准：定义项目的工作范围。
- 需求管理计划：定义需求收集、分析和管理的过程。

（3）项目文件。包括：

- 里程碑清单：项目的关键日期和交付时间点。
- 项目团队分配：定义团队成员的角色和职责。
- 需求文件：记录项目需求的详细说明。
- 需求跟踪矩阵：跟踪需求的实现情况。
- 风险登记册：记录识别到的项目风险及其分析和应对措施。
- 活动资源需求：项目活动所需的资源类型和数量。
- 活动成本估算：各活动的成本估算。

（4）事业环境因素。包括市场条件、法规和法律约束、组织的采购政策和程序。

（5）组织过程资产。包括组织的采购政策、流程和程序、过去项目的采购文件和经验教训、标准合同条款和条件。

2）工具和技术

（1）专家判断。利用具有采购管理经验和知识的专家的建议和意见。

（2）数据收集。市场调研：收集和分析市场信息，以确定潜在的卖方和市场条件。

（3）数据分析。包括：

● **备选方案分析**：评估不同的采购方案，选择最合适的采购方法和供应商。

● **成本效益分析**：评估采购的成本和效益，确保经济性。

（4）数据表现。因果图（鱼骨图）：分析采购过程中的问题和潜在影响因素。

（5）引导式研讨会。组织团队成员和干系人参与的研讨会，共同讨论和制定采购策略和计划。

（6）供方选择分析。定义评估供应商的标准和方法，确保选择最合适的供应商。

3）输出

（1）采购管理计划。定义采购的策略、方法、标准和过程，包括供应商选择标准、合同类型、风险管理、采购文档和供应商绩效管理等。

（2）采购策略。概述采购的高层策略，包括合同类型、采购方法和市场参与策略。

（3）采购工作说明书。描述每个采购项目的具体范围、目标、任务和可交付物。

（4）采购文件。包括采购需求、投标邀请书、投标请求书、报价请求书、招标文件等。

（5）供方选择标准。定义选择供应商的标准和方法，如价格、技术能力、交付时间、质量等。

（6）供方建议。确定哪些工作将由项目团队内部完成，哪些工作将外包给供应商。

（7）变更请求。根据制订的采购计划，可能需要对项目管理计划或项目文件进行变更，并提交变更请求。

（8）项目文件更新。包括：

● **风险登记册**：更新与采购相关的风险信息。

● **需求文件**：更新与采购相关的需求。

● **经验教训登记册**：记录在采购规划过程中获得的经验和教训。

● **里程碑清单**：更新与采购相关的里程碑。

2. 过程要点

在项目中，有些任务过于艰巨、复杂，项目团队无法独自完成；有些任务本身虽不艰巨，但可能因为缺少专门的人员、技术或设备而导致难以完成。此时就需要对外寻求帮助，可通过采购管理来寻找能够提供帮助的一方来完成工作。采购内容可能是某种设备、材料，也可能是某些人员、某种服务或支持，我们必须做出是否采购的决策，然后确定采购内容，选择合适的供应商，并与他们签订协议或合同，监督其按照合同目标提供相应的货物或服务，这些都是采购管理需要解决的问题。多数情况下，在项目管理过程中，项目团队是作为服务的提供方、供应方（乙方），但在采购管理中，项目团队则是作为服务的需求方、付费方（甲方），要注意角色的转变。

规划采购管理的主要任务包括对项目进行分析，结合范围、进度、成本约束，考虑质量要求、资源需求，决定采购的内容及方式方法等。简单来说就是决定是否购买、如果购买、采用什么方式、供应商怎么选、合同怎么签、怎么确保合同履行到位等。涉及的采购规划的工具和技术主要包括数据收集和数据分析决策技术。

数据收集渠道包括查阅已制订的项目管理计划、项目基准和各类项目文件，也可查看组织关于采购的一些规定、流程，还可以利用组织以往的采购经验，如供应商库、合同模板等，也可以收集外部市场信息、行业信息等，主要的目的是为决策采购和实施采购提供足够的信息，便于制订采购计划。

自制外购分析是数据分析的重要工具技术，其本质是成本效益分析。在项目过程中缺少某种资源时，有两个选择：工作外包或自行完成。在做选择时会考虑很多因素，比如，自制和外购的成本分别是多少，这个决策会对项目的范围和进度产生什么影响，外包工作能否满足质量要求，是否会存在额外风险等，自制外购分析就是充分考虑上述因素的过程。当然，有些资源可由不同渠道获得，比如购买或租赁，也需要通过分析进行决策。比如，计划请朋友在家吃饭，是选择点外卖还是自己做，这时可运用自制外购分析进行决策，若自己做干净卫生且节约成本，还能体现诚意；点外卖虽然成本略高，但相对方便，选择也更多样。如何选择？不同的人分析后可能选择不同，最终决策可结合二者优势：简单的菜自行制作，工艺复杂的菜就选择点外卖，从而实现效益最大化。同样，项目中的自制外购分析也是如此，其目的是更好地推进项目工作，实现价值最大化。

另一个数据分析的重要工具是供方选择分析，即制定供应商的选择标准。采购需求发布后，会有不同的供应商响应需求，此时需建立筛选机制。多数采购方会从价格、供货时间、质量等方面制定标准，还可以考察供应商的资质、实力、以往经验、诚信水平等，多标准选择供应商。这些选择标准将记录在采购管理计划中，用于指导后续的实施采购过程。

规划采购管理的输出较多，包括一系列采购文件，如采购管理计划、采购策略、招标文件、采购工作说明书、供方选择标准等。采购管理计划是指导性文件，用于指导整个采购流程的实施，包括如何开展采购、外包工作或产品的计划交付日期、计划使用的合同类型、采购过程的监督机制等；采购策略则规定了采购的交付方式、合同的支付类型和采购阶段的划分，这些都需要依据项目实际情况，并无通用策略；招标文件和采购工作说明书主要针对采购内容进行详细说明，包括采购的范围、数量、质量、标准、履约的时间和地点等，目的是让供应商对采购内容有清晰的了解，便于做出合适的响应。

采购规划可能导致其他子计划的变更和更新，比如，外购的决定可能识别出新的风险和干系人，可能对进度和成本基准产生影响，这些都需要进行变更控制和更新。

10.2.24 规划干系人参与

1.过程概述

1）输入

（1）项目章程。提供项目的高层次信息，包括项目目标、关键干系人和主要需求。

（2）项目管理计划。包括：

● 资源管理计划：描述如何获取和管理项目资源。

● 沟通管理计划：描述如何管理和分发项目信息。

● 风险管理计划：识别和应对风险的方法和策略。

（3）项目文件。包括：

● 假设日志：记录项目假设及其潜在影响。

- 变更日志：记录项目中的变更及其状态。
- 经验教训登记册：记录以往项目的经验和教训。
- 干系人登记册：记录所有干系人及其详细信息（如影响力、兴趣、期望等）。
- 问题日志：记录和跟踪项目中的问题和决策。

（4）协议。包括合同、谅解备忘录（MOU）、服务水平协议（SLA）等，规定了项目执行中需遵循的协议和承诺。

（5）事业环境因素。包括组织文化、结构和管理方式、市场条件和政治气候、项目管理信息系统。

（6）组织过程资产。包括组织的政策、程序和模板、以前项目的经验教训和数据库。

2）工具和技术

（1）专家判断。利用具有干系人管理经验和知识的专家的建议和意见，制定干系人参与策略。

（2）数据收集。包括：

- 头脑风暴：通过团队讨论产生干系人参与的策略和方法。
- 访谈：与项目团队、干系人和专家进行一对一的讨论，收集干系人参与的建议。

（3）数据分析。包括：

- 假设条件和制约因素分析：分析假设条件和制约因素对干系人参与的影响。
- 根本原因分析：识别干系人问题和潜在冲突的根本原因。
- 干系人分析：评估干系人的影响力、兴趣、需求和期望，制定相应的参与策略。

（4）决策制定。优先级矩阵：根据干系人的影响力和兴趣划分优先级，制定干系人参与的策略。

（5）数据表现。包括：

- 干系人参与度评估矩阵：将干系人按其参与水平进行分类（如知情、支持、反对等）。
- 力量/利益网格：根据干系人的影响力和利益对其进行分类。
- 影响图：展示干系人及其相互关系和影响力。

（6）引导式研讨会。组织团队成员和干系人参与的研讨会，共同讨论和制定干系人参与策略。

3）输出

（1）干系人参与计划。描述如何与干系人进行沟通和协作，以确保他们的需求和期望得到管理和满足。包括干系人参与的策略、方法、频率和沟通渠道。

（2）项目文件更新。包括：

- 干系人登记册：更新干系人的详细信息和参与策略。
- 问题日志：记录干系人相关的问题和决策。
- 变更日志：更新项目变更的状态和干系人的反馈。
- 经验教训登记册：记录在干系人参与过程中获得的经验和教训。

2. 过程要点

我们早在启动过程组就已对项目的干系人进行了识别，形成了干系人登记册，了解他们的职位、权力、影响、需求、喜好等，并通过分析进行了优先级排序。接下来就要确保干系人对项目产生正面作用，降低负面影响。项目管理原则提示我们要促进干系人有效参与（参阅前文章节）。因此，必须对干系人如何参与项目进行规划，明确如何在整个项目周期中与干系人进行有效互动。

项目中干系人数量众多，需求各异，而且不同干系人之间的需求还可能存在冲突，因此，干系人参与的规划要依据每个干系人的不同"量身定制"。干系人登记册便是很好的参考资料，同时还需参考其他项目管理子计划中和干系人有关的内容，比如沟通管理计划等。

为了确保干系人参与的有效性，项目团队需要制订详细的沟通策略和参与计划，包括定期更新干系人登记册，确保信息的准确性和时效性。此外，团队应定期组织干系人会议，讨论项目进展和面临的挑战，以及收集干系人的反馈和建议。通过这种方式，增强干系人的参与感和归属感，同时也有助于及时调整项目策略，以满足干系人的需求和期望。最后，项目团队还应建立反馈机制，鼓励干系人积极提供意见和建议，从而不断优化项目管理和干系人参与的流程。

干系人参与度评估矩阵用于提示项目团队了解干系人当前所处的参与状态，可以将干系人的参与状态分为"不了解、抵制、中立、支持、领导"5种，按照参与程度从低到高排列，团队应先确定对每个干系人期望的参与水平，然后分析该干系人当前的参与水平，将当前水平和期望水平相比较，找出差距，再开展相应行动，使干系人的参与水平符合项目需要。要注意，促进干系人参与的最主要活动是沟通。项目经理和项目团队必须根据沟通管理计划中制定的方法、频次、渠道有效地和干系人沟通，并获得干系人的反馈。

规划干系人参与的输出是干系人参与计划，该计划是项目管理计划的组成部分，是用于促进干系人有效参与决策和执行的策略和行动。根据项目需要和干系人的期望，该计划可以是正式或非正式的，详细或概括性的。干系人参与计划可包括（但不限于）调动个人或干系人参与的特定策略或方法。

第 11 章　执行过程组

11.1　执行过程组的主要任务 ▷

《道德经》有云："千里之行，始于足下。"意思是，无论多远的路程，都是从脚下第一步开始的，强调行动的开始和执行的实际步骤。从项目生命周期来看，在经历了详细而周密的规划过程组后，也仅是迈出"万里长征的一小步"，后续需按照既定计划去开展各项工作，才能最终实现项目目标。

项目的执行过程组是开展各种项目工作活动的集合。之所以称作"执行"，一方面强调了行动的重要性，说明项目是"干"出来的；另一方面体现了项目的目的性和规划的重要性，即并非"蛮干"，而是将预先制订好的计划和策略付诸实施。执行过程组共有 10 个过程，这些过程的名称都和执行有关，比如"管理"和"实施"，都是强调"做"，而规划过程组的过程则都是规划、识别、估算、制定等。执行过程组的 10 个过程分布在各个管理领域，除了范围、进度、成本三大领域没有执行的过程外，其他领域都有一个执行过程，这是因为范围、进度、成本是执行项目活动的制约因素，本身没有可操作性，在这 3个领域更重要的是进行监控活动。

执行过程组的主要工作包括以下几项。

11.1.1　可交付成果是"干"出来的

在范围管理中，项目的可交付成果被分解为一个个工作包，又通过定义活动过程将工作包分解为各项活动，这些活动既是制定进度基准、成本基准的基础，也是执行工作的基础，如同一份购物清单，每购买完一项就标记一项，当清单里的东西都标记完，购物就结束了。在项目中，当所有活动都执行完毕，可交付成果就完成了，项目也就接近结束了，之所以不是完全结束，是因为项目的可交付成果还需要通过验收、移交等过程，项目本身也需要收尾的过程才能最终宣告结束。从这个角度看，执行过程组最重要的就是完成一个个的活动，这些活动会产生各种成果，作为最终可交付成果的一部分。正如"幸福生活是干出来的"，项目的可交付成果也是干出来的，这需要项目团队实实在在地做好每一项工作，才能最终实现目标。

11.1.2　没有规矩，不成方圆

执行过程组强调按计划执行工作。计划是为了实现特定目标而制定的一系列步骤和安排，是管理和组织工作的基础，通过计划可以确保资源的合理分配和任务的有效执行。计

划通常包括目标设定、策略制定、资源分配、时间安排和监控评估等要素。《PMBOK 指南》中有将近一半的过程（24 个过程）都涉及制订计划，可见项目管理的一个指导思想是计划先行，"不打无准备之仗"。

在工作中，有些人会觉得制订计划可有可无，他们相信自己的经验，也信奉计划不如变化快；还有些人虽然制订了计划，但未按计划执行。这两种做法都不可取。做事情之前先计划、依据计划执行、执行中监控、监控后反馈、反馈后改进，这是管理学提出的科学的方法，依靠这种方法可以提高成功率并降低风险。没有计划或不按计划去做事，其实更多的是依靠经验和运气，我们不可否认这两者对于成功可能发挥作用，但在复杂多变和高风险的环境中，仅靠运气和经验是很危险的。

另一方面，项目管理中的各项子计划、各项基准在获批后就成了项目必须遵循的重要文件，并且不得随意变更。这些文件是达成项目目标的保障，尤其是项目基准，是衡量项目成功的重要指标，也是项目的制约因素。如果抛开计划谈执行，项目就成了无源之水、无根之木，必然会背离原来的目标。

需要依据计划开展的活动主要有以下几类：

（1）团队和人员的管理（资源管理）。

项目工作的执行主体是人，因此人力资源管理是资源管理中的重要部分，也是项目经理在执行过程中首要开展的活动。它主要包括：根据资源管理计划和资源需求组建团队，并开展一系列团队建设活动以提升团队绩效，管理好团队和人员，评估他们的工作绩效，在发生冲突时有效解决，对于取得的成功及时鼓励，在项目收尾后解散团队，完成资源的释放。

（2）做好质量管理的工作（质量管理）。

质量管理计划确定了质量标准和检测指标，规定了应采取什么行动来保障质量。项目团队需要遵循这些流程，将质量工作融入日常活动，需要召开质量分析会议，及时处理发现的质量缺陷并采取相应措施，定期开展质量审计工作，找出工作中的不足之处和优秀做法，检验质量工作的有效性。这些工作需要在项目过程中持续展开，因为质量管理的原则是持续改进。

（3）确保信息沟通的有效性（沟通管理、知识管理和干系人管理）。

信息是沟通的基础，数据是信息的来源。那么数据从哪里来？答案是数据从执行中来。随着工作的开展，会产生各种各样的数据，比如工作绩效数据、问题日志、工作日志等，项目团队要积极收集这些数据，同时还需要进行适当分析（分析工作是监控过程组的主要工作），然后将分析结果按计划进行发送、接收和反馈。通过信息沟通，响应和满足干系人的不同期望，促进他们有效地参与项目。

还需注意，项目中还有一种特殊信息——项目知识，包括显性知识和隐性知识。项目执行过程中会利用已有知识，在创造可交付成果的同时产生新知识。项目团队需采取行动管理这些知识，促进知识在项目团队内部传递和积累，如此既能提升团队的技术水平，也能增强项目的韧性，同时为组织沉淀过程资产。

（4）兵来将挡，水来土掩（风险管理）。

在规划过程组中，风险管理有 4 个过程，从识别、分析、应对、监控等方面对风险进行了详细规划。风险登记册上记载了所有的风险名称、来源、概率、影响、排序，还明确了风险责任人和应对措施，可谓未雨绸缪。在执行过程组中，只需要按照既定计划，在风险发生时及时采取应对措施。需注意，一项风险应对措施的实施也可能引发新的风险，项目团队要进行评估和分析并采取措施。

（5）做好采购的工作（采购管理）。

规划采购阶段已确定了采购内容和采购方法，在执行环节只需"按图索骥"，照做即可。其主要任务包括对外发布采购邀约、广泛征集潜在的供应商、召开投标人会议、对供应商的响应进行评估并选定供应商授予合同。要注意，采购环境应确保公平、公正、公开。

11.1.3　提出变更和实施变更

尽管强调执行过程组需要按照计划推进，但世上并无绝对完美的计划。由于项目具有独特性，不可避免地会受到诸如环境、市场等多种因素的影响。同样的，意外情况也会在执行过程中出现。比如，计划 10 天完成一项工作，实际开展时却发现，工作难度远超预期，10 天的工期无法完成，此时就需要提出变更。变更请求是执行过程组的一个通用的输出，几乎所有执行过程都会产生。我们需要对这些变更进行评估、分析和控制，并据此调整计划，使之更符合项目目标的要求。当变更请求经过整体变更控制流程，并被批准后，就会重回执行过程，按照变更后的计划执行，因此，执行过程组就有了一个通用的输入，即批准的变更请求。变更请求的提出和实施是一个循环，会反复发生，项目也在这种反复中不断调整计划和策略，向着目标一步步前进，如图 11-1 所示。

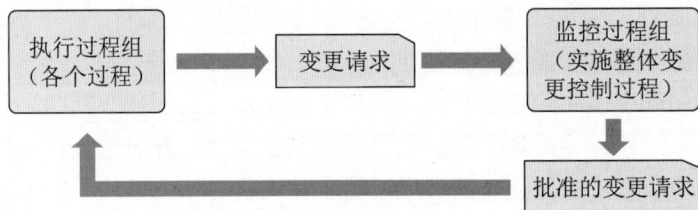

图 11-1　变更请求的提出和实施

11.2　执行过程组的主要过程 ▶▶

11.2.1　指导与管理项目工作

1. 过程概述

1）输入

（1）项目管理计划。包含所有子计划和基准，包括范围基准、进度基准、成本基准、质量管理计划、资源管理计划等。

（2）项目文件。包括变更日志、里程碑清单、项目沟通记录、项目进度计划、风险登记册、需求跟踪矩阵、风险报告、经验教训登记册等。

（3）批准的变更请求。包括纠正措施、预防措施、缺陷补救等所有经过批准的变更。

（4）事业环境因素。包括组织文化、基础设施、人力资源管理政策、市场条件等。

（5）组织过程资产。包括标准化的指南和工作说明、项目管理信息系统、历史信息和经验教训知识库等。

2）工具和技术

（1）专家判断。利用专家的知识和经验，帮助决策和指导项目工作。

（2）项目管理信息系统。支持项目管理活动的软件工具，如调度软件、配置管理工具、信息收集和分发系统等。

（3）会议。包括项目状态会议、进展会议、问题解决会议等，确保项目团队和干系人之间的沟通和协调。

3）输出

（1）可交付成果。完成的产品、服务或成果，经过验证和确认。

（2）工作绩效数据。包括完成的工作、开始和完成的日期、已实现的技术绩效指标、状态报告等原始数据。

（3）问题日志。记录和跟踪在项目执行过程中出现的问题、相关的决策和解决方案。

（4）变更请求。在项目执行过程中，可能需要提交变更请求，包括纠正措施、预防措施和缺陷补救。

（5）项目管理计划更新。可能需要更新的部分包括：范围管理计划、进度管理计划、成本管理计划、质量管理计划、资源管理计划、风险管理计划、沟通管理计划、采购管理计划、干系人参与计划、范围基准、进度基准、成本基准。

（6）项目文件更新。包括需求文件、项目日志、经验教训登记册、风险登记册、干系人登记册。

（7）组织过程资产更新。更新组织的标准、过程定义、项目文档模板、项目档案等。

2. 过程要点

指导与管理项目工作是整合管理领域的一个过程，它涵盖了执行过程组的所有活动。该过程的主要任务是按照计划去执行工作，并处理工作中出现的变更。

该过程的输入包含项目管理的所有子计划、三大基准和各类项目文件，这也印证了我们一直强调的计划的重要性。

批准的变更请求也是重要的输入，它是整体变更控制过程的输出。变更请求在项目生命周期的各个阶段都有可能出现，项目团队需要对这些变更请求进行分析评估，找出某个变更对项目可能产生的影响，再将其提交给变更控制委员会（CCB）进行决策，做出批准或不批准的决定。经批准的变更请求会回到执行过程中付诸实施。比如，做文字整理工作，为了提高效率，决定改变手工书写的方式，转而使用计算机输入，于是提出变更请求，最终领导批准，采购了一台计算机。那么这台计算机就是批准的变更请求，它会作为工具应用到工作中。

该过程的输出主要包括以下几项：

（1）可交付成果。这是执行过程最主要的输出，不同的执行过程交付的成果不同，可能是局部的、不完整的。

（2）工作绩效数据。工作绩效数据是在执行项目工作时，从每个正在执行的活动中产生的观察结果和测量值。数据处于信息层次结构的最低层，其本身缺乏价值和作用，只有经过一定的分析，转变成信息，才能对项目工作起到指导作用。工作绩效数据可以是已完成的工作、关键绩效指标（KPI）、技术绩效测量结果、进度活动的实际开始日期和完成日期、已完成的故事点、可交付成果状态、进度进展情况、变更请求数量、缺陷数量、实际发生的成本、实际持续时间等。

（3）变更请求。前文已经讲过，在此不再赘述。

（4）项目管理计划和文件的更新。当执行过程中提出的变更请求被批准后，需要对原计划做出调整，以反映项目最新状况。而这些更新后的计划（包括基准）会被输入到执行过程和监控过程，作为执行工作的最新依据和监控项目的标准。

11.2.2　管理项目知识

1. 过程概述

1）输入

（1）项目管理计划。包括所有子计划和基准，如范围管理计划、进度管理计划、成本管理计划等。

（2）项目文件。包括：

● 经验教训登记册：记录项目过程中积累的经验教训。

● 项目团队分配：记录项目团队成员的分配和角色。

● 资源分配表：记录资源的分配情况。

● 干系人登记册：记录项目干系人的信息。

（3）可交付成果。完成的产品、服务或成果，这些是项目的输出。

（4）事业环境因素。包括组织文化、结构和治理、人员管理政策和程序、组织的知识管理系统。

（5）组织过程资产。包括组织的政策、流程和程序、经验教训数据库、项目文档和知识库。

2）工具和技术

（1）专家判断。利用项目团队和其他专家的知识和经验，进行知识的收集和分享。

（2）知识管理。促进团队之间的互动和协作，通过正式和非正式的沟通渠道（如会议、讨论、工作坊等）来分享知识。

（3）信息管理。使用信息管理工具和技术来收集、存储和检索项目信息，如文档管理系统、数据库、共享驱动器等。

（4）跨部门团队。促进团队协作和知识分享的技能，如沟通、领导、冲突管理、协商等。

3）输出

（1）经验教训登记册。更新并记录在项目过程中积累的经验教训，反映成功和需要改进的地方。

（2）项目管理计划更新。根据获得的新知识，可能需要更新项目管理计划中的相关部分。

（3）组织过程资产更新。更新组织的政策、流程、知识库和文档模板，以反映新的知识和经验。

2. 过程要点

管理项目知识是《PMBOK 指南》（第六版）新增的过程，体现了项目管理发展的趋势。现代社会是一个知识密集型社会，知识是理解和应对世界的重要基础。通过获取和应用知识，人们可以更好地解决问题、做出决策和推动进步。

任何项目都面临诸多不确定性、复杂性、模糊性和易变性，唯有依靠知识的力量方可应对。无论是显性知识还是隐性知识，都在个人和组织发展中发挥着关键作用。有效的知识管理有助于最大化知识的价值，促进持续学习和创新。

知识管理（Knowledge Management，KM）指系统地管理组织内的知识资源，以提高组织效率、创新能力和竞争力。知识管理包括知识的获取、创建、共享、应用和存储。其目标是确保知识在组织内得到有效利用，以支持决策、促进创新和提高绩效。知识包括显性知识（Explicit Knowledge）和隐性知识（Tacit Knowledge）两大类。

显性知识指能用文字、数字、公式、图表等形式清晰表达和传递的知识。显性知识易于存储和共享，例如书籍、文档、数据库等。

隐性知识则指难以明确表达和传递的知识，通常是个人通过经验和实践获得的技能和洞察力。例如，工匠的精湛手艺，或医生的诊断直觉。

项目的知识管理是使用现有知识生成新知识，以实现项目目标，并帮助组织学习的过程。其中既包含显性知识，也包含隐性知识，而后者比前者更重要。

信息管理通常针对显性知识，将这些显性知识看作信息，可以利用文字、数字、图片等媒介记录、存储、整理，然后进行分享和传播。项目工作中形成的各类总结、模板、经验教训、知识库都可以视作显性知识，对于这类知识，注意收集整理即可。

知识管理更多的是针对隐性知识。由于隐性知识无法记录和存储，多为个人的某种经验、技能或能力，甚至是难以言传的直觉。要让这些隐性知识在组织中得以分享和传播，首先要有一个良好的组织氛围，团队成员之间彼此信任，鼓励开放交流，营造开放的交流环境，鼓励成员分享经验和见解。其次，在这种充满信任和开放交流的氛围中，通过一定的方法和渠道来促进知识共享，此过程叫作知识转移。比如：

- 定期举办会议、研讨会和讨论会。
- 导师和学徒制度。
- 建立社交网络平台，利用内部社交网络平台，让员工能够随时随地分享知识和经验。
- 鼓励员工通过讲述故事的方式分享经验和教训。故事是传递隐性知识的有效方式，因为它们能够生动地描述实际情况和具体做法。
- 工作轮换，定期轮换成员的工作岗位，使他们能够接触和学习不同岗位的隐性知识。
- 跨部门合作，促进不同部门之间的合作与交流，使员工能够了解其他部门的工作流程和隐性知识。

要注意，无论采取何种知识转移方式，前提是营造相互信任、开放交流的团队氛围和环境。一个充满猜忌、怀疑、各怀心思的团队是无法进行良性的知识管理的。

知识转移的作用除了能够提升团队技能、促进项目成功外，更重要的是能够增强项目的韧性，当项目遭遇团队人员离职或关键资源缺席等情况时，能够尽快恢复项目状态。比如，在一个软件开发项目中，团队成员小李主要负责核心模块的代码编写工作，他对这部分代码的逻辑架构和细节了如指掌。然而有一天，小李因个人原因突然离职。但此前团队一直有良好的知识转移习惯，小李在日常工作中，通过定期的代码评审会议，向其他开发人员展示和讲解核心模块的代码结构、关键算法以及潜在的风险点和解决方案等知识。同时，他也会在项目文档中详细记录核心模块的设计思路、开发进度、测试情况等重要信息，并且有意识地在一些日常任务中，让其他同事协助处理部分核心模块的周边工作，如简单的代码优化、单元测试编写等，以此加深他们对该模块的了解。当小李离职后，团队虽然在短期内会受到一定影响，但得益于之前的知识转移，其他开发人员能够迅速查阅相关文档，借鉴小李此前分享的经验和思路，较快地接手核心模块的工作，继续推进项目开发，使项目得以在较短时间内恢复正常，减少了人员变动对项目造成的冲击，展现了知识转移在提升项目韧性方面的关键作用。

知识管理在项目中具有重要的战略意义，不仅提高了项目的运营效率和创新能力，还增强了项目的竞争力和适应性。通过系统地管理和利用知识，组织可以实现更高的项目绩效和可持续发展。

11.2.3　管理质量

1. 过程概述

1）输入

（1）项目管理计划。质量管理计划：定义项目的质量标准、质量目标及相关流程。

（2）项目文件。包括：

● 经验教训登记册。

● 质量控制测量结果：由控制质量过程生成的质量结果数据。

● 质量指标：定义用于测量质量的具体标准。

● 风险报告：记录识别的风险及其分析和应对措施。

（3）组织过程资产。包括质量管理政策、程序、模板和指南，以及以往项目的经验教训和质量数据库。

2）工具和技术

（1）数据收集。包括：

● 核对单：用于检查是否符合质量要求的清单。

● 访谈：与项目团队和干系人进行交流以收集质量管理信息。

（2）数据分析。包括：

● 备选方案分析：分析不同的质量管理方法和技术。

● 根本原因分析：识别质量问题的根本原因。

● 过程分析：审查流程的效率和有效性，以发现改进机会。

（3）决策制定。多标准决策分析：根据多个标准对不同方案进行评价和选择。

（4）数据表现。包括：

- 亲和图：整理和组织大量信息并进行分组以识别模式。
- 因果图：识别问题的根本原因（如鱼骨图）。
- 流程图：展示过程步骤和决策点。
- 直方图：显示数据的分布情况。
- 散点图：显示两个变量之间的关系。

（5）审计。质量审计：评估质量管理活动是否符合计划和标准，并找出改进机会。

（6）面向X的设计。在设计过程中应用特定的质量和技术标准。

（7）问题解决。系统地解决已识别的质量问题。

（8）质量改进方法。包括精益生产、六西格玛等。

3）输出

（1）质量报告。描述项目的质量管理活动、质量问题及其解决情况、质量改进建议等。

（2）测试和评估文件。包括测试计划、测试用例、测试结果等，用于验证产品的质量。

（3）变更请求。根据质量管理活动的结果，可能需要对项目进行变更，包括纠正措施、预防措施和改进措施。

（4）项目管理计划更新。包括：

- 质量管理计划：根据实际情况和质量管理活动的结果进行更新。
- 其他相关子计划和基准（如进度管理计划、成本管理计划等）。

（5）项目文件更新。包括：

- 经验教训登记册：更新与质量管理相关的经验教训。
- 风险登记册：更新与质量相关的风险。
- 质量控制测量结果：更新质量测量结果。
- 质量指标：更新质量测量标准。

2. 过程要点

管理质量过程和控制质量过程经常会被混淆，前者属于执行过程组，后者属于监控过程组，前者的重点是采取一系列活动确保产品符合质量标准，后者则更注重对产品本身的检查、检验和测试。一个关注质量活动，一个关注产品本身。

管理质量又称质量保证（QA），是项目管理中的一项关键活动，旨在确保项目的产品、服务或成果满足既定的质量标准和客户需求。质量保证通过系统的过程和活动预防质量问题，并确保项目执行过程的一致性和有效性。

在质量管理计划中已对可交付成果需要满足的质量要求进行了说明和规定，然而客户可能会追问"如何保证交付的产品符合这个质量标准？""凭什么相信项目团队能够达到这个质量水平？"因此，计划中还描述了为达到规定的质量标准所采取的措施，比如启用业务更熟练的人员、采用更先进的机器设备、执行更严格的工艺标准、开展更频繁的检查检验、邀请第三方监督等。这些活动构成管理质量的主要任务，旨在确保产品符合质量标准，增强用户信心，同时提升组织的质量管理水平，不断改进工作流程。

该过程重点需要掌握多个质量管理的工具和技术。

核对单是我们熟知的工具，在日常生活中经常使用，可用于检查某项功能、指标是否符合标准，或某个活动、流程是否得以执行。通过核对，能够发现质量活动中是否存在偏离计划的行为，作为改进的基础。

备选方案分析、过程分析和根本原因分析都可以用来评估质量活动。当某个活动不合适时，可考虑是否有替代方案；对整个活动过程进行拆解、分析，找出其中可能存在质量缺陷、隐患的环节；针对引发的缺陷，找出根本原因，有助于后续改进。这些工具统称为数据分析。

还有一些用于数据表现的图表，目的是更直观地展示所发现的缺陷的信息，便于对产生原因进行分析，进而进行改进。比如亲和图，又称KJ法，是一种质量管理工具，用于整理和组织大量的想法、数据或信息，帮助团队识别主题、模式和关系，常用于头脑风暴、问题分析和解决方案开发的过程中。通过亲和图将相关信息分组，使复杂的信息更加清晰和结构化。

因果图，又称鱼骨图或石川图，是一种用于识别和分析问题根本原因的质量管理工具。它通过系统地排列潜在的原因，使团队能够全面了解和解决质量问题。因果图因其形状像鱼骨而得名，每个主要原因像鱼的骨头一样延伸出来。通过不断追问"为什么"，找出缺陷的根本原因，只有解决根本原因才能从根本上杜绝缺陷再次产生。

流程图是一种图形工具，用于表示一个过程或系统的步骤和决策点，有助于理解和分析流程的顺序和逻辑。通过使用标准符号和连接线，流程图可以直观地展示复杂的过程，使团队成员和利益相关者更容易理解和沟通流程细节。

直方图和散点图都是展示缺陷和原因之间统计关系的图表，分别用于不同的数据分析场景。直方图主要用于展示数据的分布情况，帮助识别模式和异常值；散点图主要用于展示两个变量之间的关系，帮助分析相关性和趋势。正确选择和使用这两种图表，可以更有效地进行数据分析和决策。

关于上述图表，在第17章中会再详细讲解。

管理质量中还有一个重要的工具技术是审计。审计是一种系统、独立且文件化的过程，用于获取和评价证据，以确定某些活动、程序、操作、结果或其他事项是否符合既定标准或要求。

在项目管理活动中有3个重要的审计，分别是质量审计、风险审计和采购审计。正如审计的定义所述，审计的关注点是项目中的活动、程序、操作等，即对所做事项进行检查，而不是对产品本身进行检查对产品本身的检查称为审查。

本过程中的审计是质量审计。质量审计是一种系统的、独立的检查活动，用于评估和验证一个组织的质量管理体系是否符合既定标准、政策和程序，并确保其有效运行。质量审计不仅关注产品和服务的质量，还关注过程和系统的质量，以确保持续改进和客户满意。质量审计的主要目的如下：

（1）验证合规性。确保组织的质量管理体系符合国际标准（如ISO 9001）、行业标准、客户要求和内部政策。

（2）评估有效性。检查质量管理体系的有效性，确保其能够持续满足质量目标和改进要求。

（3）发现改进机会。识别潜在的改进领域，提出改进建议，帮助组织优化质量管理过程。

（4）确保客户满意。通过评估产品和服务的质量，确保客户的期望和要求得到满足。

工具和技术中还有一个"面向 X 的设计"，这是一种设计思想和方法，其中"X"代表特定目标、原则或特性。这个概念源于软件工程和系统设计，旨在确保设计过程和结果能够满足特定的需求或约束。简单理解就是将设计聚焦于某一领域，尽量在该领域内考察产品应符合的质量标准和特性，并深入探索，以此指导质量管理工作的开展。

最后，对于"问题解决"这个工具，可把它看作一个解决问题的模型，不仅能在管理质量领域使用，在日常生活的很多场景中也可以用到。它遵循"发现问题—分析问题—解决问题—检查问题"的逻辑思路。

管理质量过程的最终成果是质量报告及测试和评估文件，实际上是上述所有工作的总结，通过对整个质量活动的分析与评估，提出改进措施，发现有助于纠正缺陷、实现项目质量期望的方法。当然，报告中发现的不足需要改进，好的做法需要推广，这些都需要提出变更请求，并进行变更控制，获得批准后执行。

11.2.4 获取资源

1. 过程概述

1）输入

（1）项目管理计划。包括：

● 资源管理计划：描述如何获取、分配和管理项目资源。

● 成本基准：确定项目的预算范围，为资源获取提供财务依据。

（2）项目文件。包括：

● 项目进度计划：确定资源需求的时间安排。

● 资源日历：显示资源的可用性。

● 资源需求：详细说明项目所需资源的数量和类型。

● 项目团队分配：记录已分配到项目的团队成员。

● 风险登记册：记录与资源获取相关的风险。

（3）事业环境因素。包括市场状况、资源可用性、劳动法律法规等外部环境因素。

（4）组织过程资产。包括过往项目的资源获取政策、标准流程、经验教训等内部信息。

2）工具和技术

（1）决策制定。多标准决策分析：使用多个标准（如成本、可用性、技能水平等）来评估和选择资源。

（2）谈判。与资源提供方进行协商，以确保获得必要的资源。

（3）预分派。在项目启动之前，提前分配资源，特别是对关键资源。

（4）虚拟团队。利用技术手段组建地理上分散的团队，以获取分布在不同位置的资源。

3）输出

（1）实物资源分配。记录已分配的实物资源，如设备和材料。

（2）项目团队分配。记录已分配到项目的团队成员及其职责。

（3）资源日历。更新资源的可用性时间表。

（4）变更请求。在资源获取过程中，如果需要对项目计划进行调整，需提交变更请求。

（5）项目管理计划更新。包括：

- 资源管理计划：更新资源获取的策略和方法。
- 成本基准：根据实际资源获取情况，调整项目预算。

（6）项目文件更新。包括：

- 项目进度计划：根据资源分配情况，调整项目时间表。
- 资源需求：更新资源需求文档。
- 风险登记册：更新与资源获取相关的风险信息。

2. 过程要点

在规划过程组已制订了资源管理计划，并对项目所需资源进行了估算，但这些都只停留在书面层面，当项目进入执行阶段才真正开始工作，之前所需的资源必须一一到位，包括人力资源和实物资源。

很多人看过《速度与激情》系列电影，影片中以多米尼克·托莱多为首的团队策划执行了诸多充满惊险且高难度的任务。团队成员的技能涵盖了驾驶、战斗、技术、策略等各方面能力，每个成员独特的背景和技能彼此互补，使团队能够在各种复杂、危险的环境中取得成功。把这些成员搜罗并聚集在一起的过程就是获取资源。

获取资源需要综合考虑多种因素。资源需求罗列了项目所需的所有资源，为获取资源提供了方向指引，但是这些资源何时需要用、何时可用，需要参考项目进度计划和资源日历。资源的获取需要成本，因此又要考虑成本基准的限制；有些资源需要从外部采购，此时还需要参考采购管理计划；获取资源过程中可能出现哪些风险则要参考风险登记册。这些因素共同构成了该过程的输入。

在实际操作过程中，获取资源主要是资源的选择和获得。能够满足需求的资源可能不止一种，选择时需要综合考虑，比如成本、可用性、易用性、技能水平等，其体现在工具和技术中，就是多标准决策。

我们知道，项目经理本身并未掌握资源，只是在项目章程的授权下，可以调动组织资源开展工作。资源一般掌握在职能经理或其他项目经理手中，想要获取资源往往需要向他人争取。在项目章程的约束下，职能经理一般都会积极配合，但涉及稀缺资源时，就可能遇到阻碍，此时就要用到谈判。谈判是指在不同利益方之间进行交流和协商，以达成共同目标或解决分歧的过程。在个人生活和商业环境中，谈判都是一种常见的沟通和决策方式。在项目获取资源过程中，谈判既可以对组织内部，也可以对组织外部。

另一种获取资源的方式是预分派，指在项目启动阶段就把所需资源分配好，通常会在项目章程或与客户签订的合同中明确，这有助于确保关键资源的可用性。

传统意义上的团队要求成员在物理空间上聚集，即团队成员都需要集中到一起工作，便于随时进行沟通和协作。随着互联网和各种即时通信工具的发展，团队在物理空间上聚集的限制被打破，通过在线协作平台，来自不同地域的人员可以组成团队、开展工作，这便是虚拟团队。它极大地拓宽了资源的可用性范围，突破了空间和时间的局限性，正逐渐成为众多组织采用的模式。尽管虚拟团队在沟通上可能存在一定障碍（毕竟面对面交流效果更佳），但还是极大加强了组织在资源管理上的灵活性。

获取资源过程的输出包括实物资源分配单和项目人员派工单，分别针对实物资源和人力资源。将所需资源配备到需要的地方，就能得到更新后的资源日历，它展示了所有资源在项目生命周期内的时间安排，有助于后续对资源进行监控。

11.2.5 建设团队

1. 过程概述

1）输入

（1）项目管理计划。资源管理计划：提供有关团队管理和发展策略的指导。

（2）项目文件。包括：

- 项目进度计划：用于规划和管理团队发展活动的时间安排。
- 项目团队分配：显示当前团队成员及其职责。
- 资源日历：显示团队成员的可用性。
- 团队章程：规定团队的价值观、协议和工作方法。

（3）事业环境因素。包括组织文化、结构、资源可用性、地理分布、行业标准等。

（4）组织过程资产。包括以前项目的经验教训、培训资料、绩效评估标准等。

2）工具和技术

（1）人际关系与团队技能。包括：

- 沟通：促进有效的信息交流和理解。
- 冲突管理：解决团队内部的冲突，保持团队和谐。
- 动机：激励团队成员，提升士气和工作积极性。
- 谈判：在团队成员之间达成共识。
- 团队建设活动：通过活动和互动增强团队凝聚力。

（2）认可与奖励。根据团队成员的表现给予适当的奖励和认可，激励士气。

（3）培训。提供所需的知识和技能培训，提升团队能力。

（4）个人和团队评估。评估个人和团队的能力、需求和发展方向。

（5）会议。召开定期会议，讨论团队发展、绩效和问题。

3）输出

（1）团队绩效评估。衡量团队的整体绩效，包括团队成员的技能、知识和工作效率。

（2）变更请求。在团队建设过程中，可能会产生对项目计划、资源需求或工作范围的变更请求。

（3）项目管理计划更新。资源管理计划：根据实际情况更新团队发展策略和计划。

（4）项目文件更新。包括：

- 项目进度计划：根据团队发展活动的安排，更新项目进度。
- 项目团队分配：根据团队成员的变化和发展，更新分配信息。
- 团队章程：根据团队发展的实际情况，更新团队章程。

2. 过程要点

俗话说："养兵千日，用兵一时。"许多团队领导者将重点放在"用兵"上，却忽视了"养兵"。团队需要"养"，这里的"养"即接下来要讲的建设团队。化用列夫·托尔斯泰在《安娜·卡列尼娜》的卷首语中的说法——"幸福的家庭都是相似的，不幸的家庭各有各的不幸"，可以说"优秀的团队总是相似的，糟糕的团队各有各的问题"。优秀团队具有明显的特点，比如拥有共同目标、明确的分工、强烈的责任感和使命感、善于适应变化、协同工作、善于学习、敢于创新、愿意分享彼此的成功、共担挫折等。优秀的团队并不是一蹴而就的，个体的优秀也未必能成就集体的优秀，良好的团队需要领导者恰到好处的激励和管理，且需持续不断地进行，这便是建设团队。

首先，我们需了解团队发展的不同阶段。塔克曼的阶梯理论为我们展示了团队发展模型，将团队发展分为"形成阶段—震荡阶段—规范阶段—成熟阶段—解散阶段"，每个阶段都有其特点，一般来说，团队会顺着这些阶段向前发展，但也可能出现停滞或倒退。

下面举例说明这些阶段的特点：假设你刚进入大学，被分配到指定的宿舍，室友来自不同的地方，性格、生活习惯等都不同。起初，彼此陌生的你们会寒暄客套，小心翼翼地交流，此时处于"形成阶段"，矛盾较少，成员间还保持着初识的戒备；随着时间推移，大家逐渐熟悉，慢慢放下戒备，各种习性也逐渐暴露——有的人不爱卫生、有的人乱放个人用品……这些行为可能引发局部矛盾，伴随着争吵和愤怒，此时就进入"震荡阶段"；不过这种状态不会持续太久，很快成员们就习惯了彼此的差异，并逐渐适应，随着相处时间的增加，成员之间会自动调整状态和心态，紧张和矛盾渐渐消除，信任度逐步提升，这时就进入"规范阶段"；此后，随着成员间感情的加深，彼此的信任度和亲密度也越来越高，不仅能够完全包容他的缺点，甚至还会被同化和影响，最终建立起深厚的友谊，这就是"成熟阶段"；临近毕业，宿舍成员将各奔东西，团队也随之解散，留下的只有珍贵且难忘的回忆，这就是"解散阶段"。

了解团队的发展阶段能够有效地指导团队建设活动，项目经理需要采取适当的措施帮助团队尽快脱离初级阶段，进入规范和成熟阶段；或当团队停滞在某个不利阶段时，尽快带领团队走出困境。

激励是建设团队的常见方式，关于激励的理论很多，比如著名的马斯洛需求层次理论、X理论、Y理论等。这些理论各有侧重，但均强调以下几个方面：

（1）有效的沟通。在团队中营造开放、公开的沟通氛围，将项目的愿景、目标向团队成员传达和强化。同时，善于将组织目标和个人目标相结合，以激发团队士气。例如，古代攻城战中，将军在攻城前承诺攻克之后犒赏士兵，士兵因此士气高涨，攻无不破，便是此理。

（2）建立奖励制度。人都是趋利的，所谓"无利不起早""重赏之下，必有勇夫"正是此理。但需注意，必须让团队成员知道何种行为可以得到奖励，且奖励制度必须公平公正，否则可能会适得其反。此外，奖励也未必都是物质上的，要洞悉团队成员的需求，有时认可和表扬也是一种激励的好办法。

（3）培训也是激励团队的好办法。当团队成员认为自身专业水平得到了提高时，他们会对未来的工作更有信心，更愿意参与其中，并能激发他对工作的兴趣。正如刚学会一项新技能的人，总想找机会练习一样。

建设团队的对象是人，因此，项目经理需要掌握人际沟通等软技能，尤其是团队出现矛盾时，巧妙运用这些人际关系技能解决问题，既化解矛盾又不伤感情，这是对项目经理人际交往能力的考验。除了软技能，还可以组织团队建设活动，比如聚餐、拓展活动等；如果条件允许，尽量安排团队成员集中办公，以增进沟通，强化群体意识。如果是虚拟团队，那么可以采用视频会议、协作平台等方式尽可能拉近团队成员间的沟通距离。

前文提及建设团队的关注点是提升团队绩效。那么，什么是团队绩效？团队绩效是指一个团队在实现其目标和任务时所表现出来的效率和效果。高绩效的团队通常具备良好的沟通、明确的目标、高度协作精神以及有效的管理等特征。可以从以下几方面来评估团队绩效：

（1）团队协作。通过观察和反馈评估团队成员间的合作水平，包括沟通、协调和互助。

（2）员工满意度。通过满意度调查和反馈评估团队成员对工作环境、领导和团队氛围的满意程度。

（3）创新能力。评估团队提出和实施新想法、新方法的能力。

（4）解决问题的能力。评估团队在遇到挑战和问题时的解决能力。

（5）学习与发展。衡量团队成员的技能提升和专业发展情况，包括培训和学习机会的利用情况。

（6）沟通效果。评估团队内部和外部的沟通效率和效果，包括信息传递的准确性和及时性。

评估的结果是本过程的主要输出，也就是团队绩效评估，可将其作为改进团队建设的参考。和其他的过程类似，建设团队过程也会涉及变更请求的提出和项目文件的更新。

11.2.6 管理团队

1. 过程概述

1）输入

（1）项目管理计划。资源管理计划：指导团队管理的策略和方法。

（2）项目文件。包括：

● 团队绩效评估：团队成员的表现数据。

● 工作绩效报告：项目进展和绩效的定期报告。

● 问题日志：记录和跟踪项目中的问题。

（3）工作绩效数据。关于团队成员绩效的原始数据，如任务完成时间、质量和成本等。

（4）事业环境因素。包括组织文化、工作环境、沟通渠道等。

（5）组织过程资产。包括组织政策、程序、绩效评估标准和工具等。

2）工具和技术

（1）人际关系与团队技能。包括：

● 冲突管理：识别和解决团队中的冲突。

● 决策制定：制定团队和项目相关的决策。

● 情商：理解和管理自己的情绪及他人的情绪。

● 影响力：通过有效的沟通和领导技能影响团队成员。

● 领导力：激励和指导团队成员实现项目目标。

（2）项目管理信息系统。支持团队管理和沟通的技术工具。

（3）绩效评估。正式和非正式地评估团队成员的表现，提供反馈和改进建议。

（4）反馈。定期和及时地提供有关团队和个人绩效的反馈。

（5）奖励与认可。根据团队成员的表现给予适当的奖励和认可，激励团队成员。

3）输出

（1）变更请求。基于团队管理过程中的发现和反馈，可能需要对项目管理计划或其他项目文件进行变更。

（2）项目管理计划更新。资源管理计划：更新团队管理策略和方法。

（3）项目文件更新。包括：

● 项目进度计划：根据团队绩效更新进度计划。

● 团队绩效评估：更新团队成员的绩效评估结果。

● 问题日志：更新和记录解决的问题。

（4）事业环境因素更新。包括更新组织的团队管理实践和经验。

（5）组织过程资产更新。包括更新绩效评估标准和工具。

2. 过程要点

如果说建设团队过程关注的是团队绩效，采取的多是激励、奖励、沟通、培训等方法，那么管理团队过程就显得更功利和严厉，表现在：管理团队重点关注项目绩效，或者说工作绩效，也就是工作做得怎么样，在这个目标的驱动下，必须采取各种措施、方法、制度等。前面讨论过领导和管理的区别，简单来说，领导更适用于建设团队过程，而管理更适用于管理团队过程。

从根本上讲，管理团队的核心工作是解决各种问题。因此，可将工作绩效数据、问题日志等文件作为该过程的输入，从中了解当前工作状况、各项绩效指标的运行情况、出现的问题以及是否已解决等；还可参考上一个过程中得到的团队绩效情况，了解团队成员的表现。这些信息为管理团队提供了基础，便于发现与工作绩效相关的问题，从而提出解决方案。

和建设团队相同，管理团队的主体和客体都是人，因此人际关系技能是主要的工具和技术，类似于领导力和影响力等技能会非常有用。虽然管理的本质是通过一定的方法措施达到某种目标，但这一过程并不是机械式进行的。比如，为使公司的迟到率和早退率下降，出台考勤管理办法，对迟到和早退的人员进行惩罚，对全勤人员给予奖励。单纯这样做就够了吗？制度的出台未必能改善这种情况，可能还需要向员工说明和解释相关制度，让其知晓考勤与公司战略和目标的关联；可能还需要和经常迟到或早退的员工单独沟通，了解原因；可能还需要领导以身作则，严格遵守考勤规定等。这些都是人际关系技能的表现，必须将领导力和管理手段相结合。当然这一过程也考验每个人的情商。

情商，也称为情绪智力（Emotional Intelligence），是指个体识别、理解、管理自己情绪的能力，以及识别、理解并影响他人情绪的能力。情商通常被认为是个人成功的关键因素之一，它包括自我意识、自我调节、内在激励、同理心、社交技巧等方面。情商与智商（IQ）不同，它更多地涉及人际交往和情绪管理的能力。研究表明，高情商的人在工作和生活中往往更易成功，因为他们能够更好地处理压力、建立人际关系，并在团队中有效沟通。

团队由人构成，有人的地方难免存在矛盾和冲突。适当的、可控的矛盾和冲突可以激发新的观点和新的解决方案，但如果矛盾和冲突持续升级扩大，就有可能损害团队绩效，进而影响项目绩效，危及项目目标。项目经理在管理团队的过程中，要时刻留意并妥善处理团队中出现的矛盾和冲突。常见的解决冲突的方法主要有：

（1）撤退／回避。当处于矛盾冲突中的人员极度受挫、愤怒或厌恶时，先抽身撤出，回避当前问题。但无论是哪一方撤退，问题本身都未得到解决，仍存在于项目中。

（2）缓和／包容。目的是降低问题的严重性，使其看起来没那么糟糕，这是一个临时的解决方案，为处于矛盾中的各方留出空间，让他们冷静反思问题根源。

（3）妥协／调解。简单来说，就是双方各退一步，这意味着每个人都有所放弃，而每个人也都认为自己做出了让步，看似双方都满意，实则是妥协和退让的结果，是一种双输的局面，一种迫不得已的平衡状态。

（4）强迫／命令。利用手中的权力对矛盾冲突做出裁决，这是一种二选一或多选一的方案。胜方固然心存欢喜，另一方则是迫于权力做出牺牲，但从根本上并未认同。如同在很多会议场合，经常听到："我服从安排，但保留意见。"

（5）合作／解决问题。这是指矛盾冲突各方充分合作，确保考虑对方的观点和看法，分析各种可能的解决方案，最终达成真正的共识。各方都心悦诚服地认可最终方案，并毫无保留地去执行。

不难看出，合作／解决问题的方法最优，因为在这种情况下，各方形成共赢的局面。但这并不意味着其他方法毫不可取，项目经理应在不同的场景和条件下，充分考虑冲突的特点，选择合适的解决方案。比如，在事态紧急的情况下，矛盾双方还在喋喋不休地争论，此时就应采取强迫／命令的方法，尽快做出决策，虽然导致的结果是一赢一输。

管理团队的输出主要是对计划和文件的更新，同时管理活动的执行也会引发变更请求，项目经理需要对这些更新和变更及时做出反应。

11.2.7 管理沟通

1. 过程概述

1）输入

（1）项目管理计划。包括：

- 沟通管理计划：描述沟通需求及沟通策略。
- 资源管理计划：描述项目团队及其他资源的沟通需求。
- 干系人参与计划：描述干系人沟通及参与的策略和方法。

（2）项目文件。包括：

- 变更日志：记录所有的变更请求及其状态。
- 问题日志：记录和跟踪项目中的问题。
- 经验教训登记册：提供关于以往项目的经验教训。
- 质量报告：提供质量管理活动和结果的文档。
- 风险报告：提供风险状况和分析结果。
- 干系人登记册：提供沟通的主体来源。

（3）工作绩效报告。定期报告项目进展和绩效，提供给干系人。

（4）事业环境因素。包括组织文化、沟通渠道、技术基础设施等。

（5）组织过程资产。包括沟通政策、程序、模板、以往项目的沟通记录等。

2）工具和技术

（1）沟通技术。使用适当的技术工具进行沟通，如电子邮件、视频会议、即时通信等。

（2）沟通方法。使用不同的沟通方法，如互动沟通、推式沟通和拉式沟通。

（3）沟通技能。包括：

- 主动倾听：倾听和理解干系人的意见和反馈。
- 沟通风格评估：评估和适应干系人的沟通风格。
- 非语言沟通：关注身体语言和面部表情。

（4）项目管理信息系统。使用项目管理软件和工具进行信息管理和沟通。

（5）报告发布系统。用于生成和发布项目报告。

（6）人际关系与团队技能。包括：

- 冲突管理：识别和解决沟通中的冲突。
- 文化意识：理解和尊重干系人的文化差异。
- 会议管理：有效组织和管理项目会议。

3）输出

（1）项目沟通。正式和非正式的沟通记录，如会议纪要、报告、邮件等。

（2）项目管理计划更新。包括：

- 沟通管理计划：根据实际情况进行更新。
- 干系人参与计划：更新干系人沟通策略和方法。

（3）项目文件更新。包括：

- 变更日志：记录新的变更请求及其状态。
- 问题日志：更新问题及其解决情况。
- 经验教训登记册：记录新的经验教训。
- 风险报告：更新风险状况和分析结果。

（4）组织过程资产更新。包括更新沟通政策、程序、模板等。

2.过程要点

管理沟通过程需要确保每个人都能得到其所需信息以顺利完成项目。将正确的信息运用恰当的方法通过合适的渠道分发给正确的人，这是该过程的核心任务。其中包括的关键活动有：

- 收集和生成信息。根据项目需求，收集和生成必要的项目信息和数据。
- 分发信息。使用适当的沟通渠道和方法，确保信息及时传达给相关干系人。
- 存储信息。将重要的项目信息和记录进行存档，以便未来查阅和参考。
- 评估沟通效果。定期评估沟通的效果，确保信息传递的准确性和及时性。
- 解决沟通问题。识别和解决沟通过程中的问题，确保信息流畅和干系人满意。

该过程输入的项目文件中包含项目的许多信息，这些信息是在项目的执行和监控中收集并产生的，而干系人登记册则记录了需要沟通的对象；沟通管理计划记录了沟通的方法、渠道。

沟通方法是该过程的工具技术，沟通方法有很多，而且有多种分类，要熟练掌握不同沟通方法的应用场景，如下所示。

（1）按照沟通的使用场合分类。可分为正式沟通和非正式沟通，分别加上运用的媒介又可细分为正式书面沟通、非正式书面沟通、正式口头沟通和非正式口头沟通。比如，签署法律文件或为项目准备正式文件，如发布管理通知、计划等，采取的就是正式书面沟通；若向某人发送电子邮件或微信留言，属于非正式书面沟通；当采用演讲或会议的形式汇报某些事项、计划时，便是正式口头沟通；而在咖啡厅交谈或电话沟通则属于非正式口头沟通。

（2）按照信息的交换方向分类。可分为互动沟通、推式沟通和拉式沟通。其中，互动沟通效果最佳，因为信息在发送者和接收者之间双向流动，能直观地获取对方的反馈。推式沟通和拉式沟通是两个相反的沟通方法，推式沟通是将信息主动推送给需要接收的受众，是点对面的传播；拉式沟通则是让需要接收信息的受众自行获取信息，是面到点的传播。

（3）按照接收信息的群体分类。可分为人际沟通、小组沟通、公众沟通、大众传播等。

当然，沟通不是单纯的语言的传播，也不仅是口头和文字的编码、解码，沟通时的表情、肢体、语音语调及所处情境都会对沟通效果产生影响。因此，还需要考虑非语言沟通的因素，辅助语言沟通，积极倾听和反馈。尤其是反馈，对于沟通来说非常重要，若能及时获取对方的反馈，就能及时调整沟通的方法和技术，以保持沟通的有效性。比如，当老师发现学生对授课内容不感兴趣，昏昏欲睡时，可及时调整教学方式（如适当穿插小笑话调动大家的兴趣）。

该过程的输出是项目沟通，要注意，这里不是输出一个动作，而是输出一个成果。关于沟通的成果，可以是双方来往的邮件、开会后形成的会议纪要、某次交谈的书面记录，甚至是某些材料的确认签字等。所有能够证明在项目过程中实施了沟通行为的记录和痕迹都可称为项目沟通，这对监控过程组的很多活动是非常有帮助的。

11.2.8 实施风险应对

1.过程概述

1）输入

（1）项目管理计划。包括：

- 风险管理计划：提供关于如何管理和应对项目风险的指导。
- 成本基准：提供预算控制信息。
- 进度基准：提供时间安排信息。

（2）项目文件。包括：

- 风险登记册：包含所有识别的风险及其应对计划。
- 风险报告：提供风险分析和应对措施的详细信息。
- 变更日志：记录已批准的变更请求及其影响。
- 经验教训登记册：包含过去项目中的经验教训，有助于当前项目的风险应对。
- 项目团队分配：记录项目团队成员的角色和职责。

（3）组织过程资产。包括标准化的风险应对流程、工具和指南，以及以往项目的经验教训。

2）工具和技术

（1）专家判断。利用具有专业知识和经验的个人或小组来指导和支持风险应对活动。

（2）人际关系与团队技能。包括：

- 影响力：通过有效的沟通和领导技能来促使团队成员执行风险应对措施。
- 领导力：提供指导和激励，以确保风险应对措施的执行。

（3）项目管理信息系统。使用项目管理软件和工具来跟踪和管理风险应对措施的执行。

3）输出

（1）变更请求。在实施风险应对过程中，可能会提出对项目计划、范围、进度、成本等方面的变更请求。

（2）项目文件更新。包括：

- 风险登记册：更新已实施的风险应对措施及其结果。
- 风险报告：记录风险应对措施的执行情况和效果。
- 经验教训登记册：记录在实施风险应对过程中获得的经验教训。

（3）项目管理计划更新。包括：

- 风险管理计划：必要时更新以反映新的风险应对措施或策略。
- 成本基准：根据风险应对措施的影响进行更新。
- 进度基准：根据风险应对措施的影响进行更新。

2. 过程要点

在风险规划管理过程中，已完成风险的识别、分析和评估，并规划了当风险发生时计划采取的措施。接下来就是当风险发生时，按计划付诸行动。

该过程相对简单，输入的内容也比较好理解，就是按计划办事，同时考虑进度和成本的制约。需要注意的是，在实施风险应对措施后，要考虑执行后的结果，主要包括次生风险和残余风险。

次生风险是指在应对原始风险时，由于实施了特定的应对措施而引发的新风险。也就是说，当实施风险应对计划来解决或缓解风险时，这些行动本身可能会引发其他意想不到的风险。比如，为降低技术风险，采取引入新技术的措施，但新技术的引入可能会因新技术不稳定或团队缺乏使用新技术的经验而引发次生风险。再如，为应对成本超支的风险，将某些工作外包，可能会因外包方无法按时交付或质量不达标而引发次生风险。

残余风险是指在实施风险应对措施后仍然存在的风险。即使采取了应对措施，仍可能存在无法完全消除或减轻的风险，这些剩余的风险即残余风险。比如，为降低产品缺陷的风险，实施了严格的质量检查流程，但仍可能存在一些无法完全消除的缺陷风险；在施工项目中，尽管采取了安全防护措施，仍可能存在轻微事故风险。

次生风险和残余风险是应对项目风险过程中需重点关注的方面。次生风险由应对措施引发，需要在计划阶段进行识别和管理；残余风险是在采取应对措施后仍然存在的风险，需要在项目执行过程中持续监控和管理。有效地管理这两类风险，有助于提高项目的成功率并降低不确定性。

实施风险应对时，还需要考虑可能需要变更的所有文件。可能识别出新问题，就将其增加到问题日志中；可能从应对某个风险的过程中发现了一些良好的做法，此时需更新经验教训登记册；随着应对措施的开展，也可能需要调整团队分工，或对风险有更多的信息，此时就需要变更风险登记册和风险报告。

11.2.9 实施采购

1. 过程概述

1）输入

（1）项目管理计划。包括：

- 范围管理计划：指导如何管理项目范围。
- 需求管理计划：指导如何分析、记录和管理项目需求。
- 风险管理计划：指导如何管理项目风险。
- 采购管理计划：详细描述采购过程及政策。
- 配置管理计划：定义如何管理项目的配置项。
- 成本基准：定义项目的预算及成本控制方法。

（2）项目文件。包括：

- 需求文件：详细描述项目需求。
- 风险登记册：记录识别的风险及其应对计划。
- 项目进度计划：显示项目活动的时间表。
- 资源需求：详细说明项目所需资源。
- 经验教训登记册：提供以往项目的经验教训。
- 干系人登记册：记录了干系人的需求，其中包括采购需求。

（3）采购文件。包括采购说明、投标文件、采购合同条款等。

（4）卖方建议书。卖方提供的响应文件，详细描述其计划如何满足采购需求。

（5）事业环境因素。包括市场条件、法律法规、行业标准等。

（6）组织过程资产。包括标准化的采购流程、合同模板、以往项目的采购记录等。

2）工具和技术

（1）公告。通过广告或其他方式吸引潜在卖方。

（2）投标人会议。与潜在卖方举行会议，回答问题并澄清采购需求。

（3）数据分析。提案评估：评估和比较卖方的提案，以选择最佳卖方。

（4）人际关系与团队技能。谈判：与卖方谈判合同条款和条件，以达成协议。

（5）专家判断。利用专家的知识和经验进行卖方评估和选择。

3）输出

（1）选定的卖方。评估后选择的卖方名单。

（2）协议。与选定卖方签订的合同或协议，详细描述工作范围、价格、交付时间等条款。

（3）变更请求。基于采购过程中的发现，可能需要对项目计划进行变更。

（4）项目管理计划更新。包括：

● 风险管理计划：更新风险应对策略和措施。

● 采购管理计划：必要时更新采购策略和方法。

● 范围基准、进度基准、成本基准：根据实际情况进行更新。

（5）项目文件更新。包括：

● 需求文件：更新项目需求。

● 风险登记册：更新已识别的风险及其应对措施。

● 经验教训登记册：记录采购过程中的经验教训。

● 资源需求：更新项目资源需求。

2. 过程要点

实施采购过程就是按照采购计划，为需要采购的产品或服务寻找合适的卖方，并最终签订采购合同的过程。在日常生活中，如果已经决定要购买某产品，接下来就是尽可能地收集该产品的销售信息，可能会前往线下商店咨询，也可能浏览购物平台，对不同渠道的售价、服务、售后等进行比较，还有可能与卖家议价，或争取优惠条件，最终经过综合评估，确定一个卖家进行交易。上述这一系列活动同样会在实施采购过程开展，主要包括以下一些关键活动：

● 准备采购文件。根据采购需求编制投标文件，详细说明采购项目的范围、技术要求、交付时间等。

● 发布采购公告。通过广告或其他方式发布采购公告，吸引潜在卖方。

● 投标和评估。收集潜在卖方的投标文件，进行评估和比较，以选择最佳卖方。

● 谈判和签订合同。与选定的卖方谈判合同条款，达成协议并签订合同。

● 更新项目文件。根据采购过程中的发现和变更，及时更新项目管理计划和项目文件。

该过程的输入较多，需要更新的输出也较多。原因在于，采购作为一项活动，牵涉和影响的范围较广，除了采购本身所需的规范性指南文件（如采购说明、成本估算、供方选择标准等）外，还要考虑诸多因素，比如，范围和需求决定了需要采购的内容和规格，进度和成本会制约采购的时间和价格，采购又意味着需要和外部供应商沟通，也可能产生额外的风险。这些因素都可能对采购产生影响。

　　反过来，采购活动的开展也会对多个领域产生作用，最直接的是范围、进度、成本和质量，其次是沟通、风险，这些作用通过变更请求的形式出现，并在整体变更控制过程中进行分析、评估和决策。

11.2.10　管理干系人参与

1. 过程概述

1）输入

（1）项目管理计划。包括：

● 资源管理计划：描述资源的管理方式及干系人需求。

● 沟通管理计划：描述沟通需求和策略。

● 风险管理计划：描述如何识别和管理项目风险。

● 干系人参与计划：描述如何管理干系人参与项目。

（2）项目文件。包括：

● 变更日志：记录项目变更及其状态。

● 问题日志：记录和跟踪项目问题。

● 干系人登记册：列出所有干系人及其需求和影响。

● 经验教训登记册：现实项目中好的做法和不足之处。

（3）事业环境因素。如组织文化、政治氛围、沟通渠道等。

（4）组织过程资产。如公司政策、程序、模板、以往项目记录等。

2）工具和技术

（1）专家判断。利用项目管理和领域专家的经验和知识。

（2）人际关系与团队技能。包括：

● 沟通：有效的沟通技能，确保信息准确传递。

● 文化意识：理解和尊重干系人的文化背景。

● 会议管理：组织和管理项目会议。

● 谈判。

● 观察／交谈。

● 冲突管理。

（3）基本规则。

（4）会议。

3）输出

（1）变更请求。

（2）项目管理计划更新。包括：

● 干系人参与计划：描述干系人参与的策略、方法、沟通渠道及频率。

● 沟通管理计划。

（3）项目文件更新。包括：

- 干系人登记册：更新干系人的信息及其参与策略。
- 变更日志。
- 问题日志。
- 风险登记册：更新干系人相关的风险和应对措施。
- 经验教训登记册。

2. 过程要点

随着项目的进行，我们需要定期与干系人确认项目的相关信息，以免产生误解。项目经理需要帮助干系人参与项目决策，促使他们成为支持型干系人。如果存在干系人抵制项目决策，并拒绝做出改变，需和他协商沟通抵制的原因，站在对方的角度考虑问题。有时，干系人会对项目提出意见和建议，这当然是一件好事，但可能对方并未站在整个项目的视角上，项目经理就需要帮助干系人更好地了解实际情况。总之，该过程需要项目经理和干系人进行充分、有效的协作，满足其需求和期望，并处理各种问题，促进干系人合理地参与项目；

该过程的工具和技术归根到底只有一个——沟通，包括正式会议、针对某一问题的讨论、某个阶段性报告，甚至是和干系人的一通电话或微信聊天，还可能是针对矛盾和冲突的谈判等。为了做到有效沟通，还必须充分考虑沟通双方的文化差异和习惯、项目内外的权力关系等。

该过程的输出和其他执行过程组的输出基本类似，包括变更请求和项目计划、文件的更新。

第 12 章 监控过程组

12.1 监控过程组的主要任务 ▶

有这样一个故事：两人深夜下班回家，发现电梯发生故障，要回到他们居住的 36 层只能爬楼梯。当他们爬到 10 层时，一人想放弃，另一人则鼓励他继续爬。于是他们继续爬到 25 层，此时他们已筋疲力尽，想再度放弃，但想到假如此时放弃，之前的 25 层就全白爬了，于是他们继续向上爬。终于抵达 36 层，此时，意想不到的事情发生了——家门钥匙被忘在了车里！

假如你是故事中的主人公，你会是什么心情？可能会抱怨、懊恼、沮丧……但冷静下来想想，如何避免这种情况呢？如果在出发前或在 10 层或 25 层时检查一下是否有钥匙，是不是就可以减轻最终的沮丧感（至少可以少爬几层楼）。这种检查的活动就是接下来要讲的监控过程组。

前面已经讲了执行过程组的重要性，也明确了可交付成果是靠行动完成的，于是便调动所有资源、花费所有精力去执行，以完成可交付成果，确保项目发起人满意。但在实际工作中，即便计划制订得再周密，还是会出现各种问题，因此需要持续不断地检查工作，判断它是否还在预期和计划内，是否出现偏差及其出现的原因，未来情况如何以及是否需要调整……这些工作都是监控过程组需要解决的问题。

忽略检查而忘带钥匙的后果可能只是个人体力上的消耗和心理的沮丧，但如果在项目中忽略监控可能会导致项目成果严重偏离目标，造成巨大的财产损失、项目失败甚至个人职业生涯的终止。试想一栋楼临近封顶时才发现存在严重的结构问题，那只能拆除或烂尾了。

监控过程组的"监控"可拆解为"监督"和"控制"。监控过程组的 12 个过程中，除了在整合管理领域的"监控项目工作"和"实施整体变更控制"外，有 9 个过程都是以"监督"或"控制"开头的，比如"控制范围""控制质量""监督沟通""监督风险"等，还有一个过程是"确认范围"，其中"确认"二字也包含了监督、检查、控制之意。

监督指收集、衡量和分析项目绩效数据，以便了解当前项目状态和项目团队的表现。它是一个持续的过程，主要目的是跟踪项目进展，识别任何偏差或潜在问题。其核心活动包括：

（1）绩效测量。收集项目相关数据，如进度、成本、质量等，并与项目计划进行对比。

（2）信息分析。分析数据以识别趋势、预测未来表现，并判断项目是否在按计划进行。

（3）报告。生成并分发绩效报告，向干系人传达项目状态和进展。

控制则指通过采取纠正措施或预防措施确保项目按计划进行。它包括监督中的数据和信息，更注重对偏差的处理和项目计划的调整。其核心活动包括：

（1）识别偏差。通过监督过程识别项目执行中的偏差，如进度延误或成本超支。

（2）分析原因。分析偏差产生的原因，并确定其对项目目标的影响。

（3）制定应对措施。根据分析结果，制定并实施纠正措施或预防措施，如调整进度计划、修改资源分配或变更项目范围。

（4）验证效果。跟踪并验证应对措施的效果，确保问题得到解决，项目重新回到计划轨道。

经对比不难发现，监督和控制存在区别，主要体现在：第一，目的不同。监督侧重于跟踪和报告项目状态，主要是提供信息；而控制侧重于管理和纠正项目偏差，主要是采取行动。第二，时间点不同。监督是一个持续的过程，从项目启动到结束都在进行；控制则是在识别到偏差时进行，属于应对措施。第三，活动内容不同。监督包括数据收集、分析和报告；控制则包括偏差识别、原因分析、措施制定和效果验证。

两者虽有区别，但其联系也非常紧密。监督的目的是实现控制，采取措施来纠正偏差，监督为控制提供了信息基础和决策依据；控制的前提是监督的执行，没有监督便无法掌握项目实际情况，更无法发现偏差并做出预测、采取措施。

在整个监控过程组，需要进行的工作主要包括以下几个方面。

1. 明察秋毫，防微杜渐

当项目启动，规划完成后，项目团队易将重心放在执行上，从而忽视过程中的监控，进而导致严重的问题，因此，要适时停下脚步，检查工作到底做得怎么样。

那么如何检查工作呢？前面的过程制订的计划和基准，除了指导工作的开展外，还为监控提供了准绳。如同一把尺子，用来丈量工作。范围基准规定了需要完成的工作，进度基准规定了完成各项工作的时间，质量管理计划记录了应采取的质量管理措施，风险登记册和干系人登记册记录了需要关注的风险和干系人，这些均需时时关注。另外，问题日志和工作日志记录了工作中各种数据以及出现的各种问题，需随时查看问题是否已解决以及解决的情况等。

监控过程的起点是对项目保持关注，明察秋毫，不放过任何细节，这可能需要花费大量时间和精力，甚至超过执行本身。古人所说的"防微杜渐"即表达此意，只有关注细节才能对可能危及项目的问题加以制止，不至于最终造成严重的后果。

2. 发现问题才能解决问题

监控过程如同用尺子测量实际工作，结果就是，要么符合计划要求，要么不符合。不符合计划要求的情况，即出现偏差。发现偏差是监控过程组活动的另一个主要任务。

在实际项目中，完全符合计划的情况极为少见，因为计划是基于各种假设条件对项目相对准确的估计，其中排除了很多不确定性和突发情况。而实际情况还要更复杂，但这并不妨碍计划作为衡量尺度的客观性和可用性，如同黑暗中的一束光，指引项目推进。

在范围管理中，可以利用范围基准和需求跟踪矩阵，检查工作是否包含用户的所有需求，有无遗漏或增加。

在进度管理中，可以利用进度基准查看工作是否按时完成，哪些工作出现延误。

在成本管理中，成本基准可用于衡量项目当前的资金水平。

参照质量管理计划，及时检查可交付成果的质量，验收质量合格的可交付成果，确保项目成果能够满足项目要求，实现组织变革和创造商业价值。

资源管理计划和干系人参与计划可以用来监控团队成员和干系人在项目中的参与情况，保障项目成功。

采购管理计划可以监控项目采购活动，确保采购工作有利于项目目标的实现。

在风险管理计划的指导下，既要监控单个项目风险，要监控整体项目风险，还要监控风险管理工作的有效性，降低对项目目标的威胁，提高实现项目目标的概率。

当通过监控过程发现偏差后，项目团队需分析这些偏差产生的原因，采取相应措施纠正偏差，使项目绩效回到正轨。前文提到执行过程组的过程产生工作绩效数据，在监控过程组中对这些数据进行分析（用计划作为衡量标准），即可得到工作绩效信息（如发现偏差）。利用这些信息判断项目当前情况，进而采取相应的行动，并以报告的形式总结汇报，即形成工作绩效报告。如同去医院看病，医生根据检查结果确定病因，进而采取治疗措施。

3. 预测项目未来的情况

当干系人知道项目当前情况后，可能会询问项目以后的情况，项目经理必须做出专业的回答。实际上，利用监控过程中获得的工作绩效信息，可以对项目未来的绩效情况做出一定的判断。比如，根据历史数据和当前趋势，运用预测方法，如挣值管理（EVM），来预测项目的未来走向。通过分析完工估算（EAC）和完工尚需绩效指数（TCPI），向干系人提供基于数据的预测，包括项目可能的完成时间、最终成本以及潜在的风险点。这样的分析不仅展现项目经理的专业能力，也为干系人提供了决策支持，增强了他们对项目成功的信心。

4. 管理和控制变更

变更是项目中最常见的突发情况，任何干系人在项目交付前，都可以通过各种方式（书面或口头）提出变更。如果不对变更进行管理和控制，那么项目便会偏离原来的方向。

首先，变更并非负面因素，而是项目不断适应的一种表现，就像人类在进化中，为适应自然环境，对自身机能甚至构造做出调整。变更的提出通常有 3 种情况：第一是发现缺陷或偏差，需要采取纠正措施，比如发现羊圈破损后及时加固修复；第二是预见到某些潜在的威胁，提前采取预防措施，比如预知要下大雨，提前修缮屋顶避免漏雨；第三是受到政策性、规定性的制约，必须采取变更，比如《中华人民共和国安全生产法》要求项目必须配备专职安全员等。这些情况都要求对项目的计划、基准等进行更新，以更好地实现项目目标。因此，管理和控制变更并不是杜绝变更的发生，而是防止未经控制的变更发生。

其次，管理和控制变更的关键在于对变更进行评估和分析。当一个变更请求被提出时，要引起足够的重视。项目作为一个系统，各模块之间有着千丝万缕的联系，正所谓"牵一发而动全身"。比如对范围进行变更（哪怕只是微小的变更），会引发进度和成本的变更，由此可能引发质量和资源的变化，进而导致风险增加。项目经理需充分评估变更可能对项目其他绩效产生的影响，为决策提供基础。例如，客户要求在系统中增加一项功能，该功能本来不在计划中，若要实现需要额外的开发时间以及新的互联感知设备，还需要新功能和已有功能适配，经评估，提出的变更请求会导致范围基准、进度基准和成本基准变化，这不仅耗费时间和资金，还会影响原功能的开发进度。

项目经理无权对项目管理计划和项目基准进行修改，除非变更不涉及计划和基准变化，但事实是几乎所有变更都会涉及这两者的变化。因此，项目经理在评估完变更可能造成的影响后，需将变更提交给变更控制委员会（CCB）进行决策，如上例，评估后是否增加动能要交给发起人做决策。

最后，无论变更是否获批，都需及时记录和反馈。项目经理需将该变更的情况记录在册，并向干系人反馈。不同的是，被批准的变更需要更新计划和基准，并向所有的干系人反馈。

5. 从监控中不断学习，持续改进

在监控过程组，通过定期收集关键绩效指标（KPIs），如进度、成本、质量、资源利用率等数据，以了解项目当前状态。通过分析数据趋势，识别项目成功和失败的可能性。使用图表和报告展示这些趋势，便于团队理解和决策。定期召开团队会议（如每日站会、每周总结会），让团队成员分享进展、问题和建议，也为团队提供及时反馈和改进的机会。主动向项目干系人（客户、用户、管理层等）收集反馈，了解其需求和期望，并根据反馈调整项目策略。

当项目出现问题时，进行根本原因分析，找出问题的源头，并采取措施避免类似问题再次发生，同时将分析结果记录在经验教训登记册中，为未来项目提供参考和指导。将项目中的关键知识、最佳实践和经验教训进行文档化，创建知识库以供团队成员查阅和学习。

定期进行内部审计，评估项目管理流程和实践的有效性，并提出改进建议。结合外部评估，邀请专家或顾问进行项目评估，提供客观的改进建议和行业最佳实践。

监控如同考试，目的在于通过考试检测知识的掌握情况，进而评估学习的情况，为改进提供机会。监控过程组通过发现问题、解决问题，使项目团队不断积累经验、学习提升，持续改进工作方法和工作绩效。

接下来分别讲解监控过程组的 12 个过程。

12.2 监控过程组的主要过程 ▮▶

12.2.1 监控项目工作

1. 过程概述

1）输入

（1）项目管理计划。包括所有的子计划和基准，如范围基准、进度基准、成本基准等。

（2）项目文件。包含项目进度计划、质量报告、风险登记册等。

（3）工作绩效信息。收集到的实际绩效数据，如完成的工作、实际成本、实际进度等。

（4）协议。合同和协议中的条款和条件可能影响项目的执行和控制。

（5）批准的变更请求。已批准的变更请求，说明了对项目范围、进度、成本等方面的调整。

（6）事业环境因素。如政府法规、行业标准、市场条件等外部因素。

（7）组织过程资产。包括组织的政策、程序、模板、项目管理系统、知识库等。

2）工具和技术

（1）专家判断。利用项目管理和领域专家的知识和经验，对绩效数据进行分析和解读。

（2）数据分析。包括：

- 根本原因分析：识别和分析问题的根本原因。
- 趋势分析：通过分析历史数据，预测未来项目绩效。
- 偏差分析：比较实际绩效与计划绩效，确定偏差并分析其原因。
- 挣值分析：综合分析项目进度和成本绩效。

（3）决策制定。多标准决策分析：根据多个标准进行决策，以选择最佳方案。

（4）会议。包括状态评审会议、项目评估会议、风险审查会议等，讨论项目进展和问题。

（5）信息系统。使用项目管理软件工具进行数据收集、分析和报告。

3）输出

（1）工作绩效报告。基于工作绩效信息生成的报告，如状态报告、进度报告、成本报告等。

（2）变更请求。基于监控结果，提出的变更请求，可能包括纠正措施、预防措施或缺陷修正。

（3）项目管理计划更新。更新项目管理计划的相关部分，如进度基准、成本基准、质量管理计划等。

（4）项目文件更新。更新项目文件的相关部分，如风险登记册、问题日志、经验教训登记册等。

2. 过程要点

监控项目工作是整合领域的过程之一，包含项目中所有的监控活动。前文已经讲过监控过程组的主要工作和任务，该过程的输入、输出和工具技术恰好印证了前文的论述。

监控项目工作过程的输入包括项目管理计划和基准，涵盖所有的子计划和基准，它们共同构成测量项目绩效的标尺；其他过程产生的项目文件（也称工件），如质量报告、风险报告等一并作为输入，和工作绩效数据、工作绩效信息共同反映项目工作的实际情况，是进行监控的依据。与外部签订的协议中包括的制约条款，如限定的工期和质量标准，也成为监控过程的制约性指标和检查标准。

我们已知晓监控工作的一项重要任务是对变更的管理，因此提出的变更请求在经过决策批准之后，也可以作为输入，代表着对范围、进度、成本等关键领域的修改，呈现最新版本。

有了测量的标尺和需要测量的工作情况，接下来是运用各种方法分析设计工作和计划的差距，专家判断、数据分析是常用的工具，其中偏差分析、趋势分析、挣值分析较为重要。

该过程最主要的输出就是工作绩效报告，它汇总并展示项目的实际绩效数据和信息，项目经理和干系人据此可全面了解项目状态。工作绩效报告是一份汇总的书面文件，具体内容如下：

- 进度报告。当前进度状态：项目任务的完成情况，里程碑的达成情况。进度偏差：实际进度与计划进度之间的差异。
- 成本报告。当前成本状态：项目的实际支出情况。成本偏差：实际成本与预算之间的差异。
- 质量报告。质量检查结果：项目产品或服务的质量测量结果。质量偏差：实际质量与预期质量之间的差异。
- 风险报告。已识别风险：项目中已识别的风险及其状态。风险应对措施：已采取的风险应对措施及其效果。
- 变更管理报告。变更请求：提出的变更请求及其状态（批准、拒绝、待定）。变更的影响：变更对项目范围、进度、成本和质量的影响。
- 资源使用情况报告。资源分配：各资源的分配和使用情况。资源偏差：实际资源使用与计划之间的差异。

报告的作用主要包括：第一，为项目经理和干系人提供准确、及时的信息，支持其做出明智的决策；第二，帮助项目团队评估项目的实际进展和绩效，识别潜在问题和偏差；第三，作为项目沟通的一部分，向所有干系人传达项目状态和重要信息，促进协作和共识；第四，通过报告跟踪和记录变更请求及其影响，确保项目按计划进行。

工作绩效报告是项目管理中的重要工具，帮助项目经理和干系人全面了解项目状态、识别和解决问题、支持决策和沟通。它综合了进度、成本、质量、风险、变更和资源等方面的数据和信息，通过数据可视化和项目管理信息系统工具，提供准确、及时且全面的项目绩效信息。

12.2.2 实施整体变更控制

1. 过程概述

1）输入

（1）项目管理计划。包括所有基准和项目计划，如范围基准、进度基准、成本基准、质量管理计划等。

（2）项目文件。包括变更日志、项目进度计划、风险登记册、需求文件等。

（3）工作绩效报告。提供项目的当前状态、进展和绩效信息，帮助评估变更的必要性和影响。

（4）变更请求。所有提出的变更请求，包括纠正措施、预防措施和缺陷修正。

（5）事业环境因素。包括组织文化、政府法规、市场条件等外部因素。

（6）组织过程资产。包括变更控制程序、历史信息和经验教训库等。

2）工具和技术

（1）专家判断。利用项目管理和领域专家的知识和经验，评估变更的影响和可行性。

（2）变更控制工具。使用特定的软件工具和系统来记录、跟踪和管理变更请求。

（3）数据分析。包括：

- 替代分析：评估不同变更方案的优缺点。
- 成本效益分析：分析变更的经济影响。

（4）决策制定。包括：

- 投票：团队成员通过投票方式决定变更的批准或拒绝。
- 多标准决策分析：根据多个标准进行变更决策。

（5）会议。召开变更控制委员会（CCB）会议，审查和批准变更请求。

3）输出

（1）批准的变更请求。已批准的变更请求，需要更新相关项目文件和计划。

（2）项目管理计划更新。更新项目管理计划的相关部分，如基准、子计划等。

（3）项目文件更新。更新项目文件的相关部分，如风险登记册等。

（4）工作绩效报告。更新工作绩效报告，以反映变更的影响。

（5）变更日志。记录所有变更请求及其处理状态。

2. 过程要点

我们可以列举许多因变更失控而导致项目失败的案例。这些项目有的在过程中不断增加需求，有的频繁变动计划和基准，还有的项目干系人无法在需求和范围上达成一致。无论是哪种情况，都未对项目产生的变更进行有效的控制，最终导致项目或者工期延误，成本大幅超支，甚至项目直接停滞或取消。不受控制的变更堪称项目的大敌。项目经理需要在项目启动前给变更前定规则，并在整个项目过程中坚定不移地遵循规则，果断拒绝没有控制的变更。

在很多场景下，项目团队处于服务提供方（即乙方）的位置，相对于甲方而言，乙方会感觉有地位上的落差，毕竟甲方是出资方，甲方提出需求，乙方都应尽量满足，可以说是"有条件要上，没有条件创造条件也要上"。于是，在项目中，甲方今天提出一个需求，乙方今天就满足；甲方明天再提出一个修改，乙方明天就落实；甲方后天新增一个功能，乙方同样照办，生怕违背甲方意愿。更棘手的是，甲方提出变更的可能不止一人，他们的意见可能并不统一，甚至每个人都只站在自己的角度来提变更，并没有考虑整个项目，有些变更之间还可能存在矛盾。若按照这种情况，都一一满足这些变更，项目最终会变成什么样？

因此，实施整体变更控制，首先要求我们摒弃这种"唯甲方论"的思维。从合同法角度来看，合同双方地位平等，并不存在地位高低的情况，甲乙双方仅是区别身份和责任的代称。从专业角度而言，作为服务的提供方，项目团队在专业上优于甲方，否则甲方也不会购买乙方的服务，因为专业的事情需要专业的人来做。因此，项目团队有责任从专业角度出发，站在项目价值实现的目标上，为甲方提供专业意见，包括对于各种功能和变更可能产生的作用和影响。

对实施整体变更控制过程的理解，可以抓住"整体"和"控制"两个关键词。

首先是整体。整体强调系统思维和全局思维。项目作为一个系统，由多个子系统构成，这些子系统之间相互联系和依赖，正所谓"牵一发而动全身"，一个变更如同"一发"，整个项目就是"全身"。气象学家爱德华·洛伦兹（Edward Lorenz）在20世纪60年代提出，在天气系统中，初始条件的微小误差会随着时间推移不断放大，最终导致预测结果的显著差异。该发现后来被运用于各行业中，比如在生态系统中，微小的变化（如引入新物种或一种物种消失）可能会引发连锁反应，导致整个生态系统的显著变化；在经济学中，市场行为和经济趋势会受到许多微小因素的影响，这些因素可能会导致不可预测的市场波动。这就是著名的"蝴蝶效应"理论。前文提到，看似微不足道的变更，其产生的影响和效应足以导致项目失败，这便是"蝴蝶效应"的一种体现。因此，应从整体、全局视角看待整个项目，充分考虑单个微小变更可能对项目其他方面造成的作用与影响，并对它们进行评估和分析，据此查看是否偏离项目目标，进而做出是否变更的决策。这就是"整体"之意。

其次是控制。控制意味着需要采取一定行动来干预某些情况、结果或行为，比如我们常说的"控制病情""控制局面"等。当项目出现变更后，需要通过一系列控制措施确保这些变更不会对项目整体目标和进度产生负面影响。这包括建立变更控制委员会（CCB），负责审查和批准所有变更请求；制订详细的变更管理计划，明确变更流程、责任分配和决策标准；实施变更跟踪和监控机制，确保所有变更都能被及时发现、评估和处理。通过这些控制措施，有效地管理项目中的变更，确保项目能够按照既定目标和计划顺利进行。控制的目的在于预防和减少变更带来的风险，确保项目的稳定性和成功。这就是"控制"之意。

可见，整体变更控制过程的核心在于从全局角度审视项目，并通过一系列控制措施来管理变更，确保项目的顺利进行。这不仅需要项目管理者具备系统思维和全局思维，还需要他们能够灵活运用各种控制手段，以应对项目中可能出现的各种变更。

从该过程的输入、输出看，也体现了整体和控制的特点。输入部分体现了"整体"，包括项目管理的所有计划、基准和文件，还包括工作绩效信息和所有的变更请求，目的是便于兼顾项目全局和整体；输出部分则体现了"控制"的结果，即批准的变更请求和计划、文件的更新。

在工具和技术方面，除数据分析外，最主要的是决策技术。变更控制委员会需要根据项目团队对变更做出的评估和分析，决定是否批准变更。批准的变更会作为执行过程的输入，而被驳回的变更则需要记录在变更日志中。

可以说，整体变更控制过程犹如给变更增加了一道门槛，筛选出那些必要的、对项目有利的变更，也相当于给项目加了一层保护网，使其免受随意变更带来的负面影响。

12.2.3 确认范围

1. 过程概述

1）输入

（1）项目管理计划。包括范围管理计划、范围基准等。

（2）项目文件。包括需求文件、需求跟踪矩阵、质量报告等。

（3）核实的可交付成果。已通过质量控制过程核实的可交付成果，确保它们符合要求。

（4）工作绩效数据。提供项目当前的进展状态和绩效信息。

2）工具和技术

（1）检查。对可交付成果进行审查、测量和验证，确保其符合规定的要求和标准。包括走查、审查、审核和验证。

（2）决策制定。使用多标准决策分析等方法，确保干系人一致同意可交付成果已满足需求。

3）输出

（1）验收的可交付成果。经客户或干系人正式验收的可交付成果，标志着这些可交付成果已被正式接受。

（2）工作绩效信息。提供项目的当前进展、绩效信息和验收状态。

（3）变更请求。如果在确认范围过程中发现任何不符合要求的地方，可能会提出变更请求，以纠正问题。

（4）项目文件更新。更新项目文件中的相关部分，如需求文件、需求跟踪矩阵等，记录验收的结果和过程。

2. 过程要点

团队工作已全部完成，看似可以庆祝胜利了，但在宣告胜利之前，还有一项重要工作：召集所有干系人，让他们确认所有工作已完成且满足他们的需求，该过程叫作验收，也称为确认范围。

首先，明确确认范围的主体。谁来确认范围、最终确认可交付成果已满足需求？显然，这个主体不可能是项目团队，作为可交付成果的建设主体，不可能既做建设者，又当评判者。因此，确认范围的主体应该是项目发起人、需求提供方、客户或项目出资人。对于同一个可交付成果，项目团队和发起人对"完成"的定义可能不同，尽管都是依据原始需求，但在从需求到范围再到可交付成果转化的过程中，可能出现或大或小的偏差。例如，家长和孩子对于完成作业的要求可能存在巨大偏差，孩子认为完成作业是将练习册上所有空白的地方都用文字填满，而家长则会认为除了要填满，还要确保正确；孩子认为作业只是所有需要书写的任务，而家长则认为作业包括预习、复习、背诵、复述等内容。在这种差异的驱动下，孩子对于"作业是否做完"的回答是"全都做完了"，但家长检查的结果却并非如此。

在项目中也是如此，项目团队认为所有工作都已完成，这只是项目内部参照项目范围而做出的判断，但是项目发起人作为需求的提出者、交付标准的制定者、成果的最终使用者，更具话语权。现实项目中，客户难以完全清楚表达需求，项目经理也难以完全理解用户需求，为了确保项目的交付验收，需要让需求的提供方对范围进行确认。

其次，明白确认范围的方法。用什么方法和依据进行验收？在规划过程组制定的项目范围说明书此时可派上用场了。项目范围说明书记载了可交付成果的具体特性和验收标准，将可交付成果与之对照，查看成果是否包含范围说明书所描述的所有内容，确保可交付成果的完整性；另一个可使用的文件叫作需求跟踪矩阵，这是一个将需求和可交付成果进行映射的文件，在确认范围过程，可以用它进行双向确认，从需求出发，查看每个需求是否有相应的可交付成果来满足，从可交付成果角度出发，查看每个组成部分是否都可以找到相应的原始需求，如此便可检查工作范围有无遗漏或被镀金了。当然，可交付成果除了满足范围外，质量也是至关重要的指标，虽然在确认范围过程中，干系人并不会直接对可交付成果进行质量测量，但质量报告（记录了管理质量和控制质量过程的结果）是验收的基本文件之一。

最后，注意确认范围的结果。验收结果只有两个，通过或不通过。当可交付成果已全部完成，并满足客户需求后，验收即通过，此时需让干系人在相关确认文件上签字（也称书面确认），以代表项目正式验收。如果发现产品不尽如人意，需要将干系人的具体变更要求发送到变更控制流程，从而做出正确变更。

该过程围绕可交付成果开展，输入是核实的可交付成果，输出是验收的可交付成果，如下图。可交付成果是指导与管理项目工作过程的输出，最开始是"可交付成果"，前面不加任何定语，在经过控制质量过程后，输出变成"核实的可交付成果"，这意味着可交付成果已通过内部质量检验，符合质量标准的要求，可以交给用户进行验收，于是在确认范围过程后，输出的是"验收的可交付成果"，如图12-1所示。也就是说，将产品给用户验收之前，需要先进行内部测试和检查，确认没有问题后才能让用户进行确认范围，以提高验收成功率。当然，可交付成果在验收后，便可进行交付移交了，这是在收尾过程组开展的重要工作。

图 12-1　可交付成果的演变过程

12.2.4　控制范围

1. 过程概述

1）输入

（1）项目管理计划。包括范围管理计划、变更管理计划、配置管理计划、范围基准、绩效测量基准等。

（2）项目文件。包括假设日志、需求文件、需求跟踪矩阵等。

（3）工作绩效数据。项目当前的工作绩效数据，如已完成的活动、进度情况等。

（4）组织过程资产。包括组织的政策、程序、历史信息和经验教训库等。

2）工具和技术

（1）数据分析。包括：

● 偏差分析。比较计划结果与实际结果，确定是否存在偏差。

● 趋势分析。分析数据趋势，以预测未来的绩效。

（2）检查。检查和审查项目的工作成果，确保符合需求和规范。

（3）决策制定。使用多种决策制定技术，如投票、多标准决策分析等，以确定需要采取的行动。

（4）会议。定期召开项目状态会议、变更控制委员会会议等，审查和批准范围变更。

3）输出

（1）工作绩效信息。将工作绩效数据进行分析和整理，生成有意义的工作绩效信息。

（2）变更请求。如果发现范围基准的偏差，可能需要提出变更请求，以调整范围基准。

（3）项目管理计划更新。根据批准的变更，更新项目管理计划中的相关部分，如范围基准、进度基准等。

（4）项目文件更新。更新项目文件中的相关部分，如需求文件、需求跟踪矩阵等。

（5）组织过程资产更新。更新组织的政策、程序、经验教训库等，以反映在项目中获得的新经验和知识。

2. 过程要点

在项目过程中，范围可能会发生变更。比如，重要客户要求增加一个新特性，且时间紧迫；或者，某个特性的设计不可行，需要推翻重新考虑；又或者，有新的干系人加入，并要求做出一些变更。控制范围的主要任务是控制这些可能对范围产生影响的变更，维护范围基准。

当范围出现问题时，通常表现为两种情况，范围蔓延和镀金。范围蔓延，指项目团队自以为了解一个范围变更的影响，不假思索地着手实施，结果一个变更又引发了另一个变更，由于已经做出了第一个变更，所以只能再做下一个变更……直到迷失在无尽的范围变更中，难以区分项目的原始范围。镀金则是项目团队在项目范围外自行增加工作内容，比如程序员想到一个新功能，自我感觉非常棒，但未经客户确认就把功能加进去了。表面看似乎可以提升客户满意度，其实问题恰恰就在这，从资源和成本角度来看，镀金就是项目团队花费时间、精力去做客户本不需要的事，而且拿不到任何回报，如果你是项目经理，你会这么做吗？因此，不管是范围蔓延还是镀金，都是对范围的控制工作没有做到位，出现了偏差。

对范围进行控制，主要原因就在于项目的临时性特点——有限的时间、有限的资源、有限的成本，这要求我们只能去做项目应该做的事，也就是"好钢用在刀刃上"。项目范围就是工作的边界，代表项目需要完成的所有工作。如果范围内的工作没有全部完成，客户不予验收，项目就无法交付；如果做了超出范围的工作，会浪费时间精力，且客户不认可，项目绩效就会受影响。确保项目做且只做范围内的事，就是控制范围的关键。

该过程的输入包括和范围相关的计划和文件，如范围管理计划、范围基准、需求跟踪矩阵等；和变更相关的计划，如变更管理计划、配置管理计划等。

该过程的工具和技术主要包括偏差分析和趋势分析。偏差分析就是将收集到的关于工作的数据和基准进行比较，判断两者之间是否存在差异，若有偏差，则需分析偏差产生的原因并采取措施进行纠正；趋势分析则是在对当前情况进行分析后，明确项目与计划相比是在改善还是在恶化，对未来绩效的发展趋势进行分析，能够为后续行动提供建议和参考。

在输出方面，监控过程组的输出具有相似性，包括监督或控制活动的结果（如工作绩效信息或工作绩效报告），为纠正偏差或解决问题而提出的变更请求，以及对项目管理计划和基准做出的更新等。

12.2.5 控制进度

1. 过程概述

1）输入

（1）项目管理计划。包括进度管理计划、进度基准等。

（2）项目文件。包括假设日志、活动属性、活动清单、历时估算、进度数据等。

（3）工作绩效数据。提供项目当前状态和进度情况的数据，如已完成的活动、进度延迟等。

（4）项目进展报告。包括状态报告、进展报告、预测报告等，提供项目当前进展的信息。

（5）组织过程资产。包括项目管理工具、监控和报告方法、历史信息和经验教训库等。

2）工具和技术

（1）数据分析。包括：

- 偏差分析：比较计划进度与实际进度，确定偏差。
- 趋势分析：分析进度数据趋势，预测未来的进度表现。
- 关键路径法：分析关键路径上的活动，确定对项目进度的影响。
- 挣值管理：结合成本和进度数据，评估项目绩效。

（2）项目管理信息系统。使用软件工具监控项目进度，更新进度计划和报告。

（3）绩效评审。定期评审项目进度，确保项目按计划进行，并确定需要采取的纠正措施。

（4）资源优化。通过资源平衡和资源平滑优化资源使用，以提高进度计划的可行性。

3）输出

（1）工作绩效信息。提供经过分析和整理的工作绩效信息，反映项目当前进展和进度状态。

（2）进度预测。基于当前进度数据和趋势分析，对未来进度进行预测，提供项目进度的前瞻性信息。

（3）变更请求。根据进度控制结果，提出变更请求，以调整进度基准或采取纠正措施。

（4）项目管理计划更新。更新进度基准、进度管理计划等项目管理计划的相关部分。

（5）项目文件更新。更新项目文件中的相关部分，如进度数据、进度预测等。

（6）组织过程资产更新。更新组织的政策、程序、经验教训库等，以反映在项目中获得的新经验和知识。

2. 过程要点

时间是项目中的一个敏感性因素。"敏感"是因为许多因素都可能直接影响项目进度，比如范围变化，要做的工作增加，所需时间也随之增加；资源变化，人员减少，所需时间也会增加；风险因素，天气、环境变化导致工作无法开展，使工期延长……可以说，项目中任何变更都可能引发进度变更，针对这种敏感因素，就需要在整个项目过程中对其持续关注，及时发现可能影响的因素，避免其对基准的影响，若已出现偏差，则需要采取措施及时纠正。这便是控制进度过程的主要任务。

在规划过程组，已经为项目进度制订了共同认可的计划，规定了何时要完成哪项任务；在执行过程组，可通过许多方面获取项目进度信息，分析工作完成情况，比如工作进度表、日报表等，也可以通过资源的使用情况来跟踪进度情况，又或是通过项目工作报告，比如状态报告、进展报告等。这些都可以作为控制进度过程的输入。

该过程的工具和技术主要有两大作用：一是确定项目进度计划的执行情况，通过将实际项目的进度情况和进度基准进行比较，并查看工作绩效，发现是否存在偏差和问题；二是在发现偏差后用于纠正偏差。

第一个作用的主要工具是数据分析。挣值分析是一种常用方法，其核心思想是将进度转换成货币价值来衡量。先将所有工作的成本价值分配到每个活动中，比如整个项目需要花费 1000 元的成本，预计 10 天完成，那么每天需要完成的成本价值是 100 元，如果完成了，就相当于挣得了当天的成本价值。赵本山的小品《送水工》中有个情节，宋丹丹扮演的陪聊每小时收费 15 元，赵本山给了她 20 元，她找不开，便让她再"唠" 5 块钱的。注意，这里的"5 块钱"代表一定量的时间，如果按照定价相当于 20 分钟，但赵本山未说再聊 20 分钟，而是再"唠" 5 块钱，这就是挣值。从宋丹丹的角度看，再聊 20 分钟可挣 5 元，聊 10 分钟挣 2.5 元。如此，时间和价值便建立了联系，项目中的挣值也是如此，100% 完成某项活动，挣值就是 100%，否则就按照比例来计算。对于难以实时准确估算进度的活动，挣值就能很直观地展示进度情况。当然，"挣"得的价值不是归项目团队，而是针对项目发起人而言的。挣值分析是项目管理中一个非常重要的工具，在控制成本的过程中还会继续使用。

还有一种直观展示进度情况的分析图表叫作迭代燃尽（或燃起）图，这是在敏捷项目管理中常用的工具，用于跟踪和显示在一个迭代（也称为冲刺）期间，团队完成工作的进展情况。它通过图形化的方式展示了团队在迭代开始时计划的工作量与实际完成的工作量之间的差距，帮助团队监控进度并做出必要调整。假设一个迭代持续两周（10 个工作日），团队在迭代开始时计划完成总共 50 个故事点的工作。根据计划绘制出理想燃尽线，即每天应完成 5 个故事点（50/10＝5）。随着工作的开展，根据工作绩效可以绘制出另一条线，叫作实际燃尽线，记录每天实际完成的故事点数。如果在第 5 天团队只完成了 20 个故事点，实际燃尽线会高于理想燃尽线，显示出进度滞后的情况。团队可以根据这一信息调整工作计划，增加资源或优化工作流程，以确保在剩余时间内完成目标。

第二个作用的工具和技术是偏差分析。当偏差发生后该怎么做？在进度领域，发生偏差的最常见情况就是进度滞后，即未在计划的时间内完成计划的工作，具体的应对方法主要有两个：赶工，和快速跟进。赶工，实际上就是加班，通过增加单位时间或单位时间内的资源，达到追赶落后进度的目的；快速跟进即将本来需要先后进行的两个活动改为同时进行，从而节省时间。比如拍电视剧，本应先写好剧本再进行拍摄，现在为了赶档期，将写剧本、拍摄同时进行，进度就变快了。要注意，无论赶工还是快速跟进，都会产生负面影响，在使用时要综合考虑。此外，进度压缩活动必须在关键路径上进行，如此才能达到压缩的目的。此时，灵活使用提前量和滞后量也可以让进度更有弹性。

该过程的输出是和进度相关的工作绩效信息和进度预测，也可能提出变更请求，尤其是采用了一些进度压缩的方法后，还需要对原有的计划和基准做出更新。

12.2.6 控制成本

1. 过程概述

1）输入

（1）项目管理计划。包括成本管理计划、成本基准和绩效测量基准。

（2）项目文件。包括成本估算、成本预测、项目进度等。

（3）项目资金需求。提供项目在特定时间段内所需的资金，包括所有的支付计划。

（4）工作绩效数据。提供关于项目当前状态的信息，如已完成工作的实际成本等。

（5）组织过程资产。包括政策、程序、历史信息和经验教训库等。

2）工具和技术

（1）数据分析。包括：

● 挣值管理：结合进度和成本数据评估项目绩效。

● 趋势分析：通过历史数据预测未来绩效。

● 偏差分析：比较计划与实际绩效，确定偏差。

● 储备分析：监督和控制项目储备资金的使用情况。

（2）项目管理信息系统。使用软件工具监控项目成本，生成成本报告和预测。

（3）专家判断。利用专家的知识和经验，对项目成本控制提供建议和指导。

（4）绩效审查。定期评审项目成本绩效，确保项目按预算执行。

3）输出

（1）工作绩效信息。提供经过分析和整理的成本绩效信息，如成本偏差和趋势等。

（2）成本预测。基于当前数据和趋势分析，对未来成本进行预测，提供项目成本的前瞻性信息。

（3）变更请求。根据成本控制结果，提出变更请求，以调整成本基准或采取纠正措施。

（4）项目管理计划更新。更新成本基准、成本管理计划等项目管理计划的相关部分。

（5）项目文件更新。更新项目文件中的相关部分，如成本估算、成本预测等。

（6）组织过程资产更新。更新组织的政策、程序、经验教训库等，以反映在项目中获得的新经验和知识。

2. 过程要点

控制成本和控制进度相似，表现在主要任务、使用的工具和技术、主要输出成果等，两者的区别在于关注的领域不同，控制成本更加关注在项目过程中对成本基准的维护，而维护的关键在于合理地处理项目中出现的可能影响成本的各种变更。

成本控制之所以被重视，原因在于成本和资金有关，而资金对项目来说至关重要。首先，项目中的可用资金有限，组织已制定了项目预算，在这种限制下，项目经理需合理规划，将有限的资金投入最有价值的地方，如果不加控制，很可能就会"捉襟见肘"；其次，资金是驱动项目顺利开展的重要因素，没有资金，便如同"巧妇难为无米之炊"。战争本质上也可看作项目，而战争的关键在于资源的对比。《孙子兵法·军争篇》有云："百姓之费，公家之费，日费千金，然后十万之师举矣。"这句话说明战争需要巨大的财力支持，包括养兵、装备、粮草等各方面的费用。所以，战争"烧钱"并非戏谑，有玩过《红色警戒》游戏的朋友肯定也深有感触。由此可见，成本控制的重要性。

挣值分析是控制成本最主要的一个工具和技术，前文已提及挣值分析可用来监控项目的进度情况，核心思路是将项目成本按时间分配到各个活动中，该方法同样也适用于控制成本，具体做法是将分配到每个活动的成本和该活动实际产生的成本进行比较，看是否存在偏差。所以挣值分析是将进度和成本结合起来分析，以此来反映项目的绩效情况，用进度偏差（SV）和成本偏差（CV）来反映偏差情况，用进度绩效指数（SPI）和成本绩效指数（CPI）来反映项目当前状态，这些分析结果可以用来指导决策，便于采取下一步措施。

除了分析项目在某个时间点的绩效情况外，还需要对项目未来的发展趋势进行预测。当出现偏差后，除尽快采取措施进行纠正外，还要关注该情况对未来的影响及程度。趋势分析便可解决该类问题。首先，要区分当前出现的偏差是典型偏差还是非典型偏差。典型偏差也称系统性偏差，是由系统本身的固有原因引起的。这种偏差是由于过程内部的自然波动或系统设计导致的，不是由于特殊事件或外部因素。典型偏差往往是随机的，难以完全消除，但可以通过系统改进和优化来减小其影响，比如生产线的正常波动（如机器磨损、操作员的熟练程度差异），或服务行业中顾客需求的自然波动，典型偏差不以人的意志为转移。非典型偏差也称特殊原因偏差，是由系统外部的特定事件或变化引起的。这种偏差通常是突发的，可以通过识别和解决特定问题来消除或减轻其影响。非典型偏差往往可以通过调查和改进措施迅速解决，比如机器故障导致生产线停止运行，或服务行业中由于员工生病或突发事件导致服务中断。这些情况都是可逆的，通过采取一定措施即可纠正。在趋势分析中，引入完工尚需估算（ETC）和完工尚需绩效指数（TCPI）来反映未来趋势，为后续工作提供参考。

在规划成本过程中，为应对不确定性，给每个活动都规划了相应的应急储备，用来应对可能发生的风险。应急储备包含在成本基准中，在整个项目层面还规划了相应的管理储备，以应对不可预见的风险。在控制成本过程中，可以采用储备分析来监督项目中应急储备和管理储备的使用情况，从而判断是否还需要这些储备，或者是否需要增加额外储备。如果已识别的风险未发生，可能要从项目预算中扣除未使用的应急储备，为其他项目或运营释放资源。同时，在项目中开展进一步风险分析，可能会发现需要为项目预算申请额外储备。

12.2.7 控制质量

1. 过程概述

1）输入

（1）项目管理计划。包括质量管理计划、质量标准等。

（2）项目文件。包括质量测量指标、质量控制测量结果、测试和评估文档等。

（3）批准的变更请求。已经获得批准的变更请求，这些变更可能影响质量控制。

（4）可交付成果。需要进行质量控制检查的可交付成果。

（5）工作绩效数据。提供关于项目当前状态的信息，如缺陷数量、质量指标等。

（6）组织过程资产。包括质量政策、过程定义、程序、模板和质量管理数据库。

2）工具和技术

（1）数据收集。包括：

● 检查表：记录数据，用于进一步的分析。

● 统计抽样：从一批产品中随机抽取样本进行检查。

（2）数据分析。包括：

● 根本原因分析：确定问题的根本原因。

● 趋势分析：分析质量数据的趋势，预测未来的质量表现。

（3）数据表现。包括：

● 控制图：监控过程的稳定性和一致性。

● 帕累托图：确定最重要的问题，进行优先级管理。

● 散点图：分析变量之间的关系。

（4）检查。物理检查或审查可交付成果，以确定是否符合标准和要求。

（5）测试/产品评估。通过各种测试和评估方法，验证产品是否满足需求和规格。

（6）会议。质量审查会议、缺陷修正会议等。

3）输出

（1）质量控制测量结果。记录质量控制活动的结果，反映可交付成果是否满足质量要求。

（2）核实的可交付成果。经过质量控制检查的可交付成果，并确认其符合标准和要求。

（3）工作绩效信息。提供质量控制活动的详细信息，如缺陷情况和质量偏差等。

（4）变更请求。根据质量控制结果，提出变更请求，以解决发现的问题。

（5）项目管理计划更新。更新质量管理计划、成本基准、进度基准等。

（6）项目文件更新。更新项目文件中的相关部分，如质量测量指标、测试和评估文档等。

（7）组织过程资产更新。更新组织的政策、程序、质量管理数据库等，以反映在项目中获得的新经验和知识。

2. 过程要点

前文讲过的管理质量过程，重点关注需要采取哪些行动确保产品符合质量标准，它聚焦在质量活动上。控制质量则是为了评估绩效，确保项目输出完整、正确且满足客户期望，监督和记录质量管理活动执行结果的过程。本过程的主要作用是，核实项目可交付成果和工作已达到主要干系人的质量要求，可供最终验收。如此来看，控制质量更关注可交付成果本身，以防止有缺陷的产品交到用户手中。

制造行业通常都设有质检部门，其主要职责是根据产品的质量标准和检测指标对产品进行检验、测试，判断产品是否符合质量标准、有无质量缺陷？简单来说就是是否合格。

如果发现产品不合格，需将其从产品线上挑选出来，不让它流入市场。当质检部门发现某个缺陷发生的数量和次数较大时，可能还需要对该情况进行分析，找出缺陷的原因，并与其他部门配合共同解决该缺陷。可以说，控制质量过程的职能类似于质检部门，需要做的工作更多。

控制质量之所以在监控过程组，是因为它依据的是在规划质量管理过程中输出的质量管理计划和质量测量指标，这两个文件描述了可交付成果需要满足哪些质量、如何检验产品是否符合这个质量以及需要通过哪些指标和方法测量，有了这些标准，便可检验产品。

控制质量常用的工具和技术如下：

（1）数据收集。用检查表（也称核对单）收集所测试产品的数据，用来跟踪产品和指标的关联性。比如，评选文明班级，需要达到多项指标，评委会将这些指标罗列成一张表，逐项考察（如是否扫地、擦窗户，桌椅是否摆整齐等），达到就画"√"，未达到就画"×"。当需要检查的产品数量巨大，难以逐一完成时，可采用统计抽样的方法，随机从整体中抽取部分样本，根据样本情况反映整体情况。统计抽样的准确程度取决于抽取的样本数量，而具体抽取数量还要结合时间和成本因素综合考虑。

（2）对收集的数据进行分析。分析旨在找出缺陷产生的原因。根本原因分析通过不断追问"为什么"找到造成缺陷的最深层次原因，只有找到问题根源，才能最终解决问题，如何用鱼骨图展现分析过程。趋势分析则是用当前的质量情况推导预测未来质量的趋势和表现。

（3）数据表现。要将分析出来的结果以直观、易懂的方式呈现。其中涉及多个图表，包括鱼骨图、控制图、帕累托图、散点图等。它们的应用场景各不相同，鱼骨图用来进行根本原因分析，找到造成缺陷的深层次因素；帕累托图用于体现造成多数缺陷的少数原因，表现缺陷数量和缺陷原因的统计关系；控制图用来监控生产流程中的质量是否在可接受的范围内，便于发现出现质量缺陷的趋势；散点图表示两个变量之间的统计关系，揭示两者之间的离散关系，也是寻找缺陷原因的方法。

在控制质量过程，不仅需要找出和质量标准存在差异的缺陷，还要采取一定措施进行纠正，因此在输出方面主要分为3个部分：一是经过检验合格的产品，叫作核实的可交付成果，可以输入到确认范围过程中进行验收；二是控制过程中发现的各种缺陷问题以及产生的原因；三是针对缺陷进行的补救和纠正措施，通常表现为变更请求。

12.2.8　控制资源

1. 过程概述

1）输入

（1）项目管理计划。包括资源管理计划和成本基准等。

（2）项目文件。包括项目进度计划、资源日历、资源分配、团队章程和风险登记册等。

（3）工作绩效数据。提供关于项目当前状态的信息，如资源使用情况、任务完成情况等。

（4）协议。包括供应商合同和服务协议等。

（5）组织过程资产。包括政策、程序、模板、经验教训库等。

2）工具和技术

（1）数据分析。包括：

- 替代分析：评估不同资源分配方案的优劣。
- 成本效益分析：比较资源使用的成本与收益。
- 绩效审查：评估资源使用的绩效，确定改进机会。
- 趋势分析：通过分析历史数据预测未来的资源使用趋势。

（2）问题解决。识别和解决资源使用中的问题，包括冲突和瓶颈。

（3）项目管理信息系统。使用软件工具监控和管理资源，生成资源使用报告。

（4）谈判。与资源所有者或供应商协商资源分配和使用。

（5）检查。物理检查资源的使用情况，确保资源按照计划被使用。

3）输出

（1）工作绩效信息。提供资源使用的详细信息，如资源使用偏差、效率和瓶颈等。

（2）变更请求。根据资源控制结果，提出变更请求，以调整资源分配或计划。

（3）项目管理计划更新。更新资源管理计划、成本基准、进度基准等。

（4）项目文件更新。更新项目文件中的相关部分，如资源日历、资源分配和风险登记册等。

（5）组织过程资产更新。更新组织的政策、程序、经验教训库等，以反映在项目中获得的新经验和知识。

2. 过程要点

资源是项目得以顺利开展的保障，与前面提及的成本一样，对项目至关重要。项目的资源管理就是对资源进行规划、获取、管理、使用，确保资源能在项目最需要的时候发挥作用。而控制资源则是整个资源管理中的关键一环，必须确保按计划为项目分配资源，包括人力资源和实物资源，并根据资源使用计划监督资源实际使用情况，采取必要纠正措施。该过程的主要作用是，确保所分配的资源适时地用于项目，且在不再需要时被释放。

为达到这个目的，资源管理计划、成本基准、项目进度计划、资源分配计划和风险登记册都需要作为输入，如果所需资源涉及外部供应商，那么签订的协议也应作为该过程的输入之一。

该过程的工具和技术方面，数据分析是对收集到的工作绩效信息进行分析，了解项目中发生了什么，可以用趋势分析来预测可能需要项目增加计划外的更多资源。对于需要做出的变更，可以用成本效益分析确定最佳应对方法。当某个方案不可行时，需寻找备选方案。在实际项目中，还可能出现计划中资源由于某种原因无法使用的情况，这时就需要启动问题的解决程序，与其说是工具技术，不如说是解决问题的框架，对于其他问题也同样适用。此外，还有人际关系技能，包括沟通、谈判、施加影响等，在很多特定场景下也可以解决资源面临的问题。

该过程的输出和其他控制过程类似，主要包括工作绩效信息、变更请求和计划文件的更新。

12.2.9　监督沟通

1. 过程概述

1）输入

（1）项目管理计划。包括沟通管理计划、干系人参与计划、资源管理计划等。

（2）项目文件。包括项目沟通记录、进度报告、风险登记册、干系人登记册等。

（3）工作绩效数据。提供关于项目当前状态的信息，如沟通频率、沟通方式的有效性等。

（4）事业环境因素。包括组织文化、政治气候、沟通渠道、技术工具等。

（5）组织过程资产。包括政策、程序、模板、过往项目的经验教训等。

2）工具和技术

（1）专家判断。利用项目管理专家的经验和知识，评估沟通活动的有效性。

（2）项目管理信息系统。使用软件工具和系统，管理和跟踪沟通活动。

（3）数据分析。包括：

● 绩效审查：评估实际沟通绩效与计划的差异。

● 根本原因分析：识别沟通问题的根本原因。

（4）跨文化管理。包括：

● 积极倾听：确保有效理解和回应干系人的反馈。

● 文化意识：在多文化环境中有效沟通。

（5）会议。定期召开项目状态会议、沟通评审会议等，确保信息在干系人之间有效传递。

3）输出

（1）工作绩效信息。提供关于沟通活动的详细信息，如沟通的有效性和效率等。

（2）变更请求。根据沟通监督的结果，提出变更请求，以改进沟通计划或策略。

（3）项目管理计划更新。更新沟通管理计划、干系人参与计划等项目管理计划的相关部分。

（4）项目文件更新。项目文件中的相关部分，如沟通记录、风险登记册等。

（5）组织过程资产更新。更新组织的政策、程序、沟通模板和经验教训库等，以反映在项目中获得的新经验和知识。

2. 过程要点

在项目中，我们耗费大量时间收集有关项目进展的有价值的信息，包括各种文件、报告等，沟通要解决的问题就是将这些有价值的信息传递给需要它们的每一个干系人，而监督沟通则是解决沟通中的各种问题，确保信息传递活动正确且有效、准确且高效地进行。

一般来说，沟通中可能出现的问题主要包括以下方面：

（1）信息本身。作为沟通的主要内容，信息的选择和加工是整个沟通过程的起点，信息过载或不足都会引发沟通问题，信息过载会使团队成员无法有效处理信息，而信息不足会导致决策失误和误解。

（2）沟通的渠道、频率和方法问题。沟通渠道不畅，即缺乏明确的沟通渠道或使用不当的沟通工具，会导致信息传递延误或信息丢失，致使干系人无法及时获取关键信息。沟通频率过高可能导致时间浪费和疲劳，而过低的沟通频率则可能导致信息滞后和误解。沟通工具和技术使用不当，出现故障，会导致沟通中断和信息丢失。

（3）信息接收方（干系人）的问题。未能正确识别和满足干系人的沟通需求，导致干系人不满及其对项目的支持不足；或信息仅是单向传播，缺乏反馈机制，无法及时调整项目策略和计划，导致问题积累，甚至项目失败。

（4）沟通环境的因素。沟通环境的不利因素，如文化差异、语言障碍或组织结构复杂性，都可能影响信息的准确传递和理解。例如，不同部门间的沟通壁垒可能导致信息孤岛，影响项目整体协调。

监督沟通的过程也叫控制沟通，"控制"二字会给人限制、约束之感。监督沟通过程会以项目的沟通管理计划和干系人沟通需求作为指导，考察项目的所有沟通活动，发现问题和不足，并采取措施进行纠正。监督过程应该避免上述可能出现的沟通问题，不断优化沟通流程，项目团队应定期评估和更新沟通策略，确保所有干系人的需求得到满足，并通过培训和工具升级来提高沟通效率。同时，还需要建立一个灵活的沟通框架，以适应项目变化和外部环境的影响，从而确保项目目标顺利实现。

12.2.10　监督风险

1. 过程概述

1）输入

（1）项目管理计划。包括风险管理计划、风险应对计划、进度基准、成本基准等。

（2）项目文件。包括风险登记册、风险报告、问题日志、假设日志、项目进度计划、项目资金需求等。

（3）工作绩效数据。提供关于项目当前状态的信息，如任务完成情况、进度和成本偏差等。

（4）工作绩效报告。提供分析和汇总的绩效信息，用于支持决策和行动。

2）工具和技术

（1）数据分析。包括：

● 技术绩效分析：评估技术绩效指标是否符合计划。

● 储备分析：检查应急和管理储备的使用情况。

● 根本原因分析：识别和分析风险事件的根本原因。

（2）审计。风险审计：评估风险管理过程的有效性和效率。

（3）会议。定期召开风险评审会议，讨论和评估风险状况。

3）输出

（1）工作绩效信息。提供关于风险管理活动的详细信息，如风险发生情况和应对措施的效果等。

（2）变更请求。根据风险监督的结果，提出变更请求，以调整风险应对计划或项目计划。

（3）项目管理计划更新。更新风险管理计划、成本基准、进度基准等。

（4）项目文件更新。更新项目文件中的相关部分，如风险登记册、假设日志、问题日志等。

（5）组织过程资产更新。更新组织的政策、程序、经验教训库等，以反映在项目中获得的新经验和知识。

2. 过程要点

即便规划再完备也不能预测所有风险，总有可能出现意想不到的新风险。正因如此，我们需要对比风险登记册不断监督项目进展情况，查看风险是否发生、是否还存在、风险发生时所采取的应对措施是否有效以及是否由此引发新风险，这些问题都是监督风险过程需要解决的问题。

监督风险意味着需要时刻关注项目进展情况，持续审查项目生成的所有数据，如此才能及时发现新风险或在需要立即实施某个应对策略时迅速做出反应。如果缺乏有效监督，即使有最好的计划，也不能在风险发生时及时采取措施来挽救项目。以下是一些可以运用的工具和技术：

（1）技术绩效分析。将实际的项目绩效与计划比较是常见的监控手段，可以发现项目是否存在严重超出预算或进度严重滞后，若出现这种情况，说明项目可能出现前期未考虑到的风险。如同检测天气情况，将检测到的数据和历年数据进行比较，发现气温、降水、极端天气等情况都出现了异常，气象学家可能会从中发现影响地球环境的深层风险，比如过度的碳排放等。

（2）储备分析。如同要密切关注项目预算一样，我们还要关注为风险应对预留了多少资金，当应对措施已经实施，需要将其从储备中扣除，以反映储备的最真实情况。如果发现储备过少，而风险还大量存在时，就需要采取措施提前准备。

（3）审计。风险审计是针对应对风险的策略、行动由第三方介入的检查，查看这些策略是否有效。有效的风险审计能够指出风险管理做法、策略中的不足，也能针对某个特定风险提出更优的应对措施。通过审计，可以加强风险管理的有效性，并不断改进应对策略，持续学习和提高。

监督风险的输出和其他监控过程组的过程基本一致，在此不再赘述。

12.2.11　控制采购

1. 过程概述

1）输入

（1）项目管理计划。包括采购管理计划、要求的范围说明书、进度基准和成本基准等。

（2）采购文件。包括合同、采购订单、采购规范和其他采购相关文件。

（3）协议。包括合同、服务协议等正式的法律文件。

（4）批准的变更请求。包括所有已批准的变更请求，这些请求可能影响采购的内容和范围。

（5）工作绩效数据。提供关于项目当前状态的信息，如采购活动的进度和成本数据。

（6）工作绩效报告。提供分析和汇总的绩效信息，用于支持决策和行动。

（7）事业环境因素。包括市场条件、法律法规、政府或行业标准等。

（8）组织过程资产。包括政策、程序、模板、经验教训库等。

2）工具和技术

（1）合同变更控制系统。用于管理合同变更的系统和流程。

（2）采购绩效审查。评估卖方的绩效，确保合同条款和条件得到满足。

（3）检查与审计。对供应商提供的产品或服务进行检查，确保其符合合同要求。

（4）绩效审查。评估供应商的工作绩效，确认其是否符合合同要求。

（5）绩效报告。生成关于供应商绩效的报告，供项目团队和干系人参考。

（6）付款系统。管理和控制付款系统，确保按照合同条款支付款项。

（7）索赔管理。处理和管理合同索赔和争议。

（8）数据分析。包括绩效分析、趋势分析和根本原因分析等。

3）输出

（1）采购工作绩效信息。提供关于供应商绩效的详细信息，如进度、成本和质量情况。

（2）采购变更请求。根据采购控制的结果，提出与采购相关的变更请求。

（3）项目管理计划更新。更新采购管理计划、进度基准、成本基准等。

（4）项目文件更新。更新项目文件中的相关部分，如采购文件、风险登记册等。

（5）采购文件更新。更新采购文件中的相关部分，如合同变更、索赔记录等。

（6）组织过程资产更新。更新组织的政策、程序、经验教训库等，以反映在项目中获得的新经验和知识。

2. 过程要点

控制采购过程的基本思想是，密切关注卖方所做的工作，这是因为在签订采购协议后，便是将部分可交付成果委托给另一方去完成，其不确定性相比团队内部完成而言是增加的，虽然有合同协议的制约，但仍无法控制其质量、工艺、交付时间等。在心理学上有一种现象叫无助感，指的就是对无法控制的事情所产生的焦虑和恐惧情绪。

为了消除这种无助感，需采取行动对采购活动进行控制，控制的内容主要包括两个方面：一是对采购活动的控制。采购管理计划对整个采购活动进行了规范，从采购决策的制定到采购方法，从采购信息的发布到供应商的选择，从采购的谈判到合同的确定。采购控制过程会对开展的活动进行监督，确保其符合计划及组织规定。二是对采购方和采购内容的控制。在和供应商签订合同后，需要监督合同的执行情况，包括供应商的工作信息、采购产品或服务的质量、数量、交付日期、交付方式，是否存在违约情况等。除了上述两方面外，控制的另一作用是及时发现并纠正采购中存在的问题，避免危及项目目标。

比如某公司计划采购一批货物，决定公开招标。如何确保采购的顺利开展呢？当采购的决策确定后，首先，对需要采购的货物进行详细说明，包括数量、规格、标准等；然后，货比三家，寻找市场上的潜在供应商，对外发布招标公告，征集供应商的报价方案，再进行评审，确定卖方并授予合同；最后，签订合同后，需督促供应商按时交货，对货物质量要进行检验，货物交付之后需按合同要求付款。以上都是采购过程中需要开展的活动，控制采购就是要对这些活动进行监控，确保其按计划进行。

控制采购可以采用的工具和技术主要有：

（1）绩效审查。多数合同会对卖方完成工作的情况制定标准。比如卖方是否完成原先协商的所有工作以及工作是否按时完成，买方有权确保这些内容，做法就是检查卖方团队的绩效。

（2）挣值分析。可以使用挣值分析计算外包团队相对于预期的绩效，用法与管理组织内部项目相同。挣值可以让买方很好地了解项目是否按预期交付产品。

（3）趋势分析。随着项目进行，可以测量项目具体进展相对于原计划进展有多大的偏差，可以查看所有测量结果，了解合同绩效随时间推移在变好还是在变坏。

（4）检查与审计。买方可以利用这个工具确保卖方生产的产品符合标准。检查是指检查项目生产的具体产品或服务，确保它满足需要且符合合同条款。审计则是确保买方和卖方以协商好的方式履行采购过程。

（5）索赔管理。如果买方和卖方发生争议，可以依据合同中对于双方权利义务的约定进行协商处理。

该过程的输出包括采购工作绩效信息（这是项目工作绩效信息的组成部分）、变更请求和项目计划的更新。

12.2.12 监督干系人参与

1. 过程概述

1）输入

（1）项目管理计划。包括干系人参与计划和项目沟通计划。

（2）项目文件。包括干系人登记册、问题日志、变更日志和项目沟通记录等。

（3）工作绩效数据。提供关于项目当前状态的信息，如任务完成情况、进度和成本偏差等。

（4）工作绩效报告。提供分析和汇总的绩效信息，用于支持决策和行动。

（5）事业环境因素。包括组织文化、政治气候、政府或行业标准等。

（6）组织过程资产。包括政策、程序、模板、经验教训库等。

2）工具和技术

（1）数据分析。包括：

- 根本原因分析：识别和分析干系人参与中的根本问题。
- 干系方分析：评估干系人的态度和影响。
- 决策分析：如投票、优先级排序等。

（2）多标准决策分析。根据多个标准进行决策。

（3）数据收集。包括：

- 调查：获取干系人对项目的反馈和意见。
- 访谈：与关键干系人进行深度访谈，了解他们的需求和期望。

（4）人际关系与团队技能。包括：

- 沟通：通过有效的沟通技巧，与干系人保持联系。
- 冲突管理：解决干系人之间或与项目团队的冲突。
- 文化意识：理解和尊重干系人的文化背景。

（5）会议。定期召开项目状态会议、干系人评审会议等。

3）输出

（1）工作绩效信息。提供关于干系人参与活动的详细信息，如参与程度和反馈情况。

（2）变更请求。根据监督干系人参与的结果，提出变更请求，以调整干系人参与计划或项目计划。

（3）项目管理计划更新。更新干系人参与计划、沟通管理计划等。

（4）项目文件更新。更新项目文件中的相关部分，如干系人登记册、问题日志等。

（5）组织过程资产更新。更新组织的政策、程序、经验教训库等，以反映在项目中获得的新经验和知识。

2. 过程要点

干系人参与是项目成功的重要保证，在规划干系人参与过程中已制定了促进干系人有效参与的一系列措施和方法，在管理干系人参与过程中会将这些措施和方法落实，监督干系人参与便是对这些活动和结果的评价、分析和控制。

从干系人登记册中可获得项目所有干系人的信息，其中包括他们的优先级排列和可能对项目产生的作用及影响。促进干系人参与的重要途径是沟通，可以参照沟通管理计划中的沟通频次、方法做好和干系人的沟通工作，随时将项目的各类信息传递到干系人手中，并获得他们的反馈。在实际项目工作中，由于干系人数量众多且各自的需求和期望不同，管理干系人参与可能会出现以下问题：

一是沟通不畅。干系人之间的沟通不及时或信息不对称，导致误解和冲突，此时需要建立清晰的沟通计划，定期召开会议，使用项目管理工具，确保信息透明和及时传递。二是干系人期望管理困难。干系人对项目的期望不一致或不明确，导致项目方向不清，必须在项目初期明确干系人的期望和需求，定期评审和调整项目目标，确保所有干系人对项目目标有统一认识。三是缺乏干系人参与和干系人冲突。部分关键干系人不积极参与项目，导致项目进展缓慢或决策困难，或不同干系人之间存在利益冲突或意见分歧，影响项目推进，此时就要通过冲突管理技术（如调解、谈判）解决冲突，找到共同利益和妥协点，确保项目团队和谐合作。

此外，监督干系人参与还需要定期更新干系人登记册，以反映干系人动态变化的情况，包括他们的利益、影响力以及参与度。通过定期的干系人分析会议，可以识别出关键干系人，并针对他们的需求和期望制定个性化沟通策略。同时，项目团队应建立一个反馈机制，鼓励干系人提出意见和建议，以便及时调整项目计划和策略。在处理干系人冲突时，项目经理应采取积极主动的态度，通过建立信任和开放的沟通渠道，促进干系人之间的理解和合作。最后，项目团队应持续监控干系人参与的效果，确保所有干系人的利益得到平衡和满足，从而推动项目向着既定目标顺利进行。

第 13 章 收尾过程组

13.1 收尾过程组的主要任务 ▶▶

当项目的可交付成果全部完成，且通过了发起人的书面验收确认时，项目就进入收尾阶段，在庆祝项目成功之前，仍需完成以下工作。

13.1.1 可交付成果的确认和移交

一个项目可能包含多个可交付成果，在收尾工作前要确认每个可交付成果均已经完成，可参照项目章程和范围基准中对可交付成果的描述进行检查，确保没有遗漏。更重要的是需要得到主要干系人的确认和验收，获得他们对工作全部完成且符合标准的书面文件。然后将最终产品、服务或结果正式移交给客户或下一阶段的接收方，要确保移交过程文档化，包括签署的移交协议和客户验收文件。项目移交（Project Handover）是项目生命周期中的一个关键环节，标志着项目完成和所有权的正式转移。移交过程旨在确保项目可交付成果被有效地移交给客户、运营团队或下一个项目阶段，并确保所有干系人对移交内容和流程有清晰的了解。当项目移交完毕后，对可交付成果的运营和维护任务就转移到运营团队手中，项目团队原则上不再对可交付成果负责。这一过程类似中国古代的婚嫁习俗：女儿出嫁后，其生活责任等转移至夫家，娘家不再干预，所谓"嫁出去的女儿，泼出去的水"。

13.1.2 财务收尾和行政收尾

财务收尾也称合同收尾，项目过程中可能会签订各种协议和合同，比如和项目业主签订的合同、和外部供应商签订的服务合同等，在收尾阶段，必须检查这些合同的履行情况，检查需要支付的合同款项，查看是否存在争议，如果有则需要通过协商、仲裁甚至诉讼来解决纠纷。

行政收尾是指组织内部的收尾程序，通常包括更新项目文件和组织过程资产，包括项目报告、经验教训、项目档案等，确保所有项目记录和文件归档，便于将来参考和审计。制作并提交最终项目报告，总结项目绩效、取得的成果、经验教训和改进建议，包括对项目的整体评价，确定项目的成功程度和未来改进的机会；收集和记录经验教训，包括开展项目回顾会议，与项目团队和干系人讨论项目过程中的经验教训，将经验教训记录在经验教训库中，为未来项目提供参考和改进基础；必要时，收集各主要干系人对项目的反馈意见，调查满意度；评估项目合规性、实现组织变革和创造商业价值的情况。

13.1.3　解散团队，释放资源

项目团队的特点和项目本身的特点一样，具有临时性，项目团队成员可能来自组织的不同职能部门，因项目开展而临时聚集，当项目工作完成后，团队成员就需要回到之前各自的部门。在此之前，可以召开庆功会、表彰会，对项目中成绩突出的人员给予奖励和表彰；也可以召开复盘会、分享会，总结良好的经验和做法，促进知识的传递。当所有工作都结束后，就可以宣布解散团队，团队成员投入其他项目中开展新的工作。

当然，这些工作是在项目顺利结束且可交付成果顺利交付的情况下开展的，事实上并非所有项目都会顺利交付，有些项目可能由于各种原因失败或终止了，但这并不影响收尾过程的开展，并不是成功的项目才有收尾活动，失败的项目也需要开展收尾工作，甚至工作内容更烦琐，比如失败的项目需要重点分析项目失败的原因，甚至有索赔和赔偿工作，需要更多的沟通和谈判工作等。

13.2　收尾过程组的过程 ▶

收尾过程组的过程包括结束项目或阶段。

1. 过程概述

1）输入

（1）项目管理计划。包括所有子计划（如范围管理计划、时间表管理计划、成本管理计划等），以确保所有项目工作按计划完成。

（2）验收的可交付成果。已经客户或干系人验收的项目可交付成果，表明这些成果符合预期的标准和要求。

（3）组织过程资产。包括项目关闭程序、经验教训数据库、项目文件模板、合同关闭程序等。

2）工具和技术

（1）专家判断。项目管理团队或外部专家根据其经验和知识提供的意见和建议。

（2）数据分析。包括绩效评估、趋势分析、偏差分析等，用于评估项目绩效并确定项目是否达到目标。

（3）会议。召开项目回顾会议、验收会议、经验教训总结会议等，以讨论和确认项目的收尾工作。

3）输出

（1）项目文件更新。包括经验教训登记册、项目报告、风险登记册等。

（2）最终产品、服务或成果移交。将最终的产品、服务或成果移交给客户或运营团队。

（3）最终报告。总结项目绩效，报告项目目标达成情况、项目的主要成果、经验教训等。

（4）组织过程资产更新。包括更新的项目文件、项目验收文件、经验教训数据库、绩效测量基准等。

2.过程要点

我们常常发现，事情的开始和过程往往小心谨慎，不放过每一个细节，然而临近收尾时，容易产生懈怠情绪，这可能是因为前期压力过大，在生理和心理上都达到了极致，最终导致的松懈。这时可能出现功亏一篑、虎头蛇尾的情况，收尾过程组就在于警示我们——革命尚未成功，同志仍须努力。

该过程的主要输入包括项目章程、项目管理计划（包含所有子计划）以及验收的可交付成果，以确保移交可交付成果的完整性。除此之外，更重要的一个职能是总结项目经验教训、评价项目绩效，因此会用到的工具和技术包括绩效评估、趋势分析和偏差分析等。

该过程最终的输出也很好理解，首先是可交付成果的移交，这是项目结束的标志性事件；然后是项目最终的报告和组织过程资产的更新，上文讲过的几项工作最终都会在此沉淀为相应的成果。

经历了漫长的努力，我们终于完成了项目，这是一件值得肯定的事情，从一个存在于构想中或可行性研究的文字中的项目，通过启动、规划、执行、监控、收尾 5 个过程组，49 个过程，100 多个工具和技术，变成了实实在在的可交付成果，中间可能经历各种复杂性、模糊性、不确定性的问题，但我们都克服了。回顾这个漫长而曲折的过程，相信各位读者对于"项目管理怎么管"这个问题已有了总体的框架和清晰的路线，当然，项目千变万化，不同行业的项目各具特点，本书提供的是一种通用的良好实践，当面对实际项目时，可能需要对上述这些过程进行适度裁剪，使之更加契合你的项目，毕竟项目管理的核心是实现项目价值，在此目标驱动下，你可以采用任何适合的方法。

第三部分

∧

项目管理管什么——绩效域和知识领域

项目管理五大过程组是从项目生命周期和阶段的角度提供一种项目工作的方法，它具有一定的时间属性，启动、规划、执行、监控、收尾虽然不是完全按照线性时间轴的顺序展开，但是各过程之间还是存在一定的先后关系，对于刚接触项目管理的人员来说，会很容易接受这样的逻辑框架。因此，五大过程组是针对"项目管理怎么管"的问题，过程组中的每个过程都用"输入、输出、工具和技术"这样结构化的形式来表述，这样的操作很容易上手。

对于有经验的项目管理者，或从公司项目治理的角度而言，五大过程组过于细致、烦琐，而他们需要从宏观的视角，既能关注项目各方面，又不至于事无巨细；既能统揽全局又不陷入琐碎事务。那么，换个视角来看，项目管理应该管什么？如何抓住项目中的管理重点？如同每个单位的主要负责人，会把财务权和人事权抓在手里，因为资和人是一个组织最重要的两部分，其他工作都是围绕着它们展开，或以它们为基础和前提。

这部分内容会涉及项目管理的知识领域和绩效域。在《PMBOK 指南》（第六版）中，项目管理分为十大知识领域，分别是整合、范围、进度、成本、质量、资源、沟通、风险、采购和干系人，这提示我们，项目管理要从这些方面入手，需要管好这些方面的绩效，最终获得项目成功，同时也为项目评价提供切入点；在《PMBOK 指南》（第七版）中，又提出项目管理八大绩效域，分别是开发方法与生命周期绩效域、规划绩效域、工作绩效域、交付绩效域、团队绩效域、干系人绩效域、测量绩效域、不确定性绩效域。所谓绩效域，是确保项目成功的关键指标的集合，是有效交付项目成果至关重要的活动，它提示我们，项目想要成功交付，必须重点做好这些工作。

可以举例说明五大过程组、知识领域和绩效域之间的关系。

如果把中学毕业当作项目来看，学生需要满足一定标准才能毕业，比如，熟练掌握基本的语言文字，能熟练听说读写；基本掌握一门外语，能进行简单的会话和阅读；具备一定的逻辑推理和运算能力；掌握基本的自然科学知识；了解一定的传统文化常识等。以上这些作为评定学生是否满足毕业条件的指标，或称关键的绩效，这些内容可看作项目的绩效域。

为达到这些绩效指标，需采取相应行动。行动可分为两个维度，方法和方向。方法解决的是"如何做到"的问题，方向解决的是"需要做什么"的问题。预习、听课、复习、练习、考试，这几个步骤构成了常见的学习方法，等同于五大过程组；语文、数学、英语、物理、化学、历史、地理是学习科目，如同十大知识领域。任何科目的学习都可以通过预习、听课、复习、练习、考试这些过程，就像十大领域的任何一个领域都由启动、规划、执行、监控、收尾五大过程组的过程构成。因此，过程组和知识领域的构成主体是一个个具体的过程，只是分类的角度和视角不同，这些过程即上一部分讲过的 49 个过程，更多集中在操作层面。

为达到"熟练掌握基本的语言文字，能熟练听说读写"这个绩效目标，需要学习语文（包括认字、组词、造句、阅读、写作）；为达到"基本掌握一门外语"，需要学习英语；

为"具备一定的逻辑推理和运算能力"，需要学数学；为了"掌握基本的自然科学知识"，需要学物理、化学。如此可理解八大绩效域和五大过程组、十大知识领域的关系，绩效域提供目标，五大过程组和十大知识领域提供具体的方法和方向。

接下来，从项目管理的八大绩效域入手，讨论要管好项目、成功交付项目成果，需要做好哪些方面的工作以及如何做好这些工作。这里会涉及每个绩效域的目标和具体绩效要点，再结合十大领域来阐述目标如何实现，可能还会涉及通过哪些过程来实现，这和上一部分内容有重合，但重点还会放在绩效域和知识领域上，对于具体过程则不再展开叙述。

为了便于理解，我们通过项目管理人员与团队、过程和环境两个方面将八大绩效域分成两个类别：

- 项目人员与团队：与项目中的人有关，包括干系人绩效域和团队绩效域。
- 项目过程与环境：依据项目管理过程，以启动、规划、执行、监控、收尾为主线，包括开发方法与生命周期绩效域、规划绩效域、工作绩效域、测量绩效域、交付绩效域。同时考虑项目中的内外环境，包括模糊性、易变性、复杂性和不确定性，包括不确定性绩效域。

以下分两个章节分别讨论。

第 14 章 项目管理绩效域——人员与团队

14.1 干系人绩效域

项目来源于人的需求，并由人执行，最终交付给人使用，因此人是项目中的关键因素，是重点，也是难点。因为他们和项目有密切关系，因此称为干系人。干系人的重要性在于它们会对项目产生作用和影响，他们会提供资源、提出需求、提出变更、验收成果……出现在项目的全过程。干系人又有其自身特点，一是数量众多，一个项目的干系人少则几十个，多则成百上千；二是种类多，有的干系人和项目直接相关，有的间接相关，有的位高权重，有的则人微言轻；三是变化多，一方面是指干系人会随项目进行不断发生变化，另一方面是指作为个体的干系人的情绪、态度、思维也会不断变化。

因此，干系人绩效域重点关注以下3个方面：一是要对项目干系人有明确且清晰的认知；二是确保干系人以正确适合的方式参与项目，发挥对项目的推动作用；三是让干系人满意。具体体现在：

1. 识别、分析、管理干系人参与

识别干系人是项目启动过程组的过程之一，说明干系人识别活动越早开始越好，且在项目过程中持续开展。识别后，需要对干系人进行分析，并按一定优先级进行排列，旨在提高管理效率和效果。最后根据干系人分析结果制定相应的参与策略。项目团队必须保持对干系人持续关注，充分理解两个需求：干系人对项目的需求、项目对干系人参与的需求。

2. 确保干系人参与

干系人参与主要包括以下这些活动：与干系人协作以介绍项目，启发他们的需求，管理期望、解决问题、谈判、优先级排序、处理难题，并做出决策。争取干系人参与需要运用软技能，如积极倾听、人际关系技能和冲突管理，以及创建愿景和批判性思维等领导技能。这些动作归根结底就是"沟通"。沟通是促进干系人参与的主要方式，主要原因有：

（1）沟通能够建立信任和透明度。通过定期和清晰的沟通，项目管理团队可以保持透明，向干系人传达项目的进展、挑战和变化。这种透明度有助于建立信任，因为干系人可以清楚地了解项目实际情况。频繁的沟通有助于建立和维持信任关系，让干系人感到他们的意见和需求受到重视和尊重。

（2）沟通能够确保需求和期望对齐。通过有效的沟通，项目团队可以清晰地了解干系人的需求和期望，确保项目目标与干系人的期望一致。定期的沟通能使干系人提供持续的反馈，项目团队可以及时调整方向，确保满足干系人的需求。

（3）沟通能够增强参与感和责任感。通过沟通，干系人可以参与项目的决策过程，增强他们的参与感和责任感，帮助干系人理解项目目标和重要性，激发他们的积极性和主动性，形成共同的目标感。

（4）沟通能够管理期望和减少误解。通过清晰和频繁的沟通，项目团队可以管理干系人的期望，减少由于信息不对称导致的误解和冲突。及时的沟通可以帮助澄清干系人的疑问，解决他们的担忧，避免误解和误会。

（5）沟通促进协作和团队精神。沟通是信息共享的关键途径，通过有效的沟通，项目团队和干系人之间可以共享重要信息和资源，促进协作。通过开放的对话和讨论，项目团队可以识别和解决干系人之间的冲突，促进团队精神的发展。

（6）沟通能够增强项目控制和管理。定期的沟通，项目管理团队可以跟踪项目进度，及时报告项目状态，确保项目按计划推进。沟通也是管理项目变更的重要手段，通过有效的沟通，可以及时传达和处理项目变更，减少对项目的负面影响。

（7）沟通有助于支持决策制定。沟通为干系人提供了充分的信息，支持他们做出明智的决策。通过建立良好的反馈机制，项目团队可以及时了解干系人的意见和建议，帮助优化决策过程。

项目团队应该善于利用沟通的工具和技术，确保干系人参与水平符合项目需要，具体的形式、途径、方法在过程组章节已详细讨论过，在此不再赘述。

3. 让干系人满意

在前文质量管理中已提及，质量管理的新趋势更关注让干系人满意。干系人满意度通常可以通过与干系人的对话来确定，以衡量他们对项目可交付物和项目总体管理的满意状况。也可以通过项目和迭代审查会、产品审查会、阶段关口和其他方法获得定期反馈。如果有大量干系人，还可以使用问卷调查来评估满意度。必要时，甚至可以通过更新干系人参与方法来提高干系人满意度。干系人满意度也可以通过干系人的行为来判断，干系人行为可表明项目受益人是否对项目感到满意和表示支持，或者他们是否反对项目。调研、访谈和焦点小组也是确定干系人是否感到满意和表示反对的有效方法

14.1.1　知识领域链接——项目干系人管理

干系人管理领域和干系人绩效域的映射十分紧密，需要注意的问题也基本相同，干系人管理通过以下4个过程来实现：

- 识别干系人。
- 规划干系人参与。
- 管理干系人参与。
- 监督干系人参与。

在这4个过程中，干系人参与是核心。有效的干系人参与不仅能提高项目透明度和信任度，还能增强干系人的责任感和支持力度，减少项目风险，提高项目成功的概率。因此，项目管理团队应高度重视干系人参与，通过系统化的管理方法和策略，确保干系人的积极参与和支持。

在和其他知识领域的联系上，主要有：

（1）干系人管理和范围管理。干系人是需求的提供方，范围管理应根据识别的干系人登记册对需求进行收集，并定义项目范围。

（2）干系人管理和资源管理。资源管理中的人力资源部分涉及项目团队。团队成员也是项目重要的干系人，同样应该促进他们积极参与项目。尤其是外部团队成员，更需要对他们进行重点管理。

（3）干系人管理和沟通管理。沟通是促进干系人参与的重要手段，项目团队必须根据不同干系人的沟通需求来制订沟通管理计划，并按计划实施，确保沟通顺畅有效。

（4）干系人管理和风险管理。重要干系人、管理优先级高的干系人可能是项目风险的来源，在识别风险时需要重点关注。比如项目中稀缺的专家资源、技术人员，他们的可用性会对项目产生威胁，需要制定应对措施。

（5）干系人管理和采购管理。外部供应商也是干系人，要注意识别。还需要使他们和项目保持良好的"合作"关系，通过有效的参与提供必需的产品或服务。

14.1.2 知识领域链接——项目沟通管理

沟通通常发生在人与人之间，因此干系人绩效域和沟通管理的关系非常密切。现实中，项目的很大一部分问题源于沟通不足或沟通不畅。而导致沟通不足、不畅的最主要原因是信息的获取、传递、反馈出了问题。所以沟通管理的重点工作是确保项目及其干系人的信息需求得以满足。项目沟通管理由两部分组成：一是制定策略，确保沟通对各干系人行之有效；二是执行必要活动，落实沟通策略。

沟通问题在项目管理和组织运作中十分常见，可能导致误解、冲突甚至项目失败。为了避免因沟通产生的问题和障碍，应首先了解造成沟通问题的主要原因，有以下几个方面：

（1）信息不对称。关键信息未能及时传达给所有干系人，导致决策和行动基于不完整或错误的信息。而过多的信息同时传达，也使干系人无法有效处理和理解所有内容。

（2）沟通渠道不畅。使用不适当的沟通渠道（如电子邮件而非面对面沟通），导致信息传达不准确或缺乏情感交流。若技术设备或平台故障，如网络中断、软件错误，也会导致信息传递受阻。

（3）文化和语言差异。不同语言的使用或对术语的理解差异，可能导致误解或信息丢失。不同文化背景的干系人对沟通方式、语调、非语言信号等的理解不同，可能导致误解或冲突。

（4）沟通技能不足。沟通者无法清晰、简洁地表达自己的想法，导致接收者无法理解其意图。接收者未能认真倾听和理解信息，导致误解或忽视关键内容。

（5）组织结构问题。信息需要经过多个层级传递，容易导致信息失真或延迟。部门或团队之间缺乏有效的协作和沟通，导致信息孤岛和协调不力。

（6）沟通频率和时机不当。沟通频率过低或过高，可能导致信息缺失或疲劳。选择不恰当的时间进行沟通，如在干系人忙碌或不方便时，可能导致信息未能有效传达。

（7）缺乏明确的目标和计划。沟通没有明确的目标和目的，导致信息传递杂乱无章。没有系统化的沟通计划，沟通内容和方式不一致，影响信息的有效传递。

有效的沟通在项目管理和日常互动中至关重要，其特征包括以下几个方面：

（1）清晰性。信息必须明确、不含糊，确保接收者能够准确理解传达的内容。

（2）简洁性。信息应尽量简短，只包括必要信息，避免冗长。

（3）完整性。信息应包括所有必要细节，使接收者能够全面理解。

（4）及时性。信息应在适当的时间传递，确保接收者在需要时得到信息。

（5）准确性。信息必须准确无误，确保接收者得到真实、可靠的信息。

（6）一致性。信息传递应前后一致，避免矛盾和混淆。

（7）适应性。信息传递应根据接收者的需求和背景进行调整，确保信息有效传达。

（8）双向性。沟通应是双向的，确保信息不仅能传达出去，还能接收到反馈。

其中（1）～（5）是对沟通信息本身提出的要求，（6）～（8）则是对沟通行为提出的要求。

在沟通管理知识领域中，具体的管理过程包括：

● 规划沟通管理。

● 管理沟通。

● 监督沟通。

沟通的渠道和方法随时代和科技的发展而不断丰富。在数字化时代，沟通很简单、便利和丰富，仅需一部手机或一个 App 就能让人们的沟通跨越物理空间的阻隔；语音、文字、视频、图片……让信息的承载如此多样和丰富。然而在当今时代，沟通也很困难，互联网和社交软件，让原本最直接、自然的互动沟通变成一种奢望，人们更倾向于用文字、图片和表情包等表达自己的观点和情绪；信息爆炸的时代也让人们淹没在无尽的信息海洋中，海量的微信群消息、未读通知和邮件，置身其中的人们对信息麻木，信息过载又会造成信息失真，传播模型中的噪音增加。这些都会影响沟通效果。比如虚拟团队，沟通技术的发展为它创造了实践的可能，而沟通问题反过来也可能成为其致命缺陷。因此，新时代背景下的项目沟通要求更高，需要团队做好详细规划。

在整个项目生命周期，沟通贯穿其始终，因为每个领域都可能产生信息，而这些信息需要借助沟通传递给相关的干系人，比如项目管理过程中出现频率较高的专家判断、会议、人际关系与团队技能等工具，本质上都是沟通的具体表现。

14.2 团队绩效域 ▮▸

俗话说"一个篱笆三个桩，一个好汉三个帮"，正是说明团队的作用是巨大的。在项目管理中，好的团队能够帮助项目又稳又好地达成项目目标，而差的团队则可能引发诸多问题，甚至毁掉项目。

项目团队是为实现特定项目目标而组建的一组人员，他们具有多样的技能和知识，在项目各个阶段共同合作。项目团队的成功管理涉及多个方面，包括团队组成、领导、沟通、协作、发展、文化和绩效管理。通过建立明确的角色和职责、有效的沟通和协作机制、持续的发展和培训、积极的团队文化以及科学的绩效管理，确保项目成功。团队绩效域中涵盖多个方面，包括目标和期望、角色和职责、沟通和协作、激励和认可、培训和发展、绩效评估和反馈、资源和支持以及团队文化和氛围。通过系统化地管理这些方面，项目团队可以显著提高整体绩效和效率，确保项目目标的实现和团队成员的满意度。具体来说，主要包括以下几个方面：

1. 管理和领导并用

《PMBOK 指南》（第七版）这样描述管理和领导的区别：

项目管理需要将知识、技能、工具和技术应用于管理活动和领导力活动。管理活动聚焦于实现项目目标的手段，例如制定有效的程序、规划、协调、测量和监督工作等。领导力活动关注于人。领导力活动包括影响、激励、倾听、促使，以及与项目团队相关的其他活动。这两个方面对交付预期成果都很重要。

团队的主体是人，是各类人的集合。古语云"性相近，习相远"，不同的人有不同的技能、性格、喜好，将不同的人聚集在一起，不可无规矩，管理强调通过一定的规章制度规范团队行为。在预测型生命周期项目中，由项目经理来制定项目计划、为团队人员分配职责并监督工作开展；而在适应型项目中，管理权限下放给自组织团队，在这种情况下，项目经理的管理职责被淡化，通常会让项目团队中的某个人充当促进沟通、协作和参与的引导者，该角色可能由项目团队成员轮流担任。

另一方面，作为团队主体的人是有情绪、有感觉的，他们和机器不同，如果仅用制度、程序、指令指挥他们，显然是不行的，因此，领导力在此时发挥作用。无论采用哪种开发方法的项目，领导力都至关重要，这就要求项目管理人员要进行角色转变，努力成为服务型领导或仆人式的领导，重点职责是消除障碍。具体职责包括：一是解决问题和消除可能妨碍项目团队工作的障碍，通过解决或缓解这些障碍因素，营造良好的团队环境，项目团队可以更快地向企业交付价值；二是使项目团队免受内部和外部分心之事影响，始终将注意力和重心放在项目工作和目标上；三是鼓励和发展机会，让项目团队保持满意度且工作富有成效。要注意，领导力技能并非项目管理者独有，应该鼓励团队每个成员都发挥领导力技能。

2. 营造积极的团队文化

积极的团队文化是提高团队凝聚力、工作效率和成员满意度的关键。以下是一些具体的方法和步骤来营造和维护积极的团队文化：

（1）确立共同愿景和价值观。团队的愿景和价值观是团队文化的核心，指导团队的行为和决策。明确团队的愿景，让每个成员都了解团队的长远目标和使命。确立团队的核心价值观，如诚信、合作、创新等，并在日常工作中贯彻这些价值观。

（2）建立信任和尊重。信任和尊重是团队合作的基础，能够增强团队的凝聚力和成员间的信任感。要透明沟通，保持信息透明，确保团队成员之间的信息共享和公开。积极倾听成员的意见和建议，给予及时的反馈和支持。尊重团队成员的个性和背景，鼓励多样性和包容性。

（3）鼓励开放沟通。开放的沟通环境促进信息交流，减少误解和冲突。通过定期召开团队会议，讨论项目进展、问题和解决方案。鼓励团队成员在会议和日常工作中自由表达意见和建议。建立有效的反馈机制，确保每个成员的声音都能被听到和重视。

（4）促进合作和协作。组织团队项目，促进成员间的合作和互动。鼓励跨职能团队的合作，增加不同背景和技能的成员间的交流。确保团队成员可以方便地共享资源和信息，提高工作效率。

（5）提供发展和成长机会。应制订并实施培训计划，提升团队成员的专业技能和知识。提供职业发展机会，如晋升路径、导师计划和职业指导。关注每个成员的个人成长需求，提供相应的支持和资源。

（6）认可和奖励。及时表彰和奖励团队成员的贡献和成就。提供多样化的奖励方式，如奖金、晋升、表彰等。在团队会议或公司活动中公开表彰优秀成员，增强他们的荣誉感。

（7）领导的榜样作用。领导者应以身作则，践行团队的价值观和行为规范。保持与团队成员的积极沟通，关注他们的需求和反馈。在决策和处理问题时，保持公平公正，树立公正的形象。

3. 打造高绩效团队

团队管理的目标是打造高绩效团队，良好的团队绩效能催生良好的工作绩效。比如"草台班子""乌合之众"便是高绩效团队的反面案例。再次套用《安娜·卡列尼娜》中的一句话"幸福的家庭都是相似的，不幸的家庭各有各的不幸"，可以说"高绩效的团队都是相似的，低绩效的团队各有各的不同"。我们应识别高绩效团队的一些特征，并努力使团队达到这些目标，《PMBOK指南》（第七版）对高绩效团队的描述很详细，以下为引用自书中的原文：

开诚布公地沟通。在可促进开诚布公而安全地沟通的环境中，人们可以举行富有成效的会议，解决问题，开展头脑风暴等活动。它也是共识、信任和协作等其他因素的基石。

共识。大家共享项目的目的及其将带来的收益。

共享责任。项目团队成员对成果的主人翁意识越强，他们表现得就越好。

信任。成员相互信任的项目团队愿意付出额外的努力来取得成功。如果人们不信任自己的项目团队成员、项目经理或组织，他们就不太可能去做额外工作以取得成功。

协作。项目团队相互协作与合作，而非单打独斗或彼此竞争，会产生更加多样化的想法，最终会获得更好的成果。

适应性。项目团队能够根据环境和情况调整工作方式，会使工作更加有效。

韧性。出现问题或故障时，高绩效项目团队可以快速恢复。

赋能。项目团队成员觉得自己有权就工作方式做出决策，其绩效优于那些受到事无巨细管理的项目团队成员。

认可。项目团队因开展的工作和所取得的绩效而获得认可，更有可能继续取得出色绩效。即使是表达赞赏这样的简单举动也能强化积极的团队行为。

团队绩效域中还需要具备批判性思维，在人际关系中注意情商的运用，在管理团队时合理巧妙地解决冲突，并善于运用裁剪的技巧来匹配管理活动的需要，这些在《PMBOK指南》（第七版）中有详细全面的论述，这里不再展开。

知识领域链接——项目资源管理

虽然资源管理范围包括人力资源和实物资源，但管理重点还是在人力资源，这与团队绩效域不同，资源管理领域需要关注资源从识别到获取再到监督的全过程，其中对于团队的建设和管理是重要环节，也是团队绩效域关注的部分。

针对实物资源的管理应着眼于以有效和高效的方式，分配和使用成功完成项目所需的实物资源，如材料、设备和用品。能有效管理和控制资源是项目成功完成的风险来源。例如，未能确保关键设备或基础设施按时到位，可能会推迟最终产品的制造；订购低质量材料可能会损害产品质量，导致大量召回或返工；太多库存可能会导致高运营成本，使组织盈利下降等。

而对于人力资源来说，需要依据项目的工作范围来识别所需资源，例如，项目工作中涉及软件的安全测试，相应地需要有专业的测试人员。在识别项目活动所需的全部资源后，接下来，要规划资源获取的渠道，该过程其实也是团队组建的过程。当团队组建完成后，由于团队成员可能来自不同的部门或组织，具有临时性，因此需要进行团队建设，以提升团队绩效；当正式开展工作时，则需要借助各种管理手段来确保团队工作绩效，这就是管理团队。整个过程中，需要对人力资源可能发生的变化进行监控，如可用性和有效性，确保团队工作开展的资源保障。

资源管理通过以下 6 个过程来实现：

- 规划资源管理。
- 估算活动资源。
- 获取资源。
- 建设团队。
- 管理团队。
- 控制资源。

资源管理会对项目的范围、进度、成本产生作用和影响，比如资源投入的多少会引起进度和成本的变化。团队的协作需要依靠沟通展开，因此需要与沟通管理产生联系；当获取资源的渠道在组织外部时，则需要进行采购，需要与采购管理发生联系；资源的可用性是项目风险的重要来源，需要在风险管理中加以识别并应对；项目团队有属于干系人的部分，干系人管理中关于干系人的识别、参与的过程同样会与资源管理产生联系。

有效的资源管理是项目开展的保障，为项目目标达成提供动力，资源管理有助于确保项目经理和项目团队在正确的时间和地点使用正确的资源。

第 15 章 项目管理绩效域——过程与环境

15.1 开发方法和生命周期绩效域 ▮▸

当决定做一件事情时，首先会考虑什么？肯定是做事情的方法，我们的大脑会调动曾经有过的经验和所掌握的技能，根据要达成的目标，迅速规划一条实现目标的路线。比如计划去车站，会考虑使用什么交通工具、哪个时间最快、哪个成本最低、需要经过哪些路段、中途会不会堵车，在综合分析判断后，大脑会给出最终的结论。同样的，当决定开展项目时，就会思考，用什么方法和路径实现项目目标，之所以有这样的思考，是因为存在多种可能性，需要做出选择。

俗话说"条条大路通罗马"，环境的多样性给了项目多种可能性，可惜的是，项目的临时性特点决定了我们无法去逐一尝试各种可能性，项目团队只有一次机会去实现，虽然可以变更，但可能需要付出巨大的代价。另一个难点是项目方法的选择必须在项目初期确定，而在项目初期我们掌握的信息非常有限，和其他的规划不同，项目方法的确定不能用滚动式规划。因此，选择哪种项目方法十分关键。除了上述两个难点外，项目方法的选择对于后续的规划、执行和监控工作都起着决定性作用，比如选择预测型生命周期，就要求在前期进行充分的论证和规划，详细制定每个项目阶段的工作方案，对变革进行严格的控制，尽量避免变更的出现；而选择适应型生命周期，则需要采取滚动式规划，对变更的态度更加开放，能随着项目变化而及时调整计划等。它们在具体操作上的差异非常大。

在开发方法和生命周期绩效域，我们需要重点做好以下几件事情。

1. 为项目确定合适的开发方法

项目最基本的任务是产生可交付成果，它是项目工作的结果，也是项目实现价值的前提，可交付成果决定了项目可以采用的开发方法。因此在制定开发方法前，首先要了解与可交付成果密切相关的概念——交付节奏。交付节奏（Delivery Cadence）是项目管理和开发中的重要概念，指在项目生命周期中进行成果交付的频率和时间安排。交付节奏的选择直接影响项目的效率、质量和客户满意度。一般来说，交付节奏可以分为一次性交付、多次交付、定期交付和持续交付。交付节奏除可交付成果本身的特性外，还受到多个因素的作用：

（1）项目类型和规模。大型复杂项目可能需要更长的交付周期，而小型项目则适合更频繁的交付。

（2）客户和干系人需求。客户期望和需求变更的频率决定了交付节奏的设定。

（3）团队能力和资源。团队的工作能力和资源配置影响交付节奏的可行性。

（4）市场和环境变化。快速变化的市场环境可能需要更灵活的交付节奏以保持竞争力。

交付节奏的差异和开发方法的不同息息相关，一般来说，开发方法可分为 3 个种类，分别是预测型方法、适应型方法和混合型方法。

预测型方法（Predictive Approach），也称瀑布模型（Waterfall Model），是一种线性和顺序的项目管理方法，适用于需求明确、变化较少的项目。这种方法强调在每个阶段完成后再进入下一阶段，确保每个阶段的输出作为下一阶段的输入。该方法通常在项目初期就制定了线性流程，并进行全面的需求分析和详细的项目规划，项目的范围、时间和成本在项目初期确定，变化较少，各项工作按照预定义的顺序依次进行，每个阶段的输出作为下一阶段的输入，例如，需求文档必须在进入设计阶段前完成。预测型方法适用于需求明确、清晰且在项目过程中变化不大，技术成熟，所使用的技术和方法已经过验证，没有太多不确定性，或是大型、复杂的项目，尤其是需要严格控制的项目，如建筑、政府工程和某些制造业项目。其优点是：项目结构清晰，每个阶段都有明确的目标和输出；由于各阶段的顺序和依赖关系明确，项目管理相对简单；每个阶段都有详细的文档记录，便于项目跟踪和审计。其缺点包括：项目规划在初期完成，后期需求变化难以处理；客户在项目后期才能看到实际成果，可能导致项目不符合客户期望；风险集中，项目后期发现的问题可能导致重大返工和成本增加。

预测型方法是最符合人类思维逻辑的开发方法，即先想好要做什么，要花多长时间、多少成本，然后进行详细规划，将项目分为不同阶段，每个阶段按部就班，逐个完成，最终交付项目。因此，预测型方法也是运用最为广泛的开发方法，在常见的工程领域，如建筑、制造业等的运用非常广泛。

适应型方法，也称敏捷方法（Agile Methods），是一种灵活的项目管理方法，强调快速迭代、频繁交付、持续改进和响应变化。适应型方法适用于需求不明确或不断变化的项目，能够更好地应对复杂和动态的环境。适应型方法的项目通过多个短周期（迭代）进行开发，每个迭代交付可工作的增量，客户和利益相关者在整个项目过程中持续参与，提供反馈和建议，能够快速响应需求变化，通过调整优先级和迭代内容，确保项目目标实现，同时还能通过定期回顾和反馈，不断优化团队和项目流程。适应型方法适用于项目需求不明确或可能频繁变化，技术和环境不确定，需不断实验和调整，而且需要快速交付产品或功能，以获取市场反馈和改进。适应型方法的优点是能够快速调整，响应需求变化和市场反馈，通过频繁交付和持续沟通，确保产品符合客户期望，逐步交付和持续反馈能够及早发现和解决问题，降低项目风险。不足之处在于需要高度的团队协作和自组织能力，管理复杂度较高，客户和利益相关者的持续参与是关键，缺乏参与可能影响项目成功。

适应型方法更多被运用在软件开发和互联网服务的项目中，因为这些项目通常需要快速迭代和灵活调整，以适应市场变化和用户需求。适应型方法强调持续的用户反馈和快速的原型开发，使得团队能够迅速响应变化，不断优化产品。此外，适应型方法还鼓励跨职能团队之间的紧密合作，以确保项目能够高效推进。在技术快速发展的今天，适应型方法已成为许多创新型企业和初创公司的首选开发策略。

混合型方法（Hybrid Approach）是一种结合了预测型方法和适应型方法的项目管理方法。它利用两者的优点，以适应项目的具体需求和环境。这种方法在需要严格控制某些方面的同时，又需要灵活处理其他方面时特别有效。混合型方法结合了预测型方法的结构化和适应型方法的灵活性，通常在项目初期进行详细规划，而后通过迭代来逐步实现项目目标，在每个迭代结束时进行评审，根据反馈和项目进展进行调整。适用于项目中包含既有明确需求的部分，又有不确定或变化频繁的部分；或者涉及多个团队，且不同团队有不同的工作方式和需求。比如一家汽车制造公司决定开发一款新车型，该项目包括多个子项目，如车辆设计、生产制造和软件开发，每个子项目有不同的需求和特点，因此选择混合型方法：项目初期进行详细的需求分析和总体规划，确定车辆设计和生产制造的关键里程碑，车辆设计和生产制造部分采用预测型方法，通过详细的设计文档和生产计划进行控制，确保质量和进度；车载系统的软件开发部分采用适应型方法，通过 Scrum 迭代开发和交付，持续获取用户反馈和改进功能。各子项目完成后进行集成测试，确保整车的性能和质量。

在混合型方法中，迭代和增量是经常用到的两种开发思路。迭代是对可交付成果不断升级，每次升级都在原有基础上进行提升，比如应用软件的版本升级，每次升级在保留原有功能的基础上，或修复之前的缺陷，或加入新功能，直至所有需求都被满足后，项目才算完成；而增量则是每次完成一点点，不断累积，当可交付成果的规模比较大时，可以逐步完成，每次增加一些功能，直至所有功能全部完成。当然，迭代和增量也是适应型方法的基本思路，区别在于适应型方法的迭代周期更短、增量更小，"小步快跑"是对适应型方法很形象的一种描述。

通常来说，一次性交付的项目通常会运用预测型方法，因为预测型方法对于每个阶段的界限非常明确，而且阶段之间有相互依赖关系，阶段成果不完整，因此只能等最后一个阶段完成后才能交付；多次交付和定期交付通常会运用迭代方法，因为每次迭代虽然不是最终的交付成果，但成果都是独立可用的；持续交付通常使用适应型方法，其特点是通过快速迭代不断交付小的可用产品。

项目经理在项目初期，应该根据项目的商业论证，充分考察项目可交付成果的特点，分析项目的范围、进度、成本的约束，结合干系人需求，考量组织的实际情况，确定采用什么样的开发方法，要确保开发方法符合可交付成果的需要、符合干系人的需要、符合项目的需要。开发方法本身并无优劣之分，只有适不适合，就像挑选鞋子，一定要选择一双合脚的，这样才能走得更快、更远。

2. 为项目确定适合的阶段

之前的项目管理基础知识部分已介绍了项目的阶段。为了便于管理和工作，将具有相关逻辑的一组项目活动集合在一起，可以更好地将管理的精力和组织的资源最大化利用。当项目可交付成果的规模比较大，或项目周期比较长时，会给项目管理工作带来巨大的难度，要么千头万绪，无从下手；要么顾此失彼，丢三落四。在范围管理中使用"分解"的方法将可交付成果分解成为多个易于管理的工作包，其实"分解"是项目管理中的一个重要思想，在面对规模庞大和周期较长的项目时，也可以运用分解的方法，将其分解为多个阶段，项目团队可以专注于某个阶段的工作和可交付成果，阶段与阶段之间的关口，可以进行工作的评估和决策，或为下阶段工作进行规划。如同古人说"十年寒窗苦读"，而现代人将读书生涯分为不同阶段：学前阶段、小学阶段、中学阶段、大学阶段，每个阶段都有不同的目标和任务，每个阶段也都会有阶段性成果，比如中考、高考，可以根据阶段的成果为下一阶段进行决策。

项目阶段的选择和确定也是启动阶段需要完成的工作，阶段的划分有多种方法，可以根据工作开展的时间，也可以根据可交付物本身的特性，还可以基于人类的良好实践，比如一个软件开发项目，可以使用以下通用的阶段模型：

（1）可行性阶段。此阶段会确定商业论证是否有效以及组织是否有能力交付预期成果。

（2）设计阶段。通过规划和分析，可以设计将要开发的项目可交付物。

（3）构建阶段。通过整合的质量保证活动实施构建可交付物。

（4）测试阶段。在移交、上线或客户验收之前，会对可交付物进行最终质量审查和检查。

（5）部署阶段。项目可交付物投入使用，持续稳定、实现收益，且组织变革管理所需的移交活动均已完成。

（6）收尾阶段。项目收尾，要存档项目知识和工件，解散项目团队成员，并关闭合同。

对于采用适应型方法的项目，阶段的划分可能略微不同，以下的模型可供参考：

（1）迭代规划阶段。在适应型方法中，每个迭代周期开始时，团队会重新评估需求和优先级，确保项目目标与当前业务需求保持一致。

（2）迭代执行阶段。团队在每个迭代中执行具体的开发和测试任务，确保可交付物符合迭代目标和质量标准。

（3）迭代评审阶段。每个迭代结束后，团队会进行评审会议，评估迭代成果，收集反馈，并为下一个迭代做调整。

（4）迭代回顾阶段。团队在每个迭代结束后进行回顾，识别改进点，优化流程，提高团队效率和项目质量。

（5）持续改进阶段。基于迭代回顾的结果，团队持续改进项目管理方法和开发流程，以适应不断变化的需求和市场环境。

（6）客户协作阶段。在适应型方法中，持续与客户沟通和协作，确保项目方向和可交付物始终符合客户期望和业务目标。

3. 协调开发方法和生命周期

项目的阶段构成项目的生命周期。项目生命周期是指从项目开始到结束所经历的一系列阶段。每个阶段代表一组相关活动，随着项目的进展，这些阶段依次进行。项目生命周期可以因项目类型和行业不同而有所不同。和项目阶段相比，项目生命周期是一个更高层次的概念，涵盖项目从开始到结束的整个过程，通常包括启动、规划、执行和收尾4个主要阶段。而项目阶段是项目生命周期中的具体阶段，每个阶段都包含一组具体的活动和任务。例如，项目执行阶段可能包括需求分析、设计、开发、测试、部署和维护等多个阶段。比如在启动阶段，可能包含"项目可行性研究"和"项目章程编制"等项目阶段；在规划阶段，可能包含"详细需求分析"和"项目计划制订"等项目阶段；在执行阶段，可能包含"设计""开发""测试"等项目阶段；在收尾阶段，可能包含"项目验收"和"项目总结"等项目阶段。

项目的生命周期和交付节奏、开发方法、项目阶段息息相关，需要项目经理和团队明确每个方面的特点，并根据项目的具体需求和目标进行调整和优化。

首先，确定项目的总体战略。项目的总体战略决定了项目生命周期的框架。项目经理需要明确项目的最终目标和主要里程碑，并根据目标选择合适的开发方法和交付节奏。例如，对于需要明确、详细规划的项目，可以选择预测型方法，如瀑布模型，一次性交付；对于需要灵活应对变化的项目，可以选择适应型方法，如敏捷开发，采用多次交付或持续交付。

其次，根据项目需求选择开发方法。例如，预测型方法适用于需求明确、变更少的项目，这种方法通常分为明确的阶段，每个阶段依次进行；适应型方法适用于需求不断变化的项目，如敏捷方法（如 Scrum、Kanban），这种方法通过迭代和增量开发来应对变化。同时设定合适的交付节奏，针对瀑布模型，通常在项目结束时进行一次性大规模交付。而敏捷方法通过短周期的迭代（如 Sprint 冲刺）进行频繁的小规模交付。

再次，要明确项目阶段。项目阶段应与生命周期和交付节奏相一致，每个阶段都有明确的目标和可交付物。必要时可以通过阶段重叠和迭代来优化项目的交付节奏和生命周期。阶段重叠指在一个阶段还未完全结束时，开始下一个阶段的工作，以提高效率。而迭代开发指每个迭代都包含开发、测试和部署的完整周期，适用于敏捷项目管理。

举例说明，比如一个软件开发项目，需要在一年内完成，并且每 3 个月需要交付一个可用版本给客户进行反馈。它的生命周期可以示例如下：

（1）启动阶段。

● 创建项目章程，明确项目目标和主要里程碑。

● 确定开发方法，选择混合型方法，使用瀑布模型规划总体框架，但在每个交付周期内采用 Scrum。

（2）规划阶段。

● 制订详细的项目管理计划，包括需求分析、时间表、成本预算、质量标准和风险管理计划。

● 确定每个季度的交付节奏和具体的迭代周期（每个 Sprint 为两周）。

（3）执行阶段。

● 进行需求分析和设计，启动第一个 Sprint。

● 在每个 Sprint 中进行开发、测试和部署，定期与客户进行评审和反馈。

（4）监控与控制阶段。

● 每天举行 Scrum 会议，跟踪项目进展，及时发现并解决问题。

● 每个季度进行一次全面的项目评审，调整计划和目标。

（5）收尾阶段。

● 完成所有开发和测试工作，进行最终的部署和验收。

● 总结项目经验教训，记录项目文档。

知识领域链接——项目整合管理

开发方法和生命周期绩效域的工作会在项目初期开展，并对整个项目产生作用和影响，它决定了项目计划如何制订、工作如何开展、成果如何交付、团队如何建设等方面，属于高层级的项目策略，通常在项目章程和项目管理计划中体现，而这两个过程都属于项目的整合管理领域。

整合管理是项目十大知识领域之一，虽然它未涉及任何项目绩效方面的内容，但其地位非常重要，如同一个总纲，覆盖了项目管理各个方面，这也是十大领域中唯一一个从启动到收尾都有具体过程的领域。如果把项目管理比作迷宫，整合管理就是迷宫上方放置的一台无人机，能从高处鸟瞰整个项目，目的是看清项目各项工作之间的联系和依赖，以更好地处理其关系，《PMBOK 指南》中关于整合管理的任务主要有：

- 资源分配。
- 平衡竞争性需求。
- 研究各种备选方法。
- 为实现项目目标而裁剪过程。
- 管理各个项目管理知识领域之间的依赖关系。

"整合"一词在现实生活中经常出现，它包含两个活动，即"整理"与"合并"，是指将多个部分或元素组合成一个整体的过程。比如整合资源，是将分散的、本不相关的资源聚集起来，找到它们的共同之处，以发挥"1+1>2"的作用；再比如整合机构，是将原本独立但与职能有关联的部门合并，赋予其更丰富的职能。在项目管理中，各种工作多而杂，既要考虑范围、进度、成本、质量、资源等多因素的制约，还要确保团队沟通顺畅，风险管理得当，以及项目成果能够满足客户需求。此外，项目管理还需要关注技术更新和市场变化，以保持项目的竞争力和创新性，实现项目价值。更重要的是，这些工作之间又存在千丝万缕的联系，如同走入错综复杂的原始森林，极易迷失方向。整合管理的目的就是解决这些问题，即站在宏观角度（如"上帝视角"）去观照整个项目，便可化繁为简。

整合管理通过 7 个过程来完成对整个项目在宏观上的把握，它们分别是：制定项目章程、制订项目管理计划、指导与管理项目工作、管理项目知识、监控项目工作、实施整体变更控制、结束项目或阶段。

每个过程的详细内容，第二部分已详细讲过，这里不再展开。仔细观察后发现，这 7 个过程基本上是按照项目的生命周期进行的，涵盖了启动、规划、执行、监控、收尾 5 个过程组，又涵盖了范围、进度、成本、质量、资源、沟通、风险、采购、干系人 9 个知识领域，如同一张地图，为项目管理工作的开展提供了指引。整合的功能主要表现在以下几个方面：

（1）目标的整合。项目有众多干系人，每个干系人的需求各异，意味着项目目标对于每个干系人都不同，那么最终便无法确定项目是否成功，因此需要整合干系人的需求和目标，形成一个大家都认可的目标，相当于给项目确定终点线。整合管理中制定项目章程的过程就是将商业论证和项目目标联系起来的桥梁，其中记录的可交付成果的总体描述、总体工期、预算等，都是项目目标的表现，通过整合形成共识，明确项目目标，并在目标引导下开展各项项目工作。

（2）计划的整合。在规划过程中，会对项目管理的各个领域进行单独计划，这些计划之间会有相互依赖和联系，比如资源计划会对成本和进度计划产生影响，干系人参与计划则会对沟通计划起到作用，单个计划并不能有效地指导项目工作，如同"只见树木，不见森林"，便会"一叶障目"。因此需要将各个领域的子计划整合成一份足以覆盖各项项目工作的计划，充分考虑它们之间的依赖关系，将它作为执行和监控的基础。

（3）过程的整合。项目的五大过程组共有49个过程，每个过程都有各自的作用，过程与过程之间也有先后和承接的联系，某个过程的输出会作为另一个过程的输入。通常具体过程由不同的团队成员进行，假如没有全盘的考虑，就会出现各自为战的情况，彼此间失去了协作关系，从工作效率和工作结果看，都不能达到最优水平，因此要求团队围绕项目目标展开各个过程，虽然分工不同，但目标一致。项目经理在履行整合管理的职能时，也能依据项目需要随时进行过程的调整，如同战场上的指挥员，需要有全局观，战前排兵布阵，随着战局的拉开，还要依据情况随时调整战斗的部署。

（4）测量的整合。监控过程组的活动主要是测量项目工作绩效，而测量工作最重要的是保持测量标准的有效性和一致性，必须围绕项目的交付标准来制定测量标准，还应定期审查和更新测量标准，以适应项目环境和需求的变化。还应考虑采用先进的技术和工具来提高测量效率和效果，如使用自动化监控系统来实时跟踪项目进度和性能指标。最后，建立一个有效的反馈机制，以便及时识别和解决测量过程中出现的问题，确保项目目标的顺利实现。

（5）变更的整合。变更既可能是项目创新的源泉，也可能是项目致命的"毒药"。对于变更的控制更需要有整合整体的思维，要考虑到单个变更可能对其他项目绩效造成的影响，并充分评估这些影响可能对项目目标造成的影响。"整体变更控制"正好体现了这种思维，有效的变更管理流程可以确保所有变更都经过适当的评估、批准和实施，从而减少对项目的不利影响。

整合管理如同一条贯穿项目全生命周期的线，围绕项目的可交付成果和最终目标，将项目多而杂的工作有序地进行识别、定义、组合、统一和协调，这条线应牢牢攥在项目经理手中，始终不能放松。

15.2 规划绩效域 ▐▶

本书的第二部分详细讲述了规划过程组的24个规划过程，这些过程的目的在于为项目管理制订一份计划，而计划的目的则是指导项目工作的开展，并在对项目进行监控时提供测量依据。那么，什么样的计划算是一份好的计划呢？

一般来说，一份好的计划应具备以下3个方面的特点：

首先，全面性。计划必须能够完整覆盖项目所需的所有工作，能够为实现项目目标提供全面的实现路径。我们常说要制订周密的计划，要将事情考虑周全即表达了此意。客观世界的事物都不是单独存在的，必然会和周边的环境以及其他事物发生联系；项目的目标和结果也是多种因素共同作用的产物，当我们把这些事物的联系和因素考虑得越全面，在实际执行中就会越顺利，成功的概率会越高。在项目管理中，十大领域给我们提供了规划的方向，即需要考虑哪些问题。每个领域都需要进行规划，再将各领域的子计划进行汇总，如此就能全面反映项目管理工作的需要。

其次，可操作性。计划必须能够执行，能够让团队成员理解并领会，同时符合客观规律和项目实际情况，具备可行性。可操作性要求计划应具体明确，包括时间表、任务分配、资源需求等，避免含糊不清，明确每个参与者的责任和任务，确保每个人都明确自己的角色和任务。很多时候，人们在制订计划时会偏于乐观和理想化，导致计划脱离实际，难以实现。当计划不具备操作性，无法实现时，就发挥不了任何作用。

再次，灵活性。可能都有过这样的经历，无论前期计划制订得多么周密，实际操作中还是会面临各种变化，因为变化客观存在。当变化发生时，应该因势利导、随机应变，及时调整计划去适应变化。这就要求计划不能是铁板一块，无法调整和改变，而应该具备一定弹性，可以根据实际情况做出适当调整。在进行规划时，可通过制定备选方案来提高灵活性，当 Plan A 不可行时，可以采用 Plan B。如果某个活动只有一种实现的方法和途径，那么就可以识别为一个风险，必须为其规划风险的应对；项目中的变更管理也是体现灵活性的一种策略，通过对变更的评估决策，更新项目计划，这也是推动项目的一种途径，假如项目都没有变更或不允许变更，项目就有可能陷入停滞的局面。

那么如何满足上述要求呢？项目的规划绩效域给我们提供了一些关键活动的建议，指导我们做好规划工作。

第一，要清楚会影响规划的变量。所谓变量，是指会对规划产生影响的因素，主要包括项目开发方法、交付节奏、交付物本身的特性、组织和市场环境、法律法规的约束等；在进行规划活动时，要参考这些因素对规划的可操作性和灵活性产生的作用。这是进行规划活动的前提。

第二，规划要覆盖重点，全面延伸。对项目的重要绩效领域——范围、进度、成本3 个领域进行详细规划，主要运用估算这一工具和技术；对于实物资源、沟通、采购领域要做延伸性规划，同时还需要对变更和测量指标进行规划，这是为项目的监控和测量打下基础。

范围的规划和交付密切相关，项目范围是为交付具有规定特性和功能的产品、服务或结果而必须完成的工作。预测型项目采用工作分解结构（WBS）来管理范围；适应型项目则用用户故事和待办事项列表来体现项目范围，用优先级来规划需要进行的工作和顺序。

进度的规划基于项目活动，通过对活动的分解、排序、估算、调整来规划项目的工期和进度；适应型项目则通过制订发布的计划，以此来推导迭代次数，再通过对每个迭代需要完成的用户故事来估算时间。

成本的规划也是基于活动，通过估算每个活动所需的成本，然后进行自上而下的汇总，再考虑应急储备和管理储备，最终得到项目的预算。

团队的规划。根据项目的范围、进度、成本的限制和要求，识别项目中所需的各类人力资源的种类、数量、要求等，形成团队的结构，明确获取资源的渠道等。

实物资源的规划。实物资源是指人员以外的任何资源。实物资源可以是材料、设备、软件、测试环境、许可证等。规划实物资源包括考虑材料交付、移动、存储和处置的提前期，以及跟踪从抵达现场到交付集成产品的材料库存的手段。目的是让资源在需要的时候可用、能用。

沟通的规划。依据干系人登记册，明确不同的沟通需求，根据沟通需求来确定沟通内容、频次、渠道、方法，确保信息在不同干系人之间及时、有效的流动。

采购的规划。通过项目的高层级范围，项目团队会进行自制或外购分析。包括确定将在内部开发的可交付物和服务，以及将从外部资源购买的可交付物和服务。采购的规划包括对采购方式、采购途径、供应商选择标准、合同的选择等进行规划。

变更的规划。整个项目期间会发生很多变更。某些变更是因发生风险事件或项目环境变化而导致，有些则是基于对需求的深入了解，而其他变更则是由客户请求或其他原因造成的。因此，项目团队应制定相关流程，以便在整个项目期间可以调整计划。这可能包括采取变更控制流程、重新确定待办事项列表的优先级排序，或重新确定项目基准等形式。具有合同要素的项目可能需要遵循已定义的合同变更流程。

测量标准的规划。要决定测量内容和测量频率，即"只测量重要的东西"。包括设定临界值，指明工作绩效是否符合预期，是否有与预期绩效正向或负向偏离的趋势，或者是否不可接受。这些标准将作为测量绩效域的一部分，被用作评估实际绩效偏差的依据。

第三，要确保一致性。不同类型的项目需要不同的规划工件。例如，物流团队需要制订与材料和交付需求相匹配的计划，而测试团队则需确保其计划与质量和交付需求一致。项目的工作安排必须与其他相关项目和组织业务的需求保持同步。对于大型项目，将所有规划工件整合到一个全面的项目管理计划中是必要的。而对于较小的项目，则需要一个更为灵活和高效的规划方法。无论项目的规模大小，所有的规划都必须保持一致且相互整合。

规划绩效域会和其他绩效域相互作用。比如对于工作绩效域、交付绩效域、测量绩效域，规划绩效域为它们提供路线、方法、依据和标准。而团队绩效域和干系人绩效域的具体活动，也会对规划提出具体要求，并依赖规划绩效域产生的成果，比如团队的人员构成、技能需要提前规划、沟通的进行需要干系人的识别等。

15.2.1　知识领域链接——项目进度管理

项目的范围、进度、成本这 3 个领域被称为"三大制约"，不仅因为这三者和项目目标有重要关联，还因为这三者本身也是相互依赖，互相制约，以至于有"三者只可居其二"的说法。在实际管理中，这三大制约的主要活动体现在规划和监控过程组。因此在规划绩效域，它们都是需要重点规划的领域，在此先不讲范围管理，因为它和交付绩效域的关系更加密切，故套在后面讲。

项目进度管理也称项目时间管理，其目标是使项目在规定时间内完成所有工作，因为项目的临时性决定了项目有明确的开始时间和结束时间，在这个规定的时间内，必须交付项目成果。就像考试一样，限时 120 分钟，时间一到，不管是否做完都要交卷，对考试的时间而言，是综合考虑试卷的题量、难度以及平均答题时间等多方面因素而制定的。同理，项目所需的工期也并不是一个主观判断，而是经过对范围的分解、对活动时间的估算，再结合环境、资源、技术、市场等变量，得出的一个综合结果，即"工期"。项目进度管理通过以下 6 个过程来对"工期"进行估算、管理和控制：规划进度管理、定义活动、排列活动顺序、估算活动持续时间、制订进度计划、控制进度。

在项目中，项目管理团队首先会选择进度计划方法，例如预测型项目或适应型项目。之后，项目管理团队将项目特定数据，如活动、计划日期、持续时间、资源、依赖关系和制约因素等输入进度计划编制工具，以创建项目进度模型。这项工作的成果是项目进度计划。在一些小型项目中，定义活动、排列顺序和估算持续时间的过程可能合并为一个过程，而此处将它们分开展示有助于了解整个进度计划的产生过程，理解它们之间的相互依赖和联系。

进度管理并不是孤立存在的，它和其他管理领域有着复杂的联系。

首先，进度管理的前提是范围管理。想要知道做某件事情需要花费多少时间，必须先清楚地定义需要做的事情。进度的衡量和估算是以活动为依据的，而活动则是以项目的可交付成果为基础的，工作分解结构将可交付成果分解为独立的工作包，这是范围管理工作的内容，而定义活动需要将工作包分解为一个个可执行的活动，再进行后续的过程。

其次，进度管理为成本管理提供了依据。我们常说某个事物的成本是多少？言下之意是为了得到该事物采取的活动所需花费的成本（各类资源只有在活动中使用才会产生成本），通过估算单个活动的成本，再进行自下而上的汇总，最终得出项目总成本。一旦进度发生变化，成本也会随之发生变化，比如进度延误，采取赶工方式，这就意味着需要增加资源，也意味着需要增加成本。反过来，成本的变化也会导致进度改变，比如预算压缩，投入活动的资源减少，则需要更多的时间来完成工作。

再次，进度管理和资源管理密切相关。活动需要依靠资源的支撑，不管是人力资源还是实物资源，都是活动顺利开展的保障。进度计划的制订依赖两个估算的数值，一是估算活动持续时间，二是估算活动资源。道理很简单，一项工作，一个人做和两个人做时间不同，用机器做和手工做时间也不同。

最后，风险管理、沟通管理、采购管理、干系人管理会对进度产生影响和作用。比如突遇暴雨天气，项目停工，导致进度延迟；技术指标在传达时不够准确，出现理解偏差，导致产品出现缺陷，需要返工，进而导致工期延长；供应商供货不及时也会导致工期延长；干系人的参与程度太低，项目的冲刺评审会无法召开，导致迭代延迟。这些情况在项目中都有可能出现，可见进度对于其他管理领域的敏感性很高。

几乎没有一个项目能够完全按照进度基准来完成，项目经理必须时刻关注可能对进度产生影响的各种因素，并在进度发生偏差时及时采取纠正措施，虽然这可能导致范围的变化、成本的浮动，但不加控制的进度管理会导致项目无限延期、成本严重超支，并最终导致项目失败。

15.2.2 知识领域链接——项目成本管理

在项目管理中，成本是除进度外，最受关注的绩效指标之一。因为成本关系到资金，组织投入成本，是为达到特定目标，实现某些价值，从财务角度看投入产出必须成正比。从另一个角度来看，成本又是项目得以维持并推进的保障，没有资金便无法开展。因此，成本管理在十大领域中的地位就显得至关重要。

当组织决定启动项目时，其实已经对需要投入的成本有了一个预估，但并不准确。所以，成本管理的第一步是要对项目所需成本有一个较为准确的估算，可依据分解之后的活动清单进行估算，还必须考虑到某些不确定因素的影响，为此准备相应的应急储备，然后通过汇总的方法得到项目的成本基准。注意，成本是项目需要花费的资金，而预算则是组织愿意为项目花费的资金，预算通常会比成本更高一些，因为组织会为一些无法预见且无法回避的风险实现留出一定冗余，所谓有备无患，因此，项目预算就是成本基准再加上管理储备。

和进度类似，项目几乎也不能完全按照成本基准的计划进行，总会发生各种特殊情况导致实际成本和基准的偏差，控制成本的作用并不包含节约成本，而是尽量让成本的支出在基准范围内浮动，不产生过大偏差。

项目成本管理的过程共有 4 个，分别是规划成本管理、估算成本、制定预算、控制成本。

和进度管理一样，成本管理也会和其他管理领域相互影响和制约，主要体现在：

（1）成本管理和范围管理的关系。项目的范围和成本有直接关系，需要做的事情越多，花费的成本就越高。这就是为什么当用户提出需求变更时，我们都需要慎重考虑的原因。因为需求的变化意味着范围的变化，而范围的变化则会导致成本变化。

（2）成本管理和质量管理的关系。质量成本是指为了达到特定的质量标准而必须花费的成本，包括一致性成本和非一致性成本。质量成本的多少决定了交付成果的质量，组织必须评估这两者之间的关系，并取得相应的平衡。

（3）成本管理和资源管理的关系。资源的数量和质量都会影响成本，而成本的多少也限制了资源的获取和选择。

（4）成本管理和风险管理的关系。应急储备和管理储备都是为了应对风险而额外产生的成本，在进行成本管理时要充分考虑。另外，风险的最大威胁是导致成本超支，要注意，单个风险导致的成本偏差可以产生累积效应，最终产生整体风险，危及项目目标。

（5）成本管理和采购管理的关系。项目团队在进行自制或采购决策时，已经对两者可能产生的成本进行了分析和评估，无论选择哪个，都会对成本规划产生作用。

在成本管理中，挣值分析是一个很重要的工具，通过在特定时间点对项目的计划价值、挣得价值和实际成本进行分析，判断项目当前的进度和成本绩效，显示项目的偏差和未来趋势。

15.3　工作绩效域

工作绩效域和执行过程组非常类似，其目标都是能够交付预期的可交付成果，要实现该目标必须依靠具体过程来实现。关于过程并不陌生，过程是指为了实现特定结果或目标而采取的一系列步骤或活动。这些活动按特定顺序进行，且每一步都有其明确的目的和产出。一个有效的过程能够帮助组织或个人系统地实现目标、减少错误、提高效率。在工作绩效域中，需要确保采取的过程正确且有效，符合项目工作和可交付成果的需要。

1. 制订计划

在规划绩效域中，重要的任务是为项目制订一个全面可执行且富有弹性的计划，计划中包含一系列过程，有的为了解决某些问题，有的为了产生某种成果，有的为了纠正某些偏差。过程的数量众多，项目团队应该对它们进行裁剪，建立并定期审查这些过程，确保过程发挥正确作用。当然，在规划时有可能会代入一些无效或无用的过程，如同在大米中偶尔也会混入沙子一样，需要我们将其识别出来并进行优化。那么如何识别过程的有效性和必要性呢？这里可借助工作绩效信息，来考察项目的状态，或者通过过程审计来检查过程，比如质量审计、风险审计和采购审计。无效或非增值性的过程会造成资源的浪费和绩效的降低，项目团队应该避免这种情况的发生。

2. 平衡各类制约因素

在工作绩效域中，还需要平衡各种竞争性的制约因素。这些制约因素包括但不限于交付日期、遵守法规、确定的预算、质量标准等，在项目过程中这些制约因素可能会发生变化，项目团队应该不断平衡这些因素，对项目计划做出相应的调整。就像很多人既要工作，又要学习，还要恋爱，也要娱乐，正所谓"鱼，我所欲也；熊掌，亦我所欲也，二者不可兼得"。此时就需要做出平衡，其中取舍也是平衡的一种手段。项目中的情况可能更复杂，需要项目团队权衡利弊，做出决策。

3. 把握好关键的过程

著名作家路遥在小说《人生》中写到："人生的道路虽然漫长，但紧要处常常只有几步。"著名的二八定律也告诉我们，要抓住事物的重点。项目的工作很多，但有一部分重点工作需要项目经理和项目团队特别注意，尤其是在工作绩效域中重点关注。

（1）保持团队良好的状态。人员是项目工作开展的根本，同时也是最难以控制的因素。因为人和机器不同，机器只要设定好程序，给它提供必要的动能，它就能持续工作，不会出现大的偏差；但人会疲劳、会有情绪波动、注意力会分散等。但值得肯定的是，人能够依据环境、认知和激励来调整自己的行动。这就要求项目领导者需要不断评估团队的状态，通过平衡成员的工作量、满意度，通过目标宣贯和激励机制来强化团队对于项目目标的专注度，并愿意采取行动实现项目目标。关于团队，已在前文的团队绩效域中进行了讲解。

（2）确保参与和沟通的有效性。干系人参与程度对于项目极为重要，有效的沟通则是确保干系人参与的前提，两者密不可分。在工作绩效域中，项目团队要重点做好信息的收集和传递工作，包括口头、书面、正式或非正式的沟通，也包括各种状态沟通会、演示会、评审会等互动沟通。

（3）实物资源的高效利用。这项工作的主要目标是减少或消除实物资源的搬运或存贮，降低使用的等待时间，做到按需使用，随用随到；最小化报废和浪费，实现实物资源利用率的最大化，毕竟任何资源都需要组织付出相应成本。

（4）正确处理采购事宜。关于采购，十大领域中有专门的采购管理来详细说明采购的过程。其中和工作绩效域相关的就是实施采购过程，包含招标过程和合同授予签订的过程。工作目标包括确保过程的合规性，要做到公平公正公开；确保采购的效益最大化，包括采购的决策、供应商的选择标准、合同类型的选择，要让采购为项目价值的实现做出贡献；确保采购的可控性，要能够识别采购过程中可能产生的风险，包括过程本身及可能对项目目标产生的影响，并采取相应措施来应对。

（5）处理各种变更。在执行过程组中讲过，实际的项目工作会产生变更请求，变更是对环境做出的适应性行为，是项目渐进明细的一种体现。在预测型项目中，需遵循整体变更控制流程；在适应型项目中，则通过调整待办事项列表和优先级来应对变更，即使项目已经进行到后期。除了产生变更，工作绩效域中还会执行那些已获批的变更，比如新的工作和对原有活动的调整。

（6）持续学习和改进。项目除了产生可交付成果外，还会产生许多经验教训，最终沉淀为组织过程资产，这对于组织非常重要。知识管理就是沉淀组织过程资产的一种常见方式。对于显性知识，可以通过各种文档、表单、图片、数据等进行记录，借助项目管理信息系统将这些显性知识进行汇总、储存和分享；对于隐性知识，则可以通过各种会议（交流会、复盘会、经验交流总结会等）、工作跟随、访谈等方法进行分享和传递。比如医学生，在学校中学习的都是课本上的显性知识，之后还要跟随有临床经验的医生实习，此时通过实践、跟随、观察所获得的就是隐性知识，两者都很重要，缺一不可。关注知识管理和知识转移不仅能提供项目所要实现的价值，而且能使组织从运行项目的经验中获得知识，持续改进和提升组织的能力和水平。

知识领域链接——项目采购管理

项目采购管理是指项目团队从外部采购或获取所需产品、服务或成果的过程。虽然采购活动不一定由项目团队完成，但项目团队必须深度参与其中，包括对自制或采购进行决策、澄清采购的内容和标准、参与合同的谈判并监督合同的执行情况。

在采购管理中，项目团队是以甲方的身份出现，供应商则以乙方的身份出现。有时，采购方和服务方并不仅仅是合同双方的关系，采购方会把服务方视为项目团队的一部分，需要更加紧密地协作。在进行采购时，需要依据采购的复杂性、采购产品或服务的物理地点、组织治理的原则和法规、服务方的可用性等因素来裁剪采购过程。

项目采购管理包括以下 3 个过程：规划采购管理、实施采购、控制采购。

采购管理与其他管理的相互影响和制约，主要体现在以下几个方面：

采购管理和范围管理的关系。项目在进行范围规划时，会详细描述项目可交付成果的各个部分，采购的内容也包含在项目产品范围中，有时需要采购的内容会在 WBS 中以规划包的形式出现，需要由服务的提供方进一步分解。反过来，采购的活动也会被纳入项目范围中。

采购管理与进度管理、成本管理的关系。采购延迟会直接影响项目进度，例如，如果关键设备或材料不能按时到货，会导致施工延误。采购价格和合同条款会直接影响项目成本，如果采购管理不善，可能会导致成本超支。这三者需要紧密协调和同步。例如，在采购管理中，应考虑供应商的交付周期，确保其与项目进度计划相符；在进度管理中，应留出足够的时间用于采购和交付过程。

采购管理和资源管理的关系。当项目所需资源在组织内部无法获得时，就需要通过采购的形式从外部获取资源，在识别资源时可以将需要采购的资源罗列出来，进行自制或采购分析。

采购管理和风险管理的关系。采购活动意味着将可交付成果的一部分外包给服务提供方，或某些活动依赖于采购方，那么项目团队对这些活动的控制程度变弱，这就有可能引发相关的风险，比如供货商延迟交货、采购的物品出现质量问题等，可以在识别风险过程将这些不确定性识别出来，再制定应对措施，并在控制采购过程中重点关注这些识别出来的风险。

采购管理与干系人管理、沟通管理的关系。当开展采购活动时，外部供应商、服务的提供方都变成项目的干系人，需要记录在干系人登记册中。尤其对已进行了一半的项目，实施采购意味着干系人增加，也需要在干系人登记册中进行实时更新以反映这种变化。对于采购中的干系人，也需要采取措施促使他们积极参与项目，其中一个重要手段是保持有效的沟通，还会出现极端情况，服务提供方的人员会直接加入项目团队，新成员的加入意味着沟通渠道的增加，需要对沟通管理计划进行更新，同时还要更新资源管理计划。

在社会分工不断精细化的今天，组织和企业不再事事亲力亲为，通过采购，借助市场的竞争和调控，能够更好地获得生产运营中所需的产品、服务，而且效率更高、质量更好、成本更低，还能够节约时间、精力和预算。因此采购管理是组织中非常重要的一项生产活动，其核心要素主要包括以下几个方面：

- 供应商关系管理：建立和维护良好的供应商关系，促进长期合作和互利共赢。
- 合同管理：制定详细的合同条款，明确责任和义务，确保合同的顺利执行。
- 成本分析和控制：进行全面的成本分析，寻找降低成本的机会。
- 质量管理：制定质量标准和验收标准，确保采购物资的质量。
- 信息技术支持：利用信息技术工具（如 ERP 系统）提高采购过程的透明度和效率。
- 团队培训：加强采购团队的专业技能和知识，提高采购效率和效果。

15.4　测量绩效域

测量活动于我们而言并不陌生，日常生活中经常要进行各种测量，比如测量体重、长度、温度、活跃度等，测量的目的是获得某种结果或数据，这些数据能够反映事物在特定条件下的状态或情况，强化对事物的理解，并支持做出相应的决策。测量包含 3 个主要方面：测量指标、测量工具和测量结果。在项目管理中，测量是极为常见且重要的活动，五大过程组中的监控过程组的主要任务之一便是对当前的工作绩效进行测量，发现偏差并采取行动。在测量绩效域中，会评估交付绩效域中完成的工作，有多大程度符合规划绩效域中确定的度量指标。测量的价值不在于收集和传播数据，而在于如何使用数据以采取适当行动。比如，测量体温不是为了获取具体的数值，而是通过体温数据来判断当前身体状况，并采取相应的行动。

基于以上目的，测量绩效域重点关注下面这些活动：

（1）有效的测量指标。当计划进行某种测量时，首先会考虑测量标准是什么，这个标准通常是定性的，但需要依靠定量的数据作为支撑。比如考试，通常会判定及格或不及格，这是定性判断，而是否及格需要根据具体数据判定，当设定 60 分及以上及格、60 分以下不及格时，就相当于设定了测量标准，也称测量指标。比如，测量项目进度绩效时，会通过计算项目的进度偏差（SV）或进度绩效指数（SPI）来进行。测量指标必须能够客观真实地反映项目需要测量的内容，这样测量结果才具有参考性；测量指标也必须具备可测量性，可以应用相应的工具或技术进行测量，否则就无法得到测量结果。有效的测量指标允许跟踪、评估和报告相关信息，该信息能够沟通项目状态、有助于改善项目绩效并降低绩效恶化的可能性。这些测量指标能够使项目团队利用相关信息及时做出决策并采取有效行动。

项目中可以测量的指标众多，项目团队要选取其中有效的指标，因为测量需要投入时间和精力，项目团队应只测量相关的内容，并确保度量指标是有用的。《PMBOK指南》（第七版）指出了有效的度量指标（或称为SMART标准）的特征，它们是：

- 具体的。针对要测量的内容，测量指标是具体的。示例包括缺陷数量、已修复的缺陷或修复缺陷平均花费的时间。
- 有意义的。测量指标应与商业论证、基准或需求相关。测量未达到目标或未提高绩效的产品属性或者项目绩效并非有效。
- 可实现的。在人员、技术和环境既定的情况下，目标是可以实现的。
- 具有相关性。测量指标应该具有相关性。测量指标提供的信息应能带来价值，并考虑到具有实际价值的信息。
- 具有及时性。有用的测量指标具有及时性。旧信息不如新信息有用。前瞻性信息（例如新兴趋势）可以帮助项目团队改变方向并做出更好的决策。

当多个指标都能反映项目绩效时，项目团队应该找出其中最关键的指标，抓住重点，这便是常说的关键绩效指标（KPI），KPI是一组用于衡量和评估组织或团队在特定时间段内实现其业务目标和战略目标的关键指标。它们帮助管理层和团队成员了解绩效水平，并识别需要改进的领域。不同行业和不同的业务流程，关键绩效指标是不一样的，比如市场和客户类的工作，重点关注以下KPI：

- 客户满意度：通过调查问卷衡量客户对公司产品或服务的满意度。
- 净推荐值：衡量客户向其他人推荐公司产品或服务的可能性。
- 客户留存率：衡量在特定时期内保持活跃的客户百分比。
- 市场份额：衡量公司在市场中的占有率。

而对于项目管理工作，需要关注的KPI可能包括：

- 项目完成率：衡量项目按计划完成的百分比。
- 按时交付率：衡量项目按时完成的百分比。
- 项目预算偏差：衡量实际项目支出与预算之间的差异。
- 项目质量：衡量项目输出的质量是否符合标准。

提前指标（Leading Indicators）和滞后指标（Lagging Indicators）是两类关键绩效指标，它们在衡量和预测业务绩效方面有不同的作用。提前指标是能够预示未来绩效结果的指标，通常与将要发生的事件和趋势相关，能够在问题或机会实际出现之前提供早期预警。滞后指标是用于衡量已经发生的绩效结果的指标，通常与历史数据相关，能够提供对过去绩效的回顾性分析。

（2）制定必要的测量内容。测量内容、参数和测量方法取决于项目目标、预期成果以及开展项目的环境。常见的度量指标类别包括：

- 可交付物度量指标。主要针对可交付成果质量和需求的满足程度，包括缺陷的来源、识别的缺陷数量和已解决的缺陷数量；还包括尺寸、重量、容量、准确度、可靠性、效率等。
- 交付。交付的测量主要针对可交付成果交付的时间和效率。
- 基准绩效。主要包括范围、进度、成本三大基准的绩效情况。
- 资源。主要包括计划资源利用率、计划资源成本。

- 商业价值。商业价值测量指标用于确保项目可交付物与商业论证和收益实现计划保持一致。比如投资回报率、净现值、投资回收期等财务指标。
- 干系人。主要针对干系人满意度的测量。
- 预测。通过测量的结果来预测项目未来的情况，如完工预算、完工尚需绩效指数等。

项目经理必须根据项目的实际情况，裁剪项目的测量内容，确保测量活动与项目目标一致。此外，项目经理还应定期审查测量结果，以便及时调整项目策略，确保项目按计划顺利进行。同时，项目经理需要与团队成员沟通测量标准和方法，提高团队对项目进展的理解和参与度。

（3）展示并运用测量结果。测量结果通常以数据形式展现，为了发挥作用，就必须及时、容易获取、易于吸收和领会，并加以展示，以便正确表达出与信息相关的不确定性程度，带有图形的可视化显示可以帮助干系人吸收和理解信息。项目管理中有很多数据展示的工具和技术，比如甘特图、PERT图、仪表板和报告等。这些工具不仅能帮助项目经理监控项目进度和性能，还能让团队成员和利益相关者清晰地看到项目的当前状态和未来的发展趋势。通过这些可视化工具，可以更有效地沟通项目信息，识别潜在的风险和问题，并及时调整项目计划以确保项目目标的实现。此外，定期的数据分析和报告还能帮助团队从历史数据中学习，优化未来的项目管理和决策过程。在适应型项目中，信息发射源就是各种数据展示的集合。

对测量结果的运用，主要是为了诊断和发现项目绩效中存在的问题和偏差，并尽早解决和纠正，以保证项目工作不偏离原有的基准和目标。有些情况下，测量结果会提示项目团队绩效正处于临界值，此时不应等到突破临界值才采取行动，可以主动解决预期的偏差。当然，对于测量结果的运用，应该注意测量陷阱，《PMBOK指南》（第七版）有详细的介绍，这里不再复述。

综上，测量绩效域是用事先计划好的测量指标去测量项目工作，发现偏差，然后采取行动，如此这般不断循环，最终促使项目团队学习，帮助项目决策，改进产品或项目绩效，规避问题。

15.5 交付绩效域 ▐▶

开展项目活动的目标是交付成果，而开展项目的最终目标是实现价值。如同农民辛勤劳动是为了收获粮食，但最终目的并非粮食本身，而是填饱肚子，粮食只是实现终极目标的渠道和手段而已，如果木头能够成为人类的食物，那么农民就都会去种树了。项目的可交付成果是实现项目目标的重要载体，是通往价值的渠道，因此，在经历诸多项目管理过程后，首先要交付成果，这是组织实现商业价值的第一步。

当完成一项工作后，总是希望获得一个结果，这个结果可以是具体的事物，看得见、摸得着，比如架桥、生产物品；也可以是某种服务或成果，比如一篇论文、一个数据、生产效率的提升或服务水平的提高等。这些都可以称为可交付成果，它是项目活动的产物，是交付的主体。当将这个成果交出去时，需要对其做出评价，如做的对不对、好不好，是否满足项目发起人的所有需求。这些问题便是交付绩效域需要解决的。

项目支持战略执行和商业目标的推进。项目交付聚焦于满足需求、范围和质量期望，产生预期的可交付物，以推动想要的项目成果。这个过程可以简单表述为：

商业论证→项目需求→项目范围、质量→可交付成果→商业价值。

项目的商业论证提供了项目实现价值的可能性和可行性，也是项目需求的来源，比如商业论证认为信息化管理可以给组织带来巨大收益和利润，在此驱动下，组织需要建设一个信息化的管理系统来实现目标。项目需求催生出项目的范围和质量要求，需明确建设信息系统的软件、硬件两方面、软件包含哪些功能模块、硬件包含哪些设备以及需要达到的要求和标准。范围和质量是可交付成果需要满足的两个基本属性，是判定可交付成果是否满足需求的标准，也是最终实现商业价值的前提。就如建设信息系统最终要实现为组织带来巨大收益和利润这一商业目标，就需要在范围和质量上同时满足项目需求，否则目标难以实现。

明白该道理后，便可知项目的交付绩效域重点关注项目范围和质量的相关活动，具体有以下几个方面：

（1）价值的交付是项目的关键。项目的启动、执行，最终目的是实现商业价值。这些商业价值在商业论证中被确认可实现，并规划了实现的路径和方法。虽然商业价值的实现并不一定是随项目成果的交付而实现，可能会在项目交付后很长一段时间才会实现，但这种价值也将是长期的、持续的。项目团队应该始终围绕项目的商业论证来开展各项工作，并将其作为检验项目可交付成果的一个重要标准，确保每项工作都与最终的商业目标紧密关联。此外，项目管理团队还应定期评估项目进度与商业价值实现之间的关系，确保项目活动不仅按时完成，而且能够有效地促进商业价值的实现。通过这种方式，项目团队可以确保他们的工作不仅满足短期的项目目标，而且能够为组织的长期成功做出贡献。

（2）确保交付满足需求。项目的可交付成果应是需求的最终满足和呈现，需求是指为满足商业需要，产品、服务或结果必须达到的条件或具备的能力。需求可以是高层级的，例如商业论证中提出的需求；也可以非常详细，例如在系统组件的验收标准中所提的需求。同时，需求又可能是零散的、片面的、易变的、模糊的、难以表达且诉诸主观的，因此项目团队需要通过各种方法来获取需求，包括启发、引导、分析、调查、访谈等，范围管理的收集需求过程便是为了完成这个任务。当需求收集完毕后，需进一步将需求转变为项目范围，即项目所提供的产品、服务和结果的总和。项目的范围说明书详细描述了项目和产品的范围和完成验收的标准。在实际工作中还会对项目范围进行分解，便于管理和监控，WBS和待办事项列表是常见的形式。这项工作也是范围管理中定义范围和WBS分解过程的主要任务。

如果将需求和可交付成果比作河流的两岸，范围就是连接两岸的桥梁，比如需求跟踪矩阵这个工具，将需求和成果映射起来。在交付成果时，可用它来跟踪需求的正确性和完整性，判断是否所有需求都得到了正确的满足，只有达到这个要求，可交付成果才算完成。在此，还需要注意两个"统一"的问题：

第一，对于完成的定义和标准要统一。对于可交付成果而言，完成的定义可能会出现不同。对于项目团队而言，"完成"即完成范围中的所有工作，交付成果就算完成；而对于使用方而言，"完成"可能是能够满足其需求。假如在对项目范围的定义中出现偏差，那么双方对完成的定义可能就完全不同了，这会导致交付出现问题。对于预测型项目，完成的定义通常会记录在范围说明书和技术测量指标中；而在适应型项目中，完成的定义可能会被事先确定，比如最小可行性产品（MVP）等。当然，完成的定义会随着项目进行而不断调整，在不确定和快速变化的环境中运行的项目面临着"足够好可以发布"或"已完成"的目标可能会发生变化的情况。在竞争对手频繁发布新产品的市场中，新的发布中计划的特性可能会有所更新。同样，新的技术趋势（例如移动设备或可穿戴设备）可能会触发方向变化或引入新的需求。这在预测型项目中可能会被视为"范围蔓延"的表现，但在适应型项目中则可能是常态。

第二，需求和商业论证的统一。这其实是对需求的动态管理的问题，在项目过程中，需求可能发生变化，包括预测型项目也是如此，新的需求可能会不断产生，更不用说预测型项目，需求在一开始是不明确的，需要通过原型开发、演示、故事版之类的工具来不断细化和明确。因此，在整个项目生命周期中，需要保持对需求的管理，无效的需求管理可能导致返工、范围蔓延、客户不满意、预算超支、进度延迟和总体项目失败。需求管理人员可以使用专用软件、待办事项列表、索引卡、跟踪矩阵或其他方法来确保需求灵活性与稳定性之间处于适当的水平，并且使新的和不断变化的需求得到所有相关干系人同意。这便是范围管理中"控制范围"过程的主要工作。

（3）关注满足需求的程度。在交付绩效域，除了需要关注需求是否被正确完成外，还需要关注需求被满足的程度，这便是质量管理。质量作为实现的性能或成果，是"一系列内在特性满足要求的程度"。项目质量管理需要兼顾项目管理与项目可交付成果两个方面，它适用于所有项目，无论项目的可交付成果具有何种特性。因此，质量管理中"管理质量"和"控制质量"两个过程便分别对应这两个方面的要求。

在交付中，质量也被视作一种需求，会反映在完成标准、完成的定义、工作说明书或需求文件中。质量需求的满足的关键在于管理质量活动和控制质量行为，归纳起来的核心就是"预防"和"评估"，它们都和质量成本相关。关于质量成本的概念在过程组章节中已讨论过，这里不再展开。要注意，项目团队需要在项目价值和质量成本之间获得平衡。

质量管理的目标在于预防，即不让缺陷发生，如果无法预防，就需要尽早发现缺陷并纠正，因为发现缺陷的时间越晚，纠正缺陷的成本就越高。这是因为设计和开发工作通常已基于有缺陷的组件进行，随着生命周期的进展，更多干系人会受到影响，活动的调整成本会有所增加。就像玩积木，在即将拼好时发现有个地方拼错了，那就可能要将已完成的部分拆掉重来。这就是变更成本随项目时间递增的原理。

（4）交付的特殊情况。所有项目都会致力于项目成果的成功交付，但有时天不遂人愿，如同一句流行语所说"骑白马的不一定是王子，还可能是唐僧"。不是所有项目都能实现所有目标，产生最优成果，有时可能退而求其次，产生次优成果。次优成果是指虽然没有完全达到项目的所有目标或预期结果，但仍然达成部分目标或取得有价值的成果。这种情况通常发生在资源有限、时间紧迫或外部环境变化等情况下。次优成果在某些情况下可以被接受，并且仍然对组织或项目团队有一定的正面影响。比如尽管未完全达成目标，项目团队可以从中积累宝贵的经验教训；在资源有限的情况下，次优成果可能是最现实的选择，避免了不必要的资源浪费；尽管不是最优成果，但次优成果仍实现了部分目标，为后续项目奠定了基础。

15.5.1 知识领域链接——项目范围管理

范围作为项目的三大制约因素之一，在项目管理中有着举足轻重的作用，可以说范围管理是整个项目管理全流程的起点。在项目环境中，"范围"有两方面的含义：

一是产品范围。某项产品、服务或成果所具有的特征和功能。比如手机的产品范围包括手机的各项功能和零部件，从构成看，有外壳、主板、处理器、存储器、电源、各种模组零件；从功能看，有通信、上网、拍照、娱乐……所有要素共同构成一部手机，缺一不可。当需求是一部手机时，便会默认它应该包含这些特征和功能。

二是项目范围。为交付具有规定特性与功能的产品、服务或成果而必须完成的工作。项目范围有时也包括产品范围。比如为完成一篇学位论文（交付的产品），需要开展的工作可能包括：各类文献的阅读和摘要、资料的收集、论文题目的确定、大纲的梳理、开题的评审、论文的写作、文字的查重、盲审、修改、答辩等，这些工作是交付成果必须经历的，是成果实现的路径。

在预测型项目中，团队在项目开始就会努力对范围进行定义，并在整个项目周期中对其进行维护，包括对范围变更的控制，并尽可能减少变更对项目产生的影响；而在适应型项目中，范围在一开始可能并不明确，产品负责人通过维护产品待办事项列表（或未完项）来维护产品的范围，包括增加删除待办项及调整优先级。在这种环境下，发起人和客户代表应该持续参与项目，随同可交付成果的创建提供反馈意见，并确保产品未完项反映他们的当前需求。

范围管理的主要过程包括：

（1）规划范围管理；

（2）收集需求；

（3）定义范围；

（4）创建 WBS；

（5）确认范围；

（6）控制范围。

过程（2）～（4）描述了范围基准规划的全过程，从需求的收集到可交付成果的详细界定，再到分解细化的 WBS，逻辑清晰；确认范围的过程就是验收的过程，要注意确认范围需要随时开展，以确保最终的验收能顺利完成；控制范围需要注意防止范围的蔓延，特别是一些看似细小的范围变更，也需要进行整体变更控制。

范围管理围绕项目需求展开，而需求则和个体或组织相关，因此范围管理和干系人管理的关系非常密切，基于干系人识别过程形成的干系人登记册，可以作为需求收集的方向，干系人的变化也会随之引发需求的变化，应该在整个生命周期内保持关注；由于需求的动态性，除干系人外，各种不确定性也会引发需求变更，因此又和风险管理存在联系。应该说范围管理和其他的各个领域都存在着联系，在整个项目管理体系中扮演着核心角色，是项目成功的关键因素之一。

15.5.2 知识领域链接——项目质量管理

质量是项目的重要绩效之一，它代表了可交付成果满足需求的程度，也是项目实现价值的重要保障，项目三大制约因素的平衡，其重要前提便是保证质量。无论何种项目，若未达到质量要求，都会给某个或全部项目干系人带来严重的负面后果。牺牲质量来保证进度、成本绩效的行为既不可取，也不明智。尤其在市场竞争激烈的今天，组织只有通过更好地满足用户需求才能获得竞争优势，这种竞争归根到底是质量的竞争。

项目的质量管理，融合了许多关于质量的重要理论和体系，以下列举几种代表性理论。

1. 戴明（Deming）环（PDCA 循环）

戴明环将质量管理分为以下 4 个步骤，循环开展。

- 计划（Plan）：识别问题，制订目标和改进计划。
- 执行（Do）：实施计划，进行改进。
- 检查（Check）：评估改进效果，分析结果。
- 行动（Action）：根据评估结果，采取进一步的改进措施，标准化成功的改进。

2. 六西格玛（Six Sigma）

六西格玛是一种通过识别和消除过程中的缺陷和变异，提高质量和效率的方法，最初由摩托罗拉公司开发。

3. 全面质量管理（Total Quality Management, TQM）

TQM 是一种管理理念，强调组织内所有成员共同努力，通过持续改进，满足客户需求，追求卓越。其核心原则是：

- 客户导向：所有活动都以满足客户需求为中心。
- 全面参与：所有员工都参与质量改进。
- 过程方法：注重过程的管理和改进。
- 持续改进：不断寻找改进机会，追求卓越。

4. 零缺陷理论（Zero Defects）

- 零缺陷理论由美国质量管理专家菲利普·克劳士比（PhilipB.Crosby）提出，强调质量是"符合要求"，而不是"达到标准"。其核心观点是：
- 质量是预防出来的，而不是检验出来的。
- 零缺陷是企业的目标，而不是"可以接受的缺陷率"。
- 质量成本包括预防成本、评估成本、内部故障成本和外部故障成本。

站在前人的肩膀上，我们可以总结出关于项目质量管理的一些基本思路：质量管理重点是预防，而不是检验，组织需要将质量管理融入日常工作，并要求全员参与，同时持续展开，不断寻找质量改进的机会，向着"零缺陷"的目标前进。

项目质量管理通过 3 个过程来实现上述目标：规划质量管理、管理质量、控制质量。

随着项目管理实践活动的普遍开展，也涌现了许多新兴的发展趋势：

首先，更加关注客户的满意度。了解、评估、定义和管理要求，以便满足客户期望。传统的质量管理强调"符合要求"，确保项目根据事先制定的质量标准产出预定的成果；而新兴的做法更注重"适合使用"，产品或服务必须满足实际需求，这恰恰反映了项目目标向价值转向的趋势。这就要求我们在项目管理中要注意联系干系人管理和范围管理领域。

其次，强调管理层的责任。项目的成功需要项目团队全体成员的参与。管理层在其质量职责内，肩负着为项目提供具有足够能力的资源的相应责任。质量意识对于组织的管理层来说是必备的。

再次，要注意与供应商的关系。当项目进行采购活动时，组织与其供应商相互依赖，更强调和供应商的合作关系，而不是契约关系。这样才能增强组织和供应商互相为对方创造价值的能力，推动他们共同实现客户的需求和期望，并优化成本和资源。

15.6 不确定性绩效域 ▶▶

冷战结束后，全球的政治和军事局势变得更加复杂和难以预测。新的威胁形式不断涌现，国家与非国家行为体之间的界限变得模糊，地区冲突和恐怖主义活动频发，传统的战略战术已难以应对这些新挑战。在此背景下，美国军事学院提出了VUCA概念，用以描述现代军事行动环境的特点。这种环境具有高度的易变性（Volatility）、不确定性（Uncertainty）、复杂性（Complexity）和模糊性（Ambiguity），要求军事领导者具备更强的适应能力和创新思维，以应对多变的挑战。随着冷战结束，世界格局发生巨变，VUCA概念被引入商业和管理领域，用以描述企业在全球化市场中面临的挑战。企业必须在快速变化的市场条件下做出决策，且这些决策往往具有高度的不确定性和复杂性。VUCA概念促使企业在战略管理中更加注重敏捷性、创新、协作和风险管理，以提高组织在不确定环境中的生存和发展能力。

项目具有独特性，从项目成果看，必须独一无二，前所未有；从项目工作看，不可预见的环境和制约因素的不同也造成工作内容和流程等方面的独特性。因此可以说，任何项目从立项开始就处于VUCA环境中，可以此来描述项目环境中常见的挑战和不确定性。

（1）易变性。项目中的易变性指项目要求、资源、市场需求或外部条件的快速和不可预测的变化。例如：

- 项目范围的变化：客户或利益相关者不断修改项目需求或目标，导致项目范围频繁调整。
- 资源变动：关键资源（如人员、预算、设备）突然变化，影响项目进度。
- 市场条件的波动：市场需求、竞争环境或经济条件的突然变化，影响项目的商业目标。

（2）不确定性。项目中的不确定性指未来事件或条件的不确定性，导致难以准确预测项目结果或风险。例如：

- 技术风险：项目中涉及的新技术或复杂技术方案，可能带来未知的技术问题。
- 外部因素的不可控性：如政策变化、供应链中断或自然灾害等外部因素影响项目成功。
- 需求的不确定性：客户或利益相关者对项目成果的期望不明确，导致需求不稳定。

（3）复杂性。项目中的复杂性指由众多相互依赖的因素（如多方利益相关者、复杂的技术架构、多国项目团队等）构成的复杂环境，使项目管理变得困难。例如：

- 多方利益相关者：项目涉及多个利益相关者，各自的需求和目标可能冲突，增加管理难度。

- 复杂的技术架构：项目中涉及的技术系统或解决方案非常复杂，导致集成和实施难度增加。
- 跨国或跨文化团队：项目团队分布在多个国家或地区，文化差异、沟通障碍等增加了项目管理的复杂性。

（4）模糊性。项目中的模糊性指信息的不完整性或含糊不清，导致难以明确项目的方向、目标或最佳路径。例如：

- 需求模糊：项目开始时，客户需求或项目目标不够明确，导致项目方向不清。
- 创新项目的不确定性：涉及新产品开发或创新技术的项目，由于缺乏历史数据或成功案例，项目路径不明。
- 政策或法规的含糊性：项目受到不明确的政策或法规影响，导致项目合规性或可行性不确定。
- 从某种意义上来说，不管是易变性、模糊性和复杂性，归根结底可以统称为广义的不确定性，《PMBOK 指南》（第七版）是这样描述的：

最广义的不确定性是一种不可知或不可预测的状态。不确定性有许多细微差别，例如：

- 与不可知未来事件相关的风险；
- 与不了解当前或未来状况相关的模糊性；
- 与具有不可预测结果的动态系统相关的复杂性。

因此，不确定性绩效域一方面关注上述广义的不确定性，也叫普遍的不确定性，另一方面关注不确定性的特殊形式——风险。

1.VUCA 的应对

1）不确定性的应对

收集信息。不确定性源于对于信息的掌握不足或不全，因此战争双方都会派出斥候、侦察兵，了解战场动向、对手信息等，旨在消除不确定性。项目中可以尽量收集和项目相关的各种信息（包括历史的信息），邀请相关专家提供意见的方法来获取更多信息。

为多种结果做好准备。不确定性会带来多种结果，项目团队可以为每个结果做好准备，既有 Plan A，也有 Plan B。充分考虑各种可能性，并制定相应的应对措施。

基于集合的设计。项目的制约因素很多，单独考虑某个因素可能出现不够全面的情况，因此应该将多个要素集合起来。综合考虑权衡因素，例如时间与成本、质量与成本、风险与进度、进度与质量，以便项目团队能够从各种备选方案中有所收获。

增加韧性。韧性是对意外变化快速适应和应对的能力。韧性既适用于项目团队成员，也适用于组织过程。项目团队和组织需能够快速学习、适应和应对。

2）模糊性的应对

模糊性分为概念模糊性和情景模糊性。概念模糊性在项目管理中通常表现为对项目术语、目标或要求的理解不一致。这种模糊性可能来自以下几方面：

- 项目目标的定义不清。例如，项目的"成功"可能对不同的利益相关者意味着不同的事情：对于客户来说可能是按时交付，而对项目经理来说可能是保持在预算范围内。
- 角色和职责的混淆。例如，"项目经理"和"产品经理"这两个角色在不同的组织或项目中可能有不同的职责范围。
- 需求文档的模糊。例如，使用"高优先级"而没有进一步解释具体的含义或标准。

概念模糊性是指一个词语或概念本身具有多种可能的解释或意义，导致在使用时可能引发歧义。对于概念模糊性，可以通过使用清晰的定义、详细的文档和一致的术语来减少，明确项目目标、职责和要求，并确保所有利益相关者对这些概念有一致的理解。

情景模糊性在项目管理中通常表现为由于情境或背景不同，导致对项目进展、决策或沟通的解读存在不确定性。这种模糊性可能源于：
- 跨文化团队。在多元文化背景的团队中，某些表达方式或行为在不同文化中可能有不同的含义。例如，"迅速"在某些文化中可能意味着"立刻"，而在其他文化中可能意味着"几天内"。
- 项目阶段变化。在不同的项目阶段，某些决策或沟通的背景可能会发生变化，导致团队成员对同一问题产生不同的理解。例如，早期的某个决策在项目后期可能被重新评估，导致对其重要性或优先级产生不同看法。
- 利益相关者的不同期望。不同的利益相关者可能基于他们所处的环境或背景，对项目有不同的期望和理解。例如，客户可能更关注最终产品的功能，而开发团队可能更关注技术实现的可行性。

针对情景模糊性，《PMBOK 指南》提供了 3 种解决的方法：
- 渐进明细。随着信息越来越多、估算越来越准确，不断提高项目管理计划的详细程度的迭代过程。
- 实验。精心设计的一系列实验有助于识别因果关系，或者至少可以减少模糊性数量。
- 原型法。可以测试出不同解决方案所产生的不同结果。

3）复杂性的应对

复杂性是由于人类行为、系统行为和模糊性而难以管理的项目集、项目或其环境的特征。当许多相互关联的影响以不同的方式表现出来并相互作用时，就会存在复杂性。比如当项目涉及新技术或未成熟的技术时，技术复杂性会增加，因为团队可能缺乏足够的经验和知识，导致实施困难；当项目涉及多个部门或团队时，协调和沟通的难度增加，可能导致资源冲突和决策迟缓；市场、经济、法规、技术和竞争环境的变化都会影响项目执行，使项目复杂性增加。

为了应对复杂性，可以从以下几个方面入手：
- 系统化管理：使用系统工程方法和工具，将复杂问题分解为更小、更易管理的部分。
- 敏捷方法：采用敏捷项目管理方法，如 Scrum 或 Kanban，通过迭代和持续反馈以应对变化和不确定性。
- 利益相关者管理：深入分析和理解利益相关者的需求，建立有效的沟通渠道，确保各方对项目的理解和期望一致。

- 资源优化：合理配置和管理项目资源，确保关键任务有足够的资源支持，同时保持灵活性以应对突发情况。
- 持续监控与调整：定期监控项目进展，及时识别和应对复杂性带来的挑战，进行必要的调整以确保项目按计划推进。

《PMBOK 指南》也从系统、构建和过程 3 个方面提出了应对复杂性的方法，可以参考。

4）易变性的应对

项目的易变性指项目在执行过程中可能遇到变化的频率和幅度。易变性通常与项目的环境、技术、需求等方面的不确定性有关，使得项目的计划和执行变得更加困难和不可预测。易变性可能来自需求的频繁变化、市场需求变化、技术的不确定性、外部环境的变化、内部组织变动等。

应对项目易变性的策略主要包括：

- 迭代开发：采用敏捷方法，如 Scrum 或 Kanban，通过短期迭代和持续反馈，灵活应对变化的需求和环境。
- 持续交付：通过频繁的小规模交付，确保每次交付都能满足当前需求，并允许快速响应变更。
- 动态需求管理：定期审查和更新需求文档，确保需求的变化被及时识别和纳入项目计划。
- 变更控制流程：建立正式的变更管理流程，确保所有变更都经过适当的评估和批准，以避免无序或频繁的变化对项目的负面影响。
- 灵活的项目计划：制定包含缓冲时间和灵活性的项目计划，以应对可能出现的变化和不确定性。
- 提前识别风险：在项目初期识别潜在的变化风险，并为其制订应对计划，如增加缓冲时间或建立应急方案。
- 定期风险评估：项目执行过程中定期评估风险，及时调整策略应对新变化。

项目的易变性不可避免，尤其是在当今快速变化的商业和技术环境中。应对易变性的关键在于保持项目管理的灵活性和敏捷性，通过有效的需求管理、风险管理和变更管理，确保项目能够快速适应变化，最终实现项目目标。

2. 风险的应对

风险来自不确定性，通常包括机会和威胁。所有项目都有风险，因为项目是不确定性程度各异的独特性工作。在整个项目期间，项目团队成员应主动识别风险，以避免或最小化威胁的影响，并触发或最大化机会的影响。威胁和机会都有一套可能的应对策略，可以在风险发生时实施这些策略。

关于风险的应对，在过程组的章节中已讨论过，机会和威胁的应对措施也将在工具技术专题中详细论述，这里不再展开。

知识领域链接——项目风险管理

由于项目的独特性，项目环境中普遍存在不确定性，由不确定性又产生了风险。项目不仅要面对各种制约因素和假设条件，还要应对可能相互冲突和不断变化的干系人期望。项目风险管理旨在识别和管理项目生命周期中的所有风险，其目标在于提高正面风险的概率和（或）影响，降低负面风险的概率和（或）影响，从而提高项目成功的可能性。

风险管理主要通过以下 7 个过程来实现：规划风险管理、识别风险、实施定性风险分析、实施定量风险分析、规划风险应对、实施风险应对、监督风险。

在风险管理过程中，有几个问题需要特别注意：

首先，单个风险和整体风险。单个风险是指项目中某个具体事件或情况的潜在不确定性，它可能会对项目的某个方面产生积极或消极的影响。单个风险通常与项目的某个特定部分相关，例如技术难题、供应链中断、人员变动等；单个风险的影响通常是局部的，对项目的某个方面（如时间、成本、范围或质量）产生影响，而不是对整个项目；单个风险通常可以在项目的早期阶段通过分析和评估识别出来，并制定针对性的应对措施。整体风险是指所有单个风险及其相互作用所产生的综合效应，反映了项目在实现其目标时所面临的总体不确定性。它涵盖了项目中所有已知和未知的风险因素。整体风险关注的是整个项目的进展状况和成功可能性，不仅仅是单个任务或活动。随着项目的进展和环境的变化，整体的风险水平可能会随之变化。多个单个风险的累积效应可能会增加整体风险。即使单个风险看似可控，它们的累积或相互作用也可能会对项目的整体进展产生重大影响。项目经理需要考虑单个风险对整体风险的潜在影响，从而调整风险管理的优先级。

其次，风险管理活动的持续性。在整个项目生命周期内，持续地识别、评估、应对和监控风险的过程。这种持续性对于确保项目的成功至关重要，因为项目环境、外部条件以及项目本身都会随时间的推移而变化，导致新风险出现或原有风险的变化。项目团队应该定期进行风险评估与更新，制定动态风险应对策略，使用项目管理工具和技术实时监控风险的变化，并定期向项目团队和利益相关者报告风险状态，同时在项目团队中培养风险意识，使所有成员都能够主动识别和报告风险，并与利益相关者保持持续的联系，确保他们的期望和需求在项目过程中得到及时考虑，并且任何与他们相关的风险都能得到及时识别和应对。

再次，增强项目韧性和整合式的风险管理。项目韧性是指项目在面对突发事件、意外变化或危机时，能够保持功能、快速恢复并继续推进的能力。它包括项目在不确定性和压力下的适应性和恢复力。项目韧性主要包括以下几方面特征：

（1）适应性：项目能够根据外部环境的变化和内部挑战灵活调整策略、计划和资源分配。例如，技术或市场条件的变化可能需要项目团队快速调整解决方案。

（2）恢复力：即使遭遇重大挫折或失败，项目团队也能够快速调整并恢复正常的工作进度。该过程可能包括调整目标、重新分配资源或改变项目范围。

（3）预见性：通过识别潜在的风险和威胁，项目团队能够预先制订应急计划，减少突发事件带来的冲击。

（4）持续性：即使在面对严重的风险或中断时，项目也能够维持关键活动的连续性，确保核心目标不会偏离。

整合式风险管理是一种系统化方法，将风险管理活动嵌入项目管理的每一个层面和阶段中，从而确保整个项目团队和利益相关方都能统一理解和应对风险。它强调对项目的所有风险进行全面、整体的管理，而不是孤立地处理单个风险。整合式风险管理不仅关注项目中的单个风险，还要考虑项目、组织和外部环境中的所有风险因素，包括战略、财务、操作和外部风险。对风险管理活动涉及所有项目成员和利益相关者，通过有效的沟通和合作，共同识别、评估和应对风险。同时将风险管理与项目的其他管理过程（如质量管理、进度管理、预算管理）紧密结合，使风险管理成为项目管理的核心部分。最后整合式风险管理强调风险管理活动贯穿整个项目生命周期，从项目启动到关闭都持续进行。

以上是对项目管理的绩效域和知识领域进行的详细讨论，正如本部分标题所述，重点围绕"项目管理管什么"这一中心命题。八大绩效域从人员和过程的角度告诉我们在项目管理过程中需要考虑的绩效要点，它们对项目的成败至关重要，除了给项目经理提供了管理方向外，也为项目治理者提供了评价项目的指标。当然，在实际的项目管理中，项目经理需要考虑的内容可能超出绩效域的范畴。知识领域从另一个角度对项目管理的过程进行了排列，细分为 10 个领域，这些领域也都是项目管理的核心领域，正如《PMBOK 指南》（第六版）所说，"知识领域指按所需知识内容来定义的项目管理领域，并用其所含过程、实践、输入、输出、工具和技术进行描述"。对于项目经理而言，十大领域也提示项目经理在管理方向上可以按照这 10 个方面进行学习和努力。

第四部分

项目管理工具箱——模型、工具和工件

在讨论项目管理过程时，我们知道项目管理是通过一个个的过程来实现的，每个过程又由若干的输入、输出和工具技术来构成，是一个结构化的模式。这些过程或是解决某些问题，或是获得某些结果，过程推动项目管理活动的开展，从而产生项目成果。在项目管理过程中，产生的各种文件、计划，使用的各种工具和技术是主体，它们使项目管理的工作不再停留在理论层面，而是进入可操作的层面，有具体的方法确保项目管理原则的落地。因此，接下来会全面介绍项目管理过程中出现的所有模型、工具和工件，相当于给项目管理者一个工具箱，可以随时挑选需要的工具运用到实际工作中。

《PMBOK 指南》（第七版）有专门的"模型、工具和工件"章节，但仅提供了高层级的描述，并不详细，也未给出具体的应用场景，其目的是给项目管理者提供参考选项，并根据项目实际情况进行裁剪。本部分内容将会对《PMBOK 指南》的第六版和第七版中涉及的各类模型和工具技术，包括在过程中出现的各种计划、文件、日志等进行详细解释，并重点关注它们的实际应用场景，读者可以将此作为一本工具辞典，和前文的过程对照学习。

根据《PMBOK 指南》对模型、工具和工件进行以下定义：

模型是解释过程、框架或现象的一种思考策略，是反映现实情况的小规模、简化的视图，可呈现优化工作过程和人力投入的场景、策略或方法。它有助于解释事物在现实世界中的运作原理，还可以塑造行为并指向解决问题或满足需要的方法。比如马斯洛的需求层次理论模型、塔克曼的团队阶梯模型，它们为项目管理中的某些问题提供了解决的方向和思路，利用抽象的模型解决具体的问题。

工具是获得成果、输出、结果或项目可交付物的方式。工具具有可操作性，项目管理者可以将这些工具和技术直接运用于具体的管理工作中，通过它们得到某些期望的结果。比如专家判断、项目评估与审查技术（PERT）、挣值分析等。

工件是一种模板、文件、输出或项目可交付物。在具体的管理过程中，工件既可以是输入，也可以是输出，它们是项目管理过程的直接产物，代表了过程的成果，同时也为其他过程的开展提供支持。比如项目管理计划、问题日志、风险登记册、干系人登记册等。

第 16 章　常用模型

16.1　情境领导力模型

1. 情境领导力® II

情境领导力® II 是一种著名的领导力模型，基于原始的情境领导理论，情境领导力模型的核心思想是领导者应该根据下属的准备度和具体情况调整他们的领导风格，以最有效地实现目标。简单来说，作为领导，应该根据下属的实际情况来调整相应的管理风格，如同好的老师会"因材施教"，好的领导也需要能够"知人善用"。

该模型将下属的发展水平与 4 种主要的领导风格相匹配，如图 16-1 所示。

1）下属的发展水平分为 D1 ~ D4 这 4 个层级

- D1：低能力，高意愿（初学者）：这些人对任务充满热情和承诺，但缺乏所需的技能和经验。
- D2：某些能力，低意愿（学习者）：他们已经具备了一定的能力，但可能由于缺乏自信或面对挑战感到困惑，承诺度下降。
- D3：高能力，意愿不定（参与者）：他们具备高水平的能力，但承诺度不稳定，有时因为对自己的能力缺乏信心或对任务感到无聊。
- D4：高能力，高意愿（成熟者）：这些人既有能力又有高度的承诺，能够独立完成任务。

2）领导风格分为 S1 ~ S4 这 4 个层级

- S1：指导型：高指导，低支持。领导者在做决策时高度控制，提供详细的指导，并密切监督。这种风格适合 D1 发展水平的下属。
- S2：教练型：高指导，高支持。领导者不仅提供明确的方向，还通过激励和鼓励来增强下属的自信心和能力。这种风格适合 D2 发展水平的下属。
- S3：支持型：低指导，高支持。领导者让下属参与决策，并给予情感上的支持，帮助下属增强自信心。这种风格适合 D3 发展水平的下属。
- S4：授权型：低指导，低支持。领导者将决策权和责任下放给下属，只提供必要的资源和支持。这种风格适合 D4 发展水平的下属。

在实际应用中，领导者首先需要评估每个下属的能力和承诺，以确定他们的当前发展水平（D1 ~ D4），根据下属的发展水平，领导者选择最合适的领导风格（S1 ~ S4），并在必要时进行调整。

例如，如果一个员工从 D1（初学者）发展到 D2（学习者），领导者可能需要从指导型风格转向教练型风格。

要注意，员工的发展水平和项目需求可能会随着时间变化，因此领导者需要持续评估并动态调整他们的领导风格，以确保下属获得适当的指导和支持。

模型运用最终目标是帮助员工从低发展水平（D1、D2）逐步提升到高发展水平（D3、D4），从而使他们能够独立工作，并为组织做出更大贡献。

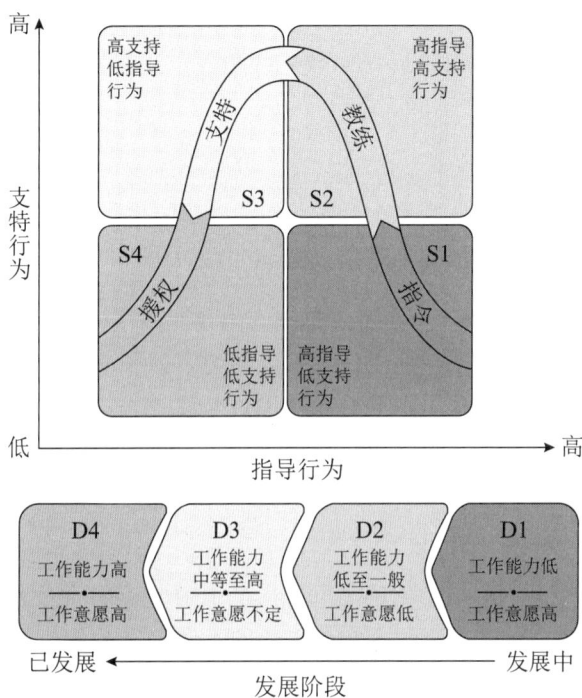

图 16-1 情景领导力 II 模型

2. OSCAR 模型

OSCAR 模型是一种用于教练的框架，它帮助教练和被教练者在教练过程中系统化地进行目标设定、现状分析、选择行动以及评估成果。

OSCAR 是 5 个关键步骤的首字母缩写，这 5 个步骤如下：

（1）目标（Outcome）：在该阶段，教练和被教练者共同确定最终想要达到的目标。这些目标需要是具体的、可衡量的、可实现的、相关的和有时限的（即 SMART 目标）。常见的目标可以是"通过教练过程希望实现什么""成功的标志是什么""目标实现后会带来怎样的变化"。

（2）现状（Situation）：评估当前状况，包括被教练者所面临的挑战、现有资源、能力和潜在的障碍。这部分主要回答"目前状况如何""目前有哪些资源或优势""在实现目标的过程中遇到了哪些挑战"这些问题。

（3）选择与后果（Choices and Consequences）：探讨被教练者可以采取的各种可能行动，以及每个行动可能带来的后果。帮助被教练者了解不同选择的潜在影响，以做出明智的决策。比如"实现目标的不同选择是什么""每个选择可能会带来什么样的后果""哪个选择最适合你当前的情况和目标"。

（4）行动（Actions）：在该阶段，教练和被教练者决定具体的行动计划，并明确下一步行动。行动计划应该具体、明确，并且有清晰的时间表。重点关注"具体要做什么来实现目标""何时采取这些行动""需要哪些资源或支持来完成这些行动"。

（5）回顾（Review）：定期回顾教练过程和行动的效果，评估进展，并根据需要调整目标和行动计划。比如"进展如何""从这些行动中学到了什么""需要对原计划进行哪些调整"。

OSCAR 模型可以帮助人们更加清晰地设定目标、分析现状、做出明智的决策，并持续改进。在项目管理中，管理者可以充当教练的角色，引导团队成员发现其自身的潜力，并为他们提供实现目标的路径。

16.2　沟通模型 ▐▶

1. 跨文化沟通模型

在当前全球化时代，项目可能在不同的文化背景和国际环境中展开，项目的团队成员、干系人可能来自不同的国家或地区，拥有不同的宗教和文化背景，而这些差异可能在项目沟通中产生巨大的影响和阻碍，进而影响项目的绩效。该模型就是用于帮助理解和分析不同文化背景下的沟通方式，确保沟通的有效性。

模型认为人类的沟通行为基于两个核心要素，即文化维度和沟通方式。

1）文化维度的影响

沟通者文化中对权力分配不均的接受度，比如中国文化倾向于尊重权威；而西方文化可能更强调平等对话和批判性思维。这影响了沟通中的层级关系和沟通方式。

文化对不确定性和模糊性容忍度的不同，比如中国人说话偏好含蓄，注重场合、语气，常会保留余地；而西方人则倾向有话直说，不遮掩。这会影响沟通中的直接性和信息透明度。

文化中对个人利益和集体利益的偏重程度不同，比如中国人可能会牺牲个人利益，更强调集体利益；而西方人更强调个人主义，以自我为中心。这种差异也会影响沟通中的协作方式和个人表达的自由度。

2）沟通方式

直接沟通与间接沟通：直接沟通常见于低语境文化，倾向于清晰、具体的表达；而间接沟通常见于高语境文化，更多依赖非言语线索和背景信息。

高语境与低语境：高语境文化中，信息传递依赖于背景和关系；而低语境文化中，信息传递更多依赖于明确的语言表达。

正式性与非正式性：不同文化对正式沟通和非正式沟通的偏好不同，这影响了在商务场合和日常互动中的沟通方式。

在项目管理中，有时会存在团队成员来自不同的国家和种族，他们之间存在的文化、习俗、习惯等多方面的差异，势必会对团队的沟通产生影响，项目经理可以根据该模型进行调整，以确保不同文化背景的员工能够充分理解组织的期望和指令，从而提高组织效率。

比如，在一个国际项目团队中，德国成员（低语境、个人主义、直接沟通）和日本成员（高语境、集体主义、间接沟通）需要合作完成一个项目。德国成员习惯直接提出问题并迅速给出解决方案，而日本成员可能会更注重背景信息，倾向于在充分考虑集体意见后再做决定。通过跨文化沟通模型，项目经理可以理解双方的沟通风格差异，采取调和策略，例如在会议中提供更多的背景信息以支持日本成员的决策过程，同时鼓励德国成员在表达意见时考虑到团队合作的重要性。

2. 沟通渠道有效性模型

沟通渠道有效性模型最早是在软件开发领域提出的，用于评估和选择适合的沟通渠道，尤其是在敏捷开发环境中，因为敏捷受到迭代周期的限制，同时强调以简为美的观念，强调沟通的效果对于团队合作和项目成功至关重要，并提出了一种以"信息丰富度"和"沟通效率"为核心的模型，提倡简洁、节省时间的风格。

1）信息丰富度

信息丰富度指沟通渠道能够传递的细节和语境的丰富程度，从高到低进行排序如下：

面对面沟通：这是信息最丰富的沟通渠道，因为它结合了语言、语调、表情、手势等多种非语言信号，能够传递最细腻的情感和意图。

视频会议：次于面对面沟通，虽然仍能看到面部表情和一些肢体语言，但缺乏实际的物理存在感。

电话沟通：只能传递语音信息，失去了视觉线索，但仍然保留了语调的丰富性。

即时消息/聊天工具：通过文字传递信息，但速度快，可以有较为即时的互动。

电子邮件：信息传递速度较慢，沟通是异步的，且无法传递非语言信号。

文档/书面报告：最贫乏的信息沟通方式，完全依赖文字，缺乏即时反馈和非语言信号。

2）沟通效率

沟通效率关注的是沟通过程中消耗的时间、成本和资源。在选择沟通渠道时，不能只看信息丰富度，还要考虑沟通效率。例如，面对面沟通虽然信息丰富，但在大规模的分布式团队中成本可能较高；而电子邮件虽然信息贫乏，但在需要记录和异步沟通时非常高效。

在具体应用上，比如在敏捷开发环境中，团队需要频繁沟通和协作，可以使用信息丰富的沟通渠道（如每日站会），以确保团队成员之间的高效协作和信息共享；再比如对于分布式团队，虽然面对面沟通可行性较低，但通过视频会议可以弥补这一点，以保持沟通的高信息丰富度。同时，可以使用即时消息来处理快速、简单的沟通需求。

沟通渠道有效性模型强调了在选择沟通方式时要综合考虑信息丰富度和沟通效率。这种方法在敏捷开发和其他需要高效沟通的环境中特别有用。通过平衡这两个维度，团队可以优化沟通效果，确保信息准确、及时地传达，从而提高项目的成功率。

3. 执行鸿沟和评估鸿沟

执行鸿沟是指用户想要完成某个目标时，与实际操作系统之间的差距。具体来说，是用户的意图与系统实际提供的操作之间的差距。这种鸿沟反映了用户如何将自己的意图转化为系统可识别的操作，以及系统是否能够轻松地支持用户完成这些操作。比如用户想在图像编辑软件中裁剪图片，但由于操作选项隐藏在复杂的菜单中，用户无法轻松地找到这个功能，这便形成了执行鸿沟。解决方法可采用直观的设计，让用户能够轻松找到和使用所需的功能。

评估鸿沟是指用户在执行操作后，理解系统反馈的难度。具体来说，是系统提供的反馈信息与用户理解这些信息的能力之间的差距。这种鸿沟反映了系统的反馈是否清晰、及时，以及用户能否根据反馈判断操作是否成功。比如不明确的反馈，当用户在网上购物提交订单后，如果页面没有显示明确的确认信息或发出明确的确认音效，用户可能会困惑，不确定订单是否成功提交。这种情况就是评估鸿沟。为了减少评估鸿沟，系统应提供清晰、及时的反馈，让用户能够立即理解操作的结果。反馈可以是视觉（如弹出消息）、听觉（如提示音）或其他感官形式的，关键要让用户明确知道操作的结果。

具体的应用表现在沟通管理上，项目经理应该尽量避免团队和干系人在沟通中出现模糊不清，难以理解的情况，在制订沟通管理计划时应充分考虑这两个鸿沟可能带来的影响。

16.3　激励模型 ▶▶

1. 马斯洛需求层次理论

马斯洛需求层次理论描述了人类需求的 5 个层次，从基础的生理需求到最高层次的自我实现需求，如图 16-2 所示。只有在满足较低层次的需求后，人们才会追求更高层次的需求。马斯洛需求层次模型的 5 个层次具体如下。

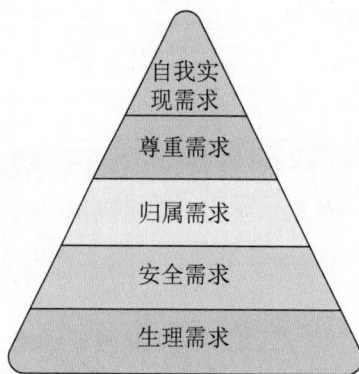

图 16-2　马斯洛需求层次模型

1）生理需求

这些需求是维持生命的基本要求，如果得不到满足，其他更高层次的需求就不会成为人们关注的焦点。例如饥饿时，食物是首要需求，其他的需求可能暂时都不重要。

2）安全需求

这包括身体安全、经济保障、健康、安全的环境等。人们希望生活在一个安全、可预测的环境中，没有威胁和危险。比如稳定的工作、安全的住所、医疗保险和法律保护都是满足安全需求的方式。

3）归属需求

这包括友谊、爱情、亲情以及归属感。人们渴望与他人建立深厚的关系，并感到自己是某个群体的一部分。比如与家人、朋友、同事之间的关系，参与社交活动，以及感受到他人的爱和关怀。

4）尊重需求

这一层次包括得到他人的认可、尊敬，并希望在社会中获得一定的地位和成就感。比如获得奖项、职业晋升、学术成就、社会地位和被他人认可等。

5）自我实现需求

这是马斯洛需求层次模型中的最高层次，是指人们追求个人成长、创造力和自我满足，达到"成为最好的自己"的状态。比如作家创作出他认为最重要的作品，或科学家在某个领域取得突破性成果。

马斯洛认为这些需求是有顺序的，必须依次满足。例如，只有在生理和安全需求得到满足后，人们才会寻求爱与归属感。人们通常在满足低层次需求后，才会追求更高层次的需求。

在项目管理中，项目管理者可以根据团队成员的需求层次来制定激励措施。例如，提供安全的工作环境和公平的薪资福利以满足员工的生理和安全需求；通过职业发展机会和认可制度来满足员工的尊重和自我实现需求。

2. 双因素理论（保健因素和激励因素）

双因素理论指出，影响员工工作满意度的因素分为两类：保健因素和激励因素。这两类因素在提升员工工作动机和满意度的方式上有着不同的作用，如图 16-3 所示。

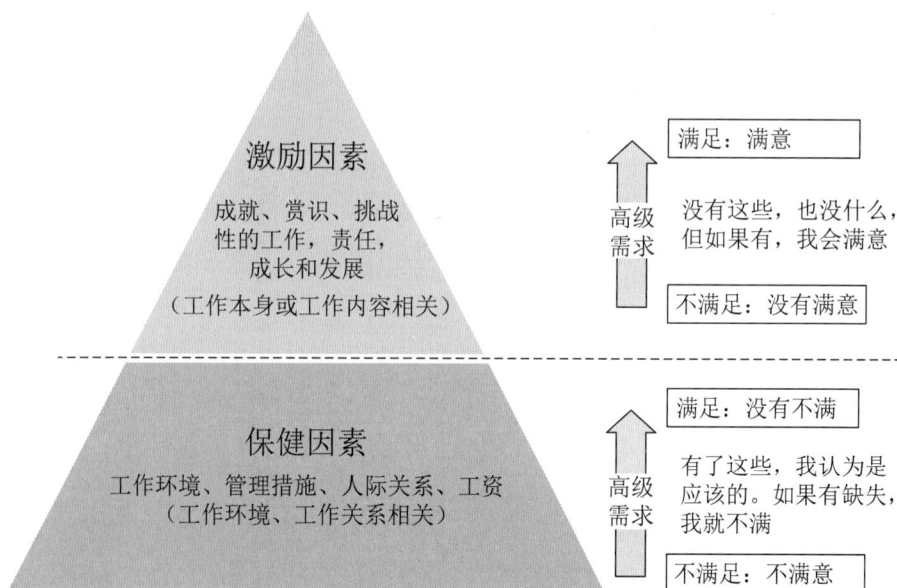

图 16-3　双因素理论模型

（1）保健因素是与工作环境和条件相关的因素，这些因素的存在不会直接激励员工或提升工作满意度，但如果这些因素不被满足，则会导致员工不满和工作满意度下降。保健因素通常与工作环境、公司政策、薪酬等外部条件有关。比如员工会认为舒适的办公环境、每周固定的休假时间、定期的体检是应享有的福利，假如没有，便会导致员工不满。

（2）激励因素是与工作内容和内在动机相关的因素，这些因素直接影响员工的工作满意度和积极性。激励因素通常与工作的内在价值、个人成长和成就感有关。比如公司会对业绩最好的员工进行额外奖励，要想获得这个奖励，员工必须在工作上达到一定的成就，这样就建立起了"努力工作——业绩提高——获得奖励"这样的激励机制。

在项目管理中，设计管理政策和工作环境时，应首先确保保健因素的满足，避免员工产生不满。在此基础上，还应注重激励因素，通过提供有意义的工作、认可员工的努力、赋予更多的责任和发展机会来激励员工，从而提升工作满意度和整体绩效。

3. 内在动机和外在动机

外在动机指受到外部奖励或避免惩罚的驱动。人们为了获得金钱、奖励、地位、认可等外部好处而从事某项活动。这种动机通常由外部力量推动，例如，员工为了获得年终奖金而努力工作，或者学生为了取得好成绩而认真学习。

内在动机指受到个人内在兴趣、好奇心或内心满足感的驱动。人们因为活动本身带来的乐趣、挑战或成就感而从事某项活动。这种动机来自个体内部，而不依赖于外部奖励或惩罚。比如一个人出于对音乐的热爱而学习弹琴，或者程序员因为喜欢解决问题而编写代码。

该理论认为对于需要创造力、复杂思维和自主性的工作，更重要的是内在动机，并提出了三大核心驱动力：

（1）自主性，是人们希望掌控自己工作方式、时间和内容的愿望。

（2）精通，是人们追求进步、技能提升和成为某一领域专家的愿望。

（3）目标感，是人们希望自己所做的事情具有意义和价值，能够对他人或社会产生积极影响的愿望。

在项目管理中，管理者可以通过赋予团队成员更多的自主权、提供持续的学习机会和明确的职业发展路径，来激发内在动机。不应过分依赖奖金等外部激励，而应关注如何为员工创造能够激发其内在动机的环境。在敏捷实践中的自组织团队就是充分挖掘了团队的内在动机。

4. 需求理论

这一理论主要关注3种核心需求：成就需求、权力需求和归属需求。每个人在不同程度上都有这些需求，而这些需求也在很大程度上影响了他们的动机和行为，尤其是在工作环境中。

（1）成就需求。指一个人渴望在工作或活动中取得高水平的成就，追求个人标准的卓越和成功。具有高成就需求的人通常会设定具有挑战性的目标，喜欢独立完成任务，并从中获得满足感。具有高成就需求的人通常表现出强烈的职业进取心，适合在能够体现个人绩效的岗位或创业环境中工作。

（2）权力需求。指一个人希望影响或控制他人、资源和决策的欲望。权力需求进一步可分为个人权力需求和社会化权力需求。前者强调个人的支配和控制，后者则更关注影响组织或社会以达成更高的目标。具有高权力需求的人通常适合担任管理者或领导角色，他们能够有效地影响团队并推动组织发展。

（3）归属需求。指一个人渴望与他人建立和保持良好的人际关系，渴望被接受和喜欢，避免冲突。具有高归属需求的人通常重视合作、团队精神和和谐的人际关系。具有高归属需求的人可能更适合在人际互动频繁的岗位，如客户服务、公共关系或团队导向的工作环境。

在具体应用上，项目管理者可以通过识别团队成员的需求特征，确保他们与职位要求匹配。在组建团队时，可以根据团队成员的需求类型进行分配，以实现团队内部的平衡。例如，在团队中，既需要高成就需求者推动任务完成，也需要高归属需求者维持团队的和谐与合作。

5. X 理论、Y 理论和 Z 理论

X 理论、Y 理论和 Z 理论是 3 种不同的管理理论模型，用来解释管理者对员工的看法及相应的管理方式。这些理论为理解管理风格和员工动机提供了不同的视角。

（1）X 理论是一种较为消极的管理观念，假设员工本质上是懒惰的、厌恶工作的，那么必须通过严格的监督和控制来确保他们完成工作。

X 理论的管理者通常采用专制、强制性的管理风格，依赖于严格的规则、控制和监督，以确保任务完成。他们认为，只有通过明确的指令和奖惩机制，才能推动员工工作。

（2）Y 理论与 X 理论相反，它假设员工本质上是勤奋的、自我激励的，只要给予适当的环境和条件，他们会主动承担责任并努力工作。

Y 理论的管理者通常采用参与式管理风格，鼓励员工参与决策，信任他们的能力，提供支持和发展机会。他们相信，通过创造一个有利于成长和自我实现的环境，员工的积极性和生产力自然会提高。

（3）Z 理论强调员工的长期雇佣、团队合作和对员工的全面关怀。

Z 理论的管理风格注重团队合作、信任、员工发展和工作与生活的平衡。管理者关注员工的长期福利，鼓励通过集体决策和协作来实现组织目标。这种风格旨在增强员工的归属感和忠诚度，同时提高整体绩效。

在具体应用上，X 理论适合传统的、控制性较强的工作环境，认为员工需要外部激励和严格管理；Y 理论更适合现代的、创新型的工作环境，认为员工在适当条件下会自我激励，能够承担责任并贡献创意；Z 理论则结合了东西方管理哲学，强调员工的长期发展和集体决策，适合希望通过构建信任和忠诚来实现长期成功的组织。

16.4 变革模型 ▶

项目是驱动变革的动力，很多项目会导致组织发生变化，包括制度、流程、行为和活动等，这些变化有时会很剧烈，引发强烈的反应。项目管理应该采用合适的方法和策略，来帮助组织平稳地从当前状态过渡到未来状态。

1. 组织变革管理

《组织变革管理：实践指南》是一个迭代模型，它基于一系列变革管理模型中的常见要素。该框架提出组织变革的5个要素：

- 启动变革。该要素侧重于确定变革理由，有助于人们了解为什么需要变革以及如何使未来状态变得更好。
- 规划变革。确定活动有助于人们为从当前状态过渡到未来状态做好准备。
- 实施变革。该迭代要素侧重于表明未来状态的能力，进行检查以确保这些能力能够产生预期影响，并作为应对措施进行必要的改进或调整。
- 管理过渡。该要素会考虑如何应对与未来状态实现后可能出现的变革相关的需要。
- 维持变革。该要素旨在确保新的能力得以保持，而以前的过程或行为得以停止。

组织变革管理是一项复杂而关键的任务，它涉及对员工、流程、技术和文化的全面管理。通过系统化的变革管理策略，组织可以更有效地适应外部环境变化，提高竞争力，并实现可持续发展。成功的变革管理不仅依赖于合理的计划和执行，还需要充分的沟通、领导支持和员工参与。

2. ADKAR® 模型

ADKAR® 是5个关键步骤的首字母缩写，它们代表了成功变革的5个要素：Awareness（意识）、Desire（欲望）、Knowledge（知识）、Ability（能力）和 Reinforcement（加强），如图 16-4 所示。

| 意识 | 欲望 | 知识 | 能力 | 加强 |
| 确保对问题的认识 | 以收益和后果进行激励 | 知道如何创造以及如何维持变化 | 缩小限制变革的技能差距 | 衡量和奖励胜利 |

图 16-4　ADKAR® 模型

（1）意识（Awareness）。

变革的第一步是让所有相关人员意识到为什么需要变革，即变革的原因、动机或外部压力。员工必须理解当前状况为什么不可持续，变革能够带来哪些好处以及不变革可能会带来什么风险。意识的主要实现方式包括通过有效的沟通，明确变革的背景、迫切性和预期成果。

（2）欲望（Desire）。

在认识到变革的重要性后，员工需要有参与和支持变革的意愿。需要激发员工的兴趣和动力，使他们愿意投入变革过程，并积极支持变革。可以通过展示变革的个人和集体好处、领导的支持以及考虑员工的个人目标和需求来激发员工的意愿。

（3）知识（Knowledge）。

需要具备实施变革所需的知识和技能，包括理解新系统、流程或行为的要求，以及如何在新的环境中操作。确保员工拥有成功实施变革所需的知识和技能。可以通过提供培训、教育、资源和指导，帮助员工掌握必要的技能和知识。

（4）能力（Ability）。

在拥有知识后，员工还需要有实际应用这些知识的能力。这意味着员工必须能够在工作环境中实际执行变革。通过实践、辅导、反馈机制和持续支持，帮助员工完成从理论到实践的过渡。

（5）加强（Reinforcement）。

变革成功实施后，需要通过持续的支持和强化来确保变革成果的持久性。巩固机制可以防止组织回到旧的行为模式。可以通过奖励机制、持续沟通、反馈和监控，来强化和保持变革效果。

在项目管理中，该模型可以帮助个体理解和适应变革过程中的各个阶段，指导团队领导者支持和引导团队成员通过变革。在大规模变革项目中，可以按照 ADKAR® 模型的步骤推进，逐步实现变革目标。

3. Virginia Satir 变革模型

Virginia Satir 变革模型是由家庭治疗专家 Virginia Satir 提出的一种描述人们在经历重大变革时所经历的情感和心理阶段的模型，如图 16-5 所示。该模型最初应用于家庭治疗，后来被广泛应用于个人发展和组织变革的管理中。该模型有助于理解在面对变革时，人们可能会经历的典型心理反应和行为模式，从而为有效管理变革提供指导。

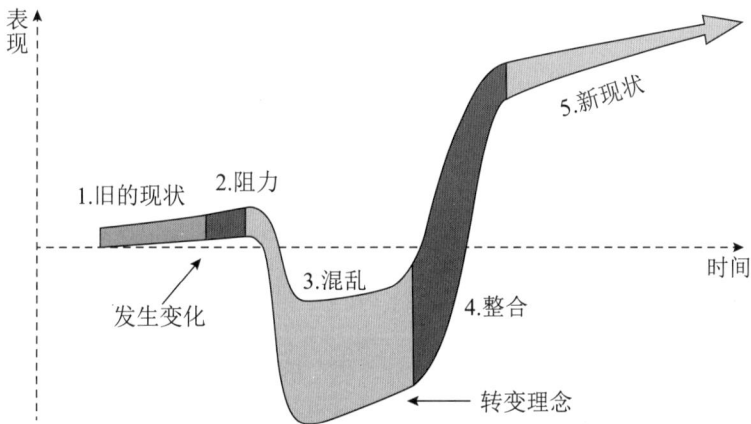

图 16-5　Virginia Satir 变革模型

Virginia Satir 变革模型的 5 个阶段：

（1）旧的现状（Status Quo）。

这是变革开始前的稳定状态。个人或组织处在一种熟悉和舒适的状态中，尽管可能存在潜在问题，但人们已经适应了现有的环境和工作方式。变革的需求尚未被广泛认识到。通常这个阶段的焦点是维持现状，避免变化带来的不确定性。

（2）阻力（Resistance）。

变革引入后，成员因恐惧或不确定性产生抵触情绪，表现为否认或公开反对。这时应清晰阐述变革原因、目标及长期收益价值，减少信息不对称。

（3）混乱（Chaos）。

变革会导致原有的系统或模式崩溃，进入混乱和不确定的状态。此时，人们的日常惯例和信念被挑战，通常会产生焦虑、困惑，甚至抵触情绪。团队或个人可能会表现出紧张、情绪波动，甚至是生产力的下降。然而，这也是创新和新机会开始出现的阶段。

（4）整合（Integration）。

该阶段成员开始接受变革，尝试新方法并实践，但需反复调整以巩固新习惯。因此需要提供持续培训和技术支持，并设计配套激励措施（如绩效考核优化）。

（5）新现状（New Status Quo）。

经过混乱和调整后，变革得以巩固，新的平衡状态形成。新的行为模式和思维方式已经成为常态，个人或组织进入一个新的稳定状态。这个阶段标志着变革的成功落地。新的状态变得熟悉，人们重新获得了安全感和控制感。生产力回升，甚至超过变革前的水平。

在5个阶段中有两个关键的转折点，分别是位于第1阶段和第2阶段之间的"发生变化"，以及位于第3阶段和第4阶段之间的"转变理念"，这是变革成功的两个关键的节点，管理者要特别重视并力争实现这两个目标。

（1）发生变化（Foreign Element）。

一个外部或内部的事件打破了现状，促使变革的需求浮出水面。这一事件可以是危机、重大变化的提议、市场变化、技术革新等。这个阶段的特点是冲击和觉醒。变革的催化剂引起人们的关注，现状的稳定性被打破，人们开始感受到压力和焦虑。

（2）转变理念（Integration and Practice）。

随着时间的推移，人们开始寻找新的方法来应对混乱，逐渐形成新的行为模式和解决方案。新的思维方式和行为开始被采纳并测试。尽管仍然存在不确定性，但人们开始看到一些新的希望和方向。新的流程、技能或思维模式开始在实践中逐渐稳定下来。

Virginia Satir 变革模型可以应用于以下场景：

（1）个人变革：帮助个体理解自己在面对重大人生变化时的情感反应，增强自我觉察和适应能力。

（2）组织变革管理：为管理者提供指导，帮助他们理解员工在变革过程中的心理状态，并相应地提供支持和沟通。

（3）团队发展：用于团队动态的管理，特别是在团队面临重大变革或挑战时，通过识别团队成员所处的变革阶段，提供适当的支持和引导。

16.5 复杂性模型 ▶

1. Cynefin 框架

Cynefin 框架可以帮助领导者理解和应对复杂性、多样性和不确定性。框架通过将问题情境分为5种不同的领域，帮助组织和管理者识别所处的情境，并采取适当的行动策略，如图 16-6 所示。

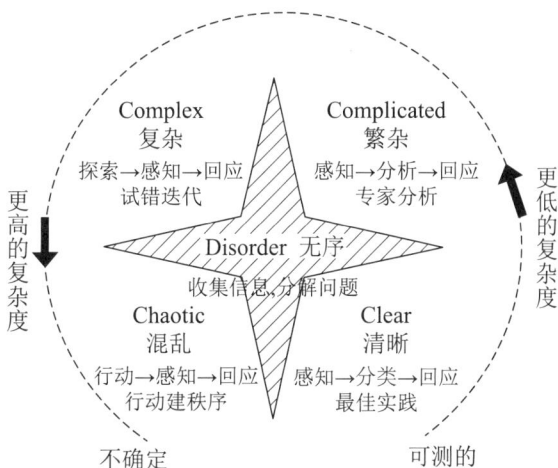

图 16-6 Cynefin 框架

Cynefin 框架的 5 个领域分别是：

（1）清晰（Clear）。

在清晰的领域，因果关系显而易见，问题的解决方案也是显而易见的或标准化的。典型的管理风格是指挥与控制。

（2）繁杂（Complicated）。

在繁杂的领域，因果关系存在，但并非显而易见。通常需要专家或深入分析来理解和解决问题。虽然可能有多种解决方案，但需要通过分析和判断来选择最佳的行动路径。

（3）复杂（Complex）。

在复杂的领域，因果关系只有在事后才能看清。系统行为是非线性的、不可预测的，不同的因素相互影响，导致结果难以预料。应对复杂性问题需要通过实验、反馈和逐步探索来理解。

（4）混乱（Chaotic）。

在混乱的领域，没有可辨识的因果关系。系统处于无序状态，紧急情况或危机时要求迅速行动。这里的挑战是首先恢复某种程度的秩序，然后再移至其他领域。

（5）无序（Disorder）。

无序领域代表了人们无法立即判断所处情境时的状态。这可能是因为缺乏足够的信息或无法清晰地分类问题。该领域也是其他 4 个领域的交界处。通过收集更多信息、分析情况或分解问题来澄清问题，并将其归入其他 4 个领域之一。

Cynefin 框架可以帮助组织理解所面临的挑战的性质，选择合适的决策方法和管理工具，尤其在复杂和不确定的环境中，提供了理解和应对复杂性的方法，避免将复杂问题简单化，可以帮助识别紧急情况的特征，并指导采取迅速的行动，通过不断反馈和调整找到有效的解决方案。

2. Stacey 矩阵

Stacey 矩阵用于帮助管理者和组织理解和应对不同类型的管理和决策情境。该矩阵通过将问题按两条轴线分类，展示了在面对不同程度的复杂性和不确定性时，适合的管理方法和决策策略。

在项目管理中，通过需求的不确定性和技术的不确定性两个维度来评估项目，分为简单的、繁杂的、复杂的、混乱的4个区域，用以确定项目的开发方法和生命周期，如图16-7所示。针对需求和技术都很确定的项目，称为"简单的"项目，采用预测型方法；针对需求不明确但技术明确或需求明确但技术不明确的项目，称为"繁杂的"或"复杂的"项目，采用适应型方法；针对需求和技术都不明确的项目，称为"混乱的"项目，这种项目从根本上是冒险的，必须慎重对待。

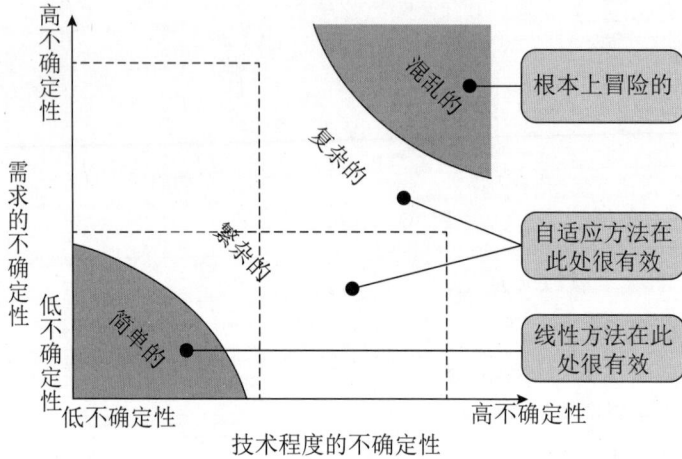

图 16-7　Stacey 矩阵模型

16.6　项目团队发展模型

1. 塔克曼阶梯

塔克曼阶梯模型描述了团队在形成和发展过程中通常会经历的 5 个阶段，如图 16-8 所示。每个阶段代表团队发展中的不同阶段和挑战，理解这些阶段有助于管理者和团队成员更好地促进团队合作与绩效。

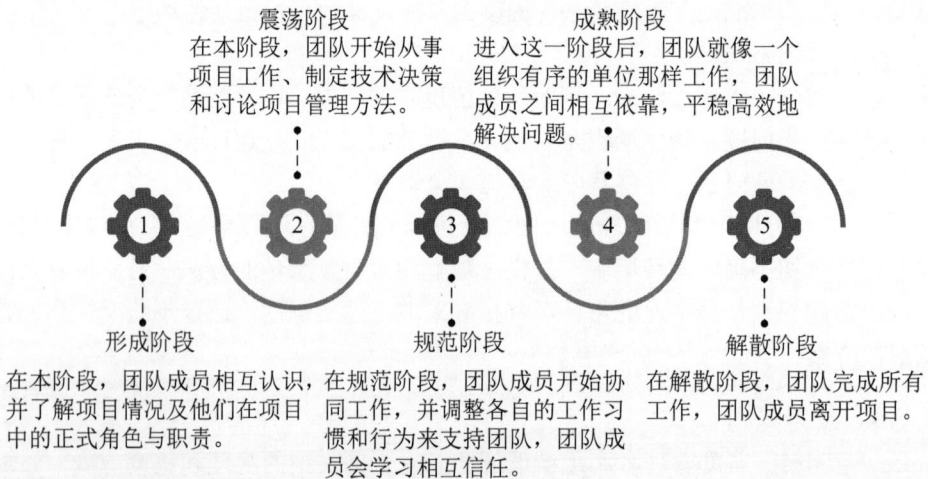

震荡阶段
在本阶段，团队开始从事项目工作、制定技术决策和讨论项目管理方法。

成熟阶段
进入这一阶段后，团队就像一个组织有序的单位那样工作，团队成员之间相互依靠，平稳高效地解决问题。

形成阶段
在本阶段，团队成员相互认识并了解项目情况及他们在项目中的正式角色与职责。

规范阶段
在规范阶段，团队成员开始协同工作，并调整各自的工作习惯和行为来支持团队，团队成员会学习相互信任。

解散阶段
在解散阶段，团队完成所有工作，团队成员离开项目。

图 16-8　塔克曼阶梯模型

塔克曼阶梯的 5 个阶段分别是：

（1）形成阶段（Forming）。

这是团队刚成立的阶段，成员们刚开始了解彼此。团队的目标和任务被提出，但角色和职责还未明确划分。团队成员通常比较礼貌，避免冲突，主要关注建立人际关系和理解任务。该阶段的任务是帮助团队成员建立信任、明确目标和角色。

（2）震荡阶段（Storming）。

随着团队成员开始进入角色，冲突和意见分歧可能会出现。这是团队动态的第一个关键阶段。团队成员可能会在角色、任务分配、目标优先级等问题上产生分歧，团队中的权力斗争和人际冲突可能会影响团队的凝聚力和生产力。该阶段需要管理和解决冲突，建立明确的规范和沟通渠道，推动团队成员向共同目标努力。

（3）规范阶段（Norming）。

在经历震荡阶段后，团队逐渐形成共识，建立起团队规范和合作方式。团队成员开始相互支持，朝着共同目标努力。团队结构和角色变得更加清晰，成员之间的合作和信任增强，形成有效的工作习惯和沟通模式，生产力开始提升。

（4）成熟阶段（Performing）。

在这一阶段，团队达到高效的工作状态。团队成员清楚自己的角色和职责，并且能够自主地解决问题和做出决策。团队高度协调，能够有效地应对挑战，完成任务。团队的生产力和创新能力达到顶峰，成员们对彼此高度信任。

（5）解散阶段（Adjourning）。

当项目结束或目标达成，团队将面临解散。团队成员开始处理项目结束后的情感反应，可能会感到成就感、失落感或解脱感。团队的重点转向总结和评估工作，庆祝成功，并进行知识传递和学习。此时应确保团队成员能够从项目中汲取经验，并为未来的工作做好准备。

要特别注意，5 个阶段在某些情况下并不是按序出现的，有时可能停滞在某个阶段，甚至出现倒退（比如团队中加入新成员时）。

2. Drexler/Sibbet 团队绩效模型

Drexler/Sibbet 团队绩效模型详细描述了团队在发展过程中所经历的 7 个阶段，从团队的创建到高效运作，再到最终的转型或解散。每个阶段都对应着特定的挑战和关键活动，以帮助团队顺利过渡并达到高效的工作状态，如图 16-9 所示。

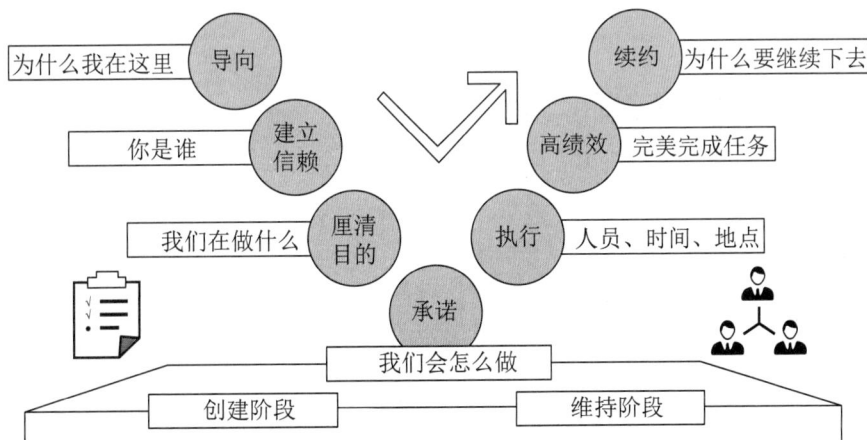

图 16-9 Drexler/Sibbet 团队绩效模型

Drexler/Sibbet 团队绩效模型的 7 个阶段分别是：

（1）导向（Orientation）。

提出问题：为什么我们在这里？我们的目标是什么？主要目的是明确团队的目标、任务和方向，帮助成员了解彼此以及团队的使命。

（2）建立信任（Trust Building）。

提出问题：我能信任你们吗？我在这个团队中的位置如何？主要通过开放的沟通和互动，建立团队成员之间的信任感，促进团队合作。

（3）厘清目的（Goal Clarification）。

提出问题：我们要达成什么？我们的优先级是什么？确保团队对目标、角色、职责和工作流程有一致的理解，避免未来的混淆和冲突。

（4）承诺（Commitment）。

提出问题：我们如何达成这些目标？我在这个过程中如何贡献？主要是确保每个团队成员对团队的目标和行动计划达成共识，并做出承诺。

（5）执行（Implementation）。

提出问题：我们如何实际操作？我们如何应对挑战？主要做到有效执行团队计划，解决问题，克服障碍，保持进度。

（6）高绩效（High Performance）。

提出问题：我们如何达到最佳表现？如何持续改进？为了达到高效的工作状态，团队成员充分发挥各自的潜力，实现团队目标。

（7）续约（Renewal/Transformation）。

提出问题：接下来该做什么？如何适应新的挑战？主要是评估团队的成就，反思和总结经验，为未来的工作规划新的方向或结束团队的合作。

在项目管理中，Drexler/Sibbet 团队绩效模型可应用于团队的初始阶段，帮助团队顺利进入合作状态，建立信任并明确目标；定期评估团队的现状，识别问题，采取必要的措施帮助团队跨越发展障碍；当团队面临重大变革时，帮助团队适应变化，并为未来做好准备。

16.7　其他模型 ▐▶

1. 冲突模型

冲突模型用于帮助个人和团队理解和应对冲突，冲突模型的 5 种主要策略包括：

（1）竞争（Competing）。

竞争模式强调通过坚持自身立场来实现个人目标。通常表现为强硬和果断，在冲突中优先考虑自己的需求和利益，甚至不惜牺牲他人的需求。当紧急情况需要迅速决策，或在关键问题上需要坚定立场时，这种模式可能是有效的。例如，在需要保护重要权利或资源时适合采用竞争模式。（相当于解决冲突方法中的强迫 / 命令。）

（2）合作（Collaborating）。

合作模式追求找到一个能够满足所有干系人需求的双赢解决方案。强调开放沟通、探索不同选择，并试图在冲突中找到共识。适用于解决复杂问题，或当各方需求和利益都需要被考虑和满足时。例如，在团队合作或长远战略制定中适合采用合作模式。（相当于解决冲突方法中的合作／解决问题。）

（3）妥协（Compromising）。

妥协模式涉及双方都做出一定让步，以达成一个可以接受但可能不完全理想的解决方案。此模式平衡了自我和他人的需求。当时间紧迫或问题并非重大，且双方都愿意接受部分满足时，妥协是一个实用的解决方案。例如，在日常决策或临时解决方案中适合采用妥协模式。（相当于解决冲突方法中的妥协／调解。）

（4）回避（Avoiding）。

回避模式通过避免直接处理冲突来暂时回避问题。个体可能会选择推迟处理冲突，或者完全回避冲突的存在。适用于冲突本身并不重要，或者冲突暂时不值得投入时间和精力的情况。此外，当双方情绪高涨、需要冷静思考时，回避也可能是一种策略。（相当于解决冲突方法中的撤退／回避。）

（5）迁就（Accommodating）。

迁就模式是指为了满足他人的需求或维护关系，个体愿意牺牲自身利益或需求。强调和谐和顺从，以保持良好的关系。当关系比冲突问题更重要，或者当一方意识到自己可能错了，并愿意让步时，这种模式是有效的。例如，在需要维持和谐的人际关系或团队协作时适合采用迁就模式。（相当于解决冲突方法中的缓和／包容。）

在项目管理中，通过识别和应用不同的冲突处理模式，个人和团队能够更有效地处理冲突，维护良好的人际关系，并促进合作与生产力。

2. 谈判（双赢思维）

"双赢思维"原则强调在解决问题、做决策或处理冲突时，双方都应得到满足，从而实现双赢的结果。这种思维方式倡导合作而非竞争，并且注重长期关系的建立和维护。

（1）双赢（Win-Win）。

双赢思维意味着在做决策或解决问题时，寻找让所有干系人都受益的解决方案。它不是一种妥协，而是一种追求每个人都能获得满意结果的态度。

（2）双输（Lose-Lose）。

在双输情境中，双方都没有达到目标或满足需求，通常是由于彼此过于对抗，导致双方都受损。

（3）赢输（Win-Lose）。

在赢输情境中，一方在冲突中获胜，另一方失败。这种结果通常会导致权力不平衡，关系恶化。

（4）输赢（Lose-Win）。

在输赢情境中，一方主动退让以满足另一方的需求，常常牺牲自己的利益。

（5）双赢或不交易（Win-Win or No Deal）。

如果无法达成双赢结果，双方可以选择不交易，而不是强行达成一个不理想的结果。

在项目管理中，谈判是一个常见的活动，包括和团队内部成员、各类干系人、外部供应商等，通过双赢思维，建立起更高水平的信任，推动团队协作和长期合作关系。同时减少冲突与对抗，当各方都能够从决策中获益时，冲突的可能性降低，合作意愿提高。

3. 最佳结合点

最佳结合点是在软件开发和项目管理中提出的一个重要概念，旨在平衡项目的各种利益相关方之间的需求和目标，达到一个所有方都能接受的最优解。

在项目管理中，不同的利益相关方（如客户、开发团队、管理层等）往往有不同的目标和期望。例如，客户希望尽可能使用低的成本在较短时间内获得高质量的产品，而开发团队则需要足够的时间和资源来完成工作。管理层则关心项目的成本效益和风险管理。

在这种情况下，如果无法找到各方目标之间的平衡点，项目很可能会陷入冲突和延误。最佳结合点就是在这种多方需求中，找到一个平衡点，使各方都能接受，并且尽可能满足各自的关键目标。

4. 凸显模型

凸显模型是一种项目管理中用于对利益相关方分析的工具。该模型通过分析利益相关方的 3 个关键属性，帮助项目经理识别和分类利益相关方，以便更有效地管理和与之沟通，如图 16-10 所示。

凸显模型
Salience Model

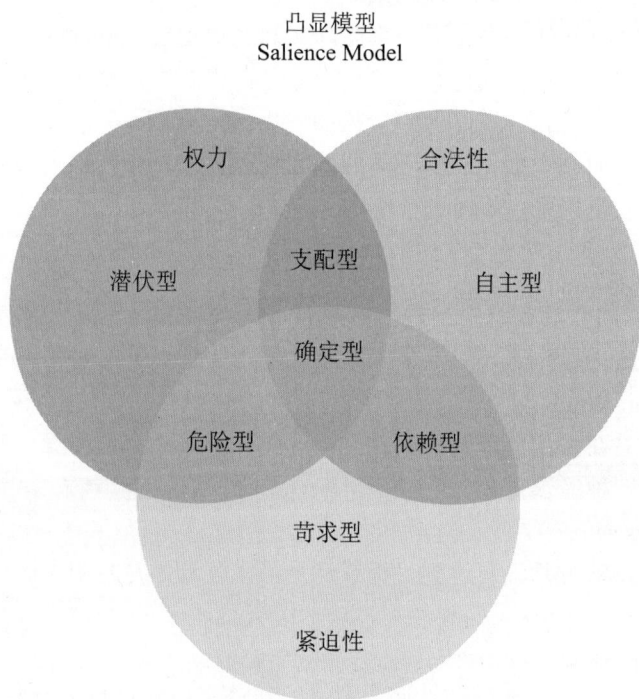

图 16-10　凸显模型

凸显模型将利益相关方的影响力基于以下 3 个属性：

（1）权力（Power）。

权力指利益相关方影响项目的能力。可以表现为对资源、信息、决策或其他方面的控制力。权力较大的利益相关方对项目的决策和进展有显著影响。

权力可以是合法权力（如高层管理者）、奖励权力（如分配资源的能力）、惩罚权力（如撤销支持的能力）、专家权力（如专业知识）等。

（2）紧迫性（Urgency）。

紧迫性指利益相关方的需求或期望必须立即得到关注的程度。紧迫性高的利益相关方往往会对项目团队施加更多压力，以尽快满足他们的需求。

紧迫性可以来源于时间压力（如项目截止日期临近）或利益相关方认为其需求的重要性（如关键的市场机会）。

（3）合法性（Legitimacy）。

合法性指利益相关方对项目的需求、利益或要求被认为合理、正当或可接受的程度。合法性高的利益相关方通常其利益、要求或期望与项目目标有密切关联，因此在项目中更有影响力。

合法性可以是正式的（如合同条款规定的利益）或非正式的（如社会责任）。

根据这 3 个属性，凸显模型将利益相关方划分为 7 种类型，每种类型的利益相关方对项目的关注和参与程度不同：

（1）潜伏型：只有权力，没有紧迫性和合法性。他们对项目有潜在的影响力，但由于缺乏紧迫性和合法性，他们通常不会积极参与或影响项目。

（2）自主型：只有合法性，没有权力和紧迫性。他们的需求是合法的，但由于缺乏权力和紧迫性，项目团队可以选择是否响应他们的需求。

（3）苛求型：只有紧迫性，没有权力和合法性。他们的需求非常紧迫，但缺乏影响项目的权力和合法性，通常被视为噪声而非真正的需求。

（4）支配型：拥有权力和合法性，但缺乏紧迫性。这些利益相关方通常有正式的角色和责任，他们的需求和期望对项目很重要，但他们不会立即施压。

（5）危险型：拥有权力和紧迫性，但缺乏合法性。他们可能通过不正当的方式对项目施加影响，如威胁或施压，必须谨慎管理。

（6）依赖型：拥有合法性和紧迫性，但缺乏权力。他们的需求是合法且紧迫的，但他们无法直接影响项目，通常需要借助其他利益相关方来表达他们的需求。

（7）确定型：同时拥有权力、紧迫性和合法性。这些利益相关方对项目最有影响力，他们的需求必须被优先考虑和解决。

凸显模型通常应用于干系人众多、复杂且有着诸多联系的项目。

5. KANO 模型（KANO Model）

KANO 模型通过分析客户对产品特性（或服务）的需求，帮助企业识别和分类不同特性对客户满意度的影响，从而优先考虑哪些特性应被改进或增强。KANO 模型的核心在于理解客户需求的多样性，以及这些需求对客户满意度的不同影响。

KANO 模型将产品特性分为 5 类，每类特性对客户满意度的影响不同，如图 16-11 所示。

（1）基本型需求。

这些特性是产品的基本功能或属性，客户认为它们必须满足。如果这些需求得不到满足，客户会非常不满意，但即使它们得到满足，客户也不会特别满意。比如一辆汽车的安全带功能、酒店房间的基本清洁度。这些特性是客户的基本期望，属于"必须具备"的特性。

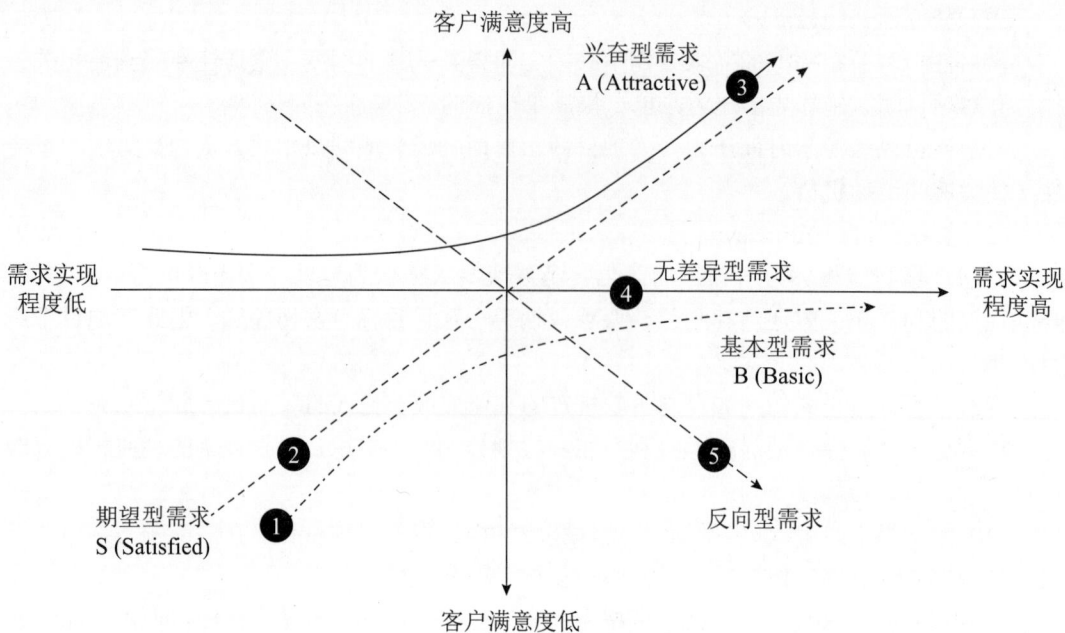

图 16-11　KANO 模型

（2）期望型需求。

这些特性与客户满意度直接相关，表现的特性越好，客户的满意度就越高。如果这些需求得不到满足，客户会感到不满；如果满足了，客户则会感到满意。比如汽车的燃油效率、手机的电池续航时间。这些特性越好，客户的满意度就越高。

（3）兴奋型需求。

这些特性是客户意想不到的功能或属性，如果存在，客户会非常满意；但如果不存在，客户也不会不满。这类特性能够为产品带来竞争优势。比如汽车上的自动驾驶功能、智能手机上的免费云存储服务。这些特性让客户感到惊喜，是产品的亮点。

（4）无差异型需求。

这些特性对客户满意度没有明显影响，无论这些特性是否存在，客户都不会特别在意。比如某些不重要的设计细节，或是客户不关心的功能。

（5）反向型需求。

这类特性是指部分客户可能喜欢，但也有部分客户可能不喜欢的特性。也就是说，某些特性的存在可能会导致部分客户不满意。比如复杂的高科技仪表盘可能吸引年轻用户，但对年长用户来说可能过于复杂，导致其不满。

KANO 模型可以帮助项目团队充分获取并识别用户需求，从而更有效地分配资源，开发出更符合市场需求的产品。同时也强调了客户需求的动态性，项目团队可以通过定期评估，及时调整产品策略，以应对市场的变化。

6. MoSCoW 模型

MoSCoW 模型是项目管理中常用的一种需求优先级划分方法，帮助团队和利益相关方明确哪些需求在项目中是最重要的。

MoSCoW 是 4 个优先级类别的缩写，分别是：

（1）必须具备（Must have）。

这些需求是项目成功的绝对必要条件。如果这些需求不能实现，项目便会被视为失败或无法交付。这些需求通常与核心功能或法定、合同要求相关。比如，一个在线支付系统，必须具备的功能是处理支付交易的核心能力，确保支付安全的加密功能。

（2）应该具备（Should have）。

这些需求虽然不是绝对必要的，但对项目成功有很大影响。它们通常是高优先级的需求，如果时间或资源允许，应该在项目中尽可能实现。比如，在线支付系统，应该具备的功能可能包括支持多种支付方式或具备用户友好的界面设计。这些功能会提升用户体验，但不是项目成功的唯一条件。

（3）可以具备（Could have）。

这些需求具备"锦上添花"的特性，它们对项目有一定的附加价值，但并非必需。如果资源或时间允许，它们可以被实现；如果时间紧迫或资源有限，这些需求可以被推迟或舍弃。例如，在线支付系统，可以具备的功能可能是提供多语言支持或个性化的用户设置选项。这些功能会增强用户体验，但不会影响项目的基本交付。

（4）不会具备，或本次不具备（Won't have this time）。

这些需求在当前项目周期中不被实现，通常是由于时间、资源或优先级等限制而暂时搁置的需求。这些需求可能在未来的项目版本或迭代中考虑实现。比如在当前的开发周期中，在线支付系统可能不会具备与其他系统的全面集成功能，但可以在未来的版本中作为考虑事项。

MoSCoW 模型帮助团队和利益相关方清晰地理解和沟通需求的优先级，从而更好地管理资源和时间，通过明确哪些需求可以推迟或舍弃，帮助应对资源紧张或时间不足的情况。该模型还鼓励与利益相关方的合作，确保项目目标与利益相关方的期望保持一致。

第 17 章　常用工具与技术

17.1　数据收集与分析方法 ▶▶

1. 标杆对照

标杆对照是一种管理工具和方法，用于比较组织的过程、绩效、产品或服务与行业最佳实践或竞争对手的标准，以识别改进机会和提高效率。标杆对照的目的是通过了解和学习他人的成功经验，帮助组织设定目标并改进自身的运营和绩效。在项目初期或相关信息不够充足的情况下，可以先参考他人的做法，正所谓"他山之石，可以攻玉"。

标杆对照可以选择与组织内部的不同部门或团队对照，或与同行业的竞争对手对照，或与业界最佳实践对照，寻找改进机会。

应用场景：收集需求、规划质量管理、规划干系人参与。

2. 头脑风暴

头脑风暴是一种集体创意生成技术，旨在通过开放式的讨论和自由表达思想，激发创新能力和解决问题。它通常用于团队会议、项目规划和问题解决的场景，目的是鼓励所有参与者提出尽可能多的创意和解决方案，而不进行即时评判或筛选。应用头脑风暴时要注意遵循以下几个原则：

- 原则一：所有提出的想法都不应被评判。评判和分析应在创意生成之后进行。
- 原则二：鼓励每位参与者自由表达自己的想法，无论这些想法多么奇特或看似不切实际。
- 原则三：生成尽可能多的创意和想法。
- 原则四：鼓励所有参与者保持开放态度，接受不同的观点和建议。

应用场景：制定项目章程、制订项目管理计划、收集需求、规划质量管理、识别风险、识别干系人。

3. 引导

在项目管理中，由于干系人数量众多，会产生不同的想法、意见，甚至可能存在矛盾和分歧。尤其在某些场合中，相同专业背景的人可能由于各种原因出现同行相轻或专家崇拜的情况，这不利于项目的开展，因此项目经理应该采取有效的引导技术，以达成决定、解决方案或结论，引导者确保参与者有效参与、互相理解，考虑所有意见，最终达成一致性意见，比如德尔菲技术。

德尔菲技术是一种系统的预测和决策方法，广泛用于获取专家意见和进行未来趋势预测，通过匿名的专家反馈和多轮调查，达成共识或预测未来的发展趋势。

德尔菲技术的基本步骤包括：确定问题或主题、选择专家小组、设计问卷、第一轮调查、汇总反馈、反馈与修正、第二轮及后续调查、达成共识、报告结果。

德尔菲技术减少了权威性和个人影响，避免了主导性意见对结果的影响，通过聚集来自不同背景和领域的专家，提供了多样化的观点和预测，减少了专家间的相互影响和偏见，提高了结果的客观性。

应用场景：制定项目章程。

4. 核查表

核查表通过列出一系列必须执行的步骤、任务或检查项，帮助用户系统地跟踪进展，避免遗漏关键事项。一般来说，核查表可以包含以下基本要素：

（1）标题。核查表的标题应清晰明确，说明核查表的用途或适用场景。

（2）步骤或检查项。列出所有需要完成的步骤或检查项。每一项应具体、可操作，避免模糊或不明确的描述。

（3）完成状态。每个步骤或检查项旁边应有一个标记栏（如复选框、空白栏等），用于记录任务的完成情况。

（4）责任人。可以在核查表中明确每个步骤或检查项的责任人，确保各项任务均有明确的执行者。

（5）时间或日期。有些核查表可能需要注明每个任务的执行时间或截止日期，以便跟踪进度。

（6）备注。留出空白区域用于备注或补充信息，以便记录特别说明或注意事项。

核查表是一个简单但非常有效的工具，通过系统地列出任务或检查项，帮助确保工作或流程按计划完成，并减少错误和遗漏。无论是在项目管理、质量控制还是安全保障方面，核查表都能显著提高效率和一致性。

应用场景：控制质量。

5. 核对单

核对单和核查表非常相似，都是用于确保任务或程序按要求完成的工具。核对单通常是一份列有待完成的项目或步骤的清单，使用者可以通过核对这些项目来确保没有遗漏或错误。比如在日常生活中，核对单可以用于购物清单、旅行准备清单、每日任务清单等；医生和护士使用核对单来确保病人在手术或治疗过程中每个关键步骤都得到正确执行；飞行员和机组人员使用核对单来确保飞机起飞前和降落前所有安全检查都已完成。

在项目管理中，项目经理使用核对单来跟踪项目进展，确保所有任务和可交付物按时完成，在质量管理中使用核对单来确保产品符合质量标准。

应用场景：制订项目管理计划、管理质量、控制质量、识别风险。

6. 焦点小组

焦点小组通过小规模的、有针对性的讨论，收集参与者对特定主题、产品、服务或概念的看法和反馈。

焦点小组通常由 6 ～ 12 名参与者组成，讨论围绕一个或多个特定主题进行，通常由一位经验丰富的主持人（或称为主持人）引导，他负责提出问题、调节讨论、引导参与者深入探讨主题。焦点小组鼓励参与者之间的互动，参与者可以相互讨论、回应和挑战对方的观点，从而激发更深入的讨论。

应用场景：制定项目章程、制订项目管理计划、收集需求。

7. 访谈

访谈是一种定性研究方法，通过面对面、电话或在线对话的形式，深入了解受访者的观点、经验、态度和行为。根据访谈的结构化程度和目标，访谈可以分为结构化访谈、半结构化访谈和非结构化访谈。

在项目管理中，可以通过与相关方直接交谈来获取信息的正式或非正式的方法，访谈的典型做法是向被访者提出预设和即兴问题，并记录他们的回答。访谈有经验的项目参与者、发起人和其他高管，以及主题专家，有助于识别和定义所需产品的可交付成果的特征和功能。通常被用来了解高层级需求、假设条件、制约因素、审批标准以及其他信息。

应用场景：制定项目章程、制订项目管理计划、收集需求、规划质量管理、识别风险、实施定性风险分析、实施定量风险分析、规划风险应对。

8. 市场调查

考察行业情况和具体卖方的能力。采购团队可运用从会议、在线评论和各种其他渠道得到的信息，来了解市场情况。

应用场景：规划采购管理。

9. 问卷和调查

问卷是一组有组织的问题，用于系统地收集受访者对特定主题的反馈、意见或行为信息。问卷可以是纸质的、电子的或在线的，问题类型包括选择题、填空题、等级题和开放式问题。问卷具有效率高、成本低、便于量化、覆盖面广的优点，同样也存在缺乏深度、理解差异大、偏差较大的缺点。

调查是一种系统收集数据的方法，通常由多个部分组成，包括问卷、访谈、观察等。调查的目的是收集关于特定主题或问题的广泛信息，以便分析和解释群体行为、观点或特征。

问卷是调查的一部分。问卷通常作为调查的一种工具，用于系统收集结构化数据。然而，调查不仅仅依赖问卷，还可能包括访谈、观察等方法，以收集更全面的信息。

应用场景：收集需求、控制质量、识别干系人。

10. 抽样统计

抽样统计是一种通过从总体中选取一个子集（即样本），并基于样本数据进行推断，从而得出对总体特征估计或结论的统计方法。

在项目管理中，当面临较大量的数据时，出于时间和成本的考虑，只能选择部分数据来进行分析，以小见大，推断项目的整体情况并预测未来趋势。

应用场景：控制质量。

11. 备选方案分析

备选方案分析用于比较和评估多个可选方案或策略，以确定最优方案。在项目中，实现某种结果可能有多种路径和方案，该工具就是要解决如何从中选择最优的路径和方案。就像出行可以选择的交通工具很多，到底是汽车、火车还是飞机。在进行选择和决策时，我们会从多个方面去分析评估这些方案，如时间、成本、便利性、安全性等，这样就有利于全方位、多角度地分析每种方案的优劣，以便从中选择最优方案。

应用场景：监控项目工作、实施整体变更控制、规划范围管理、定义范围、规划进度管理、估算活动持续时间、规划成本管理、估算成本、管理质量、估算活动资源、控制资源、规划风险应对、监督干系人参与。

12. 其他风险参数评估

对于风险参数，多数情况下我们会关注风险发生的概率和风险产生的影响这两个方面。但事实上风险的复杂程度远不止于此，为了更清晰地认识风险，进而对单个项目进行优先级排序，项目团队可能会考虑其他的风险特征，包括但不限于：紧迫性、临近性、潜伏期、可管理性、可监测性、连通性、战略影响力、密切度等。相对于仅评估概率和影响，考虑上述某些特征有助于进行更稳健的风险优先级排序。

应用场景：实施定性风险分析。

13. 假设条件和制约因素分析

假设条件是指在决策或计划制订过程中，对某些未知或不确定因素所做的合理预测或预设。假设条件通常基于现有信息、经验和推测，决定了计划或项目的关键参数。日常生活的很多活动其实也是基于假设条件来进行的，只不过有些假设条件无须验证，比如太阳东升西落、水往低处流，而有些假设条件需要通过验证才能证明其是否成立。因此，我们需要对其进行分析，考虑其合理性及一旦假设不成立，可能造成的影响和威胁，后者便是风险的来源。例如，项目正常开展的条件是"所有关键团队成员将在整个项目期间保持可用状态"，这是假设条件，可能成立也可能不成立，因此我们分析如果团队成员因病假、离职等原因无法全程参与，项目可能会出现延误或质量问题；供应商将按时交付所有必要的材料和设备，这也是假设条件，如果供应商延迟交货，可能会导致项目工期延长和成本增加。通过对假设条件的分析，可以更加清晰地认识项目的制约因素，持续监控假设条件的变化情况，及时调整项目计划和策略，并为关键假设条件制订应急计划，以应对假设不成立时的情况，确保项目或计划能够在假设条件发生变化时继续推进。

制约因素指在项目或计划中存在的限制或条件，这些因素对项目的进度、范围、预算、质量等方面产生直接影响。制约因素可以是内部的（如资源限制、时间限制）或外部的（如法律法规、市场环境）。比如项目预算为 100 万美元，不能超支；开发团队人员有限，只有 10 名工程师；产品必须符合所有相关的行业法规和标准等。面对这些制约因素，可以对制约因素进行优先级排序，分析每个制约因素如何影响项目，并制定应对策略。在项目执行过程中，持续监控制约因素的影响。如果制约因素发生变化或影响超出预期，及时调整项目计划。

假设条件和制约因素往往相互影响。假设某个条件成立，可能会引发新的制约因素，反之亦然。例如，假设资源未按时到位可能会影响项目时间；反过来，时间制约可能要求团队做出资源必须按时到位的假设。在项目规划中，假设条件和制约因素分析通常是结合进行的，以全面了解项目的可行性和潜在挑战。只有在充分考虑假设条件和制约因素的情况下，项目计划才能更加现实和可行。

应用场景：识别风险、规划干系人参与。

14. 质量成本

质量成本是一个广泛应用于质量管理的概念，旨在衡量与产品或服务的质量相关的所有成本，也可以理解为为使产品符合某种质量要求所必须支出的所有成本。通常仿品的价格比正品低，原因就在于仿品没有质量成本或较低，因此售价低。

质量成本通常分为 4 个主要类别：

（1）预防成本：与预防缺陷、问题或错误发生相关的费用。预防成本旨在通过改进设计、培训、工艺控制等手段，减少不合格产品或服务的产生。例如：质量培训的费用、质量规划和改进的成本、过程设计和控制的成本、供应商质量管理成本。

（2）评估成本：与检测、评估和检查产品或服务的合格性相关的费用。其中，鉴定成本用于发现潜在的缺陷，以确保产品或服务符合规定的质量标准。例如：产品测试和检查的费用、质量审核的成本、设备校准费用、检测和实验室的运营成本。

（3）内部失败成本：在产品或服务交付给客户前，因未达到质量标准而产生的成本。其中内部故障成本包括修正或报废缺陷产品的费用。例如：返工或修复的费用、报废产品的成本、由于故障导致的生产停滞费用、库存贬值损失。

（4）外部失败成本：在产品或服务交付给客户后，因未达到质量标准而产生的成本。其中，外部故障成本通常与客户不满、保修、退货、索赔等有关。例如：保修和维修的费用、产品召回的成本、客户投诉处理的费用、因产品缺陷导致的赔偿和法律费用、损失的销售机会（由于客户对质量的不满）。

管理质量成本的核心在于通过增加预防和鉴定成本，减少内部和外部故障成本。通过质量成本分析，能够更清晰地认识到质量问题的潜在成本，促使团队更加重视质量管理。同时要认识到好的质量是需要投入成本的，项目团队需要在质量和成本两个制约因素中找到平衡。

应用场景：估算成本、规划质量管理。

15. 成本效益分析

成本效益分析是一种用于评估项目、政策或决策的工具，通过比较项目的成本和效益来确定其可行性和经济价值。质量好的产品固然会受到用户喜爱，但我们也清楚高质量的产品意味着需要投入更高的质量成本，后者也会计入产品总成本中，和产品的总收益进行比较，组织会根据比较的结果来决定是否进行生产。

成本效益分析首先确定项目或决策实施过程中会产生的所有成本。这些成本可分为直接成本、间接成本、隐性成本等，例如：

● 直接成本：如材料费、工资、设备费用等。

● 间接成本：如管理费、行政开支等。

● 隐性成本：如机会成本（选择一个项目而放弃另一个项目的潜在收益）。

接着确定项目或决策的预期收益。这些效益可以是财务收益（如增加的收入、降低的成本）和非财务收益（如社会效益、环境改善）。

然后尽可能用货币单位量化成本和效益,以便进行比较。对于难以量化的效益,可能需要使用近似值或估算方法。

最后根据分析结果提出建议。充分利用分析结果,以及项目或决策的战略重要性,帮助决策者做出明智选择。

在具体应用上,比如在项目启动前,项目经理通过成本效益分析来评估项目的经济可行性,决定是否推进或调整项目计划;在资源管理、质量管理、风险管理、采购管理中,面临某种决策和选择时,都可以应用成本效益分析,来辅助做出决策。

应用场景:监控项目工作、实施整体变更控制、规划质量管理、控制资源、规划风险应对。

16. 决策树分析

决策树分析是一种图形化和定量化的方法,用于支持决策制定,特别是在面临不确定性或多种选择路径时。决策树通过展示不同决策路径的可能结果、成本、收益及其概率,帮助决策者评估和比较各种选择的预期价值,从而做出最优决策。

决策树主要由 4 个部分组成:

(1)决策节点:表示需要做出决策的点,通常用方形表示。每个决策节点连接多个分支,每个分支代表一个可选的决策路径。

(2)概率节点:表示在特定决策路径上存在不确定性或风险的点,通常用圆形表示。概率节点连接的分支代表不同的可能结果,每个分支附带一个发生的概率。

(3)终端节点:表示决策或结果的最终点,通常用三角形或小圆点表示。终端节点通常伴随着具体的结果,如成本、收益或其他效用值。

(4)分支:分支连接节点,并代表从一个决策或概率节点到另一个节点或终端节点的路径。每条分支上标明了该路径的选择、概率和相应的结果(如收益或成本)。

构建决策树时从左到右绘制决策树,先绘制决策节点,列出所有可选方案,再对每个方案绘制分支,连接到概率节点或终端节点,结合在概率节点处列出所有可能的结果及其发生的概率,同时为每条路径的终端节点分配相应的成本或收益值,最后计算每个概率节点的期望值(即所有可能结果的加权平均值,Expected Value,EV),然后计算决策节点的期望值。计算公式如下:

$$EV = \sum_{i=1}^{n}(P_i \times V_i)$$

上式中,P_i 是第 i 个结果发生的概率,V_i 是第 i 个结果对应的收益或成本。

在决策节点,决策者需要比较不同分支的期望值,并选择期望值最高的选项。公式如下:

$$EV = \max(EV_1,\ EV_2,\ \cdots\cdots,EV_n)$$

> ▶▶ 应用案例
>
> 假设你是一家公司的经理,需要决定是否投资一项新技术。有 3 个选择:
>
> (1)投资新技术 A:这项技术有可能带来高回报,但也伴随着较大的风险。
>
> (2)投资新技术 B:这项技术相对稳健,回报较低,但风险也较小。

（3）不进行任何投资：选择保守策略，不进行投资。

通过分析，我们得到3种选择可能的结果与概率：

（1）投资新技术A：

- 高回报：概率为0.5，收益为500 000元。
- 低回报：概率为0.3，收益为100 000元。
- 失败：概率为0.2，损失为200 000元。

（2）投资新技术B：

- 稳定回报：概率为0.7，收益为200 000元。
- 失败：概率为0.3，损失为50 000元。

（3）不进行任何投资：

- 保持现状：没有额外收益或损失，净收益为0。

利用结果来构建决策树，如图17-1所示。

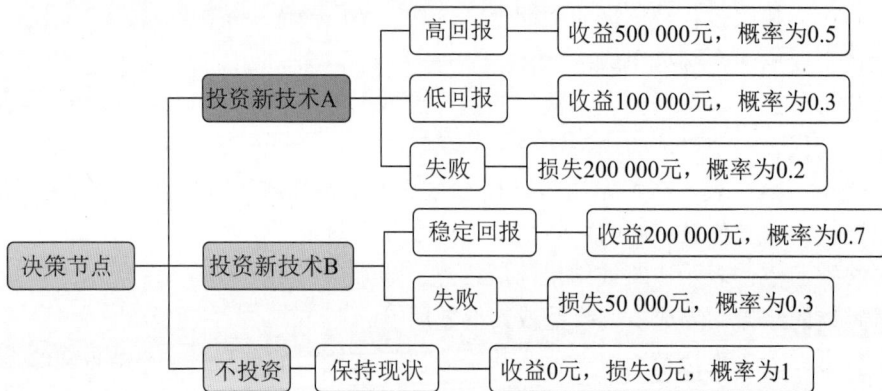

图17-1 决策树案例

接下来计算各种选择的期望值：

（1）投资新技术A的期望值：

$$EV（A）=0.5×500\,000+0.3×100\,000+0.2×（-200\,000）=240\,000\ 元$$

（2）投资新技术B的期望值：

$$EV（B）=0.7×200\,000+0.3×（-50\,000）=125\,000\ 元$$

（3）不进行任何投资的期望值：

（4）EV＝0元

通过计算，得到每个选项的期望值：

- 投资新技术A的期望值为240 000元。
- 投资新技术B的期望值为125 000元。
- 不投资的期望值为0元。

最后基于决策树分析，投资新技术A的期望值最高（240 000元），因此最优决策是选择投资新技术A。尽管存在失败的风险，但从长期预期收益的角度来看，这是最有利的选择。

应用场景：实施定量风险分析。

17. 文件分析

文件分析包括审核和评估任何相关的文件信息，有助于获取相关需求的文件包括：协议、商业计划、现行流程、问题日志等。在项目过程中产生的所有文件都可以作为分析的对象，通过分析得出结论。

应用场景：结束项目或阶段、收集需求、管理质量、识别风险、识别干系人。

18. 挣值分析

挣值是项目管理中的一个核心概念，用来衡量项目进度和成本的实际表现。它是项目在某一时间点上，已完成的工作所对应的预算成本，表示在项目执行过程中已经"挣得"的进度和预算价值。

挣值分析是一种项目管理技术，用于评估项目进度和成本绩效。通过对比项目的实际进展与计划进展，挣值分析能够提供有关项目当前状态和未来表现的深入洞察，帮助项目经理做出更准确的决策。

挣值分析主要依赖以下 3 个基本指标：

（1）计划价值（Planned Value，PV）：在某一时间点，根据项目计划应完成的工作的预算成本。

公式：PV = 计划完成工作量 × 预算成本。

（2）实际成本（Actual Cost，AC）：在某一时间点，实际已经花费的成本。

公式：AC = 实际完成工作量的成本。

（3）挣值（Earned Value，EV）：在某一时间点，已经完成的工作的预算成本。

公式：EV = 实际完成工作量 × 预算成本。

通过这 3 个基本指标，可以计算出以下关键绩效指标：

（1）进度偏差（Schedule Variance，SV）：反映项目进度的偏差情况。

公式：SV = EV-PV。

若 SV > 0，项目进度超前。

若 SV < 0，项目进度滞后。

若 SV = 0，项目进度符合预期。

（2）成本偏差（Cost Variance，CV）：反映项目成本的偏差情况。

公式：CV = EV-AC。

若 CV > 0，项目成本节约。

若 CV < 0，项目超支。

若 CV = 0，项目成本符合预期。

（3）进度绩效指数（Schedule Performance Index，SPI）：衡量项目进度绩效。

公式：SPI = EV / PV。

若 SPI > 1，项目进度超前。

若 SPI < 1，项目进度滞后。

若 SPI = 1，项目进度符合预期。

（4）成本绩效指数（Cost Performance Index，CPI）：衡量项目成本绩效。

公式：CPI = EV / AC。

若 CPI > 1，项目成本节约。

若 CPI < 1，项目超支。

若 CPI = 1，项目成本符合预期。

挣值分析是项目管理中非常有用的工具，它通过量化项目进度和成本的偏差，帮助项目经理在项目执行过程中实时监控和管理项目表现，确保项目能够按计划顺利完成。

> **➡ 应用案例**
>
> 　　假设一个项目的总预算为 100 000 元，计划在 6 个月内完成。到第 3 个月时，计划完成的工作量（PV）应为 50 000 元，实际完成了 45% 的工作，而实际花费的成本（AC）为 55 000 元。请问，项目当前的绩效情况怎样？该采取什么样的行动？
>
> 　　首先，我们要找到 3 个关键的数据：EV、PV 和 AC。其中 PV 和 AC 已明确告知，EV 可以通过完成工作的比例来获得，即：
>
> $$EV = 100\,000 \times 45\% = 45\,000 \text{ 元}$$
>
> 　　这里的 45 000 元表示到目前为止根据原计划"挣得"的预算价值。
>
> 　　然后，利用偏差公式来计算：
>
> SV = EV-PV = 45 000-50 000 = -5 000 元。进度滞后，偏差为 5 000 元。
>
> CV = EV-AC = 45 000-55 000 = -10 000 元。成本超支，偏差为 10 000 元。
>
> SPI = EV / PV = 45 000 / 50 000 = 0.9。进度绩效指数小于 1，表示进度滞后。
>
> CPI = EV / AC = 45 000 / 55 000 ≈ 0.818。成本绩效指数小于 1，表示成本超支。
>
> 　　最后，根据计算结果可以得出结论：该项目目前进度滞后，且成本超支。项目经理应采取纠正措施，如调整资源、优化流程或重新评估预算，以确保项目按时、按预算完成。

应用场景：监控项目工作、控制进度、控制成本、控制采购。

19. 趋势分析

趋势分析用于识别项目绩效指标随时间的变化趋势，帮助项目经理预测未来项目的表现，识别潜在的风险和问题，并为决策提供数据支持。

在项目管理中，趋势分析常用于以下几个方面：

（1）进度趋势分析：跟踪项目的计划价值（PV）、挣值（EV）和实际进展，对比这些指标的历史数据，识别出进度的趋势，如进度超前或滞后。

（2）成本趋势分析：跟踪项目的成本绩效指数（CPI）、成本偏差（CV）等指标，分析成本超支或节约的趋势。

（3）质量趋势分析：跟踪质量控制图、缺陷率等指标，识别质量改进或恶化的趋势。

（4）风险趋势分析：分析风险发生的频率和影响，识别风险增加或减小的趋势。

（5）资源使用趋势分析：跟踪资源分配、使用率和成本，对比历史数据，识别资源使用的趋势。

其中，对于成本趋势的分析最为常用，主要通过计算完工估算和完工尚需绩效指数来对项目未来成本的情况进行预测和分析。

完工估算（EAC）是在项目管理中用于预测项目完成时的总成本的一个关键指标。EAC 预测项目在完工时的总成本，包括已经花费的成本和预计将要花费的成本，它是动态的，会随着项目的进展和项目管理者对未来情况的更新而变化。

根据项目的不同情况，有几种不同的公式来计算EAC。以下是几种常见的EAC计算方法：

（1）假设项目按当前的成本绩效指数（CPI）继续进行，即典型偏差，则有：

$$EAC=BAC/CPI$$

上式中，BAC（Budget at Completion）是项目的完工预算，即项目最初计划的总成本。这种计算方法适用于当前的成本偏差将继续影响未来的情况。

（2）假设项目按当前的进度绩效指数（SPI）和成本绩效指数（CPI）继续进行，则有：

$$EAC=AC+\frac{(BAC-EV)}{(CPI\times SPI)}$$

这种计算方法适用于需要考虑进度和成本对未来的综合影响的情况。

（3）假设未来工作将按照原定预算执行，则有：

$$EAC=AC+(BAC-EV)$$

这种方法适用于项目到目前为止表现较差，但预计未来会按照原计划执行的情况，即非典型偏差。

（4）假设未来工作将按照当前的实际成本执行，则有：

$$EAC=AC+重新估算的结果$$

这种方法适用于项目的未来工作预期与当前工作一致的情况，通常需要对未来工作进行重新估算。

项目经理使用EAC来评估项目的最终成本，并决定是否需要调整预算或资源，以保持项目的成本在控制范围内。高级管理层可以根据EAC的计算结果，决定是否继续投资、增加资源或调整项目的优先级。

完工尚需绩效指数（To-Complete Performance Index，TCPI）是项目管理中的另一个关键指标，用于预测在完成项目剩余工作的过程中，需要达到的绩效水平，以确保项目能够在既定的预算（BAC）或新的完工估算（EAC）范围内完成。它反映了项目未来的成本控制要求。

TCPI有两个常用的计算公式，取决于是基于原预算（BAC）还是基于新的完工估算（EAC）进行计算：

（1）基于预算（BAC）的TCPI。

如果项目需要在最初的预算（BAC）内完成，TCPI的计算公式为：

$$TCPI=\frac{(BAC-EV)}{(BAC-AC)}$$

（2）基于完工估算（EAC）的TCPI。

$$TCPI=\frac{(EAC-EV)}{(EAC-AC)}$$

当TCPI＞1时，表示项目需要比目前的成本绩效更高才能在预算内完成。如果TCPI值越大，意味着实现目标的难度越大。

当TCPI＝1时，表示项目需要保持当前的成本绩效才能在预算内完成。

当TCPI＜1时，表示项目可以在当前或稍低的成本绩效下完成，意味着项目的成本控制较为宽松。

项目经理可以通过 TCPI 评估项目未来的成本控制需求，判断是否需要采取额外的成本控制措施。当项目表现不佳且需要重新估算完工成本（EAC）时，TCPI 帮助项目经理了解在新的预算目标下，项目需要达到的绩效水平。

> **➡️ 应用案例**
>
> 假设你正在管理一个项目，该项目的预算总额（BAC）为 100 000 元。项目计划在 10 个月内完成。现在项目进行到第 6 个月，已完成 60% 的工作（EV=60% × BAC=60 000 元），但实际已经花费 70 000 元（AC=70 000 元）。请问，项目的完工估算和完工尚需绩效指数分别是多少？
>
> （1）EAC 计算。
>
> 根据项目的当前情况，可以使用不同的方法来计算 EAC。
>
> ①假设未来工作将继续按当前的成本绩效指数（CPI）进行，则：
>
> CPI=EV/AC=60 000/70 000 ≈ 0.857。
>
> EAC=BAC/CPI=100 000/0.857 ≈ 116 700 元。
>
> 在这种情况下，预计项目的最终成本约为 116 700 元，意味着你需要超出原预算 16 700 元来完成项目。
>
> ②假设未来工作将按原定预算进行，则：
>
> EAC=AC+（BAC-EV）=70 000+（100 000-60 000）=110 000 元。
>
> 在这种情况下，预计项目的最终成本为 110 000 元，即比原预算超支 10 000 元。
>
> （2）TCPI 计算。
>
> ①基于原预算（BAC）的 TCPI。
>
> 假设你仍希望项目能够在原预算（100 000 元）内完成，则：
>
> TCPI（BAC）=（BAC-EV）/（BAC-AC）=（100 000-60 000）/（100 000-70 000）≈ 1.33。
>
> 这意味着，为了在原预算内完成项目，未来的成本绩效必须提高到当前的 1.33 倍。这是一个较高的要求，表明你需要极大的成本控制来实现这一目标。
>
> ②基于完工估算（EAC）的 TCPI。
>
> 假设你接受项目需要按照新的完工估算（EAC=116 700 元）来完成，则：
>
> TCPI（EAC）=（EAC-EV）/（EAC-AC）=（116 700-60 000）/（116 700-70 000）≈ 1.21。
>
> 这意味着，即使在新的 EAC 范围内完成项目，仍然需要提高到当前成本绩效的 1.21 倍来实现目标。

应用场景：监控项目工作、结束项目或阶段、控制范围、控制进度、控制成本、控制资源、控制采购。

20. 敏感性分析

敏感性分析是一种用于评估不同变量对项目或决策结果的影响程度的方法，主要目的是确定哪一个或哪几个输入变量对结果（如成本、收益、完成时间等）的影响最大。通过这种分析，项目经理或决策者可以了解哪些变量对项目结果有重大影响，从而优先关注这些因素，理解不同变量的变化可能给项目带来的风险，并准备应对策略，通过调整最敏感的变量，优化项目的整体结果。可以理解为当不确定哪个因素的影响最大的时候，需不断试错，直到找到那个影响最大的原因。

➡ 应用案例

假设你正在管理一个建设项目，项目的总成本取决于以下几个关键变量：

● 材料成本：1 000 000 元。

● 劳动力成本：500 000 元。

● 项目工期：12 个月。

你希望评估这些变量的变化对项目总成本的影响。

首先，确立总成本（Total Cost，TC）计算公式：

$$TC = 材料成本 + 劳动力成本 + （工期每月运营成本）$$

假设每月的运营成本为 50 000 元，那么：

$$TC = 1\ 000\ 000 + 500\ 000 + （12 \times 50\ 000）$$

然后，逐个变量进行分析，依次改变材料成本、劳动力成本和工期，并观察总成本的变化。例如：

（1）材料成本增加 10%：1 000 000 × 1.1 = 1 100 000 元，则新总成本 = 1 100 000 + 500 000 + （12 × 50 000）= 2 200 000 元。

（2）劳动力成本减少 5%：500 000 × 0.95 = 475 000 元，则新总成本 = 1 000 000 + 475 000 + （12 × 50 000）= 2 075 000 元。

（3）项目工期延长 2 个月：新工期 = 14 个月，则新总成本 = 1 000 000 + 500 000 + （14 × 50 000）= 2 200 000 元。

通过对比这些结果，可以发现：

材料成本和工期的变化对总成本的影响较大，劳动力成本的变化带来的影响相对较小。这表明材料成本和工期是敏感变量，应该在项目管理中优先加以控制。

应用场景：实施定量风险分析。

21. 影响图

影响图是一种图形化的工具，用于描述和分析决策过程中各个要素之间的相互关系。它在决策分析中非常有用，尤其是在复杂的项目管理、风险分析和不确定性决策中。

项目管理中常见的影响图主要有 S 曲线图和龙卷风图两种。

S 曲线图（如图 17-2 所示）是一种用于展示项目进度或项目绩效的图形工具。它通过图形化的方式展示项目随时间的累计进展，通常用于监控项目的预算、进度和资源使用情况。S 曲线图通常呈"S"形，因为项目开始时进展较慢，中期加速，接近尾声时又逐渐放缓。图中 X 轴通常表示时间（例如项目的开始日期到结束日期），Y 轴则表示累计的进展（例如累计成本、累计完成的工作量、累计资源使用等）。

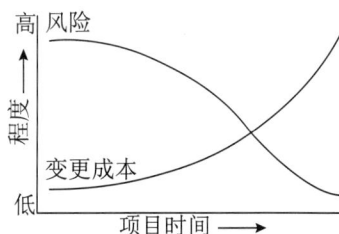

图 17-2　S 曲线图

龙卷风图（如图 17-3 所示）是一种用于敏感性分析的图表，主要用于显示不同变量对决策结果的影响程度。通过该图表，项目经理可以识别哪些因素对项目结果最为敏感，从而重点关注和管理这些因素。龙卷风图的横轴表示变量的变化范围或对结果的影响程度（例如对项目成本的影响金额），纵轴列出不同的变量（例如材料成本、工期、劳动力成本等），用条形图表示每个变量对应的条形长度，表示该变量的变化对结果的影响大小。条形图从中间向两边展开，敏感性最高的因素位于顶部，从高到低依次排列，形成类似"龙卷风"形状。

图 17-3　龙卷风图

应用场景：实施定量风险分析。

22. 迭代燃尽图

迭代燃尽图是一种图表，显示在某个迭代周期内，剩余工作量（通常以故事点、任务或工时为单位）随时间的减少情况。它通常用于敏捷开发中的 Scrum 框架，帮助团队监控迭代中任务的完成进度。用 X 轴表示时间，通常为迭代的天数或时间段；Y 轴表示剩余工作量，如故事点或任务数量。用燃尽线显示团队在迭代期间实际工作的完成情况。理想的燃尽线是从迭代开始时的总工作量下降到迭代结束时的零。用理想燃尽线表示如果工作量按预期的速度逐日减少，工作将在迭代结束时完成。这是一条直线，用于对比实际进度。

通过迭代燃尽图，团队可以实时跟踪迭代的进展情况，判断是否有可能按时完成迭代计划。如果燃尽线显著高于理想燃尽线，表明工作进度落后，团队可能需要调整工作节奏或优先级。燃尽图为团队成员和项目利益相关者提供清晰的进度可视化，促进团队协作和沟通。

假设你有一个两周的迭代，开始时有 250 个故事点需要完成。迭代燃尽图可能如图 17-4 所示。

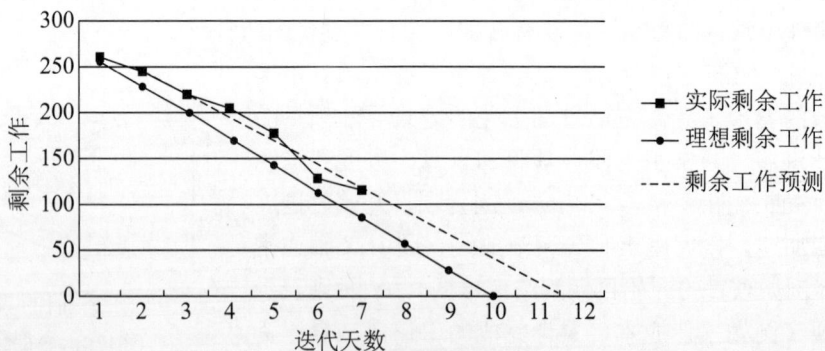

图 17-4　迭代燃尽图

与燃尽图不同，燃起图显示的是工作量的增加情况，通常包括两条曲线：一条表示已完成的工作量，另一条表示总工作量（可能会因为新需求的加入而变化）。燃起图用 X 轴表示时间，通常为项目或迭代的时间段，用 Y 轴表示工作量，如故事点或任务数量。已完成工作线显示随着时间的推移团队已完成的工作量。总工作量线显示项目的总工作量，包括可能的变更或新增的工作。

燃起图直观地展示了项目中已完成的工作量与总工作量的关系，帮助团队了解整体进展；还可以清晰地展示由于需求变更或范围扩大导致的总工作量的增加情况，便于管理项目范围蔓延。通过观察已完成工作线和总工作量线的趋势，团队可以预测项目的完工时间。

燃起图可能如图 17-5 所示。

已完成的故事点

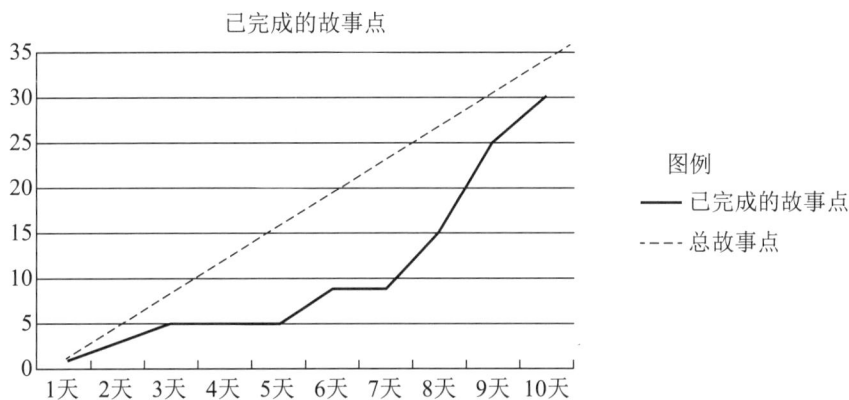

图 17-5　燃起图

燃尽图和燃起图的对比：燃尽图专注于剩余工作量的减少，是团队监控迭代完成进度的常用工具。燃起图则展示了已完成工作量的增长及总工作量的变化，是更适合项目级别的进度跟踪工具，尤其在处理范围变更时适用。

两者可以结合使用，以提供对项目进展的全方位视图。燃尽图有助于团队在短期内保持进度，而燃起图则提供了对项目整体状况的长期视角。

应用场景：控制进度。

23. 自制或外购分析

自制或外购分析是项目管理和业务决策中的一种重要分析工具，用于决定一个组织是内部生产产品或服务，还是从外部供应商采购。这种分析通常涉及成本、时间、质量、资源能力以及战略性考虑等多个因素。

> **▶ 应用案例**
>
> 假设一家软件公司需要开发一款新的应用程序，可以选择内部开发（自制）或者外包给第三方公司（外购）。到底选择哪个？可以通过分析来决策：
> - 从成本看，内部开发的成本包括开发人员工资、设备成本和技术支持成本；外包的成本包括外包合同费用和管理外包项目的成本。
> - 从时间因素看，内部开发可能需要 6 个月，而外包公司可以在 3 个月内完成开发。

- 在质量保证上，内部开发可以完全掌控代码质量和设计细节，外包可能面临质量控制的挑战。
- 从资源能力角度看，公司内部开发团队的负荷已经很高，可能没有足够的资源及时完成项目。
- 从战略角度考虑，公司希望保持对核心技术的控制，因此更倾向于内部开发。
- 从风险管理角度看，外包可能面临供应商延误或不符合质量标准的风险；内部开发可能会因资源短缺导致项目延迟。

经分析，公司决定内部开发该应用程序，以保持对技术和质量的控制，尽管时间上会稍有延迟。

应用场景：规划采购管理。

24. 绩效审查

绩效审查是根据基准，测量、对比和分析实际绩效完成情况，如已完成百分比、当前工作的剩余持续时间等。衡量个人或团队在特定时间段内的表现，确定目标完成情况，并为未来的工作改进提供反馈。

绩效审查的作用主要包括以下几个方面：

（1）了解项目或个人目标的完成情况，确认工作是否按计划进行，是否达到预期的绩效标准。

（2）向团队成员提供有关其表现的具体反馈，肯定其做得好的方面，并指出需要改进的地方。

（3）通过审查识别出影响项目进度或质量的问题，制订改进计划，确保后续工作顺利进行。

（4）根据审查结果，为团队或个人设定新的目标，调整项目计划和资源配置。

绩效审查通常可以通过绩效审查会来进行。

应用场景：控制进度、控制质量、控制资源、控制采购。

25. 过程分析

过程分析是系统地研究和评估业务流程、工作流程或操作程序的过程，以识别改进机会、提高效率、减少成本和提升质量。在项目管理中，主要用来进行质量管理，以识别过程改进机会，同时检查在过程中遇到的问题、制约因素，以及非增值活动。

过程分析经常采用一些图形工具来进行，主要有：

（1）流程图：图形化表示流程的各个步骤和决策点，帮助理解和分析流程的结构和顺序。

（2）价值流图：用于识别和分析从原材料到最终产品的整个价值流，找出浪费和改进机会。

（3）因果图（也称鱼骨图）：用于分析问题的原因，识别潜在的影响因素和根本原因。

（4）SIPOC图：用于描述和理解流程的主要组成部分，帮助识别关键的供应商、输入、过程、输出和客户。

（5）关键绩效指标（KPI）：用于衡量流程的绩效，监控和评估流程改进的效果。

应用场景：管理质量。

26. 回归分析

回归分析是一种统计方法，用于研究一个或多个自变量（预测变量）与因变量（响应变量）之间的关系。回归分析帮助我们理解变量之间的关系，预测因变量的值，并评估自变量对因变量的影响。在项目管理中，该技术分析作用于项目结果的不同项目变量之间的相互关系，以提高未来项目的绩效。

最经常用到的是线性回归，包含两种类型：

（1）简单线性回归：涉及一个自变量和一个因变量，使用直线来拟合数据。例如，预测销售额（因变量）与广告支出（自变量）的关系。

（2）多元线性回归：涉及多个自变量和一个因变量，使用一个平面或超平面来拟合数据。例如，预测房价（因变量）与多个因素（如面积、位置、房间数量等）（自变量）的关系。

应用场景：结束项目或阶段。

27. 储备分析

储备分析是一种用于确定项目中需要保留的额外资源或预算，以应对不确定性和潜在风险的分析方法。为项目中不可预见的问题和风险事件留出足够的资源或预算，确保项目能够按计划推进，降低风险对项目的影响，确保项目能够应对各种可能的挑战，进而提高项目的韧性，使其在遭遇问题时能快速恢复和调整，实现项目目标。

储备分析主要有两种类型：

（1）应急储备：为已识别的风险事件设置的额外预算或资源，通常用于应对特定的风险或问题。应急储备是基于风险管理计划中识别的风险和不确定性来设置的。

（2）管理储备：为未知风险和未识别的不确定性设置的额外预算或资源，通常由项目高级管理层控制，用于应对无法预见的情况。管理储备是基于整体项目的不确定性和复杂性来设置的。

> ▶ **应用案例**
>
> 例如一个建筑项目的预算为 500 万美元，项目团队识别出若干风险因素，包括天气原因延误、材料价格波动和施工质量问题。
>
> 通过评估这些风险的可能性和对项目的影响，发现因天气原因延误的可能性是 30%，影响是 10 万美元；材料价格波动的可能性是 20%，影响是 15 万美元；施工质量问题的可能性是 10%，影响是 20 万美元。
>
> 根据风险的影响，设置应急储备。例如，为天气原因延误设置 5 万美元的储备，为材料价格波动设置 10 万美元的储备，为施工质量问题设置 20 万美元的储备，总共需要 35 万美元的应急储备。应急储备包含在项目预算中，同时设置 20 万美元的管理储备以应对未知的风险和不确定性。

要特别注意，在项目过程中，项目团队需要监控项目进展和风险状况，定期评估储备的有效性。若发现实际风险超出预期，需调整储备量。

下面介绍一下风险的分类。

（1）已知－未知风险：指那些已知存在的风险，但其具体细节和可能的影响尚不完全明确。这些风险在项目中已被识别，但由于缺乏完整的信息或数据，项目团队不能完全预测它们的影响或发生的概率。比如：

- 市场条件可能会发生变化，但具体变化及其对项目的影响尚不清楚。例如，新竞争者进入市场可能会影响销售额，但具体影响尚未明确。
- 新法规的实施可能对项目产生影响，但具体的法律要求及其对项目的影响尚不明确。

（2）未知－未知风险：指那些完全无法预测或识别的风险。这些风险不仅在项目开始时未被识别，而且在整个项目过程中也难以预见。它们通常是由于新的或意外的事件而出现的，这些事件在项目规划和风险管理过程中未被考虑。比如：

- 自然灾害：如地震、洪水等突发性自然灾害，可能在项目计划阶段未被考虑。
- 突发性事件：如经济安全事件（如金融危机），对项目的影响在项目规划时无法预测。

应用场景：估算活动持续时间、估算成本、制定预算、控制成本、监督风险。

28. 风险概率和影响矩阵

风险概率和影响矩阵是用来评估和优先排序风险的工具。它通过将风险的发生概率与其对项目的影响相结合，帮助项目团队确定哪些风险最值得关注，并制定相应的应对措施。

风险概率和影响矩阵通常是一个二维矩阵，其中一个维度表示风险发生的概率，另一个维度表示风险对项目的影响。矩阵的每个单元格代表了不同组合的概率和影响，从而帮助评估每个风险的优先级。

➡ 应用案例

假设一个软件开发项目团队识别了以下风险：

（1）技术难题。

（2）供应链延误。

（3）预算超支。

（4）关键人员离职。

（5）市场需求变化。

项目团队对以上风险进行了评估，识别它们的概率和影响如下：

（1）技术难题——概率：中（30%）；影响：高（严重影响）。

（2）供应链延误——概率：高（60%）；影响：中（中等影响）。

（3）预算超支——概率：低（10%）；影响：高（严重影响）。

（4）关键人员离职——概率：中（40%）；影响：中（中等影响）。

（5）市场需求变化——概率：低（20%）；影响：中（中等影响）。

根据评估的结果列出风险概率和影响矩阵，如表 17-1 所示。

表 17-1　风险概率和影响矩阵

风险概率 / 影响	低影响	中影响	高影响
低概率		市场需求变化	预算超支
中概率		关键人员离职	技术难题
高概率		供应链延误	

通过该矩阵可以得出以下结论：

- 技术难题：在矩阵中，位于中概率和高影响的交叉区域，显示为中等风险，需重点关注和准备应对措施。
- 供应链延误：在矩阵中，位于高概率和中影响的交叉区域，显示为较高风险，需要采取措施减少供应链风险。
- 预算超支：在矩阵中，位于低概率和高影响的交叉区域，虽然发生的概率较低，但一旦发生影响严重，因此需要在预算中设置应急储备。
- 关键人员离职：在矩阵中，位于中概率和中影响的交叉区域，表示中等风险，需要准备备份计划和知识转移计划以减少影响。
- 市场需求变化：在矩阵中，位于低概率和中影响的交叉区域，显示为较低风险，但仍需关注市场动态并调整项目策略。

当然，我们也可以给概率和影响按照不同的等级赋予相应的数值，对照风险在矩阵中的位置，计算概率和风险的乘积，然后根据数值的大小来排列风险的顺序和优先级。

应用场景：实施定性风险分析。

29. 根本原因分析

根本原因分析是一种系统性的方法，用于识别和解决问题的根本原因，而不仅仅是解决表面上的症状。这种分析方法常用于质量管理、项目管理、生产管理和其他领域，以确保问题不会重复发生，并且改进过程的效率和效果。

常见的根本原因分析工具有：

（1）因果图（鱼骨图）：通过图示化的方式展示问题的潜在原因，并分类列出各种因素（如人、机器、方法、材料等），帮助识别原因之间的关系。

（2）5 Whys（5 个为什么）分析法：通过连续提问"为什么"来追溯问题的根本原因。这种方法简便有效，尤其适用于小规模的问题分析。

➡ 应用案例

假设在生产过程中出现了产品质量不合格的问题，影响到客户满意度和生产效率。

首先，项目质量团队收集了不合格产品的数据，包括生产日期、机器设备、操作员、原材料等信息。

接着，项目团队展开头脑风暴，使用因果关系图（鱼骨图）展示了可能的原因，如原材料质量问题、操作员技能不足、设备维护不良、生产工艺问题等；再通过 5

Whys 分析法，发现问题的根本原因是原材料供应商提供了不符合质量标准的材料。通过对原材料进行检验，确认了供应商提供的材料确实存在问题，并对样本进行验证。

找到根本原因后，制定和实施解决方案，更换供应商，确保原材料符合质量标准，增加原材料入厂检验的频率，以防止类似问题发生。

最后，要持续监控生产过程中的产品质量，确保问题得到解决，定期审查供应商的质量管理，确保原材料质量持续符合标准。

应用场景：监控项目工作、管理质量、控制质量、识别风险、规划干系人参与、监督干系人参与。

30. 蒙特卡洛分析（模拟）

蒙特卡洛分析是一种利用随机模拟技术来评估不确定性并预测可能结果的分析方法。通过生成大量的随机样本，并模拟系统的可能行为，以便在不确定性较大的情况下估计不同结果的概率分布。这种方法可以帮助理解系统在各种条件下的表现，并识别潜在的风险和机会。

蒙特卡洛分析的核心是建立一个数学模型，反映系统或项目的关键参数和变量。模型可以是项目的时间表、成本估算或其他需要预测的指标。例如，在项目管理中，输入变量可能包括任务持续时间、成本估算等。然后使用计算机生成大量的随机样本，这些样本根据所定义的输入变量的概率分布来生成。模拟通常会运行成千上万次，以确保结果的可靠性。通过重复这一过程，生成一个输出结果的概率分布。分析模拟结果，揭示最可能的结果范围、风险的概率以及极端事件发生的可能性。

> **应用案例**
>
> 假设一个项目的关键任务有 3 个不确定的参数：任务 A 的持续时间、任务 B 的持续时间和任务 C 的持续时间。各任务的持续时间估计如下：
> - 任务 A：最可能值为 10 天，最小值为 8 天，最大值为 14 天。
> - 任务 B：最可能值为 15 天，最小值为 12 天，最大值为 18 天。
> - 任务 C：最可能值为 20 天，最小值为 18 天，最大值为 25 天。
>
> （1）步骤 1：构建模型。
>
> 将任务 A、B、C 的持续时间相加，得到项目的总持续时间。
>
> （2）步骤 2：定义输入变量的分布。
>
> 选择三角分布作为每个任务持续时间的概率分布，则有：
> - 任务 A：三角分布（8，10，14）。
> - 任务 B：三角分布（12，15，18）。
> - 任务 C：三角分布（18，20，25）。
>
> （3）步骤 3：运行蒙特卡洛模拟。
>
> 运行 1000 次模拟，每次从上述三角分布中随机抽取一个值来代表每个任务的持续时间，然后计算项目总持续时间。
>
> （4）步骤 4：分析结果。

模拟结果可能显示：

- 项目完工时间的平均值为 45 天。
- 90% 的模拟结果在 40 天到 50 天之间。
- 10% 的可能性项目完工时间超过 50 天。

（5）步骤 5：决策。

根据结果，项目经理可以采取措施，如增加缓冲时间或优化任务顺序，以减少项目延迟的风险。

应用场景：实施定量风险分析。

31. 干系人分析

干系人分析是一种识别、分析和管理项目中所有相关干系人的方法。它帮助项目经理和团队了解干系人的需求、利益、影响力，以及他们在项目中的角色，以便更好地与他们沟通和合作，确保项目的成功。

分析的主要领域包括干系人的利益、影响力和态度。

- 利益：理解每个干系人在项目中有何利益，他们希望从项目中获得什么。
- 影响力：评估干系人对项目的影响力有多大，他们能够如何影响项目的成功或失败。
- 态度：了解干系人对项目的态度，是支持、反对还是中立。

权力 / 利益矩阵是最常用的工具之一，按照"权力"和"利益"两个维度将干系人划分为 4 类，如图 17-6 所示。

根据分析结果，为每类干系人制定具体的管理和沟通策略，确保高权力、高利益的干系人得到充分的关注和参与。明确每个干系人的沟通需求和期望，制订定期沟通计划，以保持他们的支持。

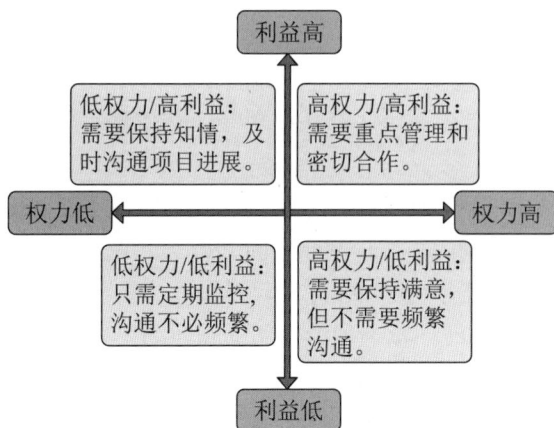

图 17-6 权力 / 利益矩阵

要注意，随着项目的进展，干系人的需求、态度和影响力可能会发生变化。因此，干系人分析和管理计划需要持续监控，并根据情况进行调整。

> **应用案例**
>
> 假设一个新产品开发项目需要进行干系人分析。
>
> 项目团队通过识别干系人，得到项目的主要干系人，包括：项目团队成员、高层管理人员、客户/用户、销售和市场团队、供应商、法律顾问、政府监管机构。
>
> 通过分析干系人的权力和利益，将干系人进行分类，比如：
>
> - 高层管理人员：高权力、高利益。他们关心项目的战略对齐和财务回报，支持项目的顺利执行。
> - 客户/用户：低权力、高利益。他们关注产品的功能、质量和用户体验。
> - 供应商：低权力、低利益。他们只关心合同履行和按时付款。
>
> 根据分析的结果来制定管理策略：
>
> - 高层管理人员：定期汇报项目进展，确保他们的参与和支持，解决项目中的关键问题。
> - 客户/用户：定期收集反馈，参与产品测试，以确保产品满足他们的需求。
> - 供应商：保持基本的沟通，确保按时交付和付款。

应用场景：规划风险管理、识别干系人、监督干系人参与。

32. SWOT 分析

SWOT 分析是一种战略规划工具，用于评估组织、项目或个人的优势（Strengths）、劣势（Weaknesses）、机会（Opportunities）和威胁（Threats）。通过识别这 4 个方面，SWOT 分析帮助决策者了解当前状况，制定相应的策略，以发挥优势、克服劣势、抓住机会、应对威胁。

SWOT 分析的 4 个要素包括：

（1）优势（Strengths）：组织或项目所具备的有利因素，这些因素可以帮助实现目标或产生竞争优势。例如：强大的品牌声誉、领先的技术能力、丰富的行业经验、高效的供应链管理、忠诚的客户基础。

（2）劣势（Weaknesses）：组织或项目内部的不足之处，这些因素可能阻碍目标的实现或削弱竞争优势。例如：资金不足、产品线单一、技术落后、市场营销能力不足、低员工士气。

（3）机会（Opportunities）：外部环境中可能为组织或项目带来好处的因素，这些因素可以帮助组织实现增长或提高竞争力。例如：新兴市场的增长、政府政策支持、技术进步带来的创新机会、行业整合机会、市场需求的变化。

（4）威胁（Threats）：外部环境中可能对组织或项目产生不利影响的因素，这些因素可能阻碍目标的实现或削弱竞争力。例如：激烈的市场竞争、政策和法规变化、经济衰退、技术的迅速变化、原材料价格上涨。

将识别出的优势、劣势、机会和威胁列在一个四象限矩阵中，进而制定组织的应对策略，主要有以下 4 种：

- SO 策略（优势 – 机会）：利用内部优势去抓住外部机会。
- WO 策略（劣势 – 机会）：克服内部劣势以抓住外部机会。

- ST 策略（优势 – 威胁）：利用内部优势来应对外部威胁。
- WT 策略（劣势 – 威胁）：最小化劣势和威胁，必要时进行防御性策略。

应用案例

假设一家电子消费品公司正在考虑进入一个新兴市场，组织进行 SWOT 分析，分析结果如下：

（1）优势（S）：

- 公司在技术创新方面处于行业领先地位。
- 拥有强大的研发团队和专利储备。
- 公司的品牌在全球范围内享有很高的知名度。

（2）劣势（W）：

- 目前在该新兴市场没有销售网络。
- 对新市场的消费者需求缺乏深入了解。
- 供应链过于依赖少数几个供应商，灵活性不足。

（3）机会（O）：

- 新兴市场的中产阶级崛起，对高端电子产品的需求正在增加。
- 政府政策鼓励外资企业进入，提供税收优惠。
- 数字化转型加速，市场对智能设备的需求日益增长。

（4）威胁（T）：

- 本地竞争者已经建立了牢固的市场基础。
- 政治环境不稳定，可能影响投资安全。
- 新技术的快速变化可能导致现有产品迅速过时。

通过分析进行策略制定：

- SO 策略：利用公司的技术创新优势和品牌知名度，开发适合新兴市场需求的高端智能设备，并通过与当地合作伙伴建立分销渠道快速进入市场。
- WO 策略：在进入市场前，进行深入的市场调研和消费者需求分析，并通过多元化供应链来提升供应链的灵活性。
- ST 策略：通过强大的品牌营销活动，迅速提升在新兴市场中的认知度和接受度，以对抗本地竞争者。
- WT 策略：在政治环境不稳定的地区，采取谨慎的投资策略，例如与当地企业合资以降低风险，并保持技术的持续更新以应对新技术带来的挑战。

应用场景：识别风险。

33. 偏差分析

偏差分析是一种用于评估实际绩效与计划绩效之间差异的分析方法。偏差分析帮助项目经理和团队识别和理解项目中发生的偏差，进而采取纠正措施，以确保项目按计划进行。偏差分析通常关注 3 个关键方面：

（1）进度偏差（SV）：衡量项目的实际进度与计划进度之间的差异。它反映了项目当前进度是提前、按计划还是落后于计划进度。

计算公式：SV=EV-PV。

（2）成本偏差（CV）：衡量项目的实际成本与计划成本之间的差异。它反映了项目当前成本是超支、节约还是按预算进行。

计算公式：CV=EV-AC。

（3）质量偏差：衡量项目的实际质量与预期质量之间的差异。它通常通过缺陷率、质量检测结果或客户满意度等指标来评估。

应用场景：监控项目工作、结束项目或阶段、控制范围、控制进度、控制成本。

34. 假设情景分析

假设情景分析是一种预测和分析工具，用于探讨和评估不同情景下可能出现的结果。它能帮助组织或团队了解在不同情况下的潜在风险、机会以及应对策略。

假设情景分析首先会确定分析的主要目标是什么，以及哪些变量或因素会对结果产生重大影响。这些变量可能包括项目的时间、成本、资源、技术等。然后基于关键变量，构建多个可能的情景。这些情景通常包括最优情景、最差情景和最可能情景，也可以根据具体需要构建其他情景。最后通过模拟或定量分析，评估每个情景下的结果，考虑每个情景下的成本、时间、质量、风险等方面的影响。

> **➤ 应用案例**
>
> 假设一家软件公司正在开发一款新产品，他们使用假设情景分析来评估市场需求变化对产品成功的影响。首先设定会影响结果的关键变量，总共有3个，分别是：市场需求、开发时间、开发成本。
>
> 然后进行情景构建：
> - 乐观情景：市场需求高，公司在预期时间内按预算完成开发。
> - 悲观情景：市场需求低，开发时间延长，且成本超支。
> - 中性情景：市场需求符合预期，开发时间和成本与计划一致。
>
> 经过分析得到如下结论：
> - 在乐观情景下，公司预计销售额将大幅增长，投资回报率（ROI）高。
> - 在悲观情景下，公司可能面临亏损，需要额外的融资，或放弃项目。
> - 在中性情景下，公司能实现适度的利润，风险可控。

通过构建和分析不同情景，决策者可以更好地了解潜在的风险和机会，制定适当的应对策略，从而提高项目或业务成功的概率。

应用场景：制订进度计划、控制进度。

35. 亲和图

亲和图是一种用于组织和分类大量信息或想法的工具，属于数据展示的一种方法，特别是在头脑风暴或收集数据之后，亲和图可以帮助团队将混乱的信息整理成结构化的主题或类别，以便更好地理解问题或机会。

在项目管理中，通过头脑风暴、调查、访谈等方式收集大量信息或想法。可以使用便利贴或卡片，将每个信息或想法记录下来；将相似或相关的信息进行分组，形成自然的主题或类别。如果有必要，可以进一步细分或合并类别，使亲和图结构更加清晰和逻辑化。

▶ **应用案例**

对某公司产品交期不准的原因进行分类，如图 17-7 所示。

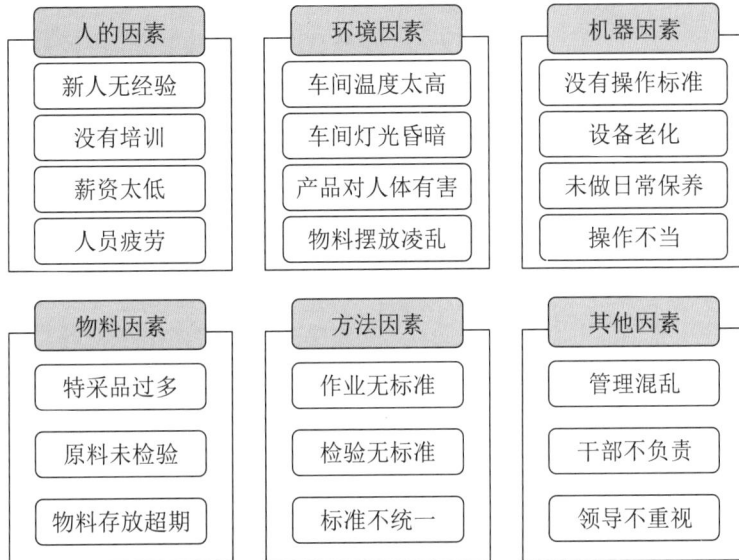

人的因素	环境因素	机器因素
新人无经验	车间温度太高	没有操作标准
没有培训	车间灯光昏暗	设备老化
薪资太低	产品对人体有害	未做日常保养
人员疲劳	物料摆放凌乱	操作不当

物料因素	方法因素	其他因素
特采品过多	作业无标准	管理混乱
原料未检验	检验无标准	干部不负责
物料存放超期	标准不统一	领导不重视

图 17-7　某公司产品交期不准亲和图

应用场景：收集需求、质量管理。

36. 因果图

因果图，又称鱼骨图或石川图，是一种用于分析和识别问题根本原因的工具。它通过系统地展示问题的可能原因，帮助团队深入探讨问题的来源，以便找到有效的解决方案。因果图通常有一个主干和多个分支，主干代表问题或效果，而分支则代表可能的原因。每个分支可以进一步细分，显示更详细的子原因。

在根本原因的分析上，可以从人、机、料、法、环 5 个方面入手：

（1）人员（People）：涉及与人员相关的因素，如技能、培训、态度、行为等。

（2）机器（Machine）：与设备、工具、技术相关的因素。

（3）材料（Material）：与原材料、消耗品、输入等相关的因素。

（4）方法（Method）：涉及工作流程、程序、政策、规范等。

（5）环境（Environment）：包括工作环境、物理条件、文化、市场状况等外部因素。

根据以上切入点，团队成员进行头脑风暴，列出每个类别下的可能原因，将这些原因作为二级或三级分支标记在因果图上。最终确定最有可能的根本原因，进而制定和实施相应的解决方案，解决问题。

➡ 应用案例

假设一家制造公司面临产品质量问题（如产品有缺陷），他们可以使用因果图分析可能的原因。

- 问题（效果）：产品存在缺陷。

主要原因类别：

- 人员：员工培训不足、操作失误、经验不足。
- 机器：设备老化、维护不足、校准不准确。
- 材料：原材料不合格、供应商问题、存储不当。
- 方法：工艺流程复杂、工作标准不明确、检测方法不当。
- 环境：工作场所温度过高、湿度不适宜、照明不足。
- 测量：测量工具不准确、数据记录不当、检测频率不足。

可根据以上内容绘制鱼骨图，此处略。

应用场景：管理质量、控制质量。

37. 控制图

控制图，又称质量控制图，是一种用于监控过程行为的统计工具。它帮助组织或团队通过分析过程的变异性，判断一个过程是否处于控制状态，是否在可接受的范围内，从而确保产品或服务的质量。

控制图的主要组成部分包括：

（1）中心线（CL）：代表过程的平均值或目标值。通常是根据历史数据计算得出的平均值。

（2）控制上限（UCL）和控制下限（LCL）：这两条线分别位于中心线的上方和下方，表示过程的控制界限。控制限通常设置为均值的 ± 3 个标准差（即 $\pm 3\sigma$），表示 99.73% 的数据点应落在这个范围内。

（3）数据点：实际测量的过程数据点。每个数据点代表某一时间点或批次的测量值。

（4）时间轴：控制图的横轴通常表示时间序列或批次编号，展示过程随时间的变化趋势。

通过控制图，可以判断过程是否处于统计控制状态，即数据是否在控制限范围内，是否存在异常波动，若数据点超出控制限，或出现非随机模式（如连续数据点位于控制限的一侧），则说明出现失控的情况。

这里要特别注意的是控制图七点原则。七点原则表明，如果控制图上有连续 7 个或 7 个以上的数据点（包括第 7 个点）出现以下情况之一，过程可能存在异常，需要进一步调查和纠正：

- 连续七点都落在中心线的一侧。
- 连续七点呈现递增或递减趋势。
- 连续七点都非常接近或超过控制上限（UCL）或控制下限（LCL）。

控制图示例如图 17-8 所示。

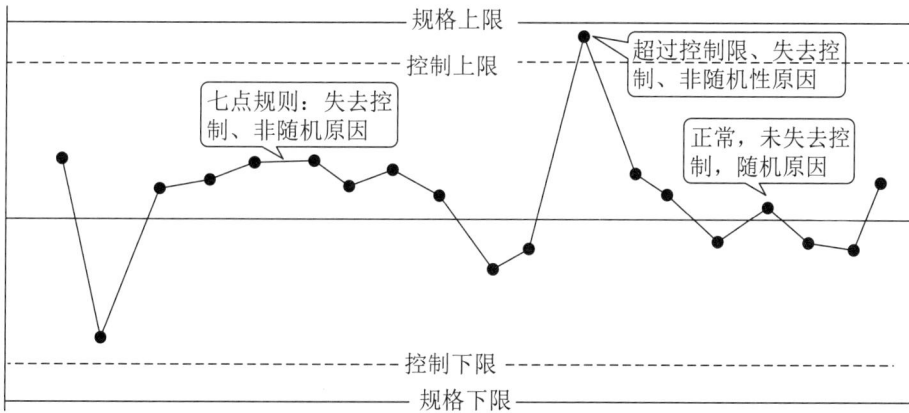

图 17-8　控制图

应用场景：控制质量。

38.流程图

流程图是一种图形化工具，用于表示工作流程、过程或系统的步骤和决策点。它通过一系列符号和箭头来显示任务的顺序和路径，帮助人们理解、分析和改进流程。

在项目管理中，流程图可以将过程可视化，将复杂的流程或系统分解为易于理解的步骤，帮助团队成员或干系人了解流程的工作原理。

流程图还可以发现流程中的瓶颈、冗余步骤或可能的改进点，有助于优化流程。在项目的质量管理中，流程图用于定义和控制各个流程，确保项目输出符合预期标准。

流程图示例如图 17-9 所示。

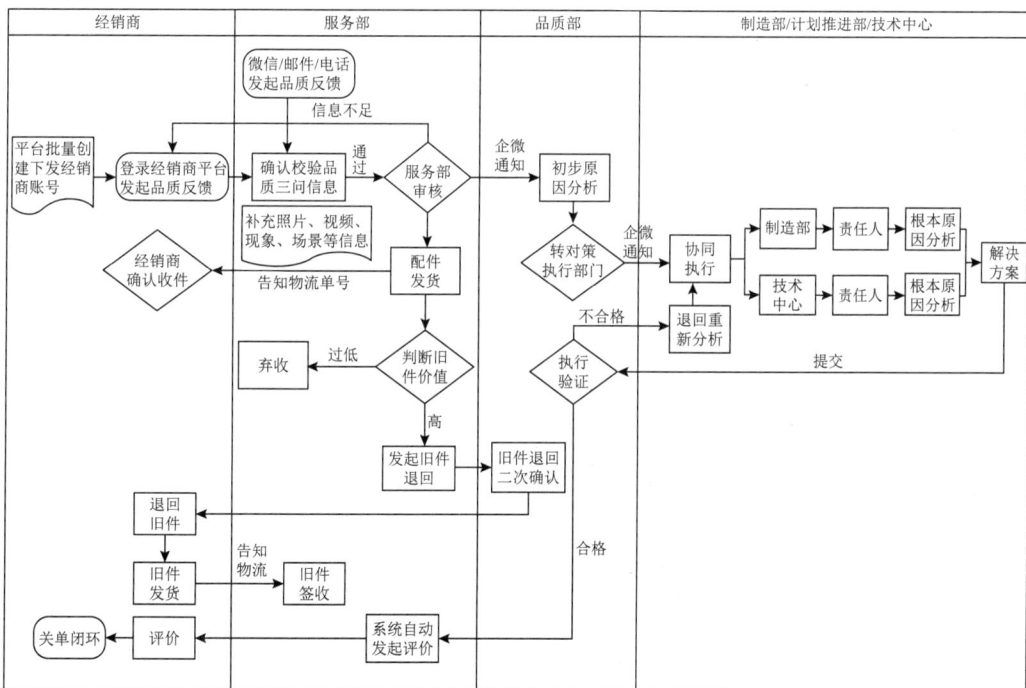

图 17-9　流程图

应用场景：规划质量管理、控制质量。

39. 层级图

层级图是用于表示系统、组织或过程中的层次结构和关系的一种图表。在项目管理中，层级图能够帮助清晰地展示不同元素或角色之间的关系，通常用于说明组织结构、任务分解、产品结构等内容。

以下是项目管理中常见的层级图类型：

（1）工作分解结构（Work Breakdown Structure，WBS）：层级图的一个重要应用，展示项目从总体到各个工作包的分解过程。

（2）组织分解结构（Organizational Breakdown Structure，OBS）：展示项目团队或公司的组织结构，定义各部门和角色之间的关系。

（3）产品分解结构（Product Breakdown Structure，PBS）：用于产品开发项目，展示产品的各个组件和子组件的层级关系。

（4）风险分解结构（Risk Breakdown Structure，RBS）：帮助识别和分类项目风险，确保全面的风险管理。

（5）资源分解结构（Resource Breakdown Structure，RBS）：将资源分为不同的类别，例如人力资源、设备、材料、财务资源等，每一类资源进一步细分为更具体的子类。

应用场景：规划资源管理、实施定性风险分析。

40. 直方图

直方图是一种统计图表，用于展示数据的分布情况和频率分布。它通过将数据分组，并用矩形条（柱）来表示每个数据组的频率，帮助分析数据的集中趋势、分散程度和形状特征。

项目质量管理中常用直方图展示每个可交付成果的缺陷数量、缺陷成因的排列、各个过程的不合规次数，或项目、产品缺陷的其他表现形式，如生产线的产品尺寸、重量等，帮助识别质量问题和改进机会。

如图 17-10 所示为用直方图展示未及时登记工作时间的原因的示例。

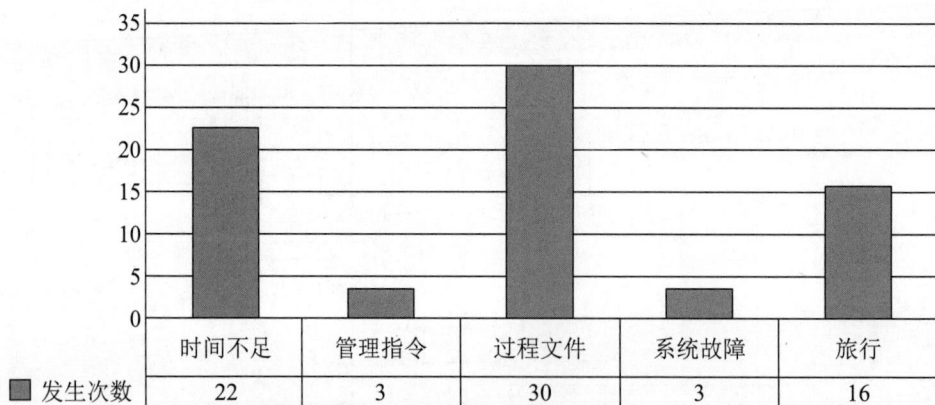

	时间不足	管理指令	过程文件	系统故障	旅行
■ 发生次数	22	3	30	3	16

图 17-10　未及时登记工作时间的原因

应用场景：管理质量、控制质量。

41. 矩阵图

矩阵图是一种用于展示和分析不同元素之间关系的图表工具，广泛应用于项目管理、业务分析和质量管理等领域。矩阵图以二维表格的形式，直观地展示元素之间的互动和依赖关系，帮助识别、分析和解决复杂问题。

在项目管理和质量管理中，矩阵图有多种不同的形状，每种形状用于不同类型的分析和展示。以下是 L 形、T 形、Y 形、X 形、C 形和屋顶形矩阵的详细解释和应用场景。

（1）L 形矩阵：由一个主要的矩阵（L 的底部）和一个附加的行或列（L 的竖直部分）组成，如图 17-11 所示。常见的矩阵类型，比如 RACI 矩阵就是 L 形矩阵。

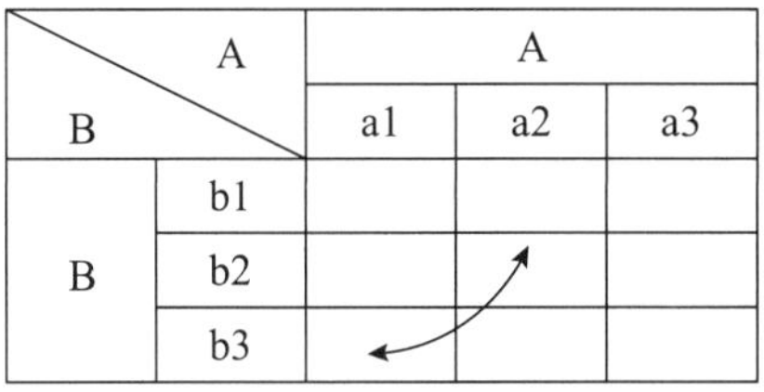

图 17-11　L 形矩阵

用途：

● 需求－功能矩阵：用于映射需求与系统功能之间的关系。

● 责任分配：用于将责任分配到具体任务和角色上。

需求－功能矩阵示例：

● 底部（L 的底部）：系统功能（如数据处理、用户界面）。

● 竖直部分（L 的竖直部分）：客户需求（如数据安全性、界面友好性）。

（2）T 形矩阵：具有一个横向部分和一个纵向部分，呈 T 字形排列。横向部分和纵向部分相交于矩阵的中心，如图 17-12 所示。

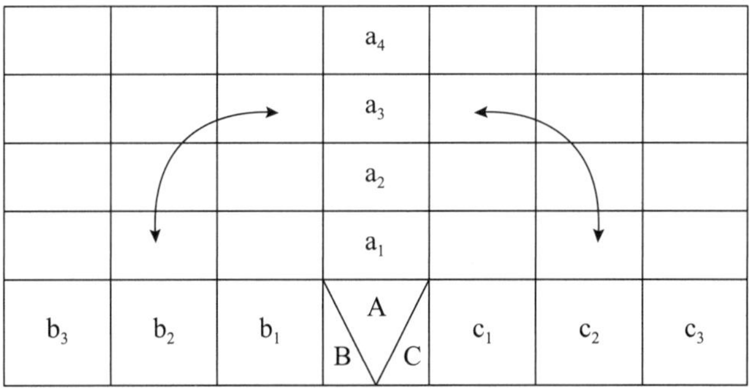

图 17-12　T 形矩阵

用途：

● 功能－要求矩阵：用于展示不同功能与要求之间的关系。

● 优先级矩阵：用于分析任务的优先级和资源分配。

功能－要求矩阵示例：

● 横向部分（T 的顶部）：系统功能（如报告生成、数据分析）。

● 纵向部分（T 的竖直部分）：功能要求（如性能要求、用户需求）。

（3）Y 形矩阵：呈 Y 字形排列，有一个主矩阵和两个附加矩阵（呈 Y 字形的两个分支），如图 17-13 所示。

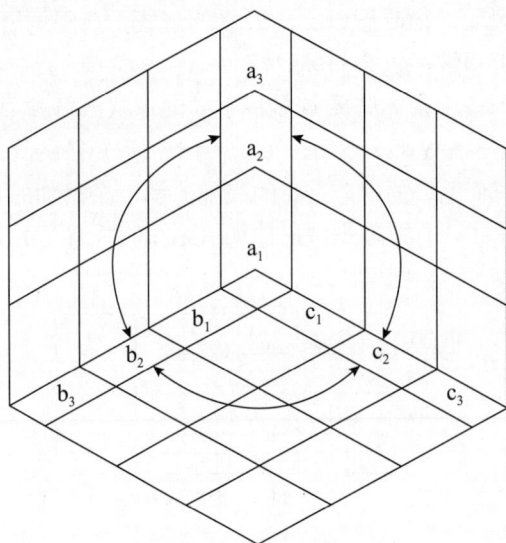

图 17-13　Y 形矩阵

用途：

● 需求 – 解决方案矩阵：用于将需求与解决方案映射，确保每个需求都有相应的解决方案。

● 问题 – 原因矩阵：用于分析问题的原因及其影响。

需求 – 解决方案矩阵示例：

● 主矩阵：需求（如系统稳定性、易用性）。

● 两个分支：解决方案（如系统优化、用户培训）。

（4）X 形矩阵：具有两个交叉的矩阵，形成一个 X 形状，用于显示两个不同数据集之间的交互关系，如图 17-14 所示。

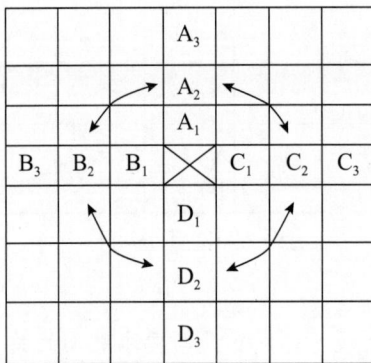

图 17-14　X 形矩阵

用途：

● 影响 – 效果矩阵：用于分析不同因素对系统的影响及效果。

● 策略 – 目标矩阵：用于将策略与目标进行匹配分析。

影响 – 效果矩阵示例：

● 主矩阵（X 的左上部分）：影响因素（如技术变更、市场需求）。

● 交叉部分（X 的右下部分）：效果（如性能提升、成本增加）。

（5）C 形矩阵：具有一个主矩阵和一个弯曲的附加部分，呈 C 形结构，如图 17-15 所示。

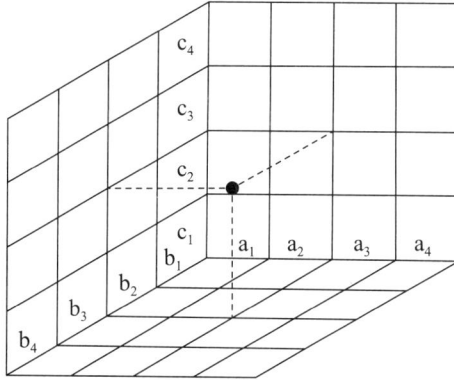

图 17-15　C 形矩阵

用途：

● 过程－输出矩阵：用于分析不同过程对输出的影响。

● 问题－解决方案矩阵：用于匹配问题与解决方案。

过程－输出矩阵示例：

● 主矩阵：过程（如生产步骤、质量控制）。

● C 形附加部分：输出（如产品质量、生产效率）。

（6）屋顶形矩阵：呈现一个"屋顶"的形状，上部为主要矩阵，下部有附加信息，如图 17-16 所示。常用于质量功能展开（QFD）矩阵。

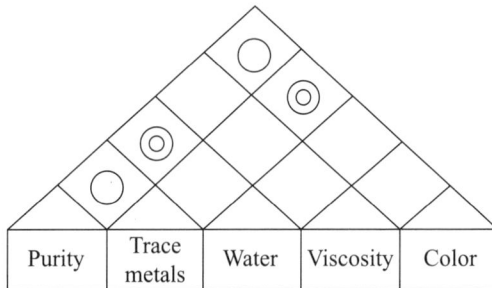

图 17-16　屋顶形矩阵

用途：

● 质量功能展开（QFD）矩阵：用于将客户需求映射到技术要求。

● 需求－技术矩阵：分析客户需求与技术规格之间的关系。

QFD 矩阵示例：

● 主矩阵（屋顶下部）：客户需求（如高性能、易用性）。

● 屋顶部分：技术要求（如算法优化、用户界面设计）。

不同形状的矩阵图从不同的视角来分析和展示数据。根据分析目标和需要选择合适的矩阵图形状，可以有效地帮助识别关系、优化决策、改进质量和管理项目。每种矩阵图都有其特定的应用场景和优点，理解这些矩阵的结构和用途可以帮助更好地处理复杂的分析任务。

应用场景：规划质量管理、管理质量。

42. 责任分配矩阵

责任分配矩阵，也称 RACI 矩阵，是一种用于明确项目任务或工作包与各个角色或责任人之间关系的工具。它有助于清晰地定义谁负责什么，确保每个任务都有明确的责任分配，从而提高项目的透明度和效率。

RACI 矩阵的主要组件包括：

（1）任务或工作包（行）：列出项目中需要完成的所有任务、活动或工作包。

（2）角色或责任人（列）：列出所有参与项目的角色或团队成员。

（3）责任分配：每个任务与角色的交叉点标记责任类型。通常使用以下 4 种角色标记：

- R（Responsible，负责）：实际执行任务的人员或团队。
- A（Accountable，负责结果）：对任务的最终结果负责的人员，确保任务完成。
- C（Consulted，咨询）：在任务执行过程中需要提供意见和建议的人员。
- I（Informed，知会）：需要被通知任务进展或结果的人员。

➤ **应用案例**

假设你正在管理一个软件开发项目，RACI 矩阵可能如表 17-2 所示。

表 17-2　RACI 矩阵

任务 / 角色	项目经理	开发人员	测试人员	产品经理
需求分析	A	C	I	R
设计开发	C	R	I	A
单元测试	I	R	A	C
版本发布	A	C	I	R
客户反馈跟踪	I	C	R	A

RACI 矩阵是一个有效的工具，用于明确项目或工作中的责任分配。通过将任务和角色映射到矩阵中，可以确保每个任务都有明确的负责人、结果负责者、咨询者和知会者，从而提高项目管理的效率和透明度。

应用场景：规划资源管理。

43. 思维导图

思维导图（Mind Map）是一种可视化的图示工具，用于组织和表达信息，帮助人们以非线性和直观的方式思考和记录思想。思维导图在个人和团队的头脑风暴、项目管理、学习和问题解决等领域中具有广泛应用。

比如，在团队会议中使用思维导图来生成和组织创意，帮助团队成员更好地表达和记录想法；在学习过程中使用思维导图总结和组织学习内容，帮助记忆和理解复杂信息；在决策过程中，用思维导图分析各种选项和因素，帮助清晰展示决策路径和优劣分析；在问题解决过程中，使用思维导图分析问题的根本原因、解决方案和影响因素，促进全面思考。

应用场景：规划质量管理。

44. 散点图

在项目管理中，散点图（Scatter Plot）是一种用于显示数据点之间关系的图形工具。它通过在二维坐标系中绘制数据点来展示两个变量之间的关系，可以帮助识别趋势、关联或模式。散点图是进行数据分析、项目监控和决策支持的重要工具。

散点图的结构如下：

（1）X 轴：表示一个变量（例如时间、成本等）。

Y 轴：表示另一个变量（例如进度、绩效等）。

（2）数据点：每个数据点在图中表示一对（X，Y）坐标，表示两个变量的值。

（3）趋势线（可选）：可以在散点图中添加趋势线（如回归线）以帮助识别数据点的总体趋势。

散点图示例如图 17-17 所示。

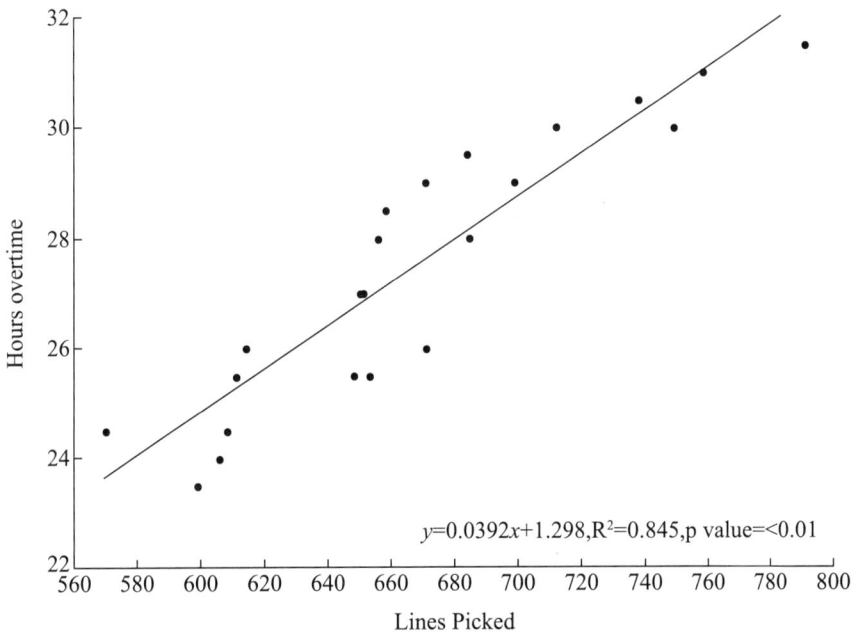

$$y=0.0392x+1.298, R^2=0.845, p\ value=<0.01$$

图 17-17　散点图

应用场景：控制质量。

45. 干系人参与度评估矩阵

干系人参与度评估矩阵是项目管理中用来分析和评估项目干系人参与程度的工具。这个矩阵帮助项目经理了解干系人当前的参与状态以及他们对项目的期望参与状态，从而制定针对性的沟通和管理策略，确保项目的成功。

干系人参与度评估矩阵通常包括以下两个关键维度：

（1）干系人参与度级别，从低到高分别是：

● 不知情：干系人对项目及其潜在影响不了解。

● 反对：干系人知道项目，但对项目持负面态度或反对项目。

● 中立：干系人了解项目，对项目持中立态度，既不支持也不反对。

- 支持：干系人对项目持积极态度，支持项目，但未必积极参与。
- 领导：干系人不仅支持项目，还积极推动项目的成功，参与项目决策。

（2）当前状态与期望状态：矩阵中列出每个关键干系人的当前参与状态和期望参与状态，以便明确差距和管理需求。

> **应用案例**

假设你正在管理一个新系统的实施项目，涉及多个干系人。你可以用干系人参与度评估矩阵来评估他们的当前和期望参与状态，如表17-3所示。

表17-3　干系人参与度评估矩阵

干系人	当前状态	期望状态	差距	行动计划
IT部门经理	支持（Supportive）	领导（Leading）	1级差距	增强沟通，邀请参与关键决策会议
财务总监	中立（Neutral）	支持（Supportive）	1级差距	提供项目对财务的详细分析，获取支持
一线员工	不知情（Unaware）	支持（Supportive）	2级差距	组织培训和宣传，提高对项目的理解和支持
客户代表	反对（Resistant）	支持（Supportive）	2级差距	开展客户需求调研，调整项目方案以获得支持

根据干系人的参与状态，了解关键干系人的态度和参与意愿，制定个性化的沟通和管理策略，提高沟通的有效性，支持更明智的项目决策。通过评估干系人的参与度，识别和管理与干系人相关的项目风险。

应用场景：规划沟通管理、监督沟通、规划相关方参与、管理干系人参与。

46. 干系人映射分析

又称干系人表现分析，是项目管理中的一种工具和方法，用于识别、分析、分类和优先排序项目干系人，以便更有效地管理和满足他们的需求和期望。这个分析过程帮助项目团队理解干系人的权力、影响力、兴趣和态度，从而制定相应的沟通和管理策略。

干系人映射通常使用一个二维矩阵，X轴表示干系人的利益（或关注度），Y轴表示干系人的权力（或影响力）。矩阵分为4个象限：

（1）高权力/高利益（关键玩家）：这些干系人对项目的成败至关重要，应该被高度重视和密切管理。

策略：积极参与和满足他们的需求，保持持续沟通，确保他们的支持。

（2）高权力/低利益（保持满意）：这些干系人虽然对项目有较高的影响力，但他们对项目的关注可能较少。

策略：确保他们满意，定期更新项目进展，防止他们转为消极或反对者。

（3）低权力/高利益（保持告知）：这些干系人对项目有很高的兴趣，但他们对项目的影响较小。

策略：保持信息畅通，让他们了解项目进展，充分利用他们的支持和意见。

（4）低权力/低利益（低优先级）：这些干系人对项目的影响和兴趣都较低，通常是非关键干系人。

策略：提供必要的信息，但无须花费大量精力管理。

▶ 应用案例

假设你在管理一个产品开发项目，识别了以下干系人，并对其权力和利益进行了评估，如表 17-4 所示。

表 17-4 干系人映射分析

干系人	权力	利益	策略
公司 CEO	高	高	关键玩家：保持紧密沟通，确保支持
财务部门	高	低	保持满意：定期报告财务状况，确保预算合规
最终用户	低	高	保持告知：收集反馈，确保产品满足需求
外部供应商	低	低	低优先级：定期合同评估，但无须过度关注

应用场景：识别干系人。

47. 商业合理性分析

商业合理性分析（Business Justification Analysis）是用于评估一个项目或业务提案的商业价值和可行性的方法。它帮助决策者确定项目是否具有足够的财务回报、战略意义、风险可控性以及其他关键因素，从而支持或拒绝项目的启动和继续推进。

常见的分析指标包括：

（1）净现值法（Net Present Value，NPV）：是评估投资项目的重要财务指标。它表示一个项目未来现金流的现值与初始投资成本之间的差额。NPV 能够反映项目在考虑时间价值后产生的实际收益。

计算公式：

$$NPV = \sum_{t=1}^{n} \frac{CF_t}{(1+r)^t} - C_0$$

CF_t 是第 t 年的现金流入量，r 是折现率（通常是项目的资本成本或期望的回报率），t 是时间期数（年），C_0 是初始投资金额。

如果 NPV > 0，表示项目能够为投资者创造价值，应当考虑接受该项目。

如果 NPV < 0，表示项目可能会造成亏损，应当拒绝该项目。

（2）内部收益率（Internal Rate of Return，IRR）：指使项目的净现值等于零的折现率。换句话说，它是项目未来现金流的折现率，使投资项目的现值等于投资成本。

计算公式：（IRR 是 NPV = 0 时的折现率 r）

$$0 = \sum_{t=1}^{n} \frac{CF_t}{(1+IRR)^t}$$

如果 IRR > 项目的资本成本，项目被认为是可行的，因为它能够提供高于最低要求的回报率。

如果 IRR < 项目的资本成本，项目应被拒绝。

（3）投资回收期（Payback Period，PBP）：是指收回初始投资所需的时间。它表示一个项目何时能够产生足够的现金流来弥补最初的投资成本。

回收期可以通过累计现金流量达到初始投资金额的时间来计算。

投资回收期越短，项目的流动性风险越小，投资者越容易接受。

通常用于快速判断项目风险，但不作为唯一决策标准。

（4）投资回报率（Return on Investment，ROI）：是指投资带来的回报相对于初始投资的比例。ROI用来衡量投资的效率和盈利能力。

计算公式：

$$ROI = \frac{(总收益 - 初始投资)}{初始投资} \times 100\%$$

ROI越高，表示投资效率越高。

（5）成本效益分析（CBA）：是一种评估项目或决策经济合理性的方法，通过比较项目的总成本与总收益来判断其是否值得投资。

计算公式：

$$效益成本比 = \frac{项目总收益}{项目总成本}$$

如果效益成本比 > 1，表示项目的收益超过成本，具有经济合理性。

如果效益成本比 < 1，表示项目的成本超过收益，不具有经济合理性。

应用场景：项目立项、战略决策、投资评估、资源分配。

48. 生命周期评估

在项目管理中，生命周期评估（Life Cycle Assessment，LCA）可以被视为一种用于分析和优化项目从启动到结束各个阶段对环境、经济和社会的综合影响的工具。尽管LCA最初是为产品和服务的环境影响分析而开发的，但在项目管理中，这一方法可以应用于评估项目的可持续性和整体效益。

比如，在实际项目管理中，生命周期评估可以应用于以下场景：

● 基础设施建设项目：在规划阶段进行LCA，分析不同建筑材料和设计方案的环境影响，以选择更环保的方案。

● IT项目：评估数据中心的能源消耗和碳足迹，通过优化设计和运营策略来降低环境影响。

● 制造业项目：在产品开发过程中使用LCA来分析材料的来源和生产过程的环境负荷，选择更可持续的供应链。

49. 价值流图

价值流指的是从客户需求产生到最终交付产品或服务的所有活动。这些活动包括增值活动（直接增加客户价值的活动）和非增值活动（浪费、等待等）。价值流图是对这些活动的可视化表示。它展示了信息流、物料流以及不同流程之间的交互关系。

在项目管理中，价值流图用于分析和优化项目的交付流程，识别增值活动和非增值活动（浪费）。下面通过一个具体的例子，展示如何使用价值流图来改进软件开发项目的管理流程。

▶▶ 应用案例

公司 A 正在开发一个新的客户关系管理（CRM）系统，项目涉及需求收集、设计、开发、测试和部署等多个阶段。项目经理希望通过价值流图识别流程中的浪费，并优化交付速度和质量。

在这个软件开发项目中，主要的流程步骤包括：

- 需求收集：从客户和利益相关者那里收集项目需求。
- 需求分析与设计：对需求进行分析，并设计系统架构和功能模块。
- 开发：根据设计文档进行代码编写和功能实现。
- 测试：对开发的功能进行单元测试、集成测试和用户验收测试。
- 部署：将系统部署到生产环境并进行上线。

针对各个流程，项目团队收集了以下关键数据：

- 需求收集：平均需要 2 周完成，包括客户会议、讨论、确认需求等。
- 需求分析与设计：平均需要 3 周完成，包含需求分析、系统设计和设计文档编写。
- 开发：平均开发时间为 6 周，涉及代码编写、功能实现、单元测试等。
- 测试：测试阶段平均需要 4 周，包括各类测试和 bug 修复。
- 部署：部署和上线通常需要 1 周，包括系统安装、数据迁移和系统验证。

根据以上信息，可以绘制当前状态的价值流图，如下所示：

需求收集（2 周）→等待时间（1 周）→需求分析与设计（3 周）→等待时间（2 周）→开发（6 周）→测试（4 周）→部署（1 周）

通过分析当前状态的价值流图，项目团队识别了以下问题和改进机会：

- 需求收集到分析之间的等待：需求收集完成后，需求分析与设计团队在开始工作前需要等待 1 周。这表明团队资源配置可能不均衡或信息传递存在延迟。
- 需求分析到开发之间的等待：需求分析完成后，开发工作在 2 周后才开始，可能是因为开发团队在处理其他优先级较高的任务，导致项目进度拖延。
- 测试阶段的返工：测试阶段的 bug 较多，导致频繁的返工和延迟，表明需求分析与开发阶段可能存在问题。

在分析的基础上，团队设计了一个优化后的未来状态价值流图，如下所示：

需求收集与分析并行（4 周）→开发（6 周）→测试（3 周）→部署（1 周）。

和之前的价值流图相比，优化后的价值流做了如下改进：

- 需求收集与分析并行：将需求收集与分析设计部分并行处理，以减少等待时间。
- 优化资源配置：调整开发和测试团队的资源配置，确保在需求分析完成后，开发工作可以立即启动。
- 测试前评审：在进入测试阶段前，增加一次严格的需求和代码评审，以减少测试中的 Bug 数量，降低返工率。

在新流程实施后，团队定期评估改进效果，发现项目的整体交付时间从原来的 16 周减少到 12 周，返工次数减少了 30%，客户满意度也有所提升。

50. 多标准决策分析

多标准决策分析是用于在面临多个相互冲突的标准或目标时，帮助决策者评估、排序和选择最佳方案。该工具广泛应用于项目管理、资源分配、政策制定等领域，尤其在复杂环境下，提供了一种系统化和透明化的决策过程。

> **应用案例**
>
> 假设一个公司需要选择一种新的项目管理软件，并且要考虑以下标准：
> - 成本：价格的高低
> - 功能性：提供的功能是否全面
> - 用户友好性：用户界面的易用性
> - 技术支持：供应商提供的技术支持质量
> - 可扩展性：软件的扩展和集成能力
>
> 给每个标准分配权重：
> - 成本：30%
> - 功能性：25%
> - 用户友好性：20%
> - 技术支持：15%
> - 可扩展性：10%
>
> 假设备选方案有 A 软件、B 软件和 C 软件，基于评分系统对每个软件在上述标准上的表现进行打分。最后计算每个软件的综合得分，得出 A、B、C 软件的总得分，从而确定最优选择。

应用场景：规划风险应对、监督干系人参与、实施整体变更控制、收集需求、定义范围、规划质量管理、管理质量、获取资源。

51. 累积流图

累积流图是一种用于跟踪和分析工作进展的可视化工具，常用于敏捷项目管理中的看板方法。它通过展示项目中各工作状态下的任务数量随时间的变化情况，帮助团队识别瓶颈、优化工作流程并保持持续的工作流动性。累积流图的组成部分包括：

（1）X 轴（时间轴）：X 轴表示时间，通常以天、周或月为单位。它显示的是项目进展的时间跨度。

（2）Y 轴（工作项数量）：Y 轴表示工作项的数量。不同的颜色区域代表项目中处于不同状态的工作项数量的累积。

（3）不同状态的颜色区域：在累积流图中，不同的颜色区域表示项目中工作项的不同状态。例如：

- 待办（To Do）：尚未开始的任务。
- 进行中（In Progress）：正在处理的任务。
- 代码审查（Code Review）：正在进行代码审查的任务。
- 测试（Testing）：正在测试的任务。
- 完成（Done）：已经完成的任务。

累积流图通过颜色区域的宽度和斜率来传递信息，帮助团队理解工作流的健康状况和潜在瓶颈。

（1）颜色区域的宽度：每个颜色区域的宽度表示某个状态下的工作项数量。例如，如果"进行中"状态的颜色区域在某一时段变宽，说明该阶段的任务在增加，可能暗示工作积压或出现瓶颈。

（2）颜色区域的斜率：颜色区域的斜率表示任务通过该状态的速度。如果斜率较陡，说明任务在该状态下通过得很快；如果斜率变得平缓，可能表明该状态下出现了延迟或任务停滞。

（3）整体形状：整体形状帮助团队识别工作流的健康状况。一个健康的累积流图通常显示出平稳的任务流动，各个阶段的宽度相对稳定，表示任务没有积压。如果某个阶段的区域显著变宽，团队应关注该阶段的工作量，寻找可能的瓶颈并采取措施。

累积流图示例如图 17-18 所示。

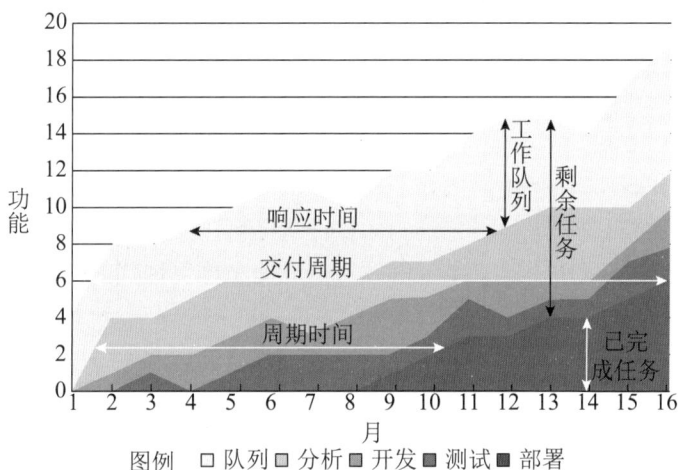

图 17-18　累积流图

应用场景：迭代进度监控、项目范围管理。

17.2　估算工具与技术

1. 亲和分组（T 恤尺码和斐波那契数列）

亲和分组涉及根据相似程度将各项内容归入类似的类别或组合。常见的亲和分组包括 T 恤尺码和斐波那契数列。

（1）T 恤尺码。

T 恤尺码是用不同的尺码来代表任务的相对大小或复杂性，就像买衣服通常有 S、M、L 等几个尺码，不同尺码对应不同身高体重区间的人，比如将身高 160cm ～ 165cm 的人归到 S 码，将 170cm ～ 175cm 的归到 L 码。在评估一个任务的复杂程度时，通常使用以下几个标准尺码：

● XS（Extra Small）：非常小，几乎不需要时间或资源。

● S（Small）：小，需要一些时间，但不复杂。

- M（Medium）：中等，正常的复杂度和工作量。
- L（Large）：大，复杂或需要较多时间。
- XL（Extra Large）：非常大且复杂，可能需要拆分成更小的任务。

比如，当团队对任务细节了解不够时，可以使用T恤尺码对任务进行大致估算，这种方法适合早期规划阶段，用来快速分类任务的相对规模。

（2）斐波那契数列估算法。

斐波那契数列是一种数列，每个数都是它前面两个数之和（例如0，1，1，2，3，5，8，13，21）。在敏捷开发中，斐波那契数列通常用于故事点估算，以反映任务的相对复杂性和工作量。

团队先选择一个基准用户故事或任务，大家一致认为它的复杂性为1或2，然后以此为基准，估算其他任务的相对大小。团队成员依次查看每个用户故事或任务，并根据任务的复杂性、工作量、风险等因素给出一个斐波那契数列中的值。例如：

- 简单任务：可能估算为1或2。
- 中等任务：可能估算为3或5。
- 复杂任务：可能估算为8或13。
- 非常复杂的任务：可能估算为21或更高。

团队可以结合两种方法使用。例如，初步使用T恤尺码对任务进行分类，然后在确定的任务上使用斐波那契数列进行更精确的估算。这样可以兼顾估算的效率和准确性。

应用场景：敏捷环境中用于工作量的估算，以此来推算迭代的周期和时间。

2. 类比估算

类比估算是一种估算项目或任务工作量、成本、时间等的技术，通过比较已完成项目或任务的类似部分来进行预测。这种方法是基于"历史数据"的经验，利用相似性来估算新的工作。

在项目初期，缺乏详细信息时，类比估算可以提供一个粗略的估算，以帮助制订初步计划和预算。或者当组织需要估算新项目时，类比估算可以用来预测时间、成本和资源需求。

➡ **应用案例**

假设一个软件开发团队需要开发一个新的功能模块，但项目刚刚启动，详细需求尚未完全明确。团队决定使用类比估算来确定开发所需的时间和成本。

团队选择了过去完成的几个类似功能模块作为比较对象，这些模块具有相似的功能需求和技术复杂性。从类似项目中收集数据，例如：

- 项目A：功能模块开发花费了300小时，成本为6000美元。
- 项目B：功能模块开发花费了350小时，成本为7000美元。

根据历史数据的平均值，计算出每小时的平均成本和时间。考虑到当前项目的额外需求，例如新技术的使用或更高的功能复杂性，团队决定将历史数据的结果进行一定的调整。例如，增加20%的时间和成本，以覆盖额外的工作量。最终估算结果为：花费390小时，成本为7800美元。

类比估算的优点就是快速和简便，不足的地方就是估算的结果准确性较差。

应用场景：估算活动持续时间、估算成本、估算活动资源。

3. 参数估算

参数估算是基于一个或多个参数来估算项目的成本、时间或资源需求。参数可以是任何可量化的指标，如工时、单价、生产速度等。通过建立数学模型，这些参数可以用来计算项目的总体成本或工期。

> ▶ **应用案例**
>
> 假设一个软件开发团队需要估算一个新项目的开发时间。团队决定使用代码行数（LOC）作为关键参数。
>
> 首先，从过去的项目中收集数据，例如：
> - 项目 A：5000 行代码，耗时 300 小时。
> - 项目 B：10000 行代码，耗时 600 小时。
>
> 然后，分析历史数据，确定每行代码的平均开发时间：
>
> 平均开发时间 = 总耗时 / 总代码行数 =900 小时 / 15 000 行 =0.06 小时 / 行
>
> 最后，应用模型进行估算：
>
> 假设新项目有 8000 行代码，则估算的开发时间 =8000 行 × 0.06 小时 / 行 =480 小时。

应用场景：估算活动持续时间、估算成本、估算活动资源。

4. 单点估算

单点估算（Single-Point Estimating）是一种相对简单的项目估算方法，估算者基于经验、历史数据或专业判断，直接给出一个具体的时间或成本值，而不是范围或概率分布。这种方法通常适用于项目初期，或者在对项目活动有较高确定性时使用。例如，一个任务可能被估算为需要 5 天完成，或者需要 5000 美元的预算。

应用场景：小型项目、高确定性任务、项目早期的初步估算。

5. 多点估算

多点估算是一种更加细致和精确的项目估算方法，通过考虑不确定性和风险，为每个任务或项目活动提供 3 个估算值：最乐观估算、最悲观估算和最可能估算。这种方法通常采用项目评估与审查技术（PERT）公式来计算加权平均值，提供一个更可靠的估算结果。

多点估算用 3 个估算值代表了任务在不同情境下可能需要的时间或成本：

（1）最乐观估算（T_O）：在一切顺利的情况下，完成任务所需的最短时间或最低成本。

（2）最悲观估算（T_P）：在遇到所有可预见的问题和困难时，完成任务所需的最长时间或最高成本。

（3）最可能估算（T_M）：在正常情况下，完成任务的时间或成本，这通常是最现实和最可能发生的估算。

通过加权平均的方法来计算每项活动的预期时间（Expected Time，T_E），计算公式为：

$$T_E = \frac{T_O + T_P + 4 \times T_M}{6}$$

➡️ **应用案例**

假设一个软件开发团队需要估算一个复杂功能模块的开发时间。团队决定使用多点估算来计算该任务的开发时间，经分析，该任务完成最乐观估算要 20 天，最可能估算要 30 天，最悲观估算要 50 天。

套用上述公式可以得到：T_E=（20+4×30+50）/6≈31.67 天。

最后，团队将 31.67 天的期望时间记录在项目计划中，并以此为基础制定项目的开发时间表。

在项目管理中，最常用的是将三点估算法与贝塔分布结合起来分析。

基于贝塔分布，三点估算法通常采用加权平均来计算预计活动持续时间。这个公式假设最可能时间的概率权重大，因此给予它 4 倍的权重，认为在大多数情况下，活动的完成时间将接近最可能时间。

除了预计时间外，贝塔分布还可以用于计算时间估算的不确定性，即标准差（Standard Deviation），数学符号为 σ，计算公式为

$$\sigma = \frac{T_P - T_O}{6}$$

这个公式衡量了估算时间的波动范围，提供了估算的可靠性指标。

假设一个项目任务有以下时间估算：最乐观时间 2 天、最可能时间 5 天、最悲观时间 14 天。

可计算预计持续时间：T_E=（2+4×5+14）/6=6 天。

标准差 σ =（14−2）/6=2 天。

因此，预计这个任务的持续时间为 6 天，并且时间估算的标准差为 2 天，这意味着项目经理估算的预期时间在 6 天左右，波动范围在 ±2 天。

标准差本身不是一种分布，而是一个统计量，用于衡量数据集的离散程度或数据点相对于均值的偏离程度。在统计学中，标准差与不同的分布有紧密的联系，因为它反映了这些分布的特性。

正态分布（Normal Distribution）是最常用的概率分布之一，其曲线呈钟形，数据均匀地分布在均值的两侧。正态分布的标准差决定了数据点在均值周围的分布范围，如图 17-19 所示。

在正态分布中：

- 68.3% 的数据点落在 $\pm1\sigma$ 的范围内。
- 95.4% 的数据点落在 $\pm2\sigma$ 的范围内。
- 99.7% 的数据点落在 $\pm3\sigma$ 的范围内。

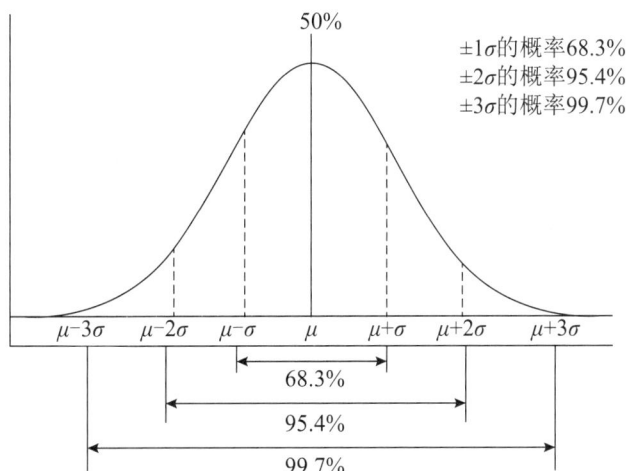

图 17-19　正态分布图

▶▶ 应用案例

假设一个活动，最悲观需要 16 天完成，最乐观需要 4 天完成，最可能需要 13 天完成。在这种情况下：

（1）活动的期望工期和标准差是多少？

平均工期 =（16+4+13×4）/6=12 天。

标准差 =（16-4）/6=2 天。

（2）该活动在 10 ~ 14 天内完成的概率是多少？

也就是问在正负一个标准差内完成的概率是多少，由图 17-19 可知，概率为 68.3%。

（3）该活动在 14 天内完成的概率是多少？

50% +（68.3% / 2）=84.15%。

（4）该活动在 10 ~ 16 天内完成的概率是多少？

（68.3% / 2）+（95.4% / 2）=81.85%。

应用场景：估算活动持续时间、估算活动成本。

6. 故事点估算

故事点估算是一种在敏捷开发和 Scrum 框架中常用的工作量估算方法，用于衡量和评估用户故事的相对复杂性、工作量或开发时间。故事点的主要目的是帮助团队理解不同任务之间的相对难度，从而更好地进行计划和资源分配。

故事点是一种抽象的度量单位，它并不直接表示时间（例如小时或天），而是表示工作量的相对大小、复杂性和不确定性。团队通常通过比较多个用户故事来确定每个故事的故事点值。一个简单的故事可能被赋予 1 个故事点，而更复杂的故事可能被赋予更高的点数。

故事点估算的常用方法有计划扑克（Planning Poker），具体步骤如下：

（1）准备：每个团队成员持有一套计划扑克卡片，每张卡片上印有一个故事点值（通常使用斐波那契数列，如 1、2、3、5、8、13、21）。

（2）讨论：产品负责人或团队成员展示待算的用户故事，团队讨论故事的复杂性和需求。

（3）估算：每个团队成员选择一张卡片，代表他们对该用户故事复杂性的估算。

（4）揭示和讨论：所有团队成员同时展示他们的卡片，讨论任何估算差异，并就分歧达成一致。

（5）确定最终估算：通过讨论达成共识，确定最终的故事点估算。

应用场景：估算项目范围。

7. 宽带德尔菲

宽带德尔菲法是一种改进的德尔菲技术，用于集体预测和决策。德尔菲法的核心在于通过多轮匿名调查，收集专家意见，并在每轮后反馈集体的观点，最终达成共识。宽带德尔菲法在传统德尔菲法的基础上进行了扩展，以提高其有效性和应用范围。

与传统德尔菲法相比，宽带德尔菲法通常涉及更多样化的专家，涵盖更广泛的领域和背景。宽带德尔菲法在反馈机制上进行了改进，通常包括更多的数据分析和更详细的反馈。

17.3 人际关系与团队技能工具与技术 ▐▶

1. 积极倾听

积极倾听（Active Listening）是一种沟通技巧，强调听者在与他人交流时要全身心投入，不仅要听取对方的言辞，还要理解其背后的情感和意图。积极倾听在有效沟通、解决冲突和建立信任关系中起着至关重要的作用。虽然听起来很容易，但在实际场景中，倾听者常常会由于外部的环境因素或自身的喜好、偏见、刻板效应等因素，无法做到积极倾听。

积极倾听能够促进更有效的沟通，减少误解，并帮助双方更好地理解彼此的观点和立场，从而增强双方的信任，促进合作关系。在冲突或问题解决过程中，积极倾听有助于听者更全面地了解情况，从而找到更有效的解决方案，能够让对方感受到被理解和尊重，从而促进更健康和积极的人际关系。

应用场景：管理项目知识、管理沟通、监督干系人参与。

2. 沟通风格评估

沟通风格评估（Communication Style Assessment）是一种工具和方法，用于识别个人在交流中的主要沟通风格。这种评估有助于理解一个人的沟通偏好、习惯，以及这些风格如何影响与他人的互动。通过了解和识别不同的沟通风格，个人和团队可以更有效地进行沟通，减少误解，提升合作效率。

常见的沟通风格主要有支配型、影响型、稳定型、谨慎型等。

在团队中进行沟通风格评估，有助于成员之间更好地理解彼此的沟通方式，从而改善合作关系和工作效率。领导者可以通过了解自己的沟通风格，调整与不同类型团队成员的互动方式，从而更有效地领导团队。在冲突情境中，了解沟通风格可以帮助识别问题的根源，并找到更适合的解决方法。

应用场景：规划沟通管理。

3. 冲突管理

冲突管理是一项关键的管理技能，涉及识别、处理和解决冲突的过程。在组织和团队中，冲突是不可避免的，通常由于利益、目标、价值观或个性差异而产生。有效的冲突管理能够将冲突转化为建设性的对话，推动创新和团队发展，而不当的处理可能导致团队分裂、工作效率下降和组织氛围恶化。

有5种常用的冲突解决方法，每种方法都有各自的作用和用途：

- 撤退/回避。从实际或潜在冲突中退出，将问题推迟到准备充分时，或者将问题推给其他人员解决。
- 缓和/包容。强调一致而非差异；为维持和谐关系而退让一步，考虑其他方的需要。
- 妥协/调解。为了暂时或部分解决冲突，寻找能让各方都在一定程度上满意的方案，但这种方法有时会导致"双输"局面。
- 强迫/命令。以牺牲其他方为代价，推行某一方的观点，只提供"赢—输"方案。通常是利用权力来强行解决紧急问题，这种方法通常会导致"赢输"局面。
- 合作/解决问题。综合考虑不同的观点和意见，采用合作的态度和开放式对话引导各方达成共识和承诺，这种方法可以带来"双赢"局面。

应用场景：制定项目章程、制订项目管理计划、建设团队、管理团队、管理沟通、管理干系人参与。

4. 文化意识

文化意识是指对不同文化的理解、敏感性和尊重，以及能够识别和适应文化差异的能力。在全球化背景下，文化意识在个人、组织和社会层面都变得愈发重要。无论是在职场、教育还是日常生活中，文化意识都能帮助我们更好地理解他人、减少误解、促进合作。

在项目管理中，文化意识帮助管理者更有效地领导跨文化团队。通过理解团队成员的文化背景，管理者可以更好地分配任务、解决冲突，并激发团队的最大潜力。在进行跨国项目时，文化意识是成功的关键。了解目标市场的文化特点，可以帮助项目管理者制定更符合当地习惯和需求的管理策略。

应用场景：规划沟通管理、管理沟通、管理干系人参与、监督干系人参与。

5. 情商

情商是指个体识别、理解和管理自己以及他人情绪的能力。情商的概念由心理学家彼得·萨洛维（Peter Salovey）和约翰·梅耶（John D. Mayer）在1990年首次提出，并由丹尼尔·戈尔曼（Daniel Goleman）在1995年推广普及。高情商的人不仅在个人情感管理上表现出色，还能有效处理人际关系，适应社会环境，具有较强的领导力和影响力。

情商的5个核心要素是：

（1）自我意识：是情商的基础，指个体能够准确地识别和理解自己的情感状态、动机和需求。自我意识强的人能清晰地了解自己的优点和缺点，知道情绪如何影响自己的行为和决策。

（2）自我调节：指个体能够有效管理和控制自己的情绪，不被情绪左右。这包括控制冲动、保持冷静和耐心，以及在面对压力时做出理性的反应。

（3）自我激励：指个体能够在没有外部激励的情况下，保持动力和积极性。具有高情商的人通常有明确的目标和内在动力，能够战胜挫折，坚持不懈地追求成功。

（4）同理心：指理解他人情感、需求和观点的能力。高情商的人能够感知他人的情绪，并以此为基础做出恰当的反应，建立深厚的人际关系。

（5）社交技能：指与他人有效互动和沟通的能力。这包括团队合作、领导能力、冲突解决、影响他人等。高情商的人通常在团队中扮演协调者或领导者的角色，能够引导团队朝着共同目标前进。

情商是一种重要的软技能，在个人生活和职业发展中都发挥着至关重要的作用。通过培养自我意识、管理情绪、发展同理心和社交技能，每个人都可以提高自己的情商，从而更好地应对生活中的各种挑战，实现个人和职业的成功。

应用场景：管理团队。

6. 引导

引导是一种帮助团队或群体更高效地工作、解决问题和达成共识的技巧和过程。引导者通过中立的角色，运用各种技巧和工具，确保讨论顺利进行，帮助参与者更好地表达想法和达成目标。引导在团队协作、会议管理、培训和决策过程中都起着关键作用。

引导在项目管理中的应用非常广泛，主要有：

（1）在项目会议中，引导者通过设置明确的议程和时间管理，确保会议高效进行，避免冗长的讨论和偏离主题。

（2）在项目启动会中，引导者帮助团队明确项目目标、角色分工和工作计划，确保团队成员达成一致，为项目的顺利推进奠定基础。

（3）在团队管理中引导者通过团队建设活动，促进团队成员之间的信任和合作，增强团队凝聚力，提高工作效率。

（4）在面对团队内部冲突时，引导者通过调解和引导讨论，帮助各方找到共识，减少冲突对团队工作的负面影响。

应用场景：制订项目章程、制订项目管理计划、管理项目知识、收集需求、定义范围、识别风险、实施定性风险分析、实施定量风险分析、规划风险应对。

7. 影响力和领导力

影响力是指一个人能够影响他人行为、态度、决定和信仰的能力，而不需要通过正式的权力或职位来实现。影响力通常依赖于个人的魅力、说服力、知识、经验或人际关系网络。

影响力主要有以下几种：

（1）专家权力：基于知识和技能的影响力。当一个人在某个领域具有深厚的专业知识时，他／她能够通过提供建议或指导来影响他人的决策。

（2）参照权力：基于个人魅力或声誉的影响力。当一个人受到他人的尊敬、信任或喜爱时，他／她能够通过榜样作用或个人吸引力来影响他人。

（3）信息权力：基于信息的影响力。当一个人掌握重要信息并能够有效地传达时，他／她能够影响他人的理解和决策。

（4）关系权力：基于人际关系网络的影响力。当一个人拥有广泛的关系网络，能够利用这些关系来施加影响时，他／她能够通过这些关系网来达成目标。

（5）奖励和惩罚：基于控制资源或惩罚的影响力。这类影响力通常与正式的职位相关，但也可以通过非正式方式（如社会认可或排斥）来实现。

领导力是指引导和激励他人实现共同目标的能力。领导力不仅仅是影响力的体现，更包括制定愿景、激励团队、做出决策以及在关键时刻提供指导和支持。领导者通过领导力来激励和引导团队成员，推动组织目标的实现。

领导力的关键要素包括：

（1）愿景和使命感：领导者需要明确组织或团队的愿景，并通过传达这一愿景来激励团队成员共同努力。

（2）沟通能力：有效的沟通是领导力的核心。领导者需要清晰表达目标、策略和期望，并倾听团队成员的反馈。

（3）决策能力：领导者在面对复杂或不确定的情况时，需要能够迅速分析问题并做出决策。这些决策需要考虑到长期目标和团队的整体利益。

（4）激励他人：领导者通过认同、奖励和支持来激励团队成员，帮助他们发挥潜力并在工作中感到满足。

（5）适应性：领导者需要能够应对变化和挑战，灵活调整策略，以应对新的情况或环境。

（6）诚信和责任感：领导者的诚信和责任感是建立信任的基础。团队成员信任领导者的判断和行动，会更愿意跟随和支持领导者。

应用场景：管理项目知识、管理团队、监督干系人参与、建设团队、控制资源、实施风险应对。

8. 名义小组技术

名义小组技术是一种用于促进群体决策和问题解决的结构化方法。尤其适用于从多个参与者中收集意见和建议，优先排序，并最终达成共识。名义小组技术通过控制讨论的流程，避免了常见的群体决策问题，如个别人的主导、过度讨论或意见的丧失。

名义小组技术的基本步骤：

（1）引入和解释问题：主持人向小组成员介绍会议议题或需要解决的问题，并确保每个人都理解这个问题的内容和目标。

（2）独立思考和记录：每个成员独立思考，并在纸上列出他们认为可能的解决方案或意见。在这个阶段，成员不互相讨论，确保每个人都可以自由地表达自己的想法，不受他人影响。

（3）收集意见：主持人逐个询问每个成员的意见或建议，并将所有意见在白板或大屏幕上公开记录下来。此时仍然不进行讨论或评价，只是简单记录。

（4）澄清和讨论：在所有意见都收集完毕后，小组成员可以提出问题，以澄清其他人的观点。主持人引导讨论，确保所有意见得到充分解释和理解，但避免评价或批判。

（5）投票和优先排序：成员通过投票或评分的方式，针对列出的意见或方案进行优先级排序。通常，每个成员可以对他们认为最重要的几项进行打分，最高分的选项将被视为最优先考虑的方案。

（6）讨论和确认：根据投票结果，进行进一步讨论，确认最终的决策或解决方案。必要时，可以进行第二轮投票，以进一步细化优先级或选择最终方案。

在项目管理中，适用于需要集思广益寻找解决方案的场合，如项目中的难题解决、业务流程改进、需求优先级排列、风险识别和评估等。

应用场景：收集需求。

9. 团队建设

团队建设是指通过一系列活动、策略和措施，增强团队成员之间的协作、沟通和信任，从而提高团队整体绩效和工作效率的过程。团队建设旨在帮助团队成员更好地理解彼此的优势和角色，促进良好的工作氛围，解决团队内部的冲突，并提高团队的凝聚力。

团队建设的常见方法有：

- 团队培训：针对团队的特定需求或发展目标，提供专门的培训课程，如领导力培训、沟通技巧培训或冲突管理培训。
- 团队活动：举办团队活动，如团队拓展训练、团队游戏或社交活动，帮助成员放松心情，加强彼此间的了解和信任。
- 反馈与反思：定期开展反馈和反思活动，鼓励团队成员互相给予建设性反馈，并共同讨论如何改进团队合作和绩效。
- 庆祝和认可：对团队的成就和个别成员的贡献进行庆祝和表彰，这种认可有助于提高团队士气和成员的自我价值感。

应用场景：建设团队。

10. 谈判

在项目管理中，谈判是一个关键技能，用于处理和解决项目中各种问题和挑战。项目管理中的谈判涉及与项目相关的各种利益相关者、供应商、团队成员及其他参与方进行沟通，以达成协议、解决冲突、调整期望，并确保项目顺利推进。以下是项目管理中谈判的相关内容：

项目管理中常见的谈判场景有：

- 合同谈判：与供应商或承包商谈判合同条款，包括价格、交付时间、质量标准和其他条件。确保合同条款能够满足项目需求，并在预算和时间框架内完成。
- 资源分配：与其他部门或组织协调资源分配，确保项目所需的人力、财力和物力得到适当的支持。
- 变更管理：在项目范围发生变更时，与相关方谈判变更请求的影响、成本和时间安排。确保变更得到批准并适当地整合到项目计划中。
- 解决冲突：在项目团队内外部出现冲突时，通过谈判解决问题，化解争议，保持团队的和谐和工作效率。

项目管理中的谈判技巧包括：

- 积极倾听：理解对方的需求和观点，建立信任并找到共同点。
- 明确沟通：清晰准确地表达自己的要求和期望，避免误解。
- 创造双赢：寻找双赢的解决方案，满足各方的核心需求，增强合作意愿。
- 灵活应变：根据谈判进展和对方的反应，灵活调整策略和方案。
- 控制情绪：保持冷静和理智，避免情绪化的反应，确保谈判的专业性和有效性。

- 了解对方：了解对方的背景、需求和限制，以制定有效的谈判策略。
- 提出备选方案：准备多个备选方案，以便在无法达成初步协议时提供其他选择。

应用场景：冲突管理、资源管理、变更管理、采购管理、合同管理。

11. 工作跟随（观察）

在项目管理中，工作跟随是指项目经理或团队成员通过观察和学习其他项目团队成员或管理者的工作，以获得实际经验、了解项目操作流程、改进管理技能和提高项目效率。工作跟随有助于新成员迅速了解项目情况，增强团队协作，解决实际工作中的问题。

项目管理中的工作跟随应用场景可以有：

- 新加入的项目经理或团队成员通过跟随经验丰富的同事，了解项目的具体操作流程、工具使用和团队文化，快速融入项目团队。
- 通过工作跟随，团队成员可以了解其他部门的工作流程和需求，促进跨部门协作，提高项目整体效率。
- 项目经理可以通过观察他人如何处理项目管理中的复杂问题、如何决策和沟通，提升自己的管理技能和能力。
- 在遇到项目问题或挑战时，项目经理或团队成员可以通过跟随学习有效的解决方法和策略。
- 通过跟随项目管理中的最佳实践，团队可以学习和应用成功的工作方法和策略，提升项目管理水平。

应用场景：收集需求、监督沟通、管理干系人参与。

12. 政治意识

在项目管理中，政治意识指对组织内部和外部的政治动态、权力关系、利益冲突和影响力的认识和理解。政治意识帮助项目经理和团队成员在复杂的组织环境中有效地导航，处理利益相关者的期望，解决冲突，并促进项目成功。它不仅涉及对权力结构的理解，还包括与不同利益方的互动、策略性沟通和对权力游戏的处理。

项目管理中的政治意识的具体应用主要有：

- 利益相关者分析：识别和分析各利益相关者的权力、利益、态度和影响力，制定相应的管理策略。
- 建立关系：建立和维护与关键决策者和影响者的良好关系，以获得项目支持和资源。
- 策略性沟通：根据不同利益相关者的需求和期望，调整沟通策略，确保信息的有效传达和接收。
- 处理冲突：了解组织内部的权力斗争和利益冲突，采取适当的措施解决冲突，保持团队的和谐和项目的进展。
- 权力和影响力分析：评估组织中的权力结构和影响力网络，制定策略以在组织内部有效推进项目。
- 管理变革：在项目中实施变革时，考虑组织的政治环境和文化，制定变革管理策略，以减少阻力和风险。

应用场景：规划沟通管理、管理沟通、管理干系人参与、监督干系人参与。

17.4 会议和活动 ▶

1. 会议管理

在项目管理和团队协作中，会议管理至关重要，因为它直接影响团队沟通的质量、决策的有效性以及项目的推进速度。

一个有效的会议应该做好以下这些环节：

- 明确会议目标：在召开会议前，必须明确会议目的和预期结果。无论是决策制定、信息共享、问题解决还是头脑风暴，会议目标都应该清晰明确，以指导会议的内容和流程。
- 制定议程：议程是会议的核心框架，列出会议的主要议题、讨论的顺序以及每个议题的预估时间。制定详细的议程可以帮助参会者做好准备，并确保会议在规定时间内完成。
- 选择合适的参会人员：确保会议的参与者包括所有相关的关键人员，同时避免不必要的参与者。参会者应能够为会议目标的实现做出贡献，并具有相关的决策权或影响力。
- 时间管理：确保会议按时开始和结束是高效会议管理的重要组成部分。控制每个议题的讨论时间，避免过度拖延或偏离主题，确保会议在规定时间内完成。
- 记录会议纪要：会议纪要是对会议讨论内容、达成的决策和下一步行动的记录。会议结束后，应及时分发会议纪要，确保所有参会者对会议结果和后续步骤有明确的了解。
- 明确行动计划和责任分配：在会议结束前，必须明确后续的行动计划，包括每项任务的负责人和截止日期。这有助于确保会议结果得到有效落实，推动项目或工作的进展。
- 会后跟进：会议管理不仅仅在会议期间，还包括会后的跟进工作。监督并确保会议中决定的事项得到落实，必要时进行后续会议或沟通，以推动行动计划的执行。

2. 待办事项细化会

待办事项细化会是敏捷项目管理中的关键活动之一。这个会议的主要目的是对产品待办事项中的条目进行详细讨论、澄清、优先排序和分解，确保它们足够清晰、具体，以便在后续的迭代中进行开发。

待办事项细化会的参与者一般有产品负责人、开发团队、Scrum Master、其他利益相关者（如有必要）。

通常每个迭代都会进行一到两次细化会，具体取决于团队的节奏和项目复杂性。有些团队可能会选择每周一次，甚至更频繁。细化会的时间长度通常控制在 1～2 小时，以保持团队的集中度和高效性。根据团队的需求，可以安排更短的会议或分多次进行。

3. 迭代规划会

迭代规划会，也称 Sprint 规划会，是敏捷项目管理中的关键会议之一。在这个会议中，团队为即将到来的迭代（或冲刺）制订详细的计划，决定在该迭代中要完成的工作内容，并分配具体任务。

待办事项细化会的参与者一般有产品负责人、开发团队、Scrum Master、其他利益相关者（如有必要）。

迭代规划会在每个迭代开始时举行，通常是固定的周期，如每2周或每4周一次。迭代规划会的时间长度通常与迭代的持续时间成正比。对于一个两周的迭代，规划会通常会持续2～4小时。团队可以根据项目复杂性和需求适当调整会议时间。

4. 迭代审查会

迭代审查会，也称 Sprint 审查会（Sprint Review Meeting），是敏捷项目管理中的一个重要活动。该会议的主要目的包括4个方面：展示工作成果、获取反馈、讨论进展和计划、确认下一个迭代的方向。

迭代审查会的参与者一般包括开发团队、产品负责人、Scrum Master、干系人。

迭代审查会通常在每个迭代结束时举行，即每2周或每4周一次，具体取决于团队的迭代周期。

5. 每日站会

每日站会是敏捷项目管理中的一项核心活动。这是一种简短而高效的团队会议，通常在每天的固定时间进行，旨在确保团队成员之间的协调和项目进展的透明度。

每日站会的参与者一般有开发团队、Scrum Master、产品负责人（可选）。

每日站会一般遵循以下3个问题的格式，每个团队成员依次回答：

（1）我昨天完成了什么工作？

汇报前一天完成的任务，特别是与团队目标相关的部分。

（2）我今天打算做什么？

说明今天的工作计划，确保工作内容与团队的总体目标一致。

（3）我在工作中遇到了哪些障碍？

分享当前遇到的任何阻碍或问题，Scrum Master 和团队可以根据这些信息提供帮助或调整计划。

要注意，在每日站会中每个成员的发言应简明扼要，聚焦于工作核心内容，不讨论细节问题；要严格控制会议时间，避免会议变成详细讨论或问题解决的场所，任何需要深入讨论的问题应在站会后进行。

6. 项目启动会

项目启动会（Initiation Meeting）是项目管理过程中的关键一步，通常在项目正式开始前举行。这个会议的目的是使项目团队和相关干系人对项目的整体方向、目标、范围、时间表以及各自的角色和责任达成一致，在该会议上，发布项目章程，正式任命项目经理，并授权其动用组织资源开展项目工作。

项目启动会的参与者包括项目经理、项目发起人或高层管理者、项目团队成员、关键干系人。

通过项目启动会，项目团队和相关干系人可以在项目启动前达成共识，并为项目的顺利执行奠定坚实的基础。成功的项目启动会能够提高项目透明度、促进团队协作、减少后续风险，并确保项目朝着正确的方向前进。

7. 项目开工会

项目开工会（Project Kick-off Meeting）是项目管理中的关键活动，标志着项目的正式启动。会议的主要目的是让所有干系人对项目的目标、范围、时间表、角色和责任有共同的理解，并建立初步的团队协作氛围。

项目开工会需要达到以下目标：

- 明确项目目标和范围：确保所有参与者对项目的目标、范围和预期成果有清晰的理解，避免后续的误解或偏差。
- 定义角色和责任：明确项目团队成员和干系人的角色、职责和相互关系，确保每个人知道自己的任务和对项目的贡献。
- 介绍项目计划：概述项目的总体时间表、主要里程碑、关键可交付物和重要的依赖关系，帮助团队了解项目的整体进展路径。
- 建立团队关系：为团队成员和干系人提供互动机会，帮助他们建立初步的沟通渠道和信任关系，促进后续的协作。
- 讨论风险和挑战：初步识别项目可能面临的主要风险和挑战，并讨论如何应对这些问题，以便团队提前做好准备。
- 确认沟通和报告机制：确定项目中的沟通方式和报告机制，确保信息能够及时、准确地传递给所有干系人。

项目启动会的参与者主要有项目经理、项目团队成员、干系人、产品负责人（敏捷环境中）、其他必要的干系人。

8. 项目审查会、项目状态会、项目收尾会、项目回顾会

在项目管理中，以下4种会议——项目审查会、项目状态会、项目收尾会和项目回顾会——是确保项目成功和持续改进的重要组成部分。它们分别在项目的不同阶段起着关键作用。

（1）项目审查会。通常在项目的特定里程碑或关键阶段结束时召开，旨在评估项目的进展情况，确保项目目标和成果符合预期，并决定是否继续推进到下一个阶段。会议参与者有项目经理、项目团队成员、关键干系人、高层管理人员（根据项目的重要性）。

（2）项目状态会。定期举行的会议，目的是跟踪项目的当前进展，识别潜在问题，并确保项目按计划进行。项目状态会可能是关于进度、成本、质量、风险、变更等主题的。会议的参与者有项目经理、项目团队成员、相关干系人（视情况而定）。状态会通常每周一次，也可以根据项目的复杂性和需求调整频率。

（3）项目收尾会。在项目完成时召开，目的是正式结束项目，确认所有项目目标和可交付物已完成，并移交最终成果。会议的参与者有项目经理、项目团队成员、客户或最终用户代表、财务和合同管理人员。

（4）项目回顾会。通常在项目结束或主要阶段完成后召开，目的是反思和评估项目的整体过程，识别成功经验和失败教训，以改进未来的项目管理实践。会议的参与者有项目经理、项目团队成员、相关干系人（可选）。

这4种会议在项目管理的不同阶段起着不同的作用。项目审查会和项目状态会关注项目进程的跟踪和调整，确保项目按照计划推进；项目收尾会正式结束项目，确认项目的所

有目标已实现；项目回顾会则帮助团队从项目中学习，总结经验教训，为未来的项目打下更好的基础。

9. 风险审查会

风险审查会的主要目的是定期评估和管理项目中的风险，确保已识别的风险得到有效的监控和应对，并及时识别新的风险。会议的主要任务有：

（1）风险状态更新：回顾和更新现有的风险登记表，评估每个风险的状态（如发生概率、影响、应对措施的有效性等）。

（2）新风险识别：讨论项目的当前状况和环境，识别新的潜在风险，并将其添加到风险登记册中。

（3）风险应对措施评估：审查和评估已实施的风险应对措施的有效性，并根据需要调整或制定新的应对策略。

（4）风险优先级排序：根据风险的影响和概率，重新评估和排序风险优先级，以确保资源优先用于最重要的风险。

（5）风险责任分配：确认每个风险的负责人，并确保他们了解并接受管理该风险的责任。

风险审查会的参与者主要包括项目经理、风险管理负责人、相关项目团队成员、关键干系人。会议通常定期举行，频率取决于项目的复杂性和风险状况，可以是每月一次或根据项目需求调整。

10. 变更控制会

变更控制会的主要目的是评估、批准或拒绝项目中的变更请求，以确保项目范围、进度、成本和质量的控制，并减少不必要的变更对项目的负面影响。会议的主要任务是：

（1）变更请求审查：审查所有已提交的变更请求，确保每个变更请求的信息是完整的，并明确变更的原因和需求。

（2）影响分析：评估每个变更对项目的影响，包括对范围、时间、成本、质量、资源等方面的影响。

（3）决策：基于分析结果，决定是否批准、拒绝或要求进一步的信息来决定变更请求。

（4）更新项目文档：对于已批准的变更，更新项目的相关文档（如项目计划、时间表、预算等），并通知相关干系人。

（5）实施计划：为已批准的变更制订实施计划，并分配责任人确保变更得以执行。

变更控制会的参与者包括项目经理、变更控制委员会成员（通常包括高级管理人员、技术专家、财务人员等）、相关干系人、项目团队成员（根据变更的具体内容）。变更控制会可以按需召开，通常是在有变更请求需要处理时举行。

11. 投标人会议

投标人会议，又称招标会议，是在项目招标过程中，招标方与潜在投标人之间召开的会议。其目的是为投标人提供有关项目招标要求的进一步澄清和解释，确保所有投标人对招标文件、项目范围、技术要求等有一致的理解，从而提交符合要求的投标书。

投标人可以就任何不明确或需要进一步澄清的内容提出问题，所有问题及答案通常会记录在案，并在会后向所有投标人发布。如果项目涉及具体的地理位置或设施，可能会安排现场访问，以便投标人更好地了解项目要求。会议结束后，招标方通常会发布会议纪要，包括所有提问及答案，并发送给所有投标人，以确保所有人都获得相同的信息。

会议的参与者包括：

- 招标方代表：通常包括项目经理、采购部门负责人、技术专家和法律顾问等。
- 潜在投标人：包括所有对投标感兴趣的公司或个人代表。

应用场景：实施采购。

17.5　其他工具与技术 ▶▶

1. 审计

审计是一种系统化、独立且客观的过程，旨在评估项目的执行情况，确保项目的活动和结果符合预定的标准、要求和目标。审计在项目生命周期中的不同阶段都可能进行，目的是提高项目的透明度、确定潜在的改进领域，以及确保项目的成功交付。

在项目管理中，常见的审计主要有质量审计（Quality Audit）、风险审计（Risk Audit）和采购审计（Procurement Audit）。

（1）质量审计。

质量审计旨在评估项目的质量管理体系和活动，确保项目可交付物满足既定的质量标准和客户要求。通过质量审计，可以识别质量管理过程中的不足，促进持续改进。

质量审计的主要任务是检查项目执行是否符合组织的质量政策、标准和程序；评估质量控制计划的有效性，如检查、测试、审核的执行情况和结果；识别影响项目质量的问题，并提供改进建议；确保项目符合外部标准和法规，如 ISO 标准、行业质量认证等。

（2）风险审计。

风险审计的目的是评估项目的风险管理过程，确保风险识别、分析和应对措施的有效性。通过风险审计，可以确保项目能够及时应对潜在风险，降低不确定性对项目目标的影响。

风险审计主要任务是检查项目是否全面识别了潜在风险，并对风险进行正确的分析和评估；评估风险应对策略的执行情况，判断这些措施是否有效；审查风险监控机制，确保项目团队持续跟踪和管理风险；检查应急计划的准备情况，确保项目能够快速响应突发事件。

（3）采购审计。

采购审计旨在评估项目的采购活动和合同管理过程，确保采购过程的透明性、合规性以及供应商的表现符合合同要求。通过采购审计，可以发现采购流程中的问题，防止舞弊行为，并确保资源的高效利用。

采购审计会检查采购计划的制订和执行情况，确保按计划进行采购；评估合同的签订、履行、变更和终止过程，确保合同条款得到遵守；审查供应商的绩效，确保供应商提供的产品和服务符合项目要求；确保采购活动符合公司政策、行业标准和法律法规。

应用场景：管理质量、监督风险、控制采购。

2. 集中办公和虚拟团队

集中办公和虚拟团队是两种常见的团队结构形式，各自有其优势和挑战，在项目管理中应用广泛。

（1）集中办公：指团队成员在同一物理地点或相邻地点工作，通常在同一个办公区域或建筑物内。这种团队形式强调面对面的沟通和协作。

集中办公的优点有：

- 沟通效率高：团队成员可以随时进行面对面的交流，减少信息传递的误解，提高沟通效率。
- 团队凝聚力强：近距离工作有助于建立团队成员之间的信任和融洽的关系，增强团队凝聚力。
- 问题解决迅速：面对面的沟通和实时互动使团队能够快速解决问题，减少延误。
- 监督和管理容易：项目经理可以更直接地监督团队工作进展，及时提供指导和反馈。

不足之处在于：

- 成本较高：维持一个集中办公地点需要较高的租赁、设备和维护成本。
- 地域限制：团队成员通常只能从本地招聘，限制了人才选择的多样性。
- 工作时间固定：集中办公通常要求团队成员遵循统一的工作时间，缺乏弹性。

（2）虚拟团队：指团队成员分散在不同地理位置，通过网络和技术工具进行远程协作。虚拟团队成员可能位于不同城市、国家，甚至是不同的时区。

虚拟团队的优点有：

- 人才多样性：虚拟团队可以从全球范围内招募人才，组建最合适的团队。
- 成本节约：减少办公空间和相关设施的成本，同时减少通勤时间和费用。
- 工作时间灵活：虚拟团队成员通常有更多的灵活性，可以根据个人和项目需要安排工作时间。
- 适应全球项目：对于全球化项目，虚拟团队可以在不同时间段连续工作，提高项目推进速度。

不足之处在于：

- 沟通挑战：时区差异、文化差异和技术问题可能导致沟通困难，信息传递不畅。
- 团队凝聚力较弱：由于缺乏面对面的互动，虚拟团队成员之间的信任和关系建立较为困难。
- 管理复杂性：项目经理需要应对远程团队的监督和协调挑战，确保团队成员保持高效工作。
- 技术依赖性强：虚拟团队高度依赖通信技术和协作工具，如果这些工具出现问题，可能影响工作效率。

选择哪种团队形式，取决于项目的具体需求、团队成员的地理分布、预算以及项目管理者的偏好和经验。对于某些项目，可能需要采用两者结合的方式，通过定期的面对面会议和日常的虚拟协作来实现最佳效果。

应用场景：建设团队、获取资源。

3. 沟通模型、沟通方法和沟通技术

在项目管理中，沟通是确保项目成功的关键因素之一。有效的沟通能够促进团队合作、解决问题、确保信息流动顺畅，从而帮助项目按时按质完成。项目管理中的沟通主要包括沟通模型、沟通方法和沟通技术 3 个方面。

（1）沟通模型。

沟通模型是描述信息在发送者和接收者之间传递过程的框架。常见的沟通模型如图 17-20 所示。这个经典模型描述了沟通的基本要素：发送者、编码、信道、解码和接收者。还引入了"噪音"概念，表示信息传递过程中可能出现的干扰或误解。该模型强调了信息传递过程中的各个步骤以及可能的沟通障碍。该模型注重每个部分在沟通过程中的角色，特别是发送者和接收者的技能、态度、知识、社会文化等因素如何影响沟通效果。

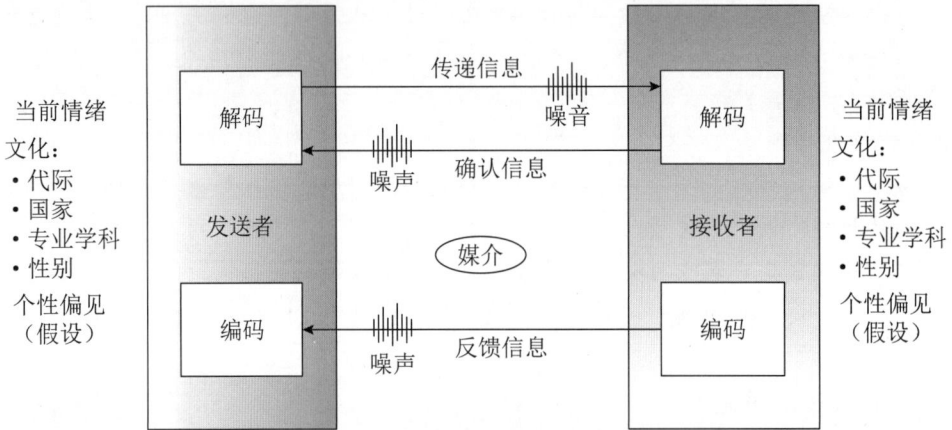

图 17-20　沟通模型图

（2）沟通方法。

沟通方法是指信息传递的方式，在项目管理中，互动沟通、推式沟通和拉式沟通是 3 种常见的沟通方法，每种方式都适用于不同的情境和需求。这些沟通方式帮助团队和利益相关者在项目过程中保持信息流动，并确保各方了解项目进展、风险和决策。

互动沟通：指双方或多方实时进行信息交换的一种沟通方式。这种沟通通常是面对面的交流、电话会议或视频会议，能够确保即时反馈。例如项目团队会议、利益相关者的讨论或协商、冲突解决、项目进度评审会议等。这是项目管理者应首先选择的沟通方法。

推式沟通：指信息由发送方主动传递给接收方，而接收方不需要即时响应。这种沟通方式常见于电子邮件、报告、公告等形式。例如项目状态报告、会议纪要、重要通知和公告、发送项目文件或文档等。

拉式沟通：指信息接收方主动获取信息，信息存放在某个共享的地方，如文档管理系统、知识库或内部网站，接收方可以根据需要自行查阅。例如项目文档管理系统、公司内部网站或门户、常见问题解答（FAQ）库、项目知识库或资源库等。

互动沟通是最直接和有效的沟通方式，适用于需要即时反馈和讨论的场合。推式沟通适用于传递信息给多个接收者，尤其是当信息需要正式记录时，但无法保证信息的即时接收和处理。拉式沟通则适合提供信息的持续访问和存储，接收者可以根据自己的需要和时间主动获取信息。

（3）沟通技术。

沟通技术是指支持沟通过程的工具和平台，随着技术的进步，这些工具日益多样化，主要包括：

电子邮件、即时通信工具、视频会议工具、项目管理软件、协作文档工具、社交媒体工具。

应用场景：规划沟通管理、管理沟通、监督沟通、建设团队、管理干系人参与。

4. 系统交互图

系统交互图是一种用于描述不同系统或系统内部组件之间交互的图示工具。它帮助理解系统如何与外部环境（如用户、其他系统或硬件）以及内部各部分之间进行通信和协作。系统交互图是范围模型的一个例子，它是对产品范围的可视化描绘，显示业务系统（过程、设备及计算机系统）及其与人和其他系统之间的交互方式。系统交互图显示了业务系统的输入、输入提供者、业务系统的输出和输出接收者。

举例说明，假设要建设一个在线购物系统，总体需求可以用系统交互图表示，如图 17-21 所示。

- 用户与前端界面进行交互，发起一个"搜索商品"的请求。
- 前端界面将请求发送给应用服务器。
- 应用服务器调用数据库进行商品查询。
- 数据库把查询结果返回给应用服务器。
- 应用服务器处理结果并将信息发送回前端界面，最终展示给用户。

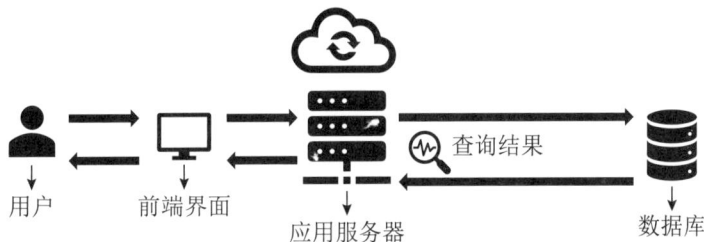

图 17-21　系统交互图

应用场景：收集需求。

5. 风险的应对策略

在项目管理中，针对不同的风险，项目经理可以采取不同的应对策略，主要包括机会应对策略（Opportunity Response Strategies）、威胁应对策略（Threat Response Strategies）和应急应对策略（Contingency Response Strategies）。

（1）机会应对策略。

机会是指在项目中可能带来积极影响的事件或条件。机会应对策略旨在确保这些机会得以实现或最大化。具体策略如下：

- 开拓（Exploit）：确保机会100%发生，从而带来正面效益。比如发现某项新技术可以显著提高生产效率，项目经理可能会立即投资该技术并将其应用到项目中。
- 提高（Enhance）：提高机会发生的概率或增强其影响。比如通过额外培训可提高团队的生产力，项目经理可能会安排额外的培训来增强这个机会。
- 分享（Share）：与第三方共享机会，通过合作实现更好的结果。比如某供应商能够提供独特资源，项目经理可能会与该供应商建立合作关系，共同开发这一机会。
- 接受（Accept）：被动接受机会，既不采取特别行动增加机会发生的可能性，也不采取行动避免它。比如项目团队识别出一个非关键任务可能会提前完成，但决定不做额外工作，只是在机会出现时加以利用。

（2）威胁应对策略。

威胁是指可能对项目产生负面影响的风险事件或条件。威胁应对策略旨在减少或消除这些威胁带来的负面影响。
- 规避（Avoid）：通过改变计划彻底消除威胁的可能性或影响。比如识别出项目中的某个风险可以通过改变项目范围来避免，项目经理可能会调整项目范围来规避该风险。
- 转移（Transfer）：将威胁的影响转移给第三方，通常通过保险、外包或合同来实现。比如项目团队可能将某个高风险任务外包给有相关经验的供应商，从而将风险转移给供应商。
- 减轻（Mitigate）：采取措施减少威胁发生的概率或降低其影响。比如发现某种材料可能会因市场波动而涨价，项目经理可能会提前采购材料，以减少价格上涨的风险。
- 接受（Accept）：不采取任何主动行动来应对风险，通常是在成本或时间不允许采取其他应对策略的情况下。比如对于小概率且影响较小的风险，项目团队可能选择接受，而不是耗费资源去规避或减轻。

（3）应急应对策略。

应急应对策略是在风险事件发生时执行的备用计划或应对措施。与主动的风险应对策略不同，应急应对策略是在风险变为现实后采取的措施。比如在项目计划中设定一笔应急资金，用于应对项目过程中可能出现的成本超支问题；或者制订应急计划以应对供应链中断，当主要供应商无法供货时，迅速转向备用供应商。

应用场景：规划风险应对。

6. 分解

分解（Decomposition）是项目管理中的一种重要技术，用于将项目的总体工作逐步细化，直至达到足够详细的层次，方便管理、执行和控制。通过分解，项目经理和团队可以明确项目范围、分配责任，并创建可交付成果的工作包。分解过程主要用于创建项目的工作分解结构（WBS）。WBS帮助定义和确认项目的范围，以此为基础，项目经理可以更好地定义项目的时间表和关键路径，并对活动进行成本估算和项目预算编制。通过分解识别出的具体任务和工作包，可以更容易识别和评估潜在的项目风险。分解使得资源分配更有针对性，有助于资源的优化使用。

WBS的组件包括工作包和编码，分解的步骤包括：
- 识别和分析可交付成果及相关工作。
- 确定WBS的结构和编排方法。

● 自上而下逐层细化分解。

● 为 WBS 组件制定和分配标识编码。

● 核实可交付成果分解的程度是否恰当。

WBS 可以把项目生命周期的各阶段作为分解的第二层,产品和项目可交付成果放在第三层;也可以把主要可交付成果作为分解的第二层,将更细化的交付成果放在第三层。

在创建工作分解结构时,有几个重要原则需要注意:

(1)100% 原则:WBS 应包含项目范围中所有的工作和可交付成果,不仅包括主要可交付成果,还包括所有必要的任务和工作包,确保没有遗漏。它应该详细到可以涵盖项目的全部工作,不留任何未明确的部分。

(2)80 小时原则:为了避免过度细化而增加管理复杂性,每个工作包的工作量应尽量控制在 80 小时以内,这样可以确保工作包在执行时易于管理和控制。这个时间框架并非固定,而是一个建议的最大值,可以根据项目的规模和复杂性进行调整。

(3)4-6 层原则:WBS 应包含 4 到 6 层的分解层次,从项目的总体目标到具体的工作包。每一层级应代表一个不同的细化层次,从主要可交付成果到更详细的工作任务。

(4)明确责任原则:WBS 中的每个工作包都应明确指定一个责任人或责任团队,确保每个任务都有明确的负责人。这样可以确保工作的有效执行,并且有明确的负责人对项目目标的完成负责。

应用场景:创建 WBS、排列活动顺序。

7. 活动的依赖关系

在项目管理中,活动之间的依赖关系有多种类型,这些依赖关系可以帮助确定任务的执行顺序以及项目的时间安排。以下是 4 种常见的依赖关系类型:

(1)强制性依赖关系(Mandatory Dependencies):由项目的实际要求或物理限制所决定的任务顺序。这种依赖关系通常是不可避免的,由项目的性质、技术或法律规定决定。例如,在建筑项目中,基础施工(任务 A)必须在结构施工(任务 B)之前完成,因为结构施工依赖于基础施工的完成。这种依赖关系是由施工技术和物理过程的要求决定的。

(2)选择性依赖关系(Discretionary Dependencies):由项目团队根据最佳实践、优化流程或其他考虑因素自愿设定的任务顺序。这些依赖关系是基于团队的判断,而不是项目的物理限制。例如,在软件开发项目中,团队可能选择在完成系统设计(任务 A)之后再进行编码(任务 B),即使编码可以在设计的某些部分完成后就开始。这种选择可以提高工作效率,但不是必须的。

(3)内部依赖关系(Internal Dependencies):指项目内部不同任务之间的依赖关系,这些任务都属于项目团队或项目范围的一部分。例如,在产品开发项目中,原型设计(任务 A)必须在详细设计(任务 B)之前完成,因为详细设计依赖于原型设计的结果。

(4)外部依赖关系(External Dependencies):指项目与外部实体或条件之间的依赖关系,这些外部因素可能会影响项目的任务顺序或进度。例如,在建筑项目中,获得政府审批(任务 A)是外部依赖,必须在实际施工(任务 B)之前完成,因为施工需要得到政府批准。

如果单纯从两个活动之间的关系来看,又可以分为 4 种依赖关系:

（1）完成到开始依赖关系（Finish-to-Start，FS）：也叫前置依赖关系。一个任务（前置任务）必须在另一个任务（后续任务）开始之前完成。例如，在建筑项目中，基础工程（前置任务）必须在结构施工（后续任务）开始之前完成。

（2）开始到开始依赖关系（Start-to-Start，SS）：一个任务（前置任务）必须在另一个任务（后续任务）开始之前开始。例如，在软件开发项目中，代码编写（前置任务）和单元测试（后续任务）可以同时开始，但单元测试必须在代码编写开始后才可以进行。

（3）完成到完成依赖关系（Finish-to-Finish，FF）：一个任务（前置任务）必须在另一个任务（后续任务）完成之前完成。例如，在写作项目中，内容编辑（前置任务）必须在最终审查（后续任务）之前完成。

（4）开始到完成依赖关系（Start-to-Finish，SF）：一个任务（前置任务）必须在另一个任务（后续任务）完成之前开始。例如，在某些项目的转换阶段中，新的系统实施（前置任务）必须在旧系统关闭（后续任务）之前开始。

应用场景：排列活动顺序。

8. 网络进度图

网络进度图（Network Diagram）是项目管理中用于显示项目任务之间逻辑关系和依赖关系的工具。它有助于可视化任务的顺序和相互关系，从而支持项目计划的制订、进度控制和风险管理。网络进度图主要有两种类型：箭头图（Arrow Diagramming Method，ADM）和 前导图（Precedence Diagramming Method，PDM）。

ADM 的主要特点包括：

- 箭头表示活动：每个箭头代表一项任务或活动，箭头的方向表示任务的执行顺序。
- 节点表示事件：节点代表任务的开始和结束，通常用圆圈表示。节点标识任务的起点和终点。
- 依赖关系的表示：箭头连接不同的节点，表示任务之间的依赖关系。节点表示事件的发生，箭头表示从一个事件到另一个事件的活动。
- 事件和活动分开：ADM 中的任务（活动）和事件是分开的，箭头仅表示任务（活动）的执行，节点表示事件的状态。

箭头图示例如图 17-22 所示。

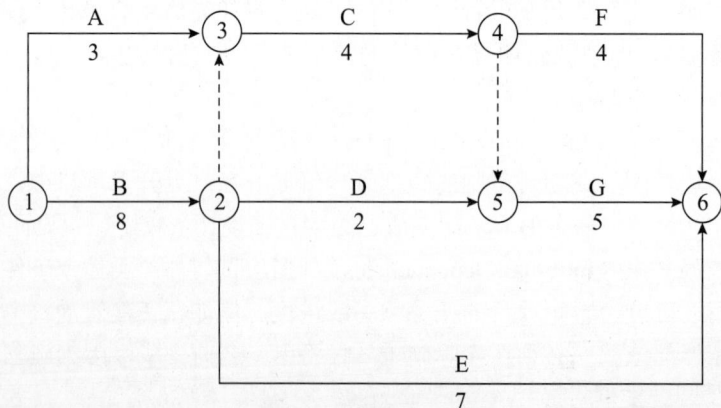

图 17-22　箭头图（ADM）

PDM 也称为"活动 – 节点图",主要特点包括:

- 节点表示活动:每个节点代表一个任务或活动,节点内部包含任务名称、编号和其他信息。
- 箭头表示依赖关系:箭头连接不同的节点,表示任务之间的依赖关系和顺序。
- 任务和依赖关系分开:节点表示任务,箭头仅表示任务之间的逻辑关系。任务和事件被放在同一节点中表示。
- 依赖关系类型:PDM 通常支持 4 种依赖关系类型,即完成 – 开始(FS)、开始 – 开始(SS)、完成 – 完成(FF)、开始 – 完成(SF)。

前导图示例如图 17-23 所示。

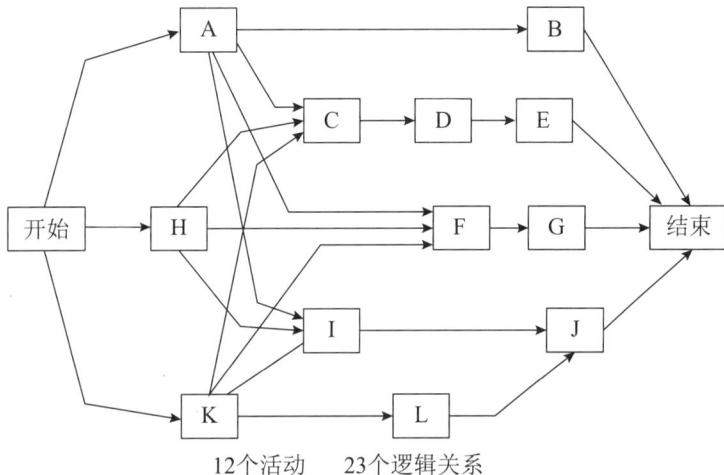

12个活动　　23个逻辑关系

图 17-23　前导图(PDM)

应用场景:排列活动顺序。

9. 关键路径法

关键路径法(CPM)是一种强大的项目管理工具,用于计划和调度项目中的任务。这种方法通过识别项目中的关键任务及其依赖关系,帮助确定项目的最短完成时间,并识别可能对项目完成时间产生影响的关键任务。关键路径法的核心在于识别构成项目最长持续路径的一系列活动,这个路径称为"关键路径"。关键路径上的任务是项目成功的决定因素,因为任何关键路径上的任务的延迟都会直接导致整个项目延期。

为了更好地理解和应用关键路径法,首先需要明白以下几个概念:

(1)最早开始时间(Earliest Start Time,ES)、最早结束时间(Earliest Finish Time,EF)、最晚开始时间(Latest Start Time,LS)、最晚结束时间(Latest Finish Time,LF)。

这些时间点帮助项目经理确定任务最早和最晚的安排,以确保项目按时完成。

最早开始时间:任务可以开始的最早时间。通常在没有任何延迟或阻碍的情况下计算得出。从项目的起始点开始,依赖关系确定任务的最早开始时间。如果任务 A 必须在任务 B 完成后才能开始,那么任务 B 的最早完成时间就是任务 A 的最早开始时间。

最早结束时间:任务可以结束的最早时间。等于最早开始时间加上任务的持续时间。

计算公式:

$$EF = ES + 持续时间$$

例如，如果任务 A 的最早开始时间是第 5 天，任务 A 的持续时间是 3 天，则任务 A 的最早结束时间是第 8 天。

最晚开始时间：任务可以开始的最晚时间，而不影响项目的完成时间。确保项目按时完成的最后开始时间。从项目的截止日期倒推，确保每个任务在最晚的时间开始，以不影响项目的完成时间。例如，如果任务 A 的最晚结束时间是第 10 天，而任务 A 的持续时间是 3 天，则任务 A 的最晚开始时间是第 7 天。

最晚结束时间：任务可以结束的最晚时间，而不影响项目的完成时间。等于最晚开始时间加上任务的持续时间。

计算公式：

$$LF = LS + 持续时间$$

例如，如果任务 A 的最晚开始时间是第 7 天，任务 A 的持续时间是 3 天，则任务 A 的最晚结束时间是第 10 天。

（2）浮动时间。

浮动时间是指任务可以延迟的时间，而不会影响项目最终完成时间。通过计算浮动时间，项目经理可以了解哪些任务有时间余地，哪些任务必须按时完成。浮动时间可以分为总浮动时间和自由浮动时间。

总浮动时间（Total Float）：指一项任务可以延迟的最大时间，而不会影响项目的最终完成时间。换句话说，总浮动时间表示一项任务在不影响项目关键路径和最终截止日期的情况下可以延迟的时间。

计算公式：

$$总浮动时间 = 最晚结束时间（LF）- 最早结束时间（EF）$$
$$总浮动时间 = 最晚开始时间（LS）- 最早开始时间（ES）$$

要注意，总浮动时间为零的任务通常属于关键路径，这些任务必须按时完成，否则会影响整个项目的完成时间。

自由浮动时间（Free Float）：指一项任务可以延迟的时间，而不会延迟后续任务的最早开始时间。也就是说，自由浮动时间表示在不影响紧后任务的前提下，某项任务可以延迟的时间。

计算公式：

$$自由浮动时间 = 紧后任务的最早开始时间（ES）- 当前任务的最早结束时间（EF）$$

自由浮动时间通常比总浮动时间更小，它表示在不干扰下一项任务的情况下，当前任务可以延迟的时间。自由浮动时间为零的任务表明任何延迟都会影响紧后任务的开始时间。

了解这些基本概念后，便可以进行关键路径的分析：

首先，识别所有的项目任务及其持续时间，确定每个任务的依赖关系，并使用前导图（PDM）表示出来（节点表示任务，箭头表示依赖关系）；然后，计算最早开始和最早结束时间、最晚开始和最晚结束时间；最后确定关键路径。确定的方法如下：

当活动的总浮动时间为 0 时，该活动属于关键路径上的活动，即：

$$总浮动时间 = 最晚结束时间（LF）- 最早结束时间（EF）= 0$$

或者

总浮动时间 = 最晚开始时间（LS）- 最早开始时间（ES）=0

通过任务的顺序确定关键路径。

▶▶ **应用案例**

假设你负责管理一个项目，涉及以下任务：

● 任务A：需求分析（持续时间5天）。
● 任务B：设计（持续时间3天，依赖任务A）。
● 任务C：开发（持续时间4天，依赖任务B）。
● 任务D：测试（持续时间2天，依赖任务B）。
● 任务E：部署（持续时间3天，依赖任务C和D）。

可以绘制网络进度图，如图17-24所示。

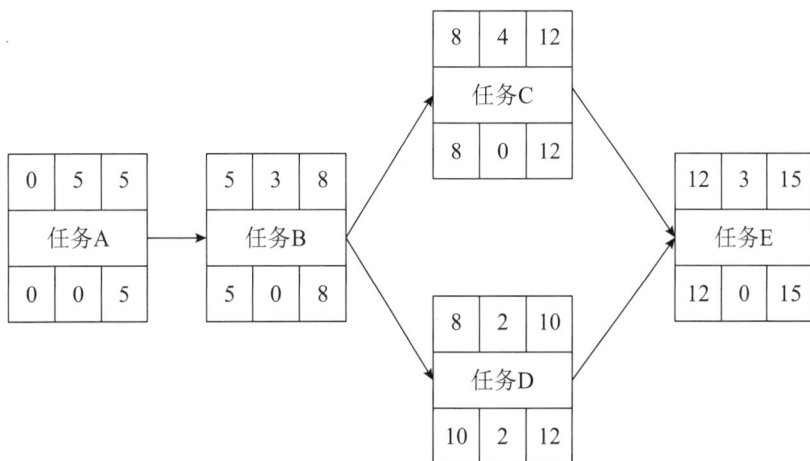

图17-24　网络进度图

计算最早开始和最早结束时间：

● 任务A：ES=0天，EF=ES+5天 =5天。
● 任务B：ES=5天（任务A完成后），EF=ES+3天 =8天。
● 任务C：ES=8天（任务B完成后），EF=ES+4天 =12天。
● 任务D：ES=8天（任务B完成后），EF=ES+2天 =10天。
● 任务E：ES=12天（任务C和任务D都完成后），EF=ES+3天 =15天。

计算最晚开始和最晚结束时间：

● 任务E：LF=15天，LS=LF-3天 =12天。
● 任务C：LF=12天（任务E开始前必须完成），LS=LF-4天 =8天。
● 任务D：LF=12天（任务E开始前必须完成），LS=LF-2天 =10天。
● 任务B：LF=8天（任务C和任务D中较早的LS），LS=LF-3天 =5天。
● 任务A：LF=5天（任务B开始前必须完成），LS=LF-5天 =0天。

确定关键路径：

● 任务A总浮动时间 =LF-EF=5-5=0。

- 任务 B 总浮动时间 $=LF-EF=8-8=0$。
- 任务 C 总浮动时间 $=LF-EF=12-12=0$。
- 任务 D 总浮动时间 $=LF-EF=12-10=2$。
- 任务 E 总浮动时间 $=LF-EF=15-15=0$。
- 得出关键路径是：$A \rightarrow B \rightarrow C \rightarrow E$。

应用场景：制订进度计划、控制进度。

10. 提前量和滞后量

提前量（Lead Time）和滞后量（Lag Time）是项目管理中的两个重要概念，涉及任务之间的依赖关系和时间安排。它们用于调整任务之间的时间间隔，以优化项目进度并确保任务顺利衔接。

（1）提前量：指在一个任务正式完成之前，下一个任务可以提前开始的时间。它表示后续任务可以在前置任务结束前提前进行，从而缩短项目工期。

提前量常用于并行执行任务，尤其是在部分任务的完成和下一个任务的开始不需要有严格的顺序时。例如，任务 A（设计）和任务 B（开发）之间有一个 5 天的提前量，意味着开发可以在设计完成之前的 5 天开始。假设设计任务持续时间为 10 天，开发任务本应在第 11 天开始，但由于有 5 天的提前量，开发可以在第 6 天开始。

（2）滞后量：指一个任务完成后，必须等待一段时间才能开始下一个任务。它表示任务之间有时间间隔，延长了项目工期。

滞后量常用于需要等待的情况，比如需要等待某种材料的干燥时间或等待外部供应的到货。例如，在建筑项目中，浇筑混凝土（任务 A）后，可能需要等待混凝土硬化后再开展建筑结构工作（任务 B）。因此，任务 A（浇筑混凝土）和任务 B（建筑结构）之间有一个 3 天的滞后量，意味着在混凝土浇筑完成后，必须等待 3 天才能开始建筑结构的工作。

应用场景：排列活动顺序、制订进度计划、控制进度。

11. 进度压缩

进度压缩是项目管理中的一种策略，用于在不改变项目范围的前提下，通过调整项目计划和资源配置来缩短项目工期，以确保项目按时或提前完成。进度压缩通常在项目临近截止日期或需要加快进度时使用。常见的进度压缩方法有两种：赶工（Crashing）和快速跟进（Fast Tracking）。

（1）赶工：通过增加资源投入来缩短关键路径上的任务时间。赶工通常涉及增加更多的人力、加班或使用更先进的工具和技术来加快任务的完成速度。

赶工适用于通过增加资源投入便可显著缩短完成时间的任务。然而，由于赶工通常会增加项目成本（如人力成本和加班费用），因此需要在成本和时间之间进行权衡。

例如，某任务预计 6 天完成，但通过增加一倍的人力投入，可将其缩短为 3 天，即通过赶工来压缩进度。然而，这可能会增加额外的薪资成本。

（2）快速跟进：通过调整任务顺序，允许一些任务并行或重叠进行，而不是按传统的顺序依次进行。这种方法减少了任务之间的等待时间，从而压缩了项目的整体工期。

快速跟进适用于任务之间依赖关系较弱的项目，即任务 B 可以在任务 A 完成之前开始，而不会带来重大风险或质量问题。快速跟进可能会增加项目的复杂性和风险，因为它可能导致任务间的冲突或返工。

例如，在建筑项目中，通常屋顶安装在结构建造之后开始。但如果采用快速跟进，可以在结构建造快要完成时提前开始屋顶安装，以节省时间。然而，这可能会带来一些质量管理方面的挑战。

在运用进度压缩技术时，要注意可能出现以下风险和问题：

首先，成本增加。在赶工中，增加资源的投入通常伴随成本增加。项目经理需要权衡时间与成本之间的关系。

其次，质量风险。快速跟进通过任务并行进行，而不是依次进行，这可能增加错误或返工的风险，影响项目质量。

再次，资源冲突。进度压缩可能导致资源的过度使用，造成资源瓶颈或冲突，尤其是在资源有限的情况下。

最后，沟通和协调难度增加。在进行快速跟进时，任务的并行和重叠增加了沟通和协调的复杂性，可能导致信息不一致或沟通不畅。

应用场景：制订进度计划、控制进度。

12. 资源优化

资源优化（Resource Optimization）是项目管理中的一系列技术和策略，用于调整和优化资源的使用，以提高项目的效率，避免资源过度使用或资源不足，确保项目能够按时、按预算完成。资源优化的目标是平衡资源需求和资源供应，解决资源的过载或闲置问题，从而提高项目的整体表现。

资源优化通常包括两种主要方法：资源平衡（Resource Leveling）和资源平滑（Resource Smoothing）。

（1）资源平衡：通过调整项目任务的开始和结束时间，以避免资源过度使用或资源冲突。资源平衡的重点是解决资源过载问题，即在某一时段内资源需求超过资源供应的情况。

资源平衡可能会导致项目工期延长，因为它通过延迟任务来避免资源的过度使用。这种方法通常适用于资源有限或资源冲突严重的项目。例如，在建筑项目中，如果只有一台起重机，而两个不同的任务都需要使用它，资源平衡可以通过调整任务的时间安排来确保起重机的有效利用，而不会引起冲突。

（2）资源平滑：在不改变项目整体工期的前提下，通过调整任务的开始和结束时间，优化资源的使用分配。资源平滑的目标是减少资源使用的波动，使资源需求更平滑和均匀。

资源平滑不会改变项目的关键路径和整体工期，但会调整任务的时间安排以优化资源使用。这种方法通常适用于资源需求波动较大但工期不能延长的项目。当项目的某些时间段资源需求过高，而其他时间段资源需求较低时，可以通过资源平滑来平衡资源使用。例如，在 IT 项目中，某阶段可能需要大量的开发人员，而其他阶段则需要较少人员，通过资源平滑，可以将一些任务提前或延后，以保持开发人员的工作量均衡。

要注意，资源优化技术可能会导致：

（1）延长项目工期：资源平衡可能会导致项目工期的延长，特别是在资源过度使用的情况下。

（2）增加管理复杂性：调整任务时间和资源分配可能会增加项目管理的复杂性，需要更高的协调和沟通能力。

（3）应对不确定性：项目中资源需求的波动和变化可能带来不确定性，需要项目经理灵活应对。

应用场景：制订进度计划。

13. 进度网络分析

进度网络分析是项目管理中用来评估和优化项目进度计划的技术。通过分析项目任务的相互关系和依赖性，进度网络分析帮助项目经理识别关键路径、计算项目工期、确定任务的浮动时间，并评估项目在各种情况下的可行性。进度网络分析通常包括关键路径法（CPM）、项目评估与审查技术（PERT）、蒙特卡洛分析、浮动时间分析、资源优化技术等方法。以上方法前文已讲述，在此不再展开。

应用场景：制订进度计划。

14. 资金限制平衡

资金限制平衡旨在将项目的支出计划与资金的可用性进行协调和调整，以确保项目在资金限制范围内顺利进行。这项技术非常关键，特别是在项目受到资金限制或资金分配不均的情况下，可以帮助项目经理在不同时间段内合理分配资金，以避免资金不足或超支的情况。

资金限制平衡重点考虑以下几个核心概念：

- 资金可用性：指项目在某一特定时间内能够使用的资金总量。资金可能分阶段到位，且每个阶段的可用资金量可能有所不同。
- 资金使用计划：指项目各阶段的预计支出计划，包括在不同时间点上的现金流出需求。这些计划通常根据项目的工作分解结构（WBS）和进度计划制订。
- 资金限制：指项目在一定时期内可以获得的最大资金量。这个限制通常由项目资金的来源方或公司财务部门设定。

▶ 应用案例

假设一个建筑项目的总预算为 100 万美元，资金分 3 个阶段到位：

第一阶段：项目启动和设计阶段，资金到位 30 万美元。

第二阶段：结构建造阶段，资金到位 50 万美元。

第三阶段：内部装饰和收尾阶段，资金到位 20 万美元。

项目经理在制订项目计划时，发现结构建造阶段的实际资金需求为 60 万美元，这超出了第二阶段的资金限制。为了进行资金限制平衡，项目经理可以采取以下措施：

（1）调整项目进度：将部分结构建造的工作分配到第一阶段进行，利用第一阶段的剩余资金来支持第二阶段的部分工作。

（2）分阶段付款：与供应商协商，将结构建造阶段的部分支付推迟到第三阶段的资金到位后进行。

（3）分批采购材料：将大批量材料的采购分成多批进行，以减少单一阶段的资金压力。

通过协调项目的支出计划与资金的可用性，项目经理可以确保项目在资金限制内顺利进行，避免资金短缺或超支的风险。成功的资金限制平衡需要详细的规划、灵活的应对策略以及持续的监控和调整。

应用场景：制定预算。

15. 原型法

原型法是项目管理和系统开发中的一种技术，用于在项目早期阶段创建一个初步的、可视化的模型或"原型"，以更好地理解和定义最终产品的需求。在项目管理中，原型法在软件开发、产品设计和系统集成等领域尤为好用，它帮助团队和客户在项目开始之前或开发过程中更直观地交流和验证需求，减少最终产品与客户期望的差距。

原型是项目最终产品的一个早期版本或模型，通常是一个不完整的或简化的版本，用于展示产品的主要功能和设计思路。原型可以是低保真的（如纸质模型、草图），或高保真的（如交互式的数字模型或初步的产品样品）。

原型法通常采用迭代开发的方式，即在产品开发过程中，通过多次反复创建和改进原型，逐步完善产品的设计和功能，直到满足最终需求。原型法强调用户或客户的持续参与，通过让用户直接与原型互动，收集反馈并进行调整，从而确保最终产品符合用户期望。

应用场景：收集需求。

16. 滚动式规划

滚动式规划用于在项目的不同时期逐步详细规划项目的内容和任务。它允许项目团队在项目开始时对近期的工作进行详细规划，而对远期的工作只做高层次概述，随着项目推进，逐步对远期工作进行详细规划。

滚动式规划特别适用于范围和需求不确定、项目周期较长、环境变化快、资源有限且需要灵活调配的复杂项目。它与敏捷项目管理方法非常契合，尤其在软件开发项目中，常采用迭代式的开发和交付模式。

应用场景：定义活动。

17. 知识管理

显性知识（Explicit Knowledge）和隐性知识（Tacit Knowledge）分别指代了不同类型的知识及其在组织中的管理方式。管理这两种知识是企业在提升竞争力和创新能力方面的重要内容。

（1）显性知识：可以被明确表达、记录和共享的知识。这类知识通常是系统化的，可以通过文档、手册、数据库、图表、流程图等形式进行传播和传授。显性知识易于组织、存储和传播。比如组织的工作流程手册、培训材料和操作指南、科学论文和技术文档、数据库和报告等。

显性知识管理相对简单，因为这种知识可以被明确记录和存储。常见方法包括：

- 创建组织的知识库，将所有显性知识（如文档、报告、操作手册等）集中存储在一个系统中，便于员工访问和使用。
- 使用文档管理系统（如 SharePoint、Google Drive）来组织、存储和管理显性知识，确保文档的版本控制和访问权限管理。
- 将组织中的工作流程、操作规程和最佳实践标准化，并以文档形式记录，供员工学习和参考。
- 通过培训课程和学习材料，传授显性知识，帮助员工掌握标准操作流程和技术知识。

（2）隐性知识：难以形式化和表达的知识，通常是个人通过经验、洞察力和直觉所积累的知识。隐性知识往往难以通过书面形式直接传授，需要通过实践、观察和交流来传递。隐性知识可以是技术专家的技能和经验、员工在工作中的直觉和判断、团队的协作文化和工作习惯、通过多年积累的客户关系管理技巧等。

隐性知识的管理更具挑战性，因为这种知识难以通过文档记录，需要通过更多互动和实践来传递。以下是管理隐性知识的几种常见方法：

- 通过导师制度或学徒制，安排有经验的员工与新员工配对，进行一对一指导，将隐性知识通过实践传递给新员工。
- 组建专业的社区或兴趣小组，鼓励员工分享经验和技能，通过讨论和实践来交流和传递隐性知识。
- 通过工作轮换或组建跨职能团队，让员工在不同岗位上工作，获得新的经验和知识，从而积累和传递隐性知识。
- 鼓励员工分享工作中的经验故事或案例，通过讲述真实的工作场景和挑战，传递隐性知识。

在实际项目管理中，显性知识和隐性知识的管理需要结合起来，首先，创建一个鼓励知识共享的企业文化，使员工感到分享和传播知识（无论是显性还是隐性）是被认可和鼓励的。其次，尽可能将隐性知识转化为显性知识，例如，通过记录员工的经验教训、总结项目回顾等方式，将隐性知识形式化。最后，建立反馈机制，通过显性知识的应用和实践，进一步丰富和扩展隐性知识，例如，员工在执行标准流程时，可能会发现新的问题或更有效的方法，这些新发现可以通过反馈机制进一步完善显性知识。

应用场景：管理项目知识。

18. 影响地图

影响地图是一种战略规划技术，帮助团队明确其产品或项目目标，并通过视觉化的方式将这些目标与实现路径联系起来。影响地图通过将目标分解为可执行的任务，帮助团队识别和优先考虑最能推动目标实现的关键因素。影响地图通常由 4 个主要部分构成一个视觉化的思维导图：

- 目标：放置在影响地图的中心位置，明确团队的最终目标。
- 行动者：目标的直接分支，用来识别与目标相关的所有关键行动者。

- 影响：由每个行动者进一步分解，描述这些行动者可能对目标产生的影响或需要改变的行为。
- 可交付物：由每个影响进一步分解，列出为实现这些影响所需的具体可交付物或任务。

应用场景：为项目团队提供一个清晰的路线图，确保所有项目活动都集中在实现项目目标上，避免资源浪费在无关任务上。

19. 净推荐值

净推荐值（Net Promotor Score，NPS）是一种用于衡量客户满意度和忠诚度的重要指标。它通过调查客户是否愿意将产品或服务推荐给他人，从而评估客户对品牌的整体满意度和忠诚度。

NPS 通常以一个简单问题来收集客户反馈："您有多大可能将我们的产品 / 服务推荐给您的朋友或同事？"对客户的回答用"0 ～ 10 分"进行评分，其中：

- 0 ～ 6 分：贬低者（Detractors）。对产品或服务不满意的客户，可能会给品牌带来负面影响。
- 7 ～ 8 分：中立者（Passives）。对产品或服务满意，但不够积极，容易被竞争对手吸引。
- 9 ～ 10 分：推荐者（Promoters）。对产品或服务非常满意，愿意积极推荐给他人。

计算公式：

$$NPS =（推荐者比例 - 贬低者比例）\times 100$$

结果在 -100 到 +100 之间，结果为正值表示品牌拥有更多的推荐者，客户整体上对品牌满意；结果为负值表示品牌的贬低者多于推荐者，客户对品牌整体不满意。

▶ 应用案例

假设一家在线零售公司对 100 名客户进行了 NPS 调查，结果如下：

- 60 名客户打分为 9 分或 10 分（推荐者）。
- 30 名客户打分为 7 分或 8 分（中立者）。
- 10 名客户打分为 0 ～ 6 分（贬低者）。

计算 NPS：

- 推荐者比例 =60/100=60%。
- 贬低者比例 =10/100=10%。
- NPS =（ 60%－10% ）×100＝ 50。

该公司的 NPS 为 50，这表明大多数客户对其服务非常满意，并愿意推荐给他人。

---

20. 时间盒

时间盒（Timeboxing）是指在规定时间段内完成尽可能多的工作，而不允许任务时间超出设定的时间框架。时间盒被广泛应用于敏捷开发、个人时间管理和团队任务管理中，有助于提高效率、避免拖延和优化资源利用。

时间盒是一个预先设定的固定时间段（如 30 分钟、1 小时、一天等），在这个时间段内，任务的完成与否取决于时间而非任务本身的复杂性或难度。时间盒强调时间优先，而非任务完成度。在时间盒内，目标是尽量在规定的时间内完成任务。这既避免了任务无限期地拖延，也减少了过度完美主义对时间的消耗。通过对结果的定期评估，可以持续改进工作流程，提高后续任务的效率。

应用场景：敏捷开发、会议管理、任务分解、头脑风暴、任务评估。

21. 专家判断

专家判断（Expert Judgment）是项目管理中常用的一种方法，涉及利用具备专业知识、技能和经验的个人或小组对项目进行分析和决策。专家判断可以在项目的各个阶段使用，包括项目启动、规划、执行、监控和收尾。它在制定项目策略、评估风险、估算成本和时间以及制定应对措施等方面具有重要作用。

应用场景：制订项目章程、制订项目管理计划、指导与管理项目工作、管理项目知识、监控项目工作、实施整体变更控制、结束项目或阶段、规划范围管理、收集需求、定义范围、创建 WBS、规划进度管理、定义活动、估算活动持续时间、规划成本管理、估算成本、制定预算、控制成本、规划质量管理、规划资源管理、估算活动资源、规划沟通管理、监督沟通、规划风险管理、识别风险、实施定性风险分析、实施定量风险分析、规划风险应对、实施风险应对、规划采购管理、实施采购、控制采购、识别干系人、规划干系人参与、管理干系人参与。

第 18 章 常用的项目管理工件

18.1 战略工件

1. 商业论证

商业论证是项目管理中的一个关键文档，用于阐述一个项目或方案的商业可行性、经济效益、战略价值及其风险。这份文档通常由项目发起人或管理层编写，并作为决策支持工具，帮助组织判断是否应该启动项目或投资某个方案。商业论证的质量直接影响项目的审批、资源分配以及项目成功的可能性。

商业论证的主要作用包括：

（1）商业论证为组织提供一个清晰、结构化的框架，以评估项目的可行性和预期收益，帮助决策者做出是否启动项目的明智决策。

（2）商业论证是获取管理层和资金支持的关键工具。通过详细的成本效益分析和风险评估，可以说服管理层和投资者批准项目。

（3）商业论证不仅在项目启动阶段发挥作用，还为项目的执行提供了指导方针，确保项目团队始终围绕既定的目标和范围工作。

（4）通过明确项目的目标、范围、风险和收益，商业论证帮助项目经理与干系人建立一致的期望，减少未来的冲突和误解。

> **示例**
>
> 项目商业论证：电子商务平台升级项目
>
> （1）摘要。
>
> 为了提升竞争力和市场份额，A 公司计划升级现有的电子商务平台。现有平台已经过时，无法支持当前的业务需求和客户期望。通过升级平台，预期可以增强用户体验、增加在线销售额、改善运营效率，并为未来的业务扩展打下基础。该项目的预期成本为 300 万元，预计将在 3 年内带来至少 500 万元的净收益，投资回报率（ROI）为 67%。
>
> （2）问题陈述。
>
> 目前，A 公司的电子商务平台存在以下问题：
>
> ● 技术过时：现有平台无法支持现代用户界面和高峰期的访问量，导致页面加载慢、用户体验差。
>
> ● 功能缺失：缺乏个性化推荐、智能搜索和多渠道购物体验，无法满足当今消费者的需求。

- 安全性不足：平台的安全措施较弱，面临数据泄露和网络攻击的风险。
- 难以扩展：当前系统难以集成新的功能和服务，制约了业务的扩展和创新。

（3）项目目标和范围。

项目目标：通过升级电子商务平台以增强用户体验、提高运营效率和支持未来业务增长。

项目范围：

- 重建平台架构以支持现代化功能和高访问量。
- 增加个性化推荐、智能搜索和多渠道购物体验。
- 提升平台的安全性，确保数据保护和用户隐私。
- 集成新的支付方式和物流解决方案。
- 设计和实施全面的用户界面和用户体验改进。

（4）备选方案分析。

①方案1：不采取行动（基准方案）。

- 优点：无额外投资，现有系统继续运行。
- 缺点：继续面临技术障碍和用户流失，竞争力下降。
- 结论：不可取，无法满足业务需求。

②方案2：小幅升级现有系统。

- 优点：投资较少，短期内可以提升部分功能。
- 缺点：无法解决核心问题，平台寿命有限，后续可能仍需大幅升级。
- 结论：不推荐，只是短期缓解，不具备长远价值。

③方案3：全新平台升级。

- 优点：解决所有现有问题，增强平台功能，支持未来增长，提升竞争力。
- 缺点：初期投资大，开发周期较长。
- 结论：推荐方案，尽管初期成本高，但长期收益显著。

（5）成本与收益分析。

项目成本：

- 平台开发和实施：200万元。
- 数据迁移和整合：50万元。
- 员工培训和变更管理：30万元。
- 维护和支持：20万元。
- 总成本：300万元。

预期收益：

- 增加在线销售额：每年增加200万元，3年共计600万元。
- 降低运营成本：每年节约50万元，3年共计150万元。
- 总收益：750万元。
- 净收益：750万元−300万元＝450万元。
- 投资回报率（ROI）：450万元/300万元＝150%。
- 投资回收期：2年。

（6）风险分析和管理。

①技术风险：平台迁移过程中可能遇到的技术挑战，导致项目延误或成本超支。

缓解措施：选择有经验的开发团队，进行详细的技术评估和计划，设置缓冲时间和预算。

②市场风险：竞争对手推出类似功能，导致市场份额增长不如预期。

缓解措施：加快项目实施进度，增加市场营销投入，增强客户忠诚度。

③安全风险：在新平台上线初期可能面临网络攻击或数据泄露的风险。

缓解措施：实施先进的安全措施，进行多轮安全测试，并设置应急响应计划。

④用户适应风险：用户可能对新界面和功能不熟悉，导致使用体验下降。

缓解措施：在上线前进行用户测试和反馈，提供详细的用户指南和培训。

（7）关键成功因素。

● 高质量的技术实施：确保平台功能全面且运行稳定。

● 有效的用户培训：确保内部员工和客户都能顺利过渡到新平台。

● 强大的安全保障：确保平台在任何时候都能抵御潜在的安全威胁。

● 持续的市场推广：通过持续的市场营销和客户支持，实现新平台市场影响的最大化。

（8）实施建议。

基于上述分析，推荐A公司立即启动电子商务平台升级项目。尽管初期投资较大，但从长期看，该项目将显著提升公司的市场竞争力、运营效率和客户满意度。建议在项目启动前进行详细的项目计划和风险评估，确保项目顺利实施并按时完成。

2. 项目章程

项目章程（Project Charter）是项目管理中的一个重要文档，用于正式启动项目。它由项目发起人或管理层编写，并授权项目经理使用组织的资源来推进项目。项目章程概述了项目的目标、范围、关键干系人、资源、预算以及项目经理的权限和责任。它为项目的规划和执行提供了正式的框架和方向。

项目章程的主要内容包括：

（1）项目概述：简要描述项目的背景、目的和预期成果。包括项目的名称、发起人以及项目的总体目标。

（2）项目目的与目标：明确项目要解决的问题或要抓住的机会，以及项目的具体目标。

（3）项目范围：描述项目的范围，包括项目的边界和主要的可交付成果。范围描述要明确项目包含和不包含的内容。

（4）高层次需求：概述项目的主要需求，确定哪些关键功能或服务必须在项目中得到满足。

（5）项目里程碑：列出项目的主要阶段或重要事件，并为每个里程碑设定目标日期。里程碑通常包括项目的启动、关键可交付成果的完成以及项目的收尾等。

（6）关键干系人：识别项目的主要干系人，包括他们的角色和责任。干系人可能包括项目发起人、项目经理、团队成员、客户、供应商等。

（7）预算概述：提供项目的高层次预算估算，包括资金来源、主要成本项以及任何已分配的资源预算。

（8）资源要求：概述项目需要的主要资源，包括人力资源、设备、材料、技术支持等。

（9）风险和假设：识别项目的主要风险和假设条件，描述这些风险的可能性和潜在影响，并简要讨论应对策略。

（10）项目经理授权：明确项目经理的权限和责任，授予其在项目中使用资源、分配任务、决策和与干系人沟通的权力。

（11）批准与签署：列出项目章程的批准人（通常是项目发起人或高级管理层）和签署日期。

▶ **示例**

项目名称：客户关系管理（CRM）系统开发项目。

项目经理：张三。

项目发起人：李四（首席运营官）。

项目背景：

目前，公司使用的客户关系管理系统功能有限，无法支持公司日益增长的客户管理需求。现有系统的局限性导致客户数据管理效率低下，客户服务响应时间延长，并且难以进行有效的客户分析和营销活动。因此，公司决定开发一个全新的客户关系管理（CRM）系统，以提升客户管理效率，改善客户体验，并支持未来业务的扩展。

项目目标：

（1）提高客户管理效率：通过新的CRM系统，实现客户数据的集中管理和快速访问，减少数据管理的时间和错误率。

（2）改善客户满意度：提供更快的客户服务响应，增强客户支持功能，并个性化客户互动，提高客户满意度。

（3）支持业务扩展：新系统应具备高度可扩展性，支持未来业务的增长和新的业务需求。

项目范围：

（1）包含内容：

- 设计和开发一个新的CRM系统，包括客户数据管理、销售自动化、客户服务管理、营销自动化、分析报告等核心功能。
- 数据迁移：将现有系统中的客户数据安全地迁移到新系统。
- 培训：为销售、客服、市场等部门的相关员工提供新系统的使用培训。
- 测试和上线：对系统进行全面的测试，包括用户验收测试，并在确认无重大问题后上线。

（2）不包含内容：

- 定制化的外部接口开发和集成（将由后续项目处理）。
- 新系统的国际化和多语言支持（暂时仅支持本地市场）。

项目关键里程碑：

（1）项目启动会议：2024 年 9 月 15 日。

（2）需求分析与确认：2024 年 10 月 1 日。

（3）系统设计与开发完成：2025 年 2 月 28 日。

（4）系统测试完成：2025 年 4 月 30 日。

（5）用户培训完成：2025 年 5 月 15 日。

（6）系统上线：2025 年 5 月 30 日。

项目预算：

● 总预算：150 万元。

● 系统开发成本：80 万元。

● 数据迁移成本：20 万元。

● 培训成本：10 万元。

● 测试和上线成本：20 万元。

● 应急费用：20 万元（用于不可预见的风险管理）。

项目团队：

● 项目经理：张三。

● 技术负责人：

● 业务分析师：

● 数据迁移专家：

● 测试主管：

● 培训负责人：

● 干系人沟通主管：

干系人：

①内部干系人：公司管理层、销售团队、客户服务团队、市场营销团队、IT 部门。

②外部干系人：系统开发供应商、数据迁移服务提供商、培训机构。

项目成功标准：

（1）时间：项目在 2025 年 5 月 30 日前按计划完成上线。

（2）预算：项目总花费不超过 150 万元。

（3）质量：新系统通过所有预定的测试，并在用户验收测试中达到 80% 的满意度。

（4）用户接受度：培训后的用户对新系统的使用满意度达到 85% 以上。

风险管理：

①技术风险：系统开发过程中可能出现技术难题，导致项目延期或预算超支。

应对措施：设立应急预算，并与开发供应商签订严格的进度和质量合同，定期检查开发进度。

②数据迁移风险：在数据迁移过程中可能出现数据丢失或不完整的情况。

应对措施：实施多次测试迁移，确保数据完整性，并设立备份和恢复机制。

③培训不足风险：用户对新系统的培训不足，导致系统上线后操作困难，影响工作效率。

应对措施：加强培训安排，提供持续的培训支持，并安排系统上线后的支持团队。

授权：

本项目章程授权项目经理张三全权负责项目的日常管理，并在项目范围内的所有活动中代表项目团队做出决策。项目经理应定期向项目发起人和管理层报告项目进展。

签署人：

项目发起人：＿＿＿＿＿＿＿＿＿＿＿　　　　　日期：＿＿＿＿＿＿＿＿

项目经理：＿＿＿＿＿＿＿＿＿＿＿＿　　　　　日期：＿＿＿＿＿＿＿＿

18.2　计划和基准

1. 范围管理计划

范围管理计划是项目管理计划的组成部分，描述将如何定义、制定、监督、控制和确认项目范围。范围管理计划要解决以下问题：

- 如何制定项目范围说明书。
- 如何根据详细项目范围说明书创建WBS。
- 如何审批和维护范围基准。
- 如何正式验收已完成的项目可交付成果。

根据项目需要，范围管理计划可以是正式或非正式的，非常详细或高度概括的。

以下是一个范围管理计划的例子。

➤ 示例

项目范围管理计划

项目名称：某公司 ERP 系统实施项目。

项目经理：张三。

项目发起人：李四（首席信息官）。

（1）范围定义的流程。

通过明确项目范围，确保所有项目干系人对项目的目标和可交付成果有一致的理解。范围定义包括识别项目的边界、主要工作内容、可交付成果以及排除项。

① 采用方法：

- 需求收集：通过访谈、问卷调查、研讨会和焦点小组等方式，收集来自干系人的需求。
- 工作分解结构（WBS）：将项目目标分解为可管理的工作包，形成 WBS。每个工作包将详细说明它们的可交付成果。
- 范围说明书：根据需求和 WBS，编写详细的范围说明书，明确项目包含和不包含的内容。

② 关键文档：需求文档、项目范围说明书、工作分解结构（WBS）。

（2）制定范围计划的流程。

确定项目的详细范围，包括所有需要完成的工作，以确保项目成功交付。制订范围计划是项目规划的关键部分，它定义了项目的范围基准。

①采用方法：

- WBS 字典：每个 WBS 元素都将有详细的定义，说明它包括哪些具体任务和可交付成果。
- 范围基准：建立范围基准，包括项目范围说明书、WBS 和 WBS 字典。范围基准将作为项目管理的基础文件，任何变更都必须经过正式的变更控制流程。

②关键文档：范围基准（包括 WBS、WBS 字典、范围说明书）、项目管理计划。

（3）范围监督与控制的流程。

确保项目的实际工作与范围基准保持一致，及时识别和控制范围蔓延。通过定期的监控和审查，项目经理可以管理范围内的工作，并在发现偏差时采取纠正措施。

①采用方法：

- 变更控制：任何变更请求都将通过变更控制流程进行处理。变更控制委员会（CCB）将审查和批准或拒绝变更请求。
- 范围核查：定期进行范围核查，通过比较实际工作与范围基准，识别任何超出范围的工作，并采取纠正措施。

②关键文档：变更请求表、变更日志、项目进度报告。

（4）范围确认的流程。

正式确认和验收项目的可交付成果，确保它们符合范围说明书中的要求。范围确认通常由项目发起人或主要干系人进行，以确保项目的每个可交付成果都达到预期标准。

①采用方法：

- 验收标准：在项目早期阶段制定明确的验收标准和验收流程，以确保所有干系人对验收条件有共同的理解。
- 验收过程：在项目的各个里程碑完成后，项目经理将组织验收会议，发起人和相关干系人将根据验收标准对可交付成果进行评审和验收。

②关键文档：验收标准文档、验收报告、验收签字文件。

（5）范围管理的角色与职责。

项目经理：负责定义、制定、监督、控制和确认项目范围。项目经理确保项目团队理解项目范围，并通过变更控制流程管理任何范围变更。

项目发起人：负责范围的最终批准，包括项目范围说明书、变更请求和最终验收。

项目团队：各团队成员负责执行分配给他们的工作，并报告任何可能影响范围的变化或问题。

变更控制委员会（CCB）：负责审查和批准项目范围的任何变更请求，确保变更不会对项目的成功造成不利影响。

（6）范围管理的沟通。

确保所有干系人对项目范围、变更和验收流程有清晰的理解，防止误解和沟通不畅。

①沟通方式：

- 定期会议：项目经理将主持每周的项目会议，讨论范围管理的进展和任何潜在的问题。
- 变更控制会议：在变更控制委员会召开时，项目经理将提交所有待审查的变更请求。
- 验收会议：在里程碑完成时，项目经理将召集干系人进行验收会议，确认可交付成果。

②沟通频率：
- 每周一次的项目进度会议。
- 每月一次的变更控制委员会会议。
- 每次可交付成果完成后的验收会议。

2. 需求管理计划

需求管理计划描述如何识别、记录、分析、管理、验证和控制项目需求。它确保项目团队和干系人对项目需求有一致的理解，并且这些需求在整个项目生命周期内都得到有效管理。需求管理计划有助于防止项目范围蔓延，确保项目按计划交付，并且满足所有干系人的期望。

以下是一个需求管理计划的例子。

➤ 示例

需求管理计划

项目名称：某公司CRM系统开发项目。

项目经理：张三。

项目发起人：李四（首席信息官）。

（1）需求收集的流程。

确保所有关键干系人的需求得到准确识别和记录，为项目开发提供明确的指导。

①采用方法：
- 访谈：与销售团队、客户支持团队、IT部门及管理层进行详细访谈，收集他们对新CRM系统的需求。
- 研讨会：组织跨部门研讨会，识别系统功能需求和用户体验要求。
- 问卷调查：向终端用户发送调查问卷，收集他们对现有系统的改进意见。

②关键文档：需求访谈记录、需求研讨会记录、调查问卷结果。

（2）需求优先级排序。

确保最重要的需求优先得到开发和实施，优化资源使用。

①采用方法：
- MoSCoW法：将需求分类为"必须有、应该有、可以有、不会有"4类，优先开发"必须有"和"应该有"的功能。
- 100点分配法：让关键干系人分配100点，以确定哪些需求对项目成功最为关键。

②关键文档：需求优先级列表。

（3）需求文档化。

将收集到的需求进行详细记录，确保项目团队能够正确理解并实现这些需求。

①采用方法：

- 需求规格说明书（SRS）：详细描述系统的功能需求、非功能需求、安全需求和性能需求。
- 用户故事：使用用户故事描述用户的需求和预期结果，为开发团队提供具体的开发指导。

②关键文档：需求规格说明书（SRS）、用户故事集合。

（4）需求跟踪矩阵。

追踪需求从识别到交付的全过程，确保每个需求都能被有效管理和实现。

①采用方法：

- 需求跟踪矩阵：建立需求跟踪矩阵，将每个需求与其相关的设计文档、测试案例和验收标准进行关联。

②关键文档：需求跟踪矩阵。

（5）需求变更管理。

控制需求的变更，确保所有变更都经过适当的评估和批准，以防止项目范围蔓延。

①采用方法：

- 变更控制流程：需求变更请求必须通过书面提交，由项目经理评估，并提交变更控制委员会（CCB）进行审批。
- 变更日志：记录所有已批准和拒绝的变更请求，更新需求基准。

②关键文档：需求变更请求表、变更日志。

（6）需求验证和验收。

确保项目交付的成果符合需求文档中的要求，满足干系人的期望。

①采用方法：

- 需求评审会议：在每个开发阶段结束时，召开需求评审会议，确保所有需求都得到了正确的实现。
- 用户验收测试（UAT）：在项目的最终阶段，进行用户验收测试，验证系统是否满足所有功能需求和用户体验要求。

②关键文档：需求验收报告、用户验收测试（UAT）结果。

（7）需求管理的角色与职责。

- 项目经理：张三，负责需求收集、变更管理和需求验证。
- 产品经理：王敏，负责与客户和内部干系人沟通，确保需求的准确性和优先级排序。
- 开发团队：负责实现需求文档中的功能，并参与需求评审。
- 测试团队：负责需求验证和用户验收测试，确保系统符合需求。

3. 进度管理计划

进度管理计划用于描述如何规划、开发、管理、执行和控制项目的进度。进度管理计划确保项目在规定的时间内按计划推进，并且项目团队能够及时识别和应对任何影响进度的风险或问题。

以下是项目进度管理计划的例子。

▶ **示例**

进度管理计划

项目名称：某公司新产品开发项目。

项目经理：张三。

项目发起人：李四（首席运营官）。

（1）进度规划的流程。

确保项目按计划进行，及时识别和处理任何可能影响进度的风险和问题。

①采用方法：

- WBS：通过工作分解结构（WBS），将项目目标分解为具体的可管理活动。
- 活动清单：根据WBS创建活动清单，列出所有需要完成的任务。
- 依赖关系绘图：使用前导图法（PDM）确定活动的依赖关系和顺序。
- 进度工具：使用Microsoft Project制定并管理项目进度表。

②关键文档：工作分解结构（WBS）、活动清单、依赖关系图。

（2）活动定义和排序。

确保所有项目活动被准确识别并按合理的顺序安排，以优化项目的进度。

①采用方法：

- 活动识别：基于WBS，识别出所有必须完成的活动。
- 活动排序：使用前导图法（PDM）确定活动的依赖关系，并生成项目网络图。
- 里程碑：确定关键里程碑，如设计完成、样品测试、生产启动等。

②关键文档：活动清单、网络图、里程碑清单。

（3）活动持续时间估算。

提供较为精确的时间估算，确保进度计划切实可行。

①采用方法：

- 专家判断：邀请经验丰富的团队成员或外部专家对各活动的持续时间进行估算。
- 三点估算：使用乐观估计、悲观估计和最可能估计计算每个活动的平均持续时间。
- PERT分析：对关键活动进行PERT分析，以提高估算的准确性。

②关键文档：持续时间估算表、PERT分析报告。

（4）制定进度表。

综合活动定义、排序和持续时间估算，制定项目进度表，明确所有活动的开始和结束时间。

①采用方法：

- 关键路径法（CPM）：识别项目的关键路径，确保关键路径上的活动得到优先关注。
- 资源平衡：检查资源的可用性，平衡资源以优化进度。

● 进度压缩：必要时使用赶工或快速跟进技术压缩进度。

②采用工具：Microsoft Project、甘特图。

③关键文档：项目进度表、关键路径图、资源分配图。

（5）进度基准。

确立进度基准，作为项目进展的参考标准，并在需要时进行调整。

①采用方法：

● 基准确定：制定项目进度表，并经项目发起人和关键干系人批准后，确立进度基准。

● 基准管理：任何变更都必须通过正式的变更控制流程审批，并更新基准。

②关键文档：进度基准文件、基准变更记录。

（6）进度控制。

实时监控项目进度，及时识别并处理偏差，确保项目按计划推进。

①采用方法：

● 挣值管理（EVM）：使用挣值管理技术衡量项目进展，分析进度偏差。

● 进度偏差分析：每周进行进度偏差分析，识别和解决任何进度问题。

● 进度调整：必要时进行进度调整，通过重新分配资源或调整活动顺序来纠正偏差。

②采用工具：EVM工具、进度偏差分析表。

③关键文档：进度报告、纠偏措施记录。

（7）进度报告。

定期报告项目的进展情况，确保所有干系人了解当前状态和任何进度问题。

①采用方法：

● 定期报告：项目经理每周提交一份进度报告，包括进度状态、关键路径分析和偏差修正措施。

● 甘特图更新：根据实际进展情况更新甘特图，向干系人展示项目进展。

②关键文档：每周进度报告、甘特图更新。

（8）进度管理的角色与职责。

● 项目经理：张三，负责制定和控制项目进度，协调团队活动，并向项目发起人报告进度。

● 进度控制专员：王敏，负责监控项目进度，进行偏差分析，并协助项目经理进行进度调整。

● 项目团队成员：各部门的负责人和成员，负责执行分配的任务，并及时向项目经理报告进展和问题。

● 干系人：项目发起人、管理层和客户，定期接受进度报告并参与关键决策。

（9）进度管理的沟通。

确保项目团队和干系人对项目进度有一致的理解，并在项目推进过程中保持良好的沟通。

①沟通方式：

- 每周进度会议：项目经理主持的每周进度会议，讨论当前状态、存在的问题和下一步计划。
- 电子邮件通知：通过电子邮件向团队和干系人发送进度更新和关键里程碑的完成情况。
- 进度审查会议：在项目的关键节点前召开进度审查会议，确保项目按计划推进。

②关键文档：会议记录、进度通知。

4. 成本管理计划

成本管理计划用于描述如何规划、估算、预算、管理和控制项目成本。成本管理计划确保项目在预算范围内完成，并提供工具和流程来监控和控制项目成本，防止预算超支。

➡ **示例**

成本管理计划

项目名称：某公司总部办公室装修项目。

项目经理：张三。

项目发起人：李四（首席运营官）。

（1）成本估算。

提供准确的成本估算，确保项目在预算范围内完成，并为预算编制提供基础。

①采用方法：

- 类比估算：基于公司过去类似项目的成本数据进行初步估算。
- 自下而上估算：对项目的每个工作包进行详细的成本估算，然后汇总为整体成本。
- 三点估算：使用乐观、悲观和最可能的估算值来计算每个任务的平均成本。

②采用工具：成本估算模板、项目管理软件（如 Microsoft Project）。

③关键文档：成本估算表、估算假设条件文档。

（2）成本预算编制。

根据成本估算，将资金合理分配到项目的各个部分，并建立成本基准，为项目资金管理提供依据。

①采用方法：

- 成本汇总：将自下而上估算的各个部分成本汇总为项目总预算。
- 储备分析：为项目的已知风险和未知风险设置应急储备。
- 资金分配：根据项目进度和需求，分阶段分配资金，确保项目在各个阶段都有充足的资金支持。

②采用工具：成本预算分配表、项目管理软件。

③关键文档：成本基准文件、预算分配表、应急储备明细。

（3）成本控制。

实时监控项目成本，及时识别并纠正成本偏差，确保项目在预算范围内执行。

①采用方法：

- 挣值管理（EVM）：定期使用 EVM 技术衡量项目的进展，并分析成本偏差。
- 成本变更控制：任何成本变更都需提交变更请求，并经过变更控制委员会（CCB）审批。
- 偏差分析：每月进行成本偏差分析，识别偏离成本基准的部分，并实施纠正措施。

②采用工具：成本控制模板、项目管理软件。

③关键文档：成本报告、成本变更记录、偏差分析报告。

（4）成本基准。

确定成本基准，作为项目进展和成本控制的衡量标准，并通过变更控制流程管理所有成本变更。

①采用方法：

- 基准确定：基于成本估算和预算分配，制定并获得批准的项目成本基准。
- 基准管理：任何偏离基准的变更请求必须经过变更控制委员会的审查和批准，批准后更新成本基准。

②关键文档：成本基准文件、基准变更记录。

（5）成本管理的角色与职责。

- 项目经理：张三，负责项目的整体成本管理，包括成本估算、预算编制、成本控制和沟通。
- 财务经理：张敏，负责审核成本估算、编制项目预算，并监督项目的资金流动和成本控制。
- 采购团队：负责项目材料、设备和服务的采购，确保采购过程中的成本符合预算要求。
- 成本控制专员：王伟，负责监控项目的成本进展，定期编制成本报告，并协助项目经理进行成本变更管理。

（6）成本管理的沟通。

确保项目团队和干系人对项目成本有一致的理解，并在项目执行过程中保持良好的沟通。

①沟通方式：

- 每月成本报告：项目经理每月编制并发布成本报告，内容包括成本状态、EVM分析和偏差修正措施。
- 财务会议：每月召开一次财务会议，讨论项目的成本进展、资金需求和任何可能的成本变更。
- 成本审查会议：在项目的关键节点前召开成本审查会议，确保项目按预算执行。

②关键文档：每月成本报告、财务会议记录、成本审查会议记录。

5. 质量管理计划

质量管理计划描述了如何确保项目的输出（产品、服务或成果）符合所需的质量标准。质量管理计划定义了项目的质量政策、质量目标、质量控制和质量保证流程，以及如何监控和评估项目的质量。

> ➡️ 示例

质量管理计划

项目名称：某公司客户关系管理（CRM）系统开发项目。

项目经理：张三。

质量经理：王敏。

项目发起人：李四（首席技术官）。

（1）项目质量目标。

- 无重大缺陷：系统在上线后6个月内无重大缺陷报告。
- 性能达标：系统响应时间小于2秒，在高峰负载下维持稳定。
- 用户满意度：用户满意度调查结果达到90%以上。

（2）项目质量标准。

- 开发标准：遵循某公司的软件开发规范和CMMI三级标准。
- 测试标准：所有功能必须通过单元测试、集成测试和用户验收测试（UAT）。
- 安全标准：遵循ISO/IEC 27001信息安全管理标准。

（3）质量控制措施。

- 代码检查：所有代码在提交前必须通过静态代码分析工具的检查，并由同行进行代码审查。
- 测试计划：开发完成后，执行单元测试、集成测试和系统测试。测试覆盖率要求达到95%以上。
- 缺陷管理：使用JIRA进行缺陷跟踪，所有缺陷必须在UAT之前修复。

①采用工具：静态代码分析工具（如SonarQube）、JIRA缺陷跟踪工具、自动化测试工具（如Selenium）。

②关键文档：代码审查记录、测试报告、缺陷跟踪日志。

（4）质量保证活动。

- 过程审计：每月进行一次开发过程审计，确保开发活动符合公司标准和项目规范。
- 质量培训：在项目启动阶段，为团队提供CMMI标准、代码质量和测试方法的培训。
- 持续改进：定期进行回顾会议，分析质量问题的根本原因，并制定改进措施。

（5）质量管理工具与技术。

- 因果图（鱼骨图）：用于识别和分析潜在的质量问题的根本原因。
- 控制图：用于监控软件开发过程中关键质量指标的稳定性。
- 帕累托图：用于分析并优先处理最常见的缺陷类型。

（6）质量审计。

审计计划：

- 内部审计：每季度进行一次内部质量审计，评估开发过程和测试过程的符合性。
- 同行评审：关键模块的代码和设计文档必须通过同行评审，确保质量符合标准。

- 外部审计：在项目中期和末期，安排外部审计，确保项目符合 ISO 和 CMMI 标准。

（7）质量控制与保证的角色与职责。

- 项目经理：张三，负责总体项目管理，确保项目按计划和质量标准执行。
- 质量经理：王敏，负责质量管理计划的执行，监控质量控制和质量保证活动，并定期报告质量状态。
- 开发团队：负责按照质量标准和开发规范进行编码，并参与质量控制活动（如代码审查、单元测试）。
- 测试团队：负责执行测试计划，确保所有功能达到预定的质量标准。

（8）质量管理的沟通。

- 质量报告：质量经理每月发布一次质量报告，包含当前质量状态、缺陷统计、审计结果和改进建议。
- 质量评审会议：每月召开一次质量评审会议，项目经理、质量经理、开发团队和测试团队参加，讨论质量问题并决定改进措施。
- 审计结果报告：在每次内部和外部审计后，质量经理发布审计结果报告，供团队审查和执行改进措施。

6. 资源管理计划

资源管理计划详细描述了如何规划、分配、管理和控制项目资源。资源管理计划包括对人力资源、设备、材料、资金等各类资源的管理，确保项目资源能够高效地使用，以支持项目的成功完成。

➡ **示例**

资源管理计划

项目名称：某公司客户关系管理（CRM）系统开发项目。

项目经理：张三。

资源经理：王伟。

项目发起人：李四（首席技术官）。

（1）资源规划。

确保项目在整个生命周期内拥有所需的资源，包括人力、设备和材料，以支持项目目标的实现。

采用方法：

- 工作分解结构（WBS）：通过 WBS 识别项目的所有活动和可交付成果。
- 资源分解结构（RBS）：创建资源分解结构，列出所需的资源类型和数量。
- 资源需求分析：分析各个活动的资源需求，确定资源使用的优先级。

（2）资源估算。

为每个项目活动准确估算所需的资源类型和数量，以确保资源的有效使用和项目的顺利推进。

采用方法：

- 专家判断：利用专家经验对每项任务所需的资源进行估算。
- 参数估算：根据项目的历史数据和参数，估算资源需求。
- 三点估算：采用最可能、最乐观和最悲观估算来计算资源需求。

（3）资源分配。

确保所有项目活动在适当的时间拥有必要的资源，通过资源分配计划实现资源的最佳利用。

采用方法：

- 资源平衡：在项目的关键路径上平衡资源需求，避免资源分配过度或不足。
- 资源优化：优化资源分配，确保资源在项目的各个阶段都得到充分利用。
- 资源冲突解决：处理资源冲突，确保关键任务优先获得资源。

（4）资源管理的角色与职责。

- 项目经理：张三，负责整体资源管理计划的执行，协调资源的分配和使用，并定期监控资源使用情况。
- 资源经理：王伟，负责资源的日常管理，包括资源需求的评估、分配以及资源使用的监督和报告。
- 开发团队：负责执行分配给他们的任务，并报告任何资源短缺或过剩的情况。
- 测试团队：负责测试资源的使用，并确保测试阶段的资源需求得到满足。

（5）资源控制。

实时监控资源使用情况，确保资源按照计划进行分配和使用，并对资源的偏差进行纠正。

采用方法：

- 资源使用审查：定期审查资源的使用情况，确保资源的有效利用。
- 资源平衡：通过调整资源分配，解决资源过度或不足的问题。
- 挣值管理（EVM）：利用EVM技术跟踪资源成本和进度偏差，确保资源使用在预算范围内。

（6）资源培训与开发。

确保项目团队具备完成任务所需的技能和知识，通过培训和发展计划提高团队的工作效率。

采用方法：

- 技能评估：评估团队成员的当前技能，识别培训需求。
- 培训计划：制订并执行培训计划，提升团队技能以满足项目需求。
- 绩效评估：定期评估培训效果，调整培训计划以提高团队的整体绩效。

（7）资源管理的沟通。

沟通计划：

- 资源状态报告：资源经理每月发布一次资源状态报告，内容包括资源使用情况、资源冲突和纠正措施。
- 定期资源评审会议：项目经理和资源经理每两周召开一次资源评审会议，讨论资源需求、分配和使用的进展情况。

● 电子邮件通知：对于重要的资源变更或资源需求变化，通过电子邮件及时通知相关团队和干系人。

7. 沟通管理计划

沟通管理计划旨在确保项目团队和干系人之间的信息流动顺畅、有效。沟通管理计划详细描述了如何规划、执行、监控和控制项目的沟通活动，确保信息及时、准确地传达给干系人，以支持项目的成功。

▶ **示例**

沟通管理计划

项目名称：某公司全球客户关系管理（CRM）系统开发项目。

项目经理：张三。

沟通专员：张丽。

项目发起人：李四（首席技术官）。

（1）沟通需求分析。

确保所有干系人获得他们需要的信息，以支持项目的成功执行。

采用方法：

● 干系人分析：通过干系人分析，确定每个干系人的沟通需求、信息偏好和沟通渠道。

● 信息需求评估：评估每个干系人对项目信息的需求，包括进度、预算、风险、决策和技术细节。

（2）沟通方式和渠道。

确保项目信息通过合适的方式和渠道传达给所有干系人，以提高沟通的效率和效果。

● 电子邮件：用于发送项目状态报告、决策通知和会议邀请。

● 会议：定期召开项目状态会议、风险审查会议和干系人会议。

● 视频会议：用于跨国团队之间的实时沟通，特别是涉及重要决策时。

● 项目管理软件：使用 Microsoft Project 和 Trello 进行任务跟踪和项目进展报告。

● 文件共享平台：使用 SharePoint 共享项目文档、报告和会议记录。

（3）沟通频率。

确保定期提供项目信息，满足不同干系人的信息需求。

● 项目状态报告：每周一发布，包括项目进度、预算状态、风险更新和下一步计划。

● 项目状态会议：每两周一次，参与者包括项目经理、核心团队成员和主要干系人。

● 风险审查会议：每季度一次，评估和更新项目风险状况。

● 干系人会议：每月一次，更新关键干系人关于项目的重要进展和决策。

（4）沟通内容。

确保所有沟通内容的准确性、完整性和一致性，以满足干系人的期望。

● 项目状态报告：包括进度摘要、预算状态、主要风险和问题、下一步行动计划。

● 会议记录：详细记录所有会议的讨论内容、决策和行动项，并在会后24小时内分发给相关干系人。

● 风险更新：每月发布一次风险更新，列出新识别的风险和应对措施。

● 技术更新：开发团队每月提供一次技术更新报告，涵盖关键技术问题、解决方案和开发进展。

（5）沟通角色与职责。

● 项目经理：张三，负责总体沟通管理计划的执行，确保所有干系人及时收到相关信息。

● 沟通专员：张丽，负责制定和分发所有项目沟通内容，并确保沟通计划按时执行。

● 开发团队：负责技术更新的沟通，并报告任何可能影响项目进度或质量的技术问题。

● 干系人：按需接收沟通信息，并提供反馈或决策支持。

（6）沟通管理工具。

● 项目管理软件：Microsoft Project，用于项目跟踪和进度报告。

● 视频会议工具：Zoom和Microsoft Teams，用于团队会议和跨国沟通。

● 文件共享平台：SharePoint，用于存储和共享项目文档和报告。

● 电子邮件：Outlook，用于发送重要通知和项目状态报告。

（7）沟通障碍管理。

识别和解决可能影响有效沟通的障碍，确保沟通活动顺利进行。

①语言差异：团队成员来自不同国家，存在语言障碍。

解决措施：使用英语作为项目的工作语言，必要时提供翻译支持。

②文化差异：不同文化背景的干系人对沟通方式和反馈机制的期望不同。

解决措施：开展跨文化沟通培训，确保团队成员理解和尊重彼此的文化差异。

③技术限制：部分团队成员在互联网连接或使用视频会议工具方面存在技术限制。

解决措施：提供技术支持和培训，确保所有团队成员能够顺利参与视频会议和在线协作。

（8）沟通管理的监控与控制。

监控沟通管理计划的执行情况，确保沟通活动有效并满足干系人的需求。

采用方法：

● 沟通审查：定期审查沟通活动的执行情况，评估沟通的效果和效率。

● 反馈机制：收集干系人的反馈，了解他们对沟通内容和方式的满意度，并根据反馈进行改进。

● 沟通改进计划：根据审查和反馈的结果，调整和优化沟通管理计划，以更好地满足项目需求。

8. 风险管理计划

风险管理计划旨在识别、分析、评估、应对和监控项目风险。风险管理计划帮助项目团队预见可能的风险，并制定相应的应对措施，从而最大限度地减少风险对项目的负面影响。

➡ 示例

风险管理计划

项目名称：某公司全球客户关系管理（CRM）系统开发项目。

项目经理：张三。

风险管理专员：张伟。

项目发起人：李四（首席技术官）。

（1）风险管理方法。

系统性地识别、分析、应对和监控项目风险，确保项目能够在风险得到有效管理的情况下顺利完成。

采用方法：

- 风险识别：通过头脑风暴和专家访谈识别潜在风险。
- 定性分析：使用概率和影响矩阵对风险进行初步评估。
- 定量分析：对高优先级风险使用蒙特卡洛模拟进行深入分析。
- 风险应对策划：为每个高优先级风险制定规避、减轻、转移或接受的应对策略。
- 风险监控：定期召开风险审查会议，更新风险登记册，使用 EVM 监控风险影响。

（2）风险识别。

识别项目可能面临的所有风险，并记录在风险登记册中，以确保项目团队对潜在风险有全面了解。

采用方法：

- 头脑风暴：项目启动阶段组织一次头脑风暴会议，团队成员和关键干系人参与，共同识别潜在风险。
- 德尔菲技术：通过多轮专家意见收集，识别可能的项目技术风险。
- SWOT 分析：对项目进行 SWOT 分析，识别可能的内部和外部风险因素。

（3）风险分析。

评估已识别风险的严重性，并确定其优先级，以便制定适当的应对策略。

采用方法：

- 定性风险分析：使用概率和影响矩阵对每个风险进行初步评估，根据其可能性和影响对风险进行分类和排序。
- 定量风险分析：对高优先级风险，使用蒙特卡洛模拟进行深入分析，量化风险的潜在影响。

（4）风险应对策划。

为每个高优先级风险制定具体的应对策略，以减少或消除其对项目的负面影响。

采用方法：

- 规避：修改项目计划或活动，以消除风险的可能性。例如，使用更成熟的技术替代新技术以减少技术风险。
- 转移：通过合同将风险转移给第三方。例如，购买保险或与供应商签订固定价格合同。
- 减轻：采取措施降低风险发生的可能性或影响。例如，增加测试和质量检查以减少软件缺陷。
- 接受：如果无法规避、转移或减轻风险，则制订应急计划以应对风险的发生。

（5）风险监控。

持续监控项目风险，确保风险管理计划的有效执行，并根据需要调整应对措施。

采用方法：

- 风险审查会议：每月召开一次风险审查会议，审查现有风险的状态，评估新识别的风险，并更新风险登记册。
- 挣值管理（EVM）：使用EVM技术监控项目的进度和成本偏差，识别潜在的风险信号。
- 风险状态报告：定期发布风险状态报告，通报风险管理的进展情况。

（6）风险管理的角色与职责。

- 项目经理：张三，负责整体风险管理计划的执行，确保项目风险得到有效管理。
- 风险管理专员：张伟，负责风险识别、分析、应对策划和监控工作，并定期报告风险管理状态。
- 开发团队：负责技术风险的识别和应对，并报告任何可能影响项目进度或质量的风险。
- 干系人：参与风险识别和分析，提供反馈并支持风险应对决策。

（7）风险管理的沟通。

沟通计划：

- 风险状态报告：风险管理专员每月发布一次风险状态报告，内容包括现有风险的状态、应对措施的执行情况、新识别的风险以及风险趋势分析。
- 风险审查会议：每月召开一次风险审查会议，项目经理、风险管理专员、开发团队和关键干系人参与，讨论风险管理的进展并做出必要调整。
- 电子邮件通知：在发生重大风险事件或需要调整应对策略时，通过电子邮件及时通知相关团队和干系人。

9. 采购管理计划

采购管理计划详细描述了项目中采购活动的管理方法。采购管理计划确保项目所需的物资、服务或合同资源能够按时、按质、按量获取，并通过合理的管理和控制流程确保采购活动的有效性。

▶ 示例

采购管理计划

项目名称：某公司新办公大楼建设项目。

项目经理：张三。

采购经理：王伟。

项目发起人：李四（首席运营官）。

（1）采购需求和范围。

● 材料：钢材、水泥、玻璃、建筑电线电缆等建筑材料。

● 服务：建筑设计服务、结构工程服务、暖通工程服务、项目监理服务。

● 设备：空调系统、电梯、发电机组、消防系统等设备。

（2）采购方式。

● 公开招标：用于大型设备和关键建筑材料的采购，如空调系统、电梯等。

● 邀请招标：用于专业服务的采购，如建筑设计和工程服务。

● 单一来源采购：用于特定供应商提供的专用设备或材料的采购，如某品牌的发电机组。

（3）供应商选择标准。

● 技术能力：供应商必须具备提供所需材料或服务的技术能力，并具有相应的资质和认证。

● 财务稳定性：供应商需提供财务报表，证明其财务状况良好，能够支持长期合同的执行。

● 以往业绩：评估供应商过去的项目交付情况和客户满意度，优先选择有良好记录的供应商。

● 价格竞争力：在满足质量和服务要求的前提下，选择价格最优的供应商。

● 交货时间：供应商能够在项目进度要求的时间内交付物资或完成服务。

（4）合同类型。

● 固定价格合同：用于建筑材料和设备采购，明确价格和交付时间，避免成本超支。

● 成本加成合同：用于复杂服务的采购，如项目监理，费用根据实际支出加成。

● 时间与材料合同：用于灵活性要求较高的外包服务，如建筑设计变更。

（5）采购风险管理。

①供应商交货延误：可能导致项目进度推迟。

　　应对措施：建立应急供应商名单，确保在主供应商延误时有备选方案。

②质量不符合标准：采购的材料或设备质量不符合项目要求。

　　应对措施：加强质量检查，建立严格的验收标准，并在合同中明确质量要求。

③价格波动：材料价格上涨可能导致预算超支。

　　应对措施：在采购合同中规定价格锁定条款或设置价格调整机制。

（6）采购时间表。

● 招标公告：2024 年 1 月 10 日。

- 投标截止日期：2024 年 2 月 15 日。
- 评标日期：2024 年 2 月 20 日。
- 合同签订日期：2024 年 3 月 1 日。
- 材料和设备交付日期：2024 年 5 月 1 日。
- 验收日期：2024 年 5 月 15 日。

（7）供应商管理。

- 绩效评估：定期评估供应商的合同执行情况，包括交货时间、质量和服务水平。
- 沟通管理：与供应商保持定期沟通，及时解决交付过程中出现的问题。
- 问题解决：设立问题解决流程，在合同执行过程中出现争议时，及时处理并记录。

（8）合同管理。

- 合同监控：项目经理和采购经理共同监控合同的执行，确保所有条款得到遵守。
- 变更管理：处理合同变更请求，确保变更不会对项目造成负面影响。
- 验收和结算：按照合同条款进行验收，并根据验收结果进行付款和结算。

（9）采购沟通管理。

- 采购进展报告：采购经理每周向项目经理和项目团队提交采购进展报告，内容包括招标进展、合同签订和交付情况。
- 供应商会议：每月召开一次与关键供应商的会议，讨论合同执行情况和未来的交付计划。
- 问题通知：遇到采购问题或风险时，立即通过电子邮件或电话通知项目经理和相关干系人。

（10）采购文档管理。

- 分类存储：所有采购相关文档将按照采购类别（材料、设备、服务）分类存储。
- 文档更新：每月检查和更新采购文档，确保所有信息最新和准确。
- 访问控制：设置文档访问权限，确保只有授权人员能够访问和修改采购文档。

10. 干系人参与计划

干系人参与计划旨在确保项目干系人对项目的目标、进展和成果有清晰的理解，并积极参与项目的各个阶段。干系人参与计划详细描述了如何识别干系人、分析其需求与期望、制定沟通策略，以及如何监控和管理干系人的参与度，以确保项目的成功实施。

▶ 示例

干系人参与计划

项目名称：某公司企业资源规划（ERP）系统实施项目。

项目经理：张三。

干系人管理专员：王丽。

项目发起人：李四（首席财务官）。

（1）干系人识别。

确保所有可能影响项目或受到项目影响的干系人得以识别，并记录在干系人登记册中。

干系人分类：

- 内部干系人：公司管理层、项目团队成员、IT部门、财务部门、人力资源部门、销售部门。
- 外部干系人：ERP系统供应商、咨询顾问、客户代表、供应商、行业监管机构。

（2）干系人分析。

通过分析每个干系人的利益、影响力和期望，制定有针对性的干系人管理策略。

分析方法：影响力/兴趣矩阵。

- 高影响力/高兴趣：首席财务官、IT部门负责人、ERP系统供应商。
- 高影响力/低兴趣：公司董事会、行业监管机构。
- 低影响力/高兴趣：项目团队成员、客户代表。
- 低影响力/低兴趣：供应商、部分业务部门。

（3）干系人参与策略。

为不同类型的干系人制定合适的参与策略，以确保他们对项目的支持和积极参与。

- 高影响力/高兴趣：定期沟通，邀请参与关键决策会议，提供详细的项目进展报告。
- 高影响力/低兴趣：简要汇报项目进展，确保他们了解关键里程碑和决策。
- 低影响力/高兴趣：通过定期会议和更新，保持他们的积极参与和支持。
- 低影响力/低兴趣：根据需求提供信息，确保他们了解项目的基本情况。

（4）沟通计划。

确保所有干系人通过适当的沟通渠道获得及时、准确的项目信息。

- 项目状态报告：每周发布一次，发送给项目团队、管理层和ERP系统供应商。
- 项目进展会议：每月一次，参与者包括项目经理、关键部门负责人和ERP系统供应商。
- 干系人满意度调查：项目中期和末期各进行一次，发送给所有主要干系人。
- 风险审查会议：每季度一次，参与者包括项目经理、财务部门和IT部门。

沟通渠道：

- 电子邮件：用于发送项目状态报告和重要通知。
- 视频会议：用于跨部门的项目进展会议和风险审查会议。
- 面对面会议：用于关键决策的讨论和干系人满意度调查的反馈。

（5）干系人参与的监控与管理。

定期监控干系人的参与度，确保他们对项目的支持和参与符合预期，并根据需要调整策略。

监控方法：

- 干系人参与报告：每月编制一次，评估各干系人的参与情况，并提出改进建议。
- 干系人反馈：通过满意度调查和直接沟通收集干系人对项目的反馈，分析他们的期望是否得到满足。

- 参与度调整：根据监控结果，调整干系人的参与策略和沟通计划，确保项目顺利推进。

（6）干系人管理的角色与职责。

- 项目经理：张三，负责整体干系人管理计划的执行，确保干系人的需求和期望得到满足。
- 干系人管理专员：王丽，负责干系人识别、分析、参与策略制定和监控，并定期报告干系人参与情况。
- 项目团队成员：根据需要与干系人互动，提供技术支持和项目进展信息。
- 干系人：参与项目的关键决策，提供反馈和支持。

11. 变更管理计划

变更管理计划用于描述如何识别、评估、批准、实施和控制项目变更。变更管理计划确保所有变更都经过适当的评估和批准，防止项目范围、时间、成本或质量发生不可控的变化，从而确保项目目标的顺利实现。

➡️ 示例

变更管理计划

项目名称：某公司新产品开发项目。

项目经理：张三。

变更控制委员会（CCB）主席：李四（产品开发总监）。

（1）变更管理方法。

确保所有项目变更都通过正式流程进行管理，防止项目范围、时间、成本或质量发生不可控的变化。

采用方法：

- 变更请求提交：通过标准化的变更请求表提交变更请求。
- 变更评估：使用影响分析模板和风险评估矩阵对变更进行评估。
- 变更审批：变更控制委员会（CCB）负责审查和批准所有变更。
- 变更实施：已批准的变更由项目经理监督实施，并及时更新项目计划。
- 变更监控：通过变更状态报告和项目进度报告监控变更的实施情况。

（2）变更请求的识别和提交。

确保所有潜在变更都能及时识别，并通过正式的流程提交和记录。

流程：

- 变更识别：项目团队成员或干系人识别出可能影响项目的变更需求。
- 变更提交：使用标准化的变更请求表，提交详细的变更信息，包括变更的原因、描述和预期影响。
- 记录变更：所有变更请求都记录在变更日志中，便于跟踪和管理。

（3）变更评估与分析。

通过全面评估变更的影响，确保变更决策的合理性和项目的成功实施。

评估方法：
- 影响分析：使用影响分析模板评估变更对项目范围、时间、成本、质量和资源的影响。
- 风险评估：通过风险评估矩阵分析变更的潜在风险，并制定相应的风险应对策略。
- 成本和时间估算：与项目控制团队合作，估算变更的成本和时间影响。

（4）变更的审批流程。

确保变更仅在经过适当的审查和批准后实施，保证项目的一致性和成功。

审批流程：
- 变更控制委员会（CCB）：变更请求提交给CCB审查，CCB成员包括项目经理、产品开发总监、财务经理、技术专家等。
- 审批标准：CCB根据变更的影响、优先级、风险和资源可用性做出审批决策。
- 审批结果记录：所有审批结果记录在变更日志中，并通知相关干系人。

（5）变更的实施与沟通。

确保已批准的变更能够顺利实施，并及时通知所有相关干系人。

实施流程：
- 变更实施计划：项目经理制订变更实施计划，明确任务、时间和责任人。
- 沟通计划：变更实施前后，通过项目状态报告、电子邮件和会议向所有相关干系人通报变更的详细信息和进展情况。
- 项目计划更新：根据变更实施情况，及时更新项目的范围、时间表和预算。

（6）变更的监控。

持续监控变更的实施效果，确保变更管理符合项目目标，并及时处理任何偏差。

监控方法：
- 变更状态报告：每周编制变更状态报告，评估变更实施的进展和效果。
- 变更后影响评估：在变更实施后，进行变更后影响评估，确保变更达到了预期目标。
- 纠偏措施：如果变更产生了不利影响，项目经理将制定并实施纠偏措施。

（7）变更管理的角色与职责。
- 项目经理：张三，负责整体变更管理计划的执行，监督变更实施并确保项目目标实现。
- 变更控制委员会（CCB）主席：李四，负责领导CCB的变更评审和审批过程，确保所有变更符合项目的战略目标。
- 变更控制委员会成员：包括财务经理、技术专家和其他关键干系人，负责对变更请求进行审查和提供专业意见。
- 项目团队成员：负责识别潜在变更，提交变更请求，并参与变更的实施和评估。

12. 配置管理计划

配置管理计划描述如何识别、记录、控制和审计项目产品和过程的配置。配置管理的目标是确保项目的所有物品（如软件、硬件、文档等）在整个项目生命周期中保持一致性，并能够有效地管理变更。

➡ **示例**

配置管理计划

项目名称：某公司客户关系管理（CRM）系统开发项目。

项目经理：张三。

配置管理专员：王伟。

项目发起人：李四（首席技术官）。

（1）配置标识。

确保项目中的所有配置项（CIs）都得到适当的识别和管理，从而维护项目的完整性和一致性。

①配置项：

- 软件模块：客户管理模块、订单管理模块、报告生成模块。
- 硬件：服务器、数据库存储设备。
- 文档：系统设计文档、用户手册、测试计划、验收标准。
- 其他：配置文件、脚本、数据库结构。

②标识方法：

- 每个配置项分配唯一的标识符（如版本号、编号），以便跟踪和管理。
- 版本控制系统（如 Git）用于管理软件模块的版本。

（2）配置控制。

确保所有配置项的变更都通过正式的流程进行管理，防止未经批准的变更影响项目的完整性。

配置控制流程：

- 变更请求提交：项目团队或干系人识别到需要变更的配置项后，提交变更请求表。
- 变更评审：配置控制委员会（CCC）对变更请求进行评审，分析变更的影响和必要性。
- 变更批准：经过评审后，CCC 决定批准或拒绝变更请求。
- 变更实施：已批准的变更由配置管理专员实施，并更新相关配置项的版本信息。
- 变更记录：所有变更都记录在配置管理数据库（CMDB）中，确保变更的可追溯性。

（3）配置状态记录。

提供对配置项状态的实时跟踪和报告，确保所有配置项的状态透明、可追溯。

状态记录方法：

- 版本记录：记录每个配置项的当前版本和历史版本，标明各版本的变更内容。
- 状态报告：定期生成配置状态报告，列出所有配置项的当前状态、版本、变更历史和配置基准。

（4）配置审计。

确保所有配置项都符合已批准的要求和标准，通过定期审计维护项目产品的完整性。

审计流程：

- 功能审计：验证配置项是否满足所有功能要求。
- 物理审计：确保配置项的物理属性与配置记录一致。
- 审计报告：在审计结束后生成配置审计报告，记录发现的问题和改进建议。

（5）配置管理工具和环境。

确保配置管理活动高效、准确地进行，通过使用适当的工具和环境支持配置管理流程。

①配置管理工具：

- 版本控制系统：Git，用于管理软件模块的版本控制和变更。
- 配置管理数据库（CMDB）：用于记录和管理所有配置项及其变更历史。
- 项目管理软件：JIRA，用于跟踪变更请求和配置状态。

②环境：

- 开发环境：用于开发和测试配置项的环境，包括测试服务器和数据库。
- 生产环境：用于部署最终配置项的环境，包括生产服务器和数据库。

（6）配置管理的角色与职责。

- 项目经理：张三，负责整体配置管理计划的执行，监督配置控制和状态记录。
- 配置管理专员：王伟，负责配置项的识别、变更控制、状态记录和审计活动。
- 开发团队：负责按照配置管理计划管理和维护开发过程中产生的配置项，并报告任何变更请求。
- 质量保证团队：参与配置审计，确保所有配置项符合项目的质量标准和要求。

13. 范围基准

范围基准是项目管理中的一个关键概念，它主要由以下3个部分构成：

（1）范围说明书（Project Scope Statement）：详细描述项目范围，包括项目的目标、可交付成果、工作内容、不包括的内容（排除项）以及项目的边界条件。范围说明书明确了项目的预期成果和限制条件。

（2）工作分解结构（Work Breakdown Structure，WBS）：将项目的工作内容分解成更小的、可管理的部分，通常呈现为层次结构的树状图或列表。WBS确保项目团队理解项目的所有必要工作，并提供了组织和管理工作的框架。

（3）WBS字典（WBS Dictionary）：为每个WBS元素提供详细的描述，包括其内容、可交付成果、相关活动、预算、资源需求、质量要求等信息。WBS字典帮助团队和干系人更深入地理解每个工作包的内容。

范围基准是项目范围管理中的基准，作为衡量项目执行情况的参考标准。一旦确定，范围基准需要经过正式的变更控制流程来修改。

➡️ 示例

项目范围基准

项目名称：某公司企业资源规划（ERP）系统实施项目。

项目经理：张三。

项目发起人：李四（首席财务官）。

（1）项目范围说明书。

项目目标：实施一个全面的 ERP 系统，整合公司的财务、人力资源、供应链、生产和销售等关键业务流程，以提高运营效率和数据透明度。

可交付成果：

- ERP 系统的需求分析文档。
- 系统设计和架构文档。
- 已配置和定制的 ERP 软件模块（财务管理、人力资源管理、供应链管理等）。
- 系统集成测试报告。
- 用户培训计划和培训材料。
- 系统上线计划和支持文档。

项目范围：

①包含的内容：

- 需求分析与确认。
- ERP 软件的选择、采购、配置与定制。
- 系统集成和数据迁移。
- 用户培训和系统上线支持。

②排除的内容：

- 基础设施的升级或扩展（如服务器和网络）。
- 数据中心的物理安全管理。
- 未来系统升级和扩展功能开发。

项目边界：项目仅限于当前业务单元的 ERP 系统实施，其他业务单元的整合和后续升级将在未来的项目中进行。

限制条件：

- 项目预算限制为 500 万元人民币。
- 项目必须在 12 个月内完成。
- 使用公司现有的 IT 基础设施。

假设条件：

- ERP 系统供应商能够按时交付并提供必要的支持。
- 内部用户能够按时参与培训，并适应新系统。

（2）工作分解结构（WBS）。

顶层 WBS 元素：

1. 项目启动

　　1.1 需求收集和分析

    1.2 项目计划制订

2. 系统设计

    2.1 系统架构设计

    2.2 模块配置和定制

3. 系统实施

    3.1 系统集成

    3.2 数据迁移

    3.3 系统测试

4. 用户培训

    4.1 培训计划制订

    4.2 培训材料开发

    4.3 用户培训执行

5. 系统上线

    5.1 上线准备

    5.2 上线支持

    5.3 项目验收

（3）WBS字典（部分示例）。

① WBS元素1.1：需求收集和分析。

描述：与某公司相关业务部门合作，收集ERP系统的需求，并进行分析和确认。

可交付成果：需求分析文档。

活动：

1.1.1 召开需求研讨会。

1.1.2 收集业务流程信息。

1.1.3 编写和确认需求文档。

资源需求：业务分析师、IT团队。

预算：20万元人民币。

质量要求：需求文档应经过所有相关部门的审查和批准。

风险：需求变更可能导致项目延期。

② WBS元素3.2：数据迁移。

描述：从现有系统中迁移数据到新的ERP系统，确保数据完整性和一致性。

可交付成果：数据迁移报告。

活动：

3.2.1 数据清理和准备。

3.2.2 数据迁移脚本开发。

3.2.3 数据迁移测试。

3.2.4 数据迁移执行。

资源需求：数据库管理员、IT支持团队。

预算：50万元人民币。

质量要求：数据迁移成功率必须达到 99% 以上。

风险：数据丢失或错误可能导致业务中断。

14. 进度基准

进度基准是项目管理中的一个关键基准，它是经过批准的项目时间表，是项目执行期间用于监控进度的参考标准。进度基准包括项目的关键里程碑、所有任务的开始和结束时间、活动的顺序、任务的依赖关系以及分配的资源。进度基准一旦确定，任何变更都必须通过正式的变更控制程序进行管理。

进度基准的组成部分有：

（1）项目时间表：描述项目的所有任务和活动及其计划的开始和结束日期。包括所有任务的持续时间和任务之间的依赖关系。

（2）关键路径：项目中所有任务的最长路径，确定项目的最早完成时间。任何关键路径上的延迟都会影响项目的总体完成时间。

（3）里程碑：关键事件或可交付成果的目标日期，用于标志项目的进展节点。里程碑通常不包含任何持续时间。

（4）任务依赖关系：描述任务之间的相互关系，如开始 – 结束（SF）、结束 – 结束（FF）、开始 – 开始（SS）等。

（5）资源分配：为每个任务分配所需的资源，包括人力、设备和材料。

（6）进度控制：定义如何监控项目进度，并根据实际情况调整计划。进度控制包括挣值管理（EVM）、进度偏差分析等。

▶ 示例

项目进度基准

项目名称：某公司新产品开发项目。

项目经理：张三。

项目发起人：李四（产品开发总监）。

（1）项目时间表。

项目任务及时间表如表 18-1 所示。

表 18-1　项目时间表

任务编号	任务名称	开始日期	结束日期	持续时间（天）	依赖关系
1	项目启动	2024-01-02	2024-01-05	4	无
2	需求分析与确认	2024-01-06	2024-01-15	10	FS-1
3	系统设计	2024-01-16	2024-02-10	25	FS-2
4	原型开发	2024-02-11	2024-03-01	19	FS-3
5	原型测试	2024-03-02	2024-03-10	9	FS-4
6	系统开发	2024-03-11	2024-05-15	66	FS-3
7	系统集成与测试	2024-05-16	2024-06-15	31	FS-6
8	用户培训与验收	2024-06-16	2024-06-30	15	FS-7
9	项目收尾	2024-07-01	2024-07-05	5	FS-8

注释：FS（结束 – 开始依赖关系），即前一任务结束后才能开始下一任务。

（2）关键路径。

● 关键路径：任务1→任务2→任务3→任务6→任务7→任务8→任务9。

● 总工期：156天。

● 关键路径任务：这些任务的延迟将直接导致项目完工日期的延迟。

（3）里程碑。

项目里程碑如表18-2所示。

表18-2　里程碑

里程碑编号	里程碑名称	目标日期	相关任务
M1	项目启动	2024-01-05	任务1
M2	需求确认完成	2024-01-15	任务2
M3	系统设计完成	2024-02-10	任务3
M4	原型开发完成	2024-03-01	任务4
M5	系统开发完成	2024-05-15	任务6
M6	系统集成与测试完成	2024-06-15	任务7
M7	用户培训与验收完成	2024-06-30	任务8
M8	项目收尾	2024-07-05	任务9

（4）任务依赖关系。

任务依赖关系如表18-3所示。

表18-3　任务依赖关系

任务编号	依赖任务	依赖类型	说明
2	1	FS	需求分析需在项目启动后开始
3	2	FS	系统设计需在需求分析与确认后开始
4	3	FS	原型开发需在系统设计完成后开始
5	4	FS	原型测试需在原型开发完成后开始
6	3	FS	系统开发需在来统设计完成后开始
7	8	FS	系统集成与测试需在系统开发完成后开始
8	7	FS	用户培训与验收需在系统集成与试完成后开始
9	8	FS	项目收尾需在用户培训与验收完成后开始

（5）资源分配。

项目资源分配情况如表18-4所示。

表18-4　资源分配情况

任务编号	任务名称	资源类型	资源数量	资源名称
1	项目启动	人力	2	项目经理、业务分析师
2	需求分析与确认	人力	3	业务分析师、IT专家
3	系统设计	人力	4	系统架构师、开发人员
4	原型开发	人力	3	开发人员
5	原型测试	人力	2	测试工程师
6	系统开发	人力	5	开发人员
7	系统集成与测试	人力	4	测试工程师、IT专家

任务编号	任务名称	资源类型	资源数量	资源名称
8	用户培训与验收	人力	3	培训师、用户代表
9	项目收尾	人力	2	项目经理、文档专家

（6）进度控制。

①进度监控方法：

● 挣值管理（EVM）：使用EVM技术监控项目的进度和成本绩效。

● 进度偏差分析：每两周进行一次进度偏差分析，识别和解决任何可能导致延误的问题。

● 进度调整：根据实际进展情况，调整资源分配和任务安排，以确保项目按计划完成。

②报告频率：每周提交一次进度报告，内容包括完成的任务、关键路径状态、里程碑达成情况、风险和问题。

③采用工具：项目管理软件（如Microsoft Project），用于计划、跟踪和报告项目进度。

15. 成本基准

成本基准是项目管理中的一个关键基准，是经过批准的项目预算的时间分布，是用来测量和监控项目成本绩效的参考点。成本基准通过在项目生命周期内分配的时间段内确定的资金需求，帮助项目管理团队评估项目的实际成本与计划成本之间的差异，确保项目在预算范围内执行。

成本基准的组成部分有：

（1）项目预算：包括所有项目活动的成本估算、应急储备和管理储备的总和。预算分配通常按时间分段，形成一个累计成本曲线，称为S曲线。

（2）成本估算：对项目中的各个工作包或活动的成本进行详细的估算。成本估算可能包括直接成本（如材料、人工、设备）和间接成本（如管理费用）。

（3）应急储备：用于应对已知风险的储备资金，通常包含在成本基准中。应急储备根据风险分析确定。

（4）管理储备：用于应对未知风险的储备资金，通常不包含在成本基准中，但作为项目总预算的一部分。

（5）成本控制：定义如何监控和控制项目的成本，确保项目按预算执行。成本控制包括挣值管理（EVM）和成本偏差分析。

▶ 示例

项目成本基准

项目名称：某公司总部大楼建设项目。

项目经理：张三。

项目发起人：李四（首席运营官）。

（1）项目预算。

总体预算：1000万元人民币。

预算分解如表 18-5 所示。

表 18-5　预算分解

成本类别	预算金额 / 万元	备注
材料成本	400	包括混凝土、钢材、玻璃等建筑材料
人工成本	250	包括工人、技术人员和管理人员费用
设备租赁和维护	150	包括施工设备的租赁和维护
外包服务	100	包括电气工程、暖通工程等外包服务
项目管理费用	50	包括项目管理团队的费用
应急储备	40	用于已知风险的储备
管理储备	10	用于未知风险的储备

（2）成本估算。

成本估算分解如表 18-6 所示。

表 18-6　成本估算分解

工作包 / 活动	成本估算 / 万元	说明
需求分析与设计	50	包括建筑设计和工程设计费用
基础建设	300	包括地基处理和地下室建设费用
主体结构建设	400	包括钢结构和混凝土施工费用
外墙和屋顶施工	150	包括外墙装饰和屋顶施工费用
室内装修	100	包括内墙、地面和天花板装饰费用

（3）应急储备。

应急储备的使用情况如表 18-7 所示。

表 18-7　应急储备使用情况

风险描述	应急储备金额 / 万元	说明
材料价格波动	20	应对建筑材料价格上涨的风险
不利气候条件	10	应对施工延误的额外费用
技术问题或设计变更	10	应对技术问题或必要的设计修改

（4）成本控制。

①挣值管理（EVM）：

- 计划价值（PV）：项目每月应完成的预算计划。例：第一季度应完成 300 万元的工作。
- 实际成本（AC）：项目每月实际支出的金额。例：第一季度实际支出 320 万元。
- 挣值（EV）：项目每月完成的工作量的预算价值。例：第一季度完成价值 280 万元的工作。

②成本偏差分析：

- 成本偏差（CV）＝挣值（EV）－实际成本（AC）。
- 进度偏差（SV）＝挣值（EV）－计划价值（PV）。

③报告频率：

- 每月提交一次成本报告，内容包括当月的挣值分析、成本偏差、风险和问题。
- 召开季度成本审查会议，讨论预算使用情况和应急储备的使用情况。

（5）成本基准的 S 曲线。

累计成本情况如表 18-8 所示。

表 18-8　累计成本情况

时间段	计划累计成本 / 万元	实际累计成本 / 万元	挣值 / 万元
1 月（启动期）	50	55	40
2 月（设计期）	150	200	100
3 月（设计期）	300	350	230
4 月（建设期）	500	600	480
5 月（建设期）	700	730	600
6 月（建设期）	850	870	750
7 月（装修期）	1000	1030	900

累计成本 S 曲线如图 18-1 所示。

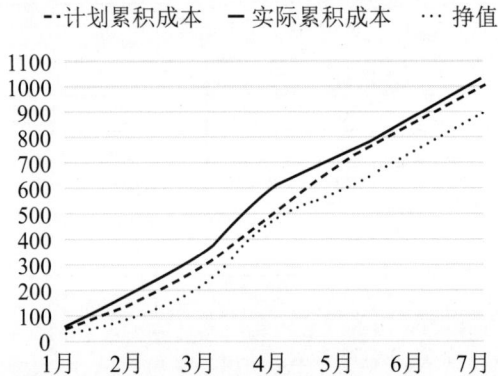

图 18-1　累计成本 S 曲线

注释：

● 该 S 曲线显示项目各阶段的计划成本和实际成本，以及相应的挣值。

● 从 S 曲线中可以观察到项目的成本控制情况，如果实际成本曲线与计划成本曲线偏差较大，则可能需要调整预算或采取纠正措施。

16. 绩效测量基准

绩效测量基准是项目管理中用于衡量项目进度、成本和范围绩效的综合基准。它通常是整合了范围基准、进度基准和成本基准的一个标准，用于监控和控制项目的执行情况。通过与实际绩效数据进行比较，绩效测量基准帮助项目管理团队识别偏差，并及时采取纠正措施，以确保项目在预定的目标范围内完成。

绩效测量基准的组成部分有：

（1）范围基准：定义了项目的目标、可交付成果和工作内容，明确项目的边界和限制条件。

（2）进度基准：包括所有项目任务的计划开始和结束日期、关键路径，以及各任务之间的依赖关系。

（3）成本基准：包括项目的总预算、分配给各任务的资金、应急储备和管理储备。

（4）挣值管理（EVM）：使用计划价值（PV）、实际成本（AC）和挣值（EV）来衡量和控制项目绩效。

（5）进度偏差和成本偏差：通过比较实际的进度和成本数据与基准值，来识别项目的进度偏差（SV）和成本偏差（CV）。

▶ 示例

项目绩效测量基准

项目名称：某公司客户关系管理（CRM）系统开发项目。

项目经理：张三。

项目发起人：李四（首席技术官）。

（1）范围基准。

项目目标：开发并部署一个全面的CRM系统，整合某公司的客户信息管理、销售跟踪和客户服务功能。

可交付成果：

● CRM系统需求分析文档。

● 系统设计文档。

● 定制的CRM软件模块。

● 用户培训计划和培训材料。

● 系统上线支持。

项目范围：

● 包括：系统开发、数据迁移、用户培训、系统集成和上线支持。

● 不包括：现有系统的维护和后续功能扩展。

（2）进度基准。

关键里程碑如表18-9所示。

表18-9 关键里程碑

里程碑编号	里程碑名称	目标日期
M1	需求分析完成	2024-01-31
M2	系统设计完成	2024-02-28
M3	原型开发完成	2024-03-31
M4	系统开发完成	2024-05-31
M5	系统测试完成	2024-06-30
M6	系统上线	2024-07-15

项目任务和进度如表18-10所示。

表18-10 项目任务和进度

任务编号	任务名称	开始日期	结束日期	持续时间/天
1	需求分析与确认	2024-01-01	2024-01-31	30
2	系统设计	2024-02-01	2024-02-28	28
3	原型开发	2024-03-01	2024-03-31	31

任务编号	任务名称	开始日期	结束日期	持续时间 / 天
4	系统开发	2024-04-01	2024-05-31	61
5	系统集成与测试	2024-06-01	2024-06-30	30
6	用户培训与验收	2024-07-01	2024-07-15	15

（3）成本基准。

项目预算分配如表 18-11 所示。

表 18-11 项目预算分配

成本类别	预算金额 / 万元	备注
软件开发成本	200	包括开发人员薪资和软件工具费用
测试与质量保证成本	50	包括测试工程师费用和测试环境搭建费用
数据迁移成本	30	包括数据清理、迁移工具和人工费用
用户培训成本	20	包括培训师费用和培训材料费用
项目管理成本	50	包括项目经理和项目管理工具费用
应急储备	10	用于已知风险的储备

挣值管理（EVM）参数如表 18-12 所示。

表 18-12 挣值管理（EVM）参数

时间段	计划价值（PV）/ 万元	实际成本（AC）/ 万元	挣值（EV）/ 万元	说明
1 月（需求分析）	50	45	48	需求分析提前完成
2 月（系统设计）	50	55	50	系统设计按计划完成，成本略超支
3 月（原型开发）	70	65	68	原型开发接近完成，成本略节省
4 月（系统开发）	100	105	95	系统开发进度稍慢，成本略超支
5 月（系统开发）	100	110	98	系统开发接近完成，成本超支
6 月（系统测试）	80	75	78	系统测试按计划进行，成本略节省
7 月（培训与上线）	50	45	50	用户培训按计划进行，上线准备就绪

EVM 指标：

- 成本绩效指数（CPI）：CPI＝EV / AC。如：CPI（4 月）＝ 95 / 105 ≈ 0.90（表示成本超支）。
- 进度绩效指数（SPI）：SPI＝EV / PV。如：SPI（4 月）＝ 95 / 100＝0.95（表示进度落后）。

（4）进度偏差和成本偏差。

偏差分析如表 18-13 所示。

表 18-13 偏差分析

时间段	成本偏差（CV）/ 万元	进度偏差（SV）/ 万元	说明
1 月	+3	−2	需求分析成本节省，进度略有延迟
2 月	−5	0	系统设计成本超支，进度正常
3 月	+3	−2	原型开发成本节省，进度略有延迟

时间段	成本偏差（CV）/万元	进度偏差（SV）/万元	说明
4月	-10	-5	系统开发成本超支，进度落后
5月	-12	-2	系统开发成本继续超支，进度略有延迟
6月	+3	-2	系统测试成本节省，进度略有延迟
7月	+5	0	培训与上线成本节省，进度正常

17. 项目生命周期描述

项目生命周期描述了项目从启动到完成的整个过程，分为若干个阶段，每个阶段都有特定的目标、活动和可交付成果。项目生命周期为项目管理提供了结构化的框架，帮助项目团队系统化地规划和管理项目。项目生命周期的具体阶段可能因项目的类型和行业的不同而有所差异，但通常包括以下4个主要阶段：启动、规划、执行和收尾。

▶ 示例

项目名称：某公司企业资源规划（ERP）系统实施项目。

（1）启动阶段。

目标：评估项目的可行性，获得项目的正式批准。

主要活动：

● 项目章程编写：明确项目目标、范围、预算和关键干系人。

● 可行性研究：评估ERP系统的需求和与当前系统的差距。

● 干系人识别：确定项目的主要干系人及其需求和期望。

可交付成果：

● 项目章程。

● 干系人登记册。

● 初步需求文档。

（2）规划阶段。

目标：详细规划如何实施ERP系统，确保项目按计划完成。

主要活动：

● 制订项目管理计划：包括范围、进度、成本、质量、资源和风险管理计划。

● 工作分解结构（WBS）：将项目工作分解为可管理的任务和活动。

● 风险评估和应对策划：识别潜在风险，并制定相应的应对策略。

● 时间表和预算制定：详细规划项目的时间表和预算。

可交付成果：

● 项目管理计划。

● WBS和WBS字典。

● 项目时间表。

● 预算计划。

● 风险管理计划。

（3）执行阶段。

目标：按计划实施 ERP 系统，确保所有任务按时完成，项目成果符合要求。

主要活动：

- 项目计划执行：按照项目管理计划分配任务和资源，实施 ERP 系统。
- 团队管理和沟通：管理项目团队的工作，保持与干系人的沟通，确保项目进展顺利。
- 采购管理：采购 ERP 系统及其相关服务，管理与供应商的合同。
- 监控项目进度和成本：使用挣值管理（EVM）和其他工具，持续监控和控制项目的进度和成本。

可交付成果：

- 定制化 ERP 系统。
- 项目进度报告。
- 状态报告。
- 系统测试报告。

（4）收尾阶段。

目标：完成项目所有活动，交付 ERP 系统并获得客户验收。

主要活动：

- 交付和验收：将 ERP 系统交付给客户，并获得客户的验收确认。
- 合同关闭：关闭与供应商的合同，完成所有财务结算。
- 记录经验教训：总结项目的经验教训，编写项目收尾报告。
- 项目审查：进行项目审查和评价，评估项目的成功和改进点。

可交付成果：

- 最终的 ERP 系统交付物。
- 客户验收文档。
- 项目收尾报告。
- 经验教训总结。

18. 开发方法

在项目管理和软件开发中，开发方法是指用于指导项目从概念到完成的一系列流程、原则和工具。这些方法有助于团队规划、管理和控制项目工作，以确保项目按时、按预算和符合质量标准交付。

常见的开发方法有：瀑布模型、敏捷方法、Scrum、看板（Kanban）、极限编程、DevOps。

▶ 示例

（1）示例 1：瀑布模型。

假设某公司正在开发一个内部人力资源管理系统（HRMS），因为需求明确且不会频繁变化，他们选择了瀑布模型。

- 需求分析：首先，项目团队与人力资源部门合作，详细记录系统需求。这一阶段产出的文档经过批准后，才进入下一个阶段。
- 系统设计：根据需求文档，架构师设计系统的整体结构和数据库。设计文档完成后，进入开发阶段。
- 实现：开发人员根据设计文档进行编码，完成所有功能后，进入测试阶段。
- 测试：质量保证团队执行详细的测试，确保系统没有重大缺陷。
- 部署：系统通过测试后，部署到公司内部的服务器上。
- 维护：在系统上线后，开发团队继续修复任何在生产环境中发现的缺陷。

（2）示例2：Scrum。

某公司需要开发一个新的电子商务平台，项目需求动态变化，客户希望能够快速看到结果，因此他们选择了Scrum方法。

- 产品负责人：与客户讨论需求，并创建产品待办事项列表。
- Sprint规划：团队根据产品待办事项列表，选定若干项工作项作为Sprint目标，计划为期两周的Sprint。
- 每日站会：每天早上团队开会，讨论前一天的工作进展、今天的计划以及遇到的障碍。
- Sprint回顾与评审：在Sprint结束时，团队展示已完成的工作，并与客户讨论反馈。
- Sprint反思：团队反思Sprint期间的工作流程，讨论如何改进下一次Sprint。

19. 管理审查

管理审查是项目管理和运营管理中的一个关键过程，旨在通过对项目、产品或组织的状态和绩效进行定期审查，确保其与既定的目标、策略和标准保持一致。管理审查通常由高层管理团队进行，他们通过审查项目的进度、成本、质量、风险、资源等关键指标，评估项目的执行情况，并根据需要采取纠正措施或调整策略。

➡ **示例**

管理审查会议纪要

项目名称：某公司客户关系管理（CRM）系统开发项目。

审查日期：2024年3月15日。

参会人员：

- 项目经理：张三。
- 首席技术官（CTO）：李四。
- 质量保证经理：王伟。
- 财务总监：刘婷。
- 客户代表：赵敏。

（1）项目状态报告。

进度报告：

- 当前阶段：系统设计阶段（完成率75%）。
- 关键里程碑：系统设计将于2024年3月31日完成，比计划进度稍有延迟（预计延迟5天）。
- 原因：部分功能需求变更导致设计时间延长。

成本报告：

- 预算总额：500万元人民币。
- 当前支出：220万元人民币（占预算的44%）。
- 成本偏差：+2%（节省部分由于未使用的应急储备）。

质量报告：

- 当前问题：设计文档中存在不一致性，需要进一步审查和修改。
- 改进措施：增加两次内部质量检查，确保所有设计文档的一致性。

风险报告：

- 主要风险：需求变更风险，可能导致进一步的进度延迟和成本增加。
- 应对措施：建立严格的变更控制流程，限制不必要的需求变更。

（2）资源使用情况。

资源分配和利用率：

- 开发团队：当前团队利用率为85%，资源分配基本合理。
- 设备使用：测试服务器和开发工具的利用率达到90%，考虑增加设备以应对未来需求。

资源冲突：

- 问题：部分开发人员同时参与其他项目，导致资源冲突和任务延期。
- 解决方案：重新调整资源分配，确保关键任务优先得到支持。

（3）问题和变更管理。

问题清单：

- 现有问题：设计阶段存在沟通不畅，导致文档版本不一致。
- 处理进展：已安排所有相关人员进行统一培训，提升文档管理能力。

变更请求：

- 变更数量：自上次审查以来共收到3个变更请求。
- 审批情况：2个已批准，1个待定（与客户进一步讨论中）。
- 影响评估：已批准的变更对项目进度影响较小，但增加了5%的开发成本。

（4）客户和干系人反馈。

客户满意度：

- 反馈：客户对系统设计的初步结果表示满意，但希望能加快进度。
- 投诉：暂无重大投诉，客户代表对沟通渠道表示满意。

干系人参与度：

- 参与情况：项目干系人定期参与周例会，提供了有价值的反馈。
- 改进建议：加强与供应商的沟通，确保硬件设备按时交付。

（5）下一步计划。

- 设计阶段加速：采取措施减少不必要的设计修改，争取按时完成设计阶段。
- 资源优化：根据项目需求调整资源分配，减少资源冲突。
- 风险管理：加强对需求变更的控制，避免进一步的延迟和成本增加。

下次审查会议：定于2024年4月15日，重点审查系统开发的进展和质量控制情况。

20. 迭代计划、发布计划、测试计划

（1）迭代计划：迭代计划是在敏捷方法论（如 Scrum）中使用的，定义了一段时间内（通常是 1～4 周）团队将要完成的工作。每次迭代都会产生一个可用的产品增量。

主要内容：

- 迭代目标：确定本次迭代的目标是什么，通常是完成特定的功能或修复特定的缺陷。
- 待办事项：从产品待办列表中选择优先级最高的用户故事或任务进行开发。
- 任务分配：将任务分配给团队成员。
- 时间框架：定义迭代的开始和结束时间。
- 资源分配：确定所需的资源和支持。
- 风险管理：识别可能影响迭代目标的风险，并制定应对策略。

以下为迭代计划的例子。

▶▶ **示例**

项目名称：某公司电子商务平台开发。

迭代周期：2024年1月1日—2024年1月14日（两周）。

迭代目标：完成购物车功能的开发与初步测试。

迭代待办事项：

（1）购物车页面设计与实现（任务1）。

（2）添加/删除商品功能开发（任务2）。

（3）购物车商品数量调整功能开发（任务3）。

（4）购物车总价计算逻辑实现（任务4）。

（5）初步测试购物车功能（任务5）。

任务分配：

- 任务1：设计师 – 李丽。
- 任务2：开发人员 – 王强。
- 任务3：开发人员 – 张伟。
- 任务4：开发人员 – 刘英。
- 任务5：测试人员 – 赵敏。

风险管理：

- 风险：购物车功能与库存管理系统的集成可能存在技术难题。
- 应对策略：在开发开始时安排一次技术研讨会，确保所有开发人员理解集成接口。

（2）发布计划：发布计划定义了产品或系统的版本发布策略，说明在项目的不同阶段，哪些功能或组件将被发布给用户或测试人员。

主要内容：

● 发布目标：明确本次发布的目标，如发布新功能、修复重大缺陷等。
● 版本编号：每次发布的版本号，帮助跟踪不同版本的差异。
● 发布内容：详细列出本次发布中包含的功能、改进和修复。
● 发布时间表：确定发布的时间点，考虑到开发、测试和用户培训等因素。
● 发布策略：说明发布的策略，如逐步发布、灰度发布、全量发布等。
● 回滚计划：如果发布失败，如何迅速恢复到之前的稳定版本。

以下为发布计划的例子。

▶ 示例

项目名称：某公司电子商务平台开发。

发布版本：v1.0。

发布目标：发布基础电子商务功能，包括用户注册、商品浏览、购物车和订单管理。

发布内容：

● 用户注册与登录功能。
● 商品目录与详细信息展示。
● 购物车管理（添加、删除商品、数量调整）。
● 订单生成与管理。

发布时间表：

● 开发完成：2024 年 3 月 15 日。
● 测试完成：2024 年 3 月 31 日。
● 预发布：2024 年 4 月 7 日。
● 正式发布：2024 年 4 月 10 日。

发布策略：全量发布，所有用户在 2024 年 4 月 10 日能够访问新功能。

回滚计划：如遇到重大问题，将立即启用回滚机制，恢复到 v0.9 版本，预计回滚时间为 2 小时。

（3）测试计划：测试计划描述了对项目产品进行质量验证和确认的策略，确保最终产品符合需求并且没有重大缺陷。

主要内容：

● 测试目标：定义测试的范围和目标，如验证功能正确性、性能和安全性。
● 测试范围：明确哪些功能、模块或系统将被测试，哪些不包括在内。
● 测试方法：说明使用的测试方法，如单元测试、集成测试、系统测试、回归测试等。
● 测试环境：描述测试所需的硬件、软件和网络环境。
● 测试工具：列出将使用的测试工具和自动化框架。
● 测试时间表：明确测试的时间安排，包括每个测试阶段的开始和结束时间。

- 测试人员：指定负责不同测试任务的人员。
- 风险和应对策略：识别测试过程中可能遇到的风险及应对措施。

以下为测试计划的例子。

▶ 示例

项目名称：某公司电子商务平台开发。

测试目标：确保电子商务平台的核心功能（用户注册、购物车、订单管理）无重大缺陷，并在性能上满足预期。

测试范围：

- 包含：用户注册与登录、商品浏览、购物车管理、订单管理。
- 排除：高级搜索功能、推荐系统（将在后续迭代中开发和测试）。

测试方法：

- 单元测试：各功能模块的单元测试，由开发人员完成。
- 集成测试：模块之间的交互测试，由测试团队完成。
- 系统测试：整个系统的功能和性能测试，由测试团队完成。
- 回归测试：在每次功能变更后进行，以确保其他功能未受到影响。

测试环境：

操作系统：Windows 10，Ubuntu 20.04。

浏览器：Chrome，Firefox，Edge。

数据库：MySQL 8.0。

服务器：Tomcat 9.0。

测试工具：

- 单元测试工具：JUnit。
- 集成测试工具：Selenium。
- 性能测试工具：JMeter。

测试时间表：

- 单元测试：2024 年 2 月 15 日 –2024 年 3 月 1 日。
- 集成测试：2024 年 3 月 2 日 –2024 年 3 月 10 日。
- 系统测试：2024 年 3 月 11 日 –2024 年 3 月 20 日。
- 回归测试：2024 年 3 月 21 日 –2024 年 3 月 30 日。

测试人员：

- 单元测试：开发人员 – 王强、张伟。
- 集成测试：测试人员 – 赵敏。
- 系统测试：测试团队 – 赵敏、刘英。
- 回归测试：测试团队 – 赵敏、刘英。

风险和应对策略：

- 风险：测试环境的搭建可能会延迟。
- 应对策略：提前准备测试环境，确保所有配置在测试开始前完成。

18.3 项目文件 ▮▶

1. 假设日志

假设日志用于记录项目中所有的假设条件和制约因素。假设条件是指项目团队认为正确或真实但尚未证实的因素，而制约因素是项目范围内必须遵守的限制。假设日志帮助项目团队识别和管理这些未确定的因素，确保项目计划的合理性和可行性。

如表 18-14 所示是一个假设日志的示例。

表 18-14　假设日志示例

假设编号	日期	假设条件或制约因素	影响范围	影响评估	状态	备注
A-001	2024-01-10	数据迁移过程中，现有数据库能够无故障运行	数据迁移、系统集成	如果现有数据库出现故障，可能导致数据丢失，影响项目进度和数据完整性	待确认	需定期检查现有数据库的健康状况
A-002	2024-01-12	客户对系统的初期需求不会有重大变更	需求分析、系统设计	如果客户需求发生重大变更，可能导致重新设计。增加成本和延迟进度	有效	需求冻结日期为 2024-02-01
A-003	2024-01-15	项目团队能够按时获得所有必要的硬件资源	项目执行	如果硬件资源无法按时到位，将影响系统部署和测试	待确认	与采购部门协调确认硬件到货时间
A-004	2024-01-20	供应商能够按时提供定制化软件模块	开发、集成、测试	如果供应商延迟交付，将导致项目整体进度延迟	待确认	需定期与供应商跟进进度
C-001	2024-01-22	项目预算限制为 500 万元人民币	成本管理	预算的限制可能导致某些功能的削减或延期交付	有效	如有必要需提前申请追加预算
C-002	2024-01-25	项目必须在 2024 年 12 月 31 日前完成	时间管理	时间限制可能导致项目团队在关键阶段加班	有效	严格按照时间表进行管理

2. 变更日志

变更日志用于记录和跟踪项目中的所有变更请求及其处理状态。变更日志帮助项目团队和干系人了解项目范围、进度、成本或其他重要元素的变更情况，以及这些变更对项目的影响。变更日志通常包括变更请求的详细信息、审批状态、实施结果和相关的风险分析。

如表 18-15 所示是一个变更日志的示例。

表 18-15　变更日志示例

变更编号	请求日期	变更描述	变更原因	状态	优先级	影响分析	审批结果	实施状态	备注
C-001	2024-01-05	修改用户注册页面的设计，增加手机号码验证功能	客户需求变更	已批准	高	增加 2 天开发时间，成本增加 1 万元，可能轻微影响项目进度	批准	已完成	已更新项目时间表

续表

变更编号	请求日期	变更描述	变更原因	状态	优先级	影响分析	审批结果	实施状态	备注
C-002	2024-01-10	将系统数据库从MySQL5.7升级到MySQL8.0	技术升级	评估中	中	可能需要额外的数据库迁移和兼容性测试,预计增加3天开发时间	待定	待定	需进一步技术评估
C-003	2024-01-15	增加用户反馈功能模块,让用户可以直接在系统内提交反馈信息	客户需求变更	已提交	中	增加5天开发时间,成本增加2万元,可能影响系统集成时间表	待审批	待定	需讨论优先级
C-004	2024-01-20	修复系统接口与外部API的兼容性问题	测试阶段发现问题	已批准	高	修复时间预计为2天。不影响整体进度,成本增加5000元	批准	正在实施	已安排开发团队处理
C-005	2024-01-25	添加数据加密功能,确保系统符合最新的数据保护法规	法规变更	已提交	高	需要对数据存储和传输进行全面修改,预计增加10天开发时间和5万元成本	待审批	待定	需法律团队评估合规性
C-006	2024-01-28	取消原计划中的多语言支持功能,减少开发时间和成本	项目预算超支	已批准	低	预计减少5天开发时间,成本减少2万元	批准	已完成	项目范围已更新

3. 问题日志

问题日志是项目管理中的一个关键工具,用于记录和跟踪项目中出现的所有问题。问题日志帮助项目团队识别、分析、解决项目过程中遇到的问题,确保项目能够顺利推进。问题日志通常包括问题的描述、责任人、优先级、状态、解决措施等信息。

如表 18-16 所示是一个问题日志的示例。

表 18-16　问题日志示例

问题编号	问题描述	责任人	提出日期	优先级	状态	解决措施	目标解决日期	实际解决日期	备注
I-001	系统集成过程中,支付网关API未能正确响应	张伟	2024-01-15	高	处理中	与支付网关供应商联系,获取技术支持,并进行修复	2024-01-20	2024-01-19	需更新支付网关API版本
I-002	测试环境不稳定,导致自动化测试经常中断	刘英	2024-01-18	中	处理中	排查测试环境配置问题,优化服务器资源分配	2024-01-25	2024-01-23	添加了更多的服务器监控措施

问题编号	问题描述	责任人	提出日期	优先级	状态	解决措施	目标解决日期	实际解决日期	备注
I-003	项目团队成员对新引入的开发工具不熟悉	王强	2024-01-20	中	已解决	组织团队培训，邀请工具供应商提供技术培训课程	2024-01-22	2024-01-21	所有开发人员已参加培训
I-004	用户验收测试期间发现订单处理速度较慢	李丽	2024-01-25	高	处理中	优化订单处理算法，减少数据库查询时间	2024-01-30	2024-01-29	订单处理时间缩短了50%
I-005	客户要求增加多语言支持功能，未在初始需求中	李华	2024-01-28	低	未解决	进行需求变更评估，重新制定项目时间表和预算	2024-02-05		需确定多语言支持的具体要求

4. 制约条件

制约条件（Constraints）是项目管理中的限制或边界条件，它们在项目计划和执行过程中必须被遵守。制约条件可能涉及项目的时间、成本、资源、范围、质量、法律法规等方面。识别和管理制约条件对于项目的成功至关重要，因为它们直接影响项目的决策、风险管理和最终交付。

以下是一个软件开发项目的制约条件示例。

> **示例**
>
> 项目名称：某公司客户关系管理（CRM）系统开发项目。
>
> 时间制约：
> - 描述：项目必须在2024年12月31日前完成，以满足公司新财年开始的需求。
> - 影响：时间限制可能导致项目团队需要加班或缩减非核心功能，以确保按时交付。
>
> 成本制约：
> - 描述：项目预算为500万元人民币，不允许超支。
> - 影响：团队可能需要在资源分配和范围调整方面做出权衡，以保持在预算内完成项目。
>
> 技术制约：
> - 描述：项目必须在公司现有的技术平台上开发，使用Java和MySQL技术栈。
> - 影响：这可能限制团队选择更适合的新技术，并且可能导致额外的兼容性测试。
>
> 资源制约：
> - 描述：项目只能使用现有的10名开发人员和2名测试人员。
> - 影响：人员限制可能导致开发周期延长，或需要对工作进行优先级排序以完成关键任务。

5. 活动清单、活动属性

活动清单是项目管理中的一份详细文档，列出了项目中需要完成的所有活动。这些活动是从工作分解结构（WBS）中的工作包中进一步分解得出的，是制定项目时间表和资源计划的基础。

活动属性是对活动清单中每个活动的进一步描述和补充信息。它提供了活动的详细特征，包括活动的顺序、持续时间、资源需求、负责人等。这些属性帮助项目经理更好地管理和控制项目的进度和资源。

活动清单和活动属性的示例分别如表 18-17、表 18-18 所示。

表 18-17　活动清单

活动编号	活动名称	活动描述
A-001	需求收集与分析	收集并分析客户和干系人的需求，形成需求文档
A-002	系统架构设计	设计电子商务平台的系统架构，确保满足功能需求
A-003	数据库设计	设计数据库结构，支持平台的用户、商品和订单管理
A-004	前端界面设计	设计平台的用户界面，包括页面布局和导航结构
A-005	后端开发	开发平台的核心业务逻辑和服务接口
A-006	前端开发	开发用户界面及其与后端的交互逻辑
A-007	系统集成与测试	集成前端和后端，进行全面的系统测试
A-008	用户验收测试	与客户和用户一起进行最终验收测试，确保系统符合需求
A-009	部署与上线	将系统部署到生产环境，确保上线运营

表 18-18　活动属性

活动编号	活动名称	前置活动	后续活动	活动类型	持续时间（天）	资源需求	负责人	进度制约	假设条件及制约因素
A-001	需求收集与分析	无	A-002	关键路径	10	业务分析师 ×2	李华	必须在 1 月 15 日前完成	假设所有干系人按时提供需求
A-002	系统架构设计	A-001	A-003	关键路径	15	系统架构师 ×1	张强	不得晚于 2 月 5 日开始	架构设计符合需求且可扩展
A-003	数据库设计	A-002	A-005	常规活动	10	数据库管理员 ×1	王伟	与后端开发同步完成	现有数据库资源可支持新设计
A-004	前端界面设计	A-001	A-006	常规活动	10	UI 设计师 ×1	李丽	不得早于 1 月 20 日开始	前端设计符合用户体验标准
A-005	后端开发	A-003	A-007	关键路径	20	开发人员 ×3	王强	必须在 2 月 25 日前完成	资源充足且开发环境稳定
A-006	前端开发	A-004	A-007	常规活动	20	前端开发人员 ×2	张伟	与后端开发同步完成	前端设计无重大更改
A-007	系统集成与测试	A-005，A-006	A-008	关键路径	15	测试工程师 ×2	刘英	必须在 3 月 20 日前完成	所有子系统集成顺利
A-008	用户验收测试	A-007	A-009	关键路径	10	用户代表 ×2，测试工程师 ×1	李华	必须在 3 月 31 日前完成	用户参与度高，反馈及时

活动编号	活动名称	前置活动	后续活动	活动类型	持续时间（天）	资源需求	负责人	进度制约	假设条件及制约因素
A-009	部署与上线	A-008	无	里程碑	5	运维工程师×2	刘伟	必须在4月10日上线	部署环境无重大问题

6. 活动持续时间估算、成本估算、资源估算

活动持续时间估算、成本估算和资源估算是项目管理中的关键活动，用于确定项目的时间表、预算和资源需求。这些估算帮助项目团队制订切实可行的计划，并确保项目在可接受的范围内完成。

以下是一个估算的例子。

> **示例**
>
> 项目名称：某公司电子商务平台开发项目。
>
> 活动名称：后端开发。
>
> （1）活动持续时间估算。
>
> 方法：三点估算。
>
> - 最乐观时间（O）：15天。
> - 最可能时间（M）：20天。
> - 最悲观时间（P）：30天。
> - 预期时间：EV=（15+20×4+30）/6≈20.83天。
>
> 估算结果：21天。
>
> （2）成本估算。
>
> 方法：自下而上估算。
>
> 开发人员薪资：3名开发人员，每人每天1000元，持续时间21天。
>
> - 人工成本：3人×21天×1000元/天=63 000元。
>
> 软件工具费用：每个开发人员5000元的工具费用。
>
> - 工具成本：3人×5000元=15 000元。
> - 预期成本：63 000元+15 000元=78 000元。
>
> （3）所需资源估算。
>
> 方法：专家判断。
>
> - 人力资源：3名后端开发人员。
> - 设备：3台高性能开发工作站。
> - 软件工具：开发环境（IDE）、数据库管理工具、版本控制系统。

估算依据是项目管理中用于详细说明项目时间、成本和资源估算的依据和方法的文档或记录。它解释了如何得出估算结果，列出了估算所用的假设条件、制约因素、数据来源、工具和技术，并明确了估算的范围和可能的偏差。通过记录估算依据，项目团队可以提高`估算的透明度和可信度，并为项目的后续审查和调整提供依据。

7. 项目范围说明书

项目范围说明书详细描述项目的范围、可交付成果、验收标准以及项目的边界条件。它明确了项目的目标、工作内容、不包括的内容（排除项）以及项目的假设条件和制约因素。项目范围说明书为项目团队提供了清晰的方向和依据，有助于管理项目范围，防止范围蔓延（Scope Creep）。

项目范围说明书的主要内容有：

（1）项目目标：清晰地描述项目的总体目标和预期成果。

（2）项目范围描述：详细描述项目要完成的工作内容，包括所有关键任务、可交付成果以及项目的主要特点。

（3）可交付成果：列出项目需要完成的所有可交付成果，包括产品、服务或结果。

（4）验收标准：定义项目可交付成果的验收标准和条件，明确客户或干系人对成果的要求。

（5）排除项：明确说明项目范围内不包含的工作或内容，以避免误解。

（6）项目边界条件：说明项目的边界，包括时间、成本、质量等方面的限制条件。

（7）假设条件：记录项目范围内的假设条件，这些假设会影响项目的成功与否。

（8）制约因素：记录项目中可能影响项目范围的限制条件，如预算、资源、技术要求等。

> ▶ 示例
>
> 项目范围说明书
>
> 项目名称：某公司电子商务平台开发项目。
>
> 项目经理：张三。
>
> 项目发起人：李四（首席技术官）。
>
> （1）项目目标。
>
> 本项目的目标是为某公司开发一个功能完善的电子商务平台，支持用户在线浏览商品、下单购买、支付及订单管理，旨在提升客户体验并扩大市场覆盖面。平台预计在2024年12月31日前上线，以配合公司新一轮的市场推广活动。
>
> （2）项目范围描述。
>
> 本项目包括从需求分析到系统部署的完整开发周期，具体工作内容如下：
>
> - 需求收集与分析：与公司业务部门合作，确定平台的功能需求和技术要求。
> - 系统设计：设计平台的系统架构、数据库和用户界面。
> - 开发与测试：开发平台的前端和后端功能，并进行全面的系统测试和用户验收测试。
> - 系统集成：确保平台与现有的ERP系统、支付网关和物流系统无缝集成。
> - 用户培训与支持：提供用户手册和培训课程，帮助公司员工熟悉平台的操作。
> - 系统部署：将平台部署到公司服务器，并提供初期的运营支持。
>
> （3）可交付成果。
>
> - 需求分析文档。
> - 系统架构设计文档。

- 数据库设计文档。
- 前端和后端代码。
- 集成测试报告。
- 用户验收测试报告。
- 用户手册和培训材料。
- 已部署的电子商务平台。

（4）验收标准。

- 平台必须支持至少 10 000 名并发用户访问，无重大性能问题。
- 支付功能必须与主要支付网关（如支付宝、微信支付）集成，并通过测试。
- 所有功能模块必须通过用户验收测试，且用户满意度达到 90% 以上。
- 平台必须符合公司和行业的安全标准，确保用户数据的隐私和安全。

（5）排除项。

- 本项目不包括长期的运营维护工作，这部分工作将由公司内部技术团队负责。
- 不包括多语言支持功能，除非在项目执行过程中通过正式的变更管理流程增加需求。
- 不包括与海外市场相关的支付网关集成，该功能将作为后续项目的一部分。

（6）项目边界条件。

- 时间：项目必须在 2024 年 12 月 31 日前完成，任何延迟都可能影响公司新一轮市场推广活动的效果。
- 成本：项目预算为 500 万元人民币，超出部分需经管理层审批。
- 质量：平台必须达到公司规定的质量标准，包括性能、用户体验和安全性。

（7）假设条件。

- 假设所有关键干系人能够按时提供需求和反馈。
- 假设现有的 ERP 系统、支付网关和物流系统能够支持新平台的集成。
- 假设在项目执行期间不会出现重大市场或技术变化。

（8）制约因素。

- 项目团队由公司内部员工组成，资源有限，必须优先处理关键任务。
- 技术平台的选择受限于公司现有的 IT 基础设施。
- 项目必须遵守公司内部的开发流程和行业法规要求。

8. 需求文件

需求文件是项目管理和系统开发中的关键文档，用于详细描述项目或系统的功能需求、非功能需求、业务需求和其他相关要求。需求文件是项目成功的基础，因为它确保所有干系人对项目的期望和需求有一致的理解，并为开发和测试提供明确的指导。

➡ 示例

需求文件

项目名称：某公司电子商务平台开发项目。

项目经理：张三。

文档版本：1.0。

编写日期：2024年1月5日。

（1）项目背景。

某公司计划开发一个电子商务平台，以扩大其市场覆盖面并提升客户在线购物体验。该平台将支持商品展示、购物车、支付和订单管理等功能。项目的成功将帮助该公司在竞争激烈的市场中保持领先地位。

（2）业务需求。

- 提供一个用户友好的在线购物平台，支持客户浏览商品、下单和支付。
- 实现无缝的订单管理和物流跟踪，以提升客户满意度。
- 支持营销活动和优惠券功能，以增加销售额。

（3）功能需求。

项目的功能需求如表18-19所示。

表18-19 功能需求

功能模块	功能描述
用户注册与登录	用户可以通过电子邮件、手机号注册，并使用密码登录系统
商品浏览	用户可以按类别、价格、品牌等条件浏览和搜索商品
购物车	用户可以将商品添加到购物车，查看购物车中的商品数量和总价
支付处理	支持多种支付方式，包括信用卡、支付宝、微信支付
订单管理	用户可以查看订单状态、物流信息，并在订单完成后提供反馈
营销活动	管理员可以创建和管理促销活动、折扣券和积分系统

（4）非功能需求。

- 性能：平台应支持至少10 000名并发用户，响应时间不超过2秒。
- 可用性：平台应达到99.9%的可用性，月度停机时间不超过43分钟。
- 安全性：必须符合ISO 27001标准，确保用户数据的机密性和完整性。
- 可扩展性：系统架构应支持未来的功能扩展和用户增长，至少扩展到50 000名并发用户。
- 兼容性：平台应兼容主流浏览器（Chrome，Firefox，Safari，Edge），并支持移动端访问。

（5）用户需求。

- 用户界面：界面简洁直观，支持多语言（中文、英文），提供良好的用户体验。
- 用户体验：支持个性化推荐、快速结账和订单跟踪功能。
- 访问权限：不同用户角色（管理员、普通用户、VIP用户）应有不同的访问权限。

（6）系统需求。

- 硬件：平台部署在某公司现有的服务器集群上，需具备足够的处理能力和存储空间。

- 软件：使用 Java 和 MySQL 作为开发环境，集成 Redis 作为缓存系统。
- 网络：平台应支持负载均衡和 CDN，以优化全球用户的访问速度。

（7）接口需求。

- ERP 系统接口：电子商务平台应与公司的 ERP 系统集成，实现订单信息的自动同步。
- 支付网关接口：支持与支付宝、微信支付、PayPal 等支付网关的 API 集成，确保支付安全和顺畅。
- 物流系统接口：与第三方物流公司系统集成，实现订单的实时物流跟踪。

（8）安全需求。

- 数据加密：所有用户数据（包括密码、支付信息）必须在传输和存储时加密。
- 用户认证：必须实现双因素认证（2FA），特别是在支付和账户设置变更时。
- 访问控制：所有管理后台功能都必须通过权限控制来限制访问。

（9）合规性需求。

- 隐私保护：平台必须遵守《中华人民共和国网络安全法》和《通用数据保护条例》（GDPR）。
- 支付合规：必须符合 PCI-DSS 标准，确保支付数据的安全处理。

（10）验收标准。

- 平台在上线前必须通过所有功能测试和用户验收测试。
- 必须完成至少 100 名用户参与的用户体验测试，用户满意度不低于 90%。
- 系统负载测试结果必须达到性能要求，支持至少 10 000 名并发用户，且响应时间不超过 2 秒。

（11）假设和制约因素。

- 假设：所有关键干系人能够按时提供需求和反馈；现有的 ERP 系统和支付网关能够支持新平台的集成。
- 制约因素：项目预算限制在 500 万元人民币内；平台开发周期为 12 个月，必须在 2024 年 12 月 31 日前上线。

（12）附录。

- 附录 A：功能流程图。
- 附录 B：用例图。
- 附录 C：术语表。

9. 需求跟踪矩阵

需求跟踪矩阵用于确保项目需求从定义到交付的每个阶段都得到跟踪和验证。需求跟踪矩阵将需求与项目的设计、开发、测试和交付结果相关联，从而确保所有需求都得到满足，并且没有遗漏或未实现的需求。

如表 18-20 所示是需求跟踪矩阵的示例。

表 18-20 需求跟踪矩阵示例

需求编号	需求描述	优先级	来源	设计对应	测试用例编号	验收标准	状态
R-001	用户可以通过电子邮件和密码注册并登录平台	高	客户需求	UI 设计文档 V1.2	TC-001	用户可以成功注册并登录，验证电子邮件和密码组合	已实现
R-002	平台支持用户通过类别价格、品牌进行商品搜索	高	客户需求	搜索功能设计文档 V1.1	TC-002 TC-003	搜索结果准确返回相关商品，搜索响应时间小于 2 秒	已实现
R-003	用户可以将商品添加到购物车并查看购物车中的商品	高	客户需求	购物车设计文档 V1.0	TC-004	用户可以添加、删除、修改购物车中的商品	验证中
R-004	平台支持多种支付方式包括信用卡、支付宝、微信支付	高	客户需求	支付集成设计文档 V1.3	TC-005 TC-008	用户可以选择不同支付方式完成支付，支付成功率 100%	已实现
R-005	平台必须符合 GDPR 和中国的网络安全法要求	中	法规要求	数据保护设计文档 V2.0	TC-007	数据处理符合 GDPR 要求，用户数据加密传输	已实现
R-006	平台应支持至少 10 000 名并发用户访问	高	性能要求	系统架构设计文档 V1.5	TC-008	系统在压力测试中支持 10 000 名并发用户，响应时间小于 2 秒	验证中
R-007	平台应兼容主流浏览器（Chrome，FirefoxSafari，Edge）	中	客户需求	UI 兼容性设计文档 V1.2	TC-009 TC-010	在所有指定浏览器中平台功能正常，无显示错误	已验收

10. 资源分解结构

资源分解结构将项目所需的资源按类别和层次结构进行分解和组织。RBS 帮助项目团队识别和分类项目所需的所有资源，包括人力资源、设备、材料、技术和资金等。这种结构化的方法有助于项目经理规划、分配和管理资源，以确保项目按计划进行。

▶ 示例

项目名称：某公司电子商务平台开发项目。

项目经理：张三。

（1）人力资源。

1.1 项目管理

    1.1.1 项目经理

    1.1.2 项目助理

1.2 开发团队

    1.2.1 后端开发人员

    1.2.2 前端开发人员

    1.2.3 数据库管理员

1.3 测试团队

    1.3.1 测试工程师

    1.3.2 测试自动化专家

1.4 UI/UX 设计

    1.4.1 UI 设计师

    1.4.2 UX 设计师

1.5 支持团队

    1.5.1 运维工程师

    1.5.2 技术支持人员

（2）设备。

2.1 服务器设备

    2.1.1 开发服务器

    2.1.2 测试服务器

    2.1.3 生产服务器

2.2 网络设备

    2.2.1 路由器

    2.2.2 交换机

2.3 工作站

    2.3.1 开发工作站

    2.3.2 测试工作站

（3）软件工具。

3.1 开发工具

    3.1.1 集成开发环境（IDE）

    3.1.2 版本控制系统（Git）

3.2 测试工具

    3.2.1 自动化测试工具（Selenium）

    3.2.2 性能测试工具（JMeter）

3.3 设计工具

    3.3.1 图形设计工具（Adobe Photoshop）

    3.3.2 原型设计工具（Sketch）

（4）材料。
4.1 办公材料
    4.1.1 办公文具
    4.1.2 打印耗材
4.2 数据存储
    4.2.1 数据库存储设备
    4.2.2 备份存储设备
（5）资金。
5.1 开发资金
    5.1.1 开发人员工资
    5.1.2 软件许可证费用
5.2 运营资金
    5.2.1 服务器维护费用
    5.2.2 网络带宽费用
（6）技术。
6.1 平台技术
    6.1.1 Java
    6.1.2 MySQL
6.2 前端技术
    6.2.1 HTML/CSS
    6.2.2 JavaScript（React）
6.3 安全技术
    6.3.1 数据加密技术
    6.3.2 防火墙技术

11. 资源日历

资源日历用于显示项目中各项资源（通常是人力资源和设备资源）在特定时间段内的可用性。资源日历帮助项目经理了解哪些资源在何时可用，并据此进行有效的资源分配和调度，以确保项目按计划进行。

如表18-21所示是资源日历的示例。

表18-21 资源日历示例

资源名称	角色	可用日期	不可用日期	工作时间表	备注
张伟	后端开发人员	2024-01-02 至 2024-03-31	2024-02-10 至 2024-02-15	每周一至周五，9：00-18：00	2月中旬有一周年假，不可用
李丽	前端开发人员	2024-01-02 至 2024-03-31	无	每周一至周五，9：00-18：00	全程可用

续表

资源名称	角色	可用日期	不可用日期	工作时间表	备注
王强	数据库管理员	2024-01-02 至 2024-03-20	2024-02-20 至 2024-02-25	每周一至周五，9：00-18：00	2月底有数据库维护，不可用
刘英	测试工程师	2024-02-01 至 2024-03-31	2024-03-10	每周一至周五，9：00-18：00	3月10日因培训不可用
张强	项目经理	2024-01-02 至 2024-03-31	无	每周一至周五，9：00-18：00	全程可用
开发服务器	设备	2024-01-02 至 2024-03-31	2024-03-15	全天24小时可用	3月15日维护，不可用

12. 风险分解结构

风险分解结构（RBS）将风险按层次结构进行分解，从宏观的风险类别逐步细化到具体的风险因素。通过使用 RBS，项目团队可以全面了解项目可能面临的各类风险，并制定相应的应对措施。

▶ 示例

项目名称：某公司电子商务平台开发项目。

项目经理：张三。

（1）技术风险。

1.1 技术变更风险

　　1.1.1 新技术引入风险

　　1.1.2 技术兼容性问题

1.2 开发工具风险

　　1.2.1 开发工具故障

　　1.2.2 开发工具不稳定

1.3 系统集成风险

　　1.3.1 外部系统接口变更

　　1.3.2 系统集成兼容性问题

1.4 数据风险

　　1.4.1 数据丢失或损坏

　　1.4.2 数据迁移失败

（2）管理风险。

2.1 项目范围风险

　　2.1.1 范围蔓延

　　2.1.2 需求变更频繁

2.2 进度风险

　　2.2.1 项目进度延迟

  2.2.2 关键路径任务延误

 2.3 成本风险

  2.3.1 项目超支

  2.3.2 资源成本增加

 2.4 质量风险

  2.4.1 质量标准未达标

  2.4.2 测试覆盖不足

（3）外部风险。

 3.1 市场风险

  3.1.1 市场需求变化

  3.1.2 竞争对手行为

 3.2 供应链风险

  3.2.1 供应商交付延迟

  3.2.2 供应商质量问题

 3.3 法律法规风险

  3.3.1 法律法规变化

  3.3.2 合规性风险

 3.4 环境风险

  3.4.1 自然灾害

  3.4.2 外部基础设施故障

（4）组织风险。

 4.1 资源风险

  4.1.1 关键人员流失

  4.1.2 人力资源不足

 4.2 沟通风险

  4.2.1 沟通不畅

  4.2.2 干系人误解

 4.3 文化风险

  4.3.1 组织文化冲突

  4.3.2 干系人抵触变更

 4.4 管理层支持不足

  4.4.1 管理层参与度低

  4.4.2 决策延迟

13. 干系人登记册

  干系人登记册用于记录和管理与项目相关的所有干系人的信息。帮助项目经理识别项目的所有干系人，并了解他们的期望、影响、角色和参与程度。这个文档对项目的沟通计划、风险管理和成功实施至关重要。

如表 18-22 所示是一个干系人登记册的示例。

表 18-22　干系人登记册示例

干系人名称	角色/职能	联系方式	类别	利益和期望	影响力	参与度	沟通策略
张强	项目发起人	zhangqiang@xyz.com	内部	项目按时、按预算完成，支持公司战略目标	高	高	每周一次项目进展会议，电子邮件报告
李丽	客户代表	lilio@xyz.com	内部	提供用户友好的界面和功能，满足客户需求	高	高	每周一次需求评审会议，参与用户验收测试
王伟	IT 部门主管	wangweie@xyz.com	内部	确保平台与现有系统无缝集成，技术可行性	中	中	每两周一次技术会议，随时电子邮件沟通
刘英	供应商代表	liuying@vendor.com	外部	按时交付高质量的开发工具和支持服务	中	低	每月一次供应商进展会议，问题通过电话沟通
李华	项目经理	cihua@xyz.com	内部	按项目计划执行，确保所有干系人满意	高	高	每天一次站会，每周一次全体进展会议，即时沟通
赵敏	测试工程师	zhaomin@xyz.com	内部	确保所有功能符合质量标准，按时完成测试	中	中	每周一次测试会议，提交测试报告
客户 A	主要客户	customer@xyz.com	外部	平台满足业务需求，用户体验良好	高	中	每月一次客户访谈，需求变更通过电子邮件通知
法律顾问团队	法律顾问	egal@lawfirmn.com	外部	确保平台符合相关法律法规，特别是数据保护和隐私保护	低	低	每月一次合规性检查报告，随时电子邮件沟通
运营团队	平台运营团队	operations@xyz.com	内部	平台稳定性和可维护性强易于操作和管理	中	中	每两周一次运营会议，参与平台上线准备

14. 风险登记册

风险登记册用于记录、跟踪和管理项目中的所有已识别风险，帮助项目团队系统化地识别潜在风险，评估风险的影响和可能性，并制定相应的应对措施。它是风险管理过程的核心工具，能够帮助项目经理和团队预见和处理可能的风险事件，从而确保项目的顺利进行。

如表 18-23 所示是一个风险登记册的示例。

表 18-23　风险登记册示例

风险编号	风险描述	风险类别	可能性	影响	风险等级	应对措施	责任人	状态	备注
R-001	技术平台更新导致现有系统不兼容	技术风险	中	高	高	提前与供应商沟通，了解更新计划；设置测试环境进行兼容性测试	张伟	正在监控	下次更新预计在 2024 年 3 月
R-002	关键人员离职导致项目延误	组织风险	低	高	中	建立知识转移机制，进行人员交接培训	李华	未发生	
R-003	需求变更频繁导致范围蔓延	管理风险	高	中	高	实施严格的需求变更控制流程，确保每次变更都经过评估和批准	李丽	正在监控	上月已发生 2 次需求变更
R-004	供应商未按时交付关键组件	外部风险	中	高	高	建立二级供应商，确保关键组件有替代来源	王伟	已解决	供应商已确认交付日期
R-005	数据迁移过程中出现数据丢失或损坏	技术风险	低	高	中	进行全面的数据备份，并在迁移前进行多次模拟迁移测试	刘英	未发生	数据迁移计划定于 2024 年 2 月
R-006	用户验收测试期间发现重大功能缺陷	质量风险	中	高	高	在开发和测试阶段加强质量控制，增加测试覆盖率	赵敏	正在监控	用户验收测试计划于 2024 年 3 月进行
R-007	竞争对手推出更具吸引力的产品	市场风险	中	中	中	加快项目进度，争取尽早上线；同时进行市场分析并调整策略	李华	正在监控	市场调研显示，竞争对手预计 Q2 推出新品

15. 团队章程

团队章程是项目管理中的一项重要文档，用于明确团队的目标、角色、责任、工作方式和沟通规范。团队章程帮助团队成员理解彼此的期望，并为团队的合作和冲突解决提供指导。它通常在项目开始时制定，是团队协作的基础文档。

以下是一个团队章程的示例。

▶ 示例

团队章程

项目名称：某公司电子商务平台开发项目。

项目经理：张三。

（1）团队目标。

团队的目标是在 2024 年 12 月 31 日前成功开发并上线某公司的电子商务平台，满足公司和客户的所有功能和性能需求。团队将通过协作、创新和高效的工作方式，确保项目按时、按预算交付。

（2）团队成员及角色。

团队成员及角色如表18-24所示。

表18-24　团队成员及角色

团队成员姓名	角色	主要职责
张伟	后端开发人员	负责平台的后端开发，包括数据库和API的设计与实现
李丽	前端开发人员	负责平台的前端界面设计与实现，确保良好的用户体验
王伟	数据库管理员	负责数据库的设计、优化及日常维护，确保数据的完整性与安全性
刘英	测试工程师	负责平台的功能测试和性能测试，确保系统符合质量标准
赵敏	UX设计师	负责用户体验设计，确保平台的易用性和用户满意度
李华	项目经理	负责整体项目管理，包括进度、资源、风险和沟通

（3）决策方式。

团队决策将通过以下方式进行：

● 共识决策：优先通过团队讨论达成共识。

● 投票决策：在无法达成共识时，通过投票表决，简单多数通过。

● 项目经理决策：在关键问题上，由项目经理最终拍板决策。

（4）沟通计划。

● 每日站会：每天上午9：00，团队进行15分钟站会，更新项目进展并识别障碍。

● 每周项目会议：每周一下午3：00，项目团队进行1小时的项目进展会议，讨论主要问题和解决方案。

● 即时沟通工具：团队将使用Slack进行日常沟通，所有项目相关讨论应在此平台上进行。

● 电子邮件：用于正式沟通和文件传递，重要信息和决定应通过电子邮件确认。

（5）冲突解决机制。

● 直接沟通：团队成员应首先直接沟通，尝试解决冲突。

● 团队讨论：如果冲突无法解决，应在团队会议上讨论，并达成共识。

● 项目经理仲裁：如仍无法解决，由项目经理仲裁并做出最终决定。

（6）工作方式。

● 工作时间：标准工作时间为每周一至周五，9：00至18：00。需要时，可在团队协商后进行加班。

● 任务分配：任务将根据成员的专业和工作负荷进行合理分配，并由项目经理监督。

● 可交付物要求：所有可交付物必须符合项目定义的标准，并按时提交。

（7）绩效评价。

● 定期反馈：项目经理将每月一次与团队成员进行一对一沟通，提供反馈和指导。

● 绩效评估：团队绩效将基于任务完成情况、协作能力和创新贡献进行评估。

（8）资源需求。

● 开发工具：每位开发人员将配备必要的开发工具和软件许可证。

● 培训：团队将定期接受相关技术和工具的培训，确保项目顺利进行。

● 设备：为测试和开发提供足够的计算资源和测试环境。

（9）签署和认可。

团队章程已由项目经理和所有团队成员审阅并认可，所有成员均承诺遵守章程中的所有条款。

16. 风险报告

风险报告用于汇总和分析项目中的风险状况。风险报告帮助项目团队和干系人了解当前的风险情况、已识别风险的可能性和影响、应对措施的有效性，以及项目的总体风险状态。定期编写和更新风险报告可以确保项目的风险管理过程透明且有效。

▶ 示例

风险报告

项目名称：某公司电子商务平台开发项目。

报告日期：2024年3月1日。

项目经理：张三。

（1）报告摘要。

在本报告周期内，项目的风险状况总体可控，但有几个高风险项目需要特别关注。技术平台更新和需求变更频繁是当前最主要的风险。团队已采取措施应对这些风险，但建议加强对关键人员的保留策略，并密切监控供应商的交付情况。

（2）风险概况。

风险概况如表18-25所示。

表18-25 风险概况

风险编号	风险描述	可能性	影响	风险等级	应对措施	责任人	状态
R-001	技术平台更新导致现有系统不兼容	中	高	高	提前与供应商沟通，设置测试环境进行兼容性测试	张伟	正在监控
R-002	关键人员离职导致项目延误	低	高	中	建立知识转移机制，进行人员交接培训	李华	未发生
R-003	需求变更频繁导致范围蔓延	高	中	高	实施严格的需求变更控制流程，确保每次变更都经过评估和批准	李丽	正在监控
R-004	供应商未按时交付关键组件	中	高	高	建立二级供应商，确保关键组件有替代来源	王伟	已解决

（3）风险状态。

- R-001：技术平台更新的风险仍在监控中。团队已与供应商沟通，下一次更新预计在3月中旬进行。测试环境已设置，兼容性测试计划已制订。
- R-002：关键人员离职的风险尚未发生。项目团队正在实施知识转移计划，以减轻人员流失的影响。
- R-003：需求变更的频率有所增加，上月已发生两次需求变更。项目经理正强化需求变更控制流程。
- R-004：供应商未按时交付的风险已解决，备选供应商提供了所需组件，项目未受影响。

（4）新增风险。

R-005：市场需求变化。

- 描述：最近的市场调研显示，用户对移动支付的需求上升，可能要求对现有支付模块进行扩展。
- 可能性：中。
- 影响：中。
- 应对措施：项目经理正与技术团队评估现有支付模块的扩展性，考虑将此需求纳入下一阶段的需求评估。

（5）风险趋势。

- 技术风险：平台更新的技术风险保持稳定，团队正在采取预防性措施，但需持续监控。
- 管理风险：需求变更的频率有所增加，导致范围蔓延的风险正在上升。
- 组织风险：团队士气和关键人员的保留情况良好，人员流失风险较低。

（6）关键风险分析。

分析需求变更频繁（R-003）的影响及相应建议。

- 影响分析：频繁的需求变更可能导致项目范围的扩展，进而影响项目的进度和预算。当前的应对措施是严格控制需求变更，并要求所有变更通过评估和批准。
- 建议：项目团队应定期与客户和干系人沟通，尽可能在早期阶段锁定需求，减少后期变更的频率。

（7）应对措施评估。

- R-001的应对措施正在按计划实施。兼容性测试已在测试环境中开展，尚未发现重大问题。
- R-004的应对措施已经成功实施。备选供应商提供了所需组件，确保了项目的持续性。

（8）结论和建议。

总体而言，项目的风险状况在可控范围内，但需求变更和技术更新的风险需要特别关注。建议项目团队进一步加强对需求变更的管理，确保所有变更都经过严格的评估和批准。同时，持续监控技术平台更新的进展，确保兼容性测试的结果及时反馈并处理。

（9）附录。

- 附录 A：完整的风险登记册更新记录。
- 附录 B：兼容性测试计划。

17. 质量报告

质量报告用于记录和分析项目或产品的质量状况，帮助项目团队和干系人了解项目的质量绩效、质量标准的符合情况、检测结果、改进措施的执行情况以及整体的质量管理状况。定期编写质量报告有助于确保项目或产品达到预期的质量标准，并为持续改进提供依据。

▶ 示例

质量报告

项目名称：某公司电子商务平台开发项目。

报告日期：2024 年 3 月 10 日。

项目经理：张三。

（1）报告摘要。

在本报告周期内，某公司电子商务平台开发项目的质量总体上达到了预期的标准，但在用户界面一致性和支付模块性能方面发现了若干问题。团队已采取纠正措施，特别是在支付模块的优化上取得了一定的进展，但仍需持续关注这些领域的改进。

（2）质量目标。

平台可用性：系统可用性达到99.9%，月度停机时间不超过43分钟。

- 性能标准：在高峰期支持至少 10 000 名并发用户，平均响应时间小于 2 秒。
- 用户界面：所有用户界面应遵循一致的设计规范，保证良好的用户体验。
- 数据安全：用户数据必须经过加密传输，并符合 ISO 27001 标准。

（3）质量检查结果。

质量检查结果如表 18-26 所示。

表 18-26　质量检查结果

检查项	检查结果	是否达标	备注
系统可用性测试	可用性达到 99.95%	是	超过目标值，系统稳定性良好
高峰期性能测试	支持 12 000 名并发用户，响应时间 1.8 秒	是	达到性能标准，但需继续监控
用户界面一致性	部分页面与设计规范不一致	否	界面存在不一致问题，需统一设计标准
支付模块性能	高峰期支付成功率下降至 90%	否	需优化支付模块，特别是支付网关的性能
数据安全性	符合 ISO 27001 标准	是	数据安全措施符合预期标准

（4）问题和缺陷。

①用户界面一致性：

- 问题描述：部分页面的字体、颜色和布局不符合设计规范，影响用户体验。
- 严重程度：中。
- 根本原因：前端开发过程中未严格遵守设计规范，缺少统一的样式库。
- 潜在影响：用户体验不一致，可能导致用户流失。

②支付模块性能：

- 问题描述：在高峰期（例如促销活动期间），支付成功率下降至90%，低于预期标准。
- 严重程度：高。
- 根本原因：支付网关接口在高并发下性能不佳，需进行性能优化。
- 潜在影响：用户支付体验差，可能导致订单丢失和客户投诉。

（5）纠正措施。

①用户界面一致性问题：

- 措施：开发团队已着手建立统一的样式库，并在所有页面中实施，预计将在下个版本中完成。
- 效果评估：预计通过样式库的统一管理，能有效提升界面一致性，目前正在实施中。

②支付模块性能问题：

- 措施：技术团队与支付网关供应商合作，对支付接口进行优化，并在高峰期进行压力测试。
- 效果评估：初步测试表明支付成功率已提升至95%，后续还将进一步优化。

（6）质量趋势分析。

- 正面趋势：系统的可用性和性能表现持续良好，达到了项目设定的质量目标，数据安全性也保持在高标准。
- 负面趋势：支付模块的性能在高峰期表现不佳，需要进一步优化。用户界面一致性问题虽然发现较晚，但已经引起团队的重视，并在逐步改进中。

（7）客户反馈。

- 正面反馈：多数客户反馈平台的响应速度快，整体使用体验良好，特别是在浏览和搜索功能方面。
- 负面反馈：部分客户在促销活动期间遇到了支付失败的问题，并表达了不满。也有用户提到部分界面不够一致，影响了用户体验。

（8）改进建议。

- 支付模块优化：继续与支付网关供应商合作，进一步优化支付接口，并增加负载均衡措施，以确保在高峰期的支付成功率。
- 用户界面改进：尽快完成统一样式库的实施，并在所有页面中推广，确保界面的一致性和用户体验的提升。

（9）结论和下一步计划。

项目的整体质量水平较为满意，但仍需在支付模块和用户界面一致性上进行改进。下一步计划包括完成样式库的统一实施，并对支付模块进行进一步的性能优化测试。同时，将持续监控平台的可用性和性能表现，以确保项目顺利进行并达到所有质量目标。

（10）附录。

- 附录 A：详细的性能测试结果。
- 附录 B：用户界面设计规范对比检查表。
- 附录 C：客户反馈汇总。

18. 合同

总价合同、成本合同和工料合同是 3 种常见的合同类型，每种合同类型在项目管理中适用于不同的情形，并具有各自的优缺点。

1）总价合同

总价合同可分为以下 3 类：

（1）固定总价合同（FFP）：指在合同签订时，客户与承包商就整个项目的工作范围和总价达成一致，无论实际成本如何变化，支付金额保持不变。这种合同类型是最常见的合同形式之一。适用于工作范围明确、需求稳定且不太可能发生重大变更的项目。

优点：

- 客户的成本确定性强，便于预算管理。
- 承包商有动力通过高效管理和控制成本来确保项目利润。

缺点：

- 承包商可能提高报价以涵盖潜在风险，导致客户支付较高的价格。
- 如果项目发生变更，变更管理和谈判可能复杂且耗时。

> **示例**
>
> 固定总价合同
>
> 合同标的：ABC 公司办公楼的装修工程。
>
> 合同金额：300 万元人民币。
>
> 付款方式：项目完成并通过验收后支付全款。

（2）总价加激励费用合同（FPIF）：是一种固定总价合同，合同中设定了激励机制，使承包商能够在成本控制或提前完成项目等情况下获得额外的激励费用。该合同通常包含一个目标成本、目标利润和激励费用。适用于项目有一定的不确定性，且希望通过激励机制鼓励承包商提高效率或控制成本的项目。

优点：

- 激励机制可以提高承包商的积极性，有助于项目按时完成或控制成本。
- 客户与承包商之间的风险分配更加均衡，减少了成本超支的风险。

缺点：

- 由于涉及激励费用的计算，合同管理和成本控制更加复杂。
- 客户需要仔细设计激励机制，以确保激励措施真正有助于项目成功。

➤ **示例**

总价加激励费用合同

合同标的：某公司新软件系统的开发。

目标成本：200万元人民币。

目标利润：20万元人民币。

激励费用：成本节约的50%作为额外利润；如果成本超过目标，则利润按比例减少。

（3）总价加经济价格调整合同（FREPA）：是一种固定总价合同，允许根据特定的经济条件变化对合同价格进行调整。这些条件通常包括通货膨胀率、原材料价格波动或其他影响成本的宏观经济因素。适用于长周期项目或成本受经济条件影响较大的项目。

优点：

- 承包商能够通过价格调整应对经济条件的变化，以减少不确定性。
- 客户和承包商都能够更好地管理经济波动风险，避免合同失效或项目中断。

缺点：

- 由于价格调整机制的存在，合同管理复杂，可能需要定期审核和调整价格。
- 客户在预算管理上面临一定的不确定性，因为最终成本可能会因经济调整而增加。

➤ **示例**

总价加经济价格调整合同

合同标的：ABC公司风电场建设项目。

合同金额：5000万元人民币，基于当前原材料价格。

经济价格调整：如果钢铁价格指数上升超过5%，合同价格将根据调整公式进行相应的增加。

2）成本合同

成本合同可分为以下3类：

（1）成本加奖励费用合同（CPAF）：在该合同中，客户除了支付承包商的实际成本外，还需根据承包商的绩效支付一笔奖励费用。这笔奖励费用是基于承包商在项目中的表现和满意度而定，通常根据事先设定的标准进行主观评估。适用于项目目标不完全明确，或者难以用量化指标完全评估绩效的项目。

优点：

- 奖励费用可以激励承包商努力提高项目质量和客户满意度。
- 客户可以根据实际情况调整奖励费用，确保承包商关注项目的关键方面。

缺点：

- 奖励费用的评估通常是主观的，可能导致争议。

- 由于没有明确的量化标准，承包商可能难以准确预测其最终的总收入。

> **示例**
>
> 成本加奖励费用合同
>
> 合同标的：政府新技术开发项目。
>
> 费用结构：实际成本＋10%的基本管理费＋高达20万元的奖励费用，基于客户对承包商的绩效评价。
>
> 奖励标准：项目按时交付、质量达到客户预期、创新性强的项目可获得更高的奖励。

（2）成本加固定费用合同（CPFF）：客户支付承包商的实际成本，并在此基础上支付一笔固定的费用。该固定费用通常在合同签订时就已确定，不随项目成本的变化而调整。适用于范围不确定或成本难以预测的长期项目，尤其是当客户希望承包商投入时间和资源而不增加额外费用时。

优点：

- 固定费用为承包商提供了稳定的收入预期，降低了承包商的财务风险。
- 适用于项目范围或时间表不确定的情况，客户可以获得所需的灵活性。

缺点：

- 承包商缺乏控制成本的动机，因为无论成本高低，其固定费用都不变。
- 可能导致项目成本超支，因为客户承担了所有成本超支的风险。

> **示例**
>
> 成本加固定费用合同
>
> 合同标的：军用设备研发项目。
>
> 费用结构：实际成本＋50万元固定费用。
>
> 固定费用：无论项目的最终成本如何，承包商均可获得50万元的固定费用。

（3）成本加激励费用合同（CPIF）：客户支付承包商的实际成本，并在此基础上根据承包商的成本控制或项目绩效支付一笔激励费用。激励费用通常是根据预定的目标和公式计算得出的。适用于成本控制具有挑战性且客户希望通过激励措施促使承包商实现更好绩效的项目。

优点：

- 激励费用鼓励承包商有效控制成本，提高项目绩效。
- 客户与承包商的利益更加一致，因为承包商的利润部分取决于项目的成功。

缺点：

- 激励费用结构可能复杂，需要详细的公式和明确的目标，增加了合同管理的复杂性。
- 如果目标设定不合理，可能导致承包商的激励与项目整体目标不一致。

➡ **示例**

成本加激励费用合同

合同标的：新型能源设备开发项目。

费用结构：实际成本＋30万元基本费用＋成本节约的20%作为激励费用。

激励标准：如果承包商将项目成本控制在目标以下，则按节约的20%计算激励费用；如成本超过目标，则激励费用减少。

3）工料合同

工料合同（Time and Materials Contract，T&M Contract）是指客户按承包商在项目上投入的实际时间（按小时或按日计费）和材料成本支付费用。这种合同通常用于项目范围不明确、需要灵活管理或需在短期内开始的项目。

优点：

- 高度灵活，适合范围未完全明确或可能变化的项目。
- 项目可以快速启动，因为不必提前定义所有工作内容。

缺点：

- 客户面临成本不确定的风险，项目管理和监督要求较高。
- 如果管理不当，可能导致项目成本超支和时间延误。

➡ **示例**

工料合同

合同标的：某公司IT系统维护与支持。

费率：开发人员每小时500元，材料成本按实际费用计算。

支付条款：每月提交工时和材料费用报告，按实际费用支付。

4）其他协议

（1）谅解备忘录（MOU）：是一种非正式的协议，通常用于两个或多个当事方之间，表明各方就某个事项或项目的合作意向达成共识。MOU通常不是具有法律约束力的合同，而是表达合作意向的文件，适合在项目初期或谈判阶段使用。

（2）协议备忘录（MOA）：是一种具有法律约束力的协议，详细规定了合作各方的权利、责任和义务。MOA通常比MOU更具法律效力，明确了合作的具体内容和执行条款。适合在合作细节明确后签署。

（3）服务水平协议（SLA）：是一种合同形式，定义了服务提供者与客户之间的服务标准、性能指标和责任。SLA明确规定了服务的质量、可用性、响应时间等具体指标，以确保服务符合客户预期。广泛应用于IT服务和外包合同中。

（4）基本订购协议（BOA）：是一种框架协议，用于预先确定产品或服务的条款和条件，以便在需要时快速下达具体的采购订单。BOA不包含具体的采购数量或交付日期，而是在需要时通过单独的订单明确这些内容。适用于长期合作和频繁采购的情况。

19. 经验教训登记册

经验教训登记册是项目管理中用于记录和总结项目过程中所获得的经验和教训的文档。这些经验和教训既可以是正面的，也可以是负面的，旨在帮助项目团队和组织在未来的项目中改进绩效，避免重复错误，并强化成功的策略。经验教训登记册通常在项目的各个阶段持续更新，并在项目结束时进行总结。

如表 18-27 所示是经验教训登记册的示例。

表 18-27　经验教训登记册示例

编号	描述	类别	影响分析	应对措施	未来建议	责任人	状态
LL-001	在项目初期，需求频繁变更导致范围蔓延，影响项目进度和成本超支	范围管理	项目进度延迟了一个月，成本超支约15%	实施严格的需求变更控制流程，所有变更需经过评估和批准	在项目启动时明确需求并限制范围变更的频率	李华	已实施
LL-002	测试阶段发现部分功能未达到预期质量标准，导致返工	质量管理	返工导致项目时间表推迟两周，增加了额外的开发成本	提前在开发阶段引入质量检查点，加强单元测试	确保在开发的每个阶段进行持续的质量评审	赵敏	已解决
LL-003	外部供应商未按时交付关键组件，影响了项目的关键路径	供应链管理	项目关键路径被延误了两周，影响了项目整体进度	建立备用供应商名单，并在合同中引入延迟处罚条款	提前识别供应链风险，设立冗余供应商	王伟	已评估
LL-004	团队成员之间沟通不畅，导致任务重复和工作延迟	沟通管理	团队效率降低，项目完成时间延迟了两周	定期举行团队站会，使用统一的沟通工具和平台	在项目启动时明确沟通计划，并定期评估沟通效果	李丽	已实施
LL-005	客户未及时参与验收测试，导致项目后期出现大量返工	客户管理	返工影响了项目的最终交付时间，延迟了一个月	在项目计划中明确客户的参与时间表，并设置定期的验收点	强调客户参与的重要性，确保客户按时参与关键评审	李华	待评估

20. 甘特图

甘特图用于表示项目计划中的任务、进度和时间安排。甘特图以条形图的形式直观地展示了项目中各任务的开始时间、结束时间以及任务之间的相互关系。它帮助项目经理和团队成员理解项目的时间表、跟踪进度，并确保项目按计划进行。

甘特图的主要组成部分有：

（1）任务列表：在图的左侧列出所有项目任务，通常按项目工作分解结构（WBS）进行分组和排列。

（2）时间轴：图的顶部显示时间轴，通常以天、周、月或年为单位，表示项目的整个时间范围。

（3）任务条形：每个任务对应一条水平条形，条形的长度表示任务的持续时间，位置表示任务的开始和结束时间。

（4）任务依赖关系：甘特图可以显示任务之间的依赖关系，如前置任务和后续任务。任务之间的关系通常通过箭头表示。

（5）进度跟踪：可以在条形上标记实际进度，与计划进度进行比较，帮助识别延迟或提前完成的任务。

以下是一个简单的甘特图示例。

➡ 示例 ─────

项目名称：某公司电子商务平台开发项目。

项目的任务列表如表18-28所示。

表18-28　项目任务列表

任务编号	任务名称	开始日期	结束日期	任务持续时间/天
1	项目启动	2024-01-01	2024-01-05	5
2	需求分析	2024-01-06	2024-01-15	10
3	系统设计	2024-01-16	2024-01-30	15
4	模块开发	2024-01-31	2024-02-20	21
5	系统集成测试	2024-02-21	2024-03-05	13
6	用户验收测试	2024-03-06	2024-03-15	10
7	项目收尾	2024-03-16	2024-03-20	5

根据项目任务列表画出甘特图，如图18-2所示。

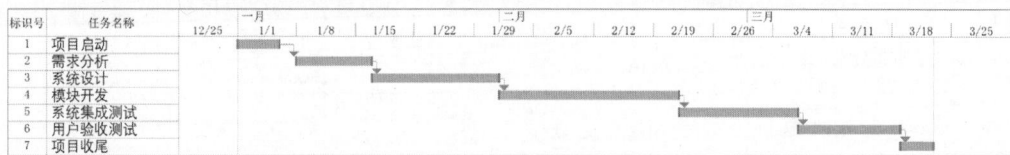

图18-2　甘特图

21. 用户故事

用户故事（User Story）是一种敏捷项目管理方法中常用的工具，用于描述软件功能的需求。从用户角度出发，用户故事帮助团队理解用户的需求，并以简洁的方式明确项目应实现的功能。用户故事通常由简短的描述组成，表明用户的身份、需求和期望的结果。

用户故事的主要组成部分有：

（1）角色（Who）：明确谁是用户或受益者，通常是产品的目标用户或干系人。

（2）需求（What）：描述用户需要做什么，或者希望实现什么功能。

（3）原因（Why）：解释为什么用户需要这个功能，或者这个功能的价值和好处是什么。

用户故事通常采用以下模板：

作为[用户角色]，我想[需求/功能]，以便[原因/好处]。

以下是几个用户故事的示例。

（1）示例1：电子商务网站。

- 用户故事1：作为一个在线购物用户，我想要将商品添加到购物车，以便稍后统一结账。
- 用户故事2：作为一个在线购物用户，我想要查看其他用户对商品的评价，以便做出更好的购买决定。
- 用户故事3：作为一个网站管理员，我想要查看所有未处理的订单，以便及时处理和发货。

（2）示例2：社交媒体应用。

- 用户故事1：作为一个社交媒体用户，我想要在我的帖子下方查看点赞数，以便了解帖子的受欢迎程度。
- 用户故事2：作为一个社交媒体用户，我想要在我的帖子中添加图片，以便分享更多的视觉内容。
- 用户故事3：作为一个广告商，我想要查看我的广告投放数据，以便优化我的广告策略。

用户故事通过简洁的描述帮助团队理解用户需求，从而以用户为中心进行产品开发。它们为敏捷团队提供了灵活的开发指导，同时确保开发的功能对用户具有实际价值。用户故事的核心是以用户视角为基础，确保最终产品能够满足用户的实际需求。

22. 待办事项列表

在敏捷项目管理中，待办事项列表通常是指产品待办列表或冲刺待办列表。这些待办事项列表是敏捷开发的核心工具，用于管理团队在一个冲刺（Sprint）或多个冲刺中需要完成的任务或用户故事。

（1）产品待办列表是一个动态的、按优先级排列的任务清单，包括所有产品需要完成的工作项。这些工作项可以是用户故事、功能、缺陷修复、技术债务或其他相关任务。产品待办列表由产品负责人（Product Owner）负责管理，并根据优先级不断调整。

如表18-29所示是一个产品待办列表的示例。

表18-29　产品待办列表示例

编号	用户故事/任务描述	优先级	估算值	接受标准
1	作为用户，我希望能够通过电子邮件注册新账号	高	5点	能成功注册并收到确认邮件
2	作为管理员，我需要查看所有未处理订单的列表	高	8点	能显示并过滤未处理订单
3	修复移动端登录页面的样式错误	中	3点	移动设备上显示正常
4	优化搜索功能，提高搜索结果的加载速度	中	8点	搜索结果加载时间不超过2秒
5	添加产品评论功能，用户可以为产品添加评论	低	13点	用户能提交、编辑和删除评论

（2）冲刺待办列表是从产品待办列表中选择的、在当前冲刺周期内团队承诺完成的任务。团队每天通过每日站会更新冲刺待办列表，跟踪进展和调整任务。

如表18-30所示是一个冲刺待办列表的示例。

表 18-30　冲刺待办列表示例

编号	任务描述	状态	负责人	剩余时间 / 小时
1	实现电子邮件注册功能	进行中	张伟	10
2	创建未处理订单管理页面	未开始	李丽	15
3	修复移动端登录页面的样式错误	已完成	王强	0
4	优化搜索功能，提高搜索结果的加载速度	进行中	张伟	8
5	编写并执行单元测试，确保注册功能无故障	未开始	刘英	5

附　录

附录 A   敏捷实践

本书的大部分章节所讨论的方法、过程、工具都是建立在传统的项目管理理论框架上的。所谓传统的项目管理，也称瀑布式项目管理方法，这是一种线性、顺序的项目管理方法。它强调详细地规划、严格地控制和逐步推进，适用于需求明确、变化少的项目。它的主要特征如下。

1. 线性顺序的流程

传统项目管理将项目划分为多个阶段，通常包括需求分析、设计、开发、测试、部署和维护。这些阶段是依次进行的，只有当前阶段完成后才能进入下一个阶段。每个阶段的成果必须在进入下一个阶段之前得到确认和批准。通常这意味着任何错误或变更只能在其对应阶段内进行处理，否则可能导致项目返工和延误。

2. 详细的前期规划

在项目初期，需求分析和规划阶段占据很大比重。项目的范围、目标、资源、时间表、成本预算等都会在项目开始前详细规划，并且这些规划通常在项目进行过程中不再更改。项目的每个阶段通常都伴随着详细的文档，如需求文档、设计文档、测试计划等。这些文档在项目初期确定，并作为项目执行的基础。

3. 清晰的角色和责任分配

传统项目管理方法下，团队成员的角色和职责通常是明确分配的。例如，项目经理负责整体规划和控制，开发人员负责实现功能，测试人员负责质量保证，业务分析师负责需求分析等。项目的决策权通常集中在项目经理和高层管理人员手中，项目经理通过监督和控制来确保项目按照计划执行。

4. 注重控制和风险管理

传统项目管理方法非常注重控制，包括时间控制、成本控制、范围控制和质量控制。项目经理会密切监控项目进展，确保各个阶段按计划进行，并采取措施纠正偏差。项目过程中的变更通常被视为风险，需要通过正式的变更控制流程来处理。

5. 时间和成本固定

传统项目管理方法通常在项目开始时确定项目的范围和预算。这些参数在项目执行过程中通常是固定的，项目成功的衡量标准是能否按时、按预算交付项目。

6. 质量保证通过阶段性测试

质量保证通常集中在项目后期，特别是在测试阶段。由于所有的功能在开发完成后才进行整合测试，这意味着重大问题通常会在项目后期发现，可能导致高昂的返工成本。

7. 变更管理严格

传统项目管理方法强调需求的固定性，任何变更都需要通过正式的变更控制流程。这通常涉及对变更的详细分析、审批，并可能影响项目的时间表和成本预算。

8. 成果交付一次性

传统项目管理方法通常在项目结束时一次性交付所有成果。这意味着客户只有在项目接近完成时才能看到和评估产品，早期阶段可能无法获得任何可见的成果。

通常来说，传统项目管理方法适用于项目需求明确且稳定，变化少，大型、复杂的项目，尤其是那些依赖详细计划和严格控制的工程项目。

随着时代的发展、科技的进步，尤其是软件行业的蓬勃发展，再加上市场竞争加剧，以及环境模糊性、易变性、不确定性、复杂性的影响，传统的项目管理方法开始呈现出一定的局限性。

比如在瀑布式方法中，项目需求必须在早期完全确定并冻结，而这在快速变化的环境中却难以实现。当需求在开发过程中发生变化时，瀑布式方法难以快速响应。由于测试通常在开发后期进行，这意味着在项目后期才会发现问题，可能导致昂贵的返工。瀑布式方法还强调严格按照计划执行，导致在面对需求变化或新技术时难以调整，可能导致项目失败或不符合客户需求。

在软件开发技术和工具的快速发展，以及互联网的普及，市场需求和用户期望不断变化的背景下，产品的生命周期变得越来越短，企业需要迅速推出新产品，以满足不断变化的用户需求，客户的期望也在不断提高，他们希望更快地看到产品原型，并希望能够在开发过程中对产品进行调整，组织迫切需要一种更灵活的开发方法来应对技术的变化和市场的不确定性。

一、敏捷宣言

2001年，17位软件开发专家在美国犹他州的Snowbird度假村召开会议，正式提出《敏捷宣言》。该宣言倡导一种更加灵活、以人为本的开发方法。

敏捷宣言提出了4个核心价值观，具体如下：

（1）个体和互动高于流程和工具。

敏捷宣言倡导个体在项目中的作用，让每一个自组织团队都选择最适合他们的工具，各种敏捷工具、方法论和流程的选择非常多，团队成员应尽可能都去尝试，而不是局限或拘泥于一套固定的方法和流程。虽然工具和流程很有用、很重要，但必须要放对地方，要让使用者来掌控它们。总之，流程和工具必须服务于人，而不是本末倒置。

（2）工作的软件高于详尽的文档。

对多数产品而言，用户文档是很有价值的组成部分。但如果关注焦点在流程文档而不再是产品本身，便是舍本逐末。毕竟可用的软件才是用户需要且能为他们产生价值的成果。如果在开发流程刚开始时，对前期详尽文档投入过多的时间，便会错失对产品检验和适应的良机，难以做到不断地从错误中学习并调整流程和需求。人们常误以为敏捷团队是不写文档和计划的，实际上，敏捷团队在规划和文档工作上投入的时间、精力远超传统团队，因为计划需要不断地进行细化和更新，在每次迭代开发前，团队都需要详细制订计划。

（3）客户合作高于合同谈判。

敏捷宣言的作者认为，项目开展不仅仅是一纸合同的契约关系，更是一种合作关系。

他们更喜欢采用灵活的模式，如同合伙人般齐心协力在规定时间和预算范围内努力构建最有价值的系统。降低客户风险，不是靠前期担保方式转嫁风险给承包商，而是依靠流程中客户的持续参与，以及敏捷团队定期交付可工作软件增量的能力。

（4）响应变化高于遵循计划。

在软件开发领域，变化如同海上的天气一般不可避免，与其控制，不如接纳。因此，认为"变化是好事"的流程便是最好的流程。软件项目的规划必须是流动的而非固定的，因而需要为变化做计划，还要改变计划。敏捷实践者指出，传统软件开发方法是计划驱动，计划最怕被改变，而敏捷项目是规划驱动，规划可随时修改。

二、敏捷的 12 项指导原则

在敏捷宣言的指导下，敏捷实践又进而提出敏捷的 12 项指导原则，它们分别是：

（1）我们的首要任务是通过尽早和持续地交付有价值的软件使客户满意。

该原则强调，敏捷团队的首要任务是不断向客户交付能够带来价值的工作软件。与传统方法不同，敏捷方法无须等项目结束才交付产品，而是通过短期迭代方式，频繁地向客户交付可用的软件功能。这种方式不仅提高了客户满意度，还能够通过频繁的交付和反馈，及时发现和纠正问题，确保最终产品更符合客户的实际需求。

（2）欢迎需求变化，即使是在开发后期。敏捷过程利用变化来为客户创造竞争优势。

敏捷管理接受并欢迎需求变化，甚至在项目开发的后期阶段。传统的项目管理方法通常试图避免需求变化，因为变化可能会导致项目延误和成本增加。然而，敏捷方法将变化视为常态，并通过灵活的开发过程和迭代交付，及时调整产品方向。这种应变能力不仅能帮助客户应对市场变化，还能为客户创造竞争优势。

（3）经常交付可工作的软件，周期从几周到几个月不等，时间越短越好。

敏捷团队采用迭代开发的方式，每个迭代周期通常持续 2～4 周，并在每个迭代结束时交付可工作的产品增量。通过频繁地交付，团队能够更早地向客户展示产品进展、收集反馈，并根据反馈进行调整。较短的迭代周期有助于团队快速响应变化，减少风险，并保持项目的灵活性。

（4）业务人员和开发人员必须天天在一起工作。

敏捷强调业务人员与开发团队的紧密合作，确保开发工作与业务目标一致。在敏捷项目中，业务人员和开发人员共同工作，日常交流，确保双方对需求和优先级的理解一致。通过这种持续的互动，开发团队可以快速获取反馈，减少误解和延误。

（5）围绕被激励的个体来构建项目，给予他们所需的环境和支持，并信任他们完成工作。

敏捷团队强调个体的主动性和自我管理。团队成员被赋予责任，并得到所需的资源和支持，以确保他们能够高效完成任务。信任是敏捷团队文化的重要组成部分，团队成员在一个开放和信任的环境中工作，能够更自由地提出建议和创新，推动项目成功。

（6）最有效和最高效的信息传递方式是在团队内部进行面对面交流。

面对面沟通被视为敏捷团队中最有效的信息传递方式。虽然现代团队经常使用各种数字工具进行沟通，但面对面交流仍然是最直接和清晰的方式，可以快速解决问题，减少误解。在远程工作的情况下，视频会议可以起到类似的效果。

（7）可工作的软件是进度的主要衡量标准。

在敏捷项目中，可工作的软件是衡量项目进度的关键标准。与传统项目管理依赖文档或计划相比，敏捷更关注实际交付的产品。客户和团队通过可工作的功能模块评估项目的进展情况，而不是依赖于文件或报告。这种方法能够确保项目的实际进展与客户需求紧密对接。

（8）敏捷过程促进可持续发展。发起人、开发者和用户应该能够保持稳定的步伐不断前进。

敏捷倡导可持续的开发速度，避免因过度工作或不合理的时间表而导致团队成员疲劳或倦怠。项目的发起人、开发者和用户都应该保持一致的节奏，确保项目可以长期、稳定地推进。可持续的步伐有助于维持团队的高效和士气，确保项目按计划完成。

（9）持续关注技术卓越和良好设计以增强敏捷性。

敏捷团队应始终关注技术的卓越性和设计的质量。高质量的代码和良好的系统架构不仅可以提高开发效率，还能使系统更容易维护和扩展。技术卓越和良好的设计使团队能够更快地适应变化，并确保长期的系统稳定性和可扩展性。

（10）简洁——极力减少不必要的工作量——是敏捷之本。

简洁是敏捷方法的核心原则之一。团队应专注于实际为客户创造价值的工作，避免不必要的流程、文档和工作量。通过减少冗余工作，团队可以将精力集中在最重要的任务上，提高生产效率，并确保项目的快速推进。

（11）最好的架构、需求和设计出自自组织团队。

敏捷提倡自组织团队，即团队成员自己决定如何完成工作，而不是由外部管理层指挥。自组织团队通常更具创新性和灵活性，因为他们能够根据项目的实际情况做出最合适的决策。通过这种方式，团队能够创造出最适合项目需求的架构、需求和设计。

（12）团队定期反思如何更有效率，并据此调整自身的行为。

敏捷团队定期进行回顾，反思在迭代中做得好的地方和需要改进的地方。通过这些回顾会议，团队可以识别出可以优化的流程和行为，并在下一次迭代中加以改进。这种持续改进的过程是敏捷团队保持高效和适应性的关键。

这12项敏捷管理的指导原则为团队提供了具体的行动框架，帮助他们在快速变化和不确定的环境中保持灵活性和高效性。这些原则不仅适用于软件开发，也可以应用于其他需要应对复杂性和变化的领域。通过遵循这些原则，敏捷团队能够更好地满足客户需求，提升产品质量，并在动态环境中保持竞争力。

三、敏捷实践的要素

1. 仆人式领导

仆人式领导（Servant Leadership）是一种以服务他人为核心的领导理念和风格。与传统的领导模式相比，仆人式领导者的首要任务是服务团队和组织成员，而不是将自身置于权力的中心。这种领导风格强调领导者应通过支持、指导和赋权来帮助团队成员实现他们的潜力，从而提升整体组织的绩效和凝聚力。仆人式领导的核心实践包括以下要点：

（1）服务他人：仆人式领导的根本在于服务团队和个体。领导者的首要任务是确保团队成员的需求得到满足，帮助他们成长并取得成功。

（2）共情：仆人式领导者通过理解和体察团队成员的感受、需求和观点，建立深厚的信任关系。这种共情能力帮助领导者更好地支持和激励团队成员。

（3）提升他人：仆人式领导者关注团队成员的个人成长和职业发展，致力于帮助他们实现自我提升。通过培训、指导和支持，领导者帮助员工发挥出最大的潜力。

（4）激发和引导：仆人式领导者通过启发和引导，而不是通过命令和控制来影响团队。领导者通过明确的愿景和目标，激励团队成员自发地朝着共同目标努力。

（5）培养社区感：仆人式领导者致力于在组织中建立强烈的社区感，鼓励团队成员之间的协作和支持。通过营造一个互相尊重、关心和信任的环境，提升团队的凝聚力和士气。

（6）赋权与信任：仆人式领导者相信团队成员的能力，并愿意授予他们决策权和自主权。通过赋权，团队成员获得更多的责任感和主人翁意识，从而更加积极地投入工作。

（7）道德与正直：仆人式领导者坚守道德和正直的原则，行为透明，言行一致。他们以身作则，树立榜样，赢得团队的尊重和信任。

（8）愿景与方向：虽然仆人式领导者以服务为核心，但他们也具备明确的愿景和方向感。领导者通过与团队成员分享愿景，引导他们共同实现组织的目标。

（9）积极倾听：仆人式领导者善于倾听团队成员的意见和反馈，理解他们的需求和挑战。通过积极倾听，领导者能够更好地支持团队，并做出更明智的决策。

（10）团队建设：仆人式领导者关注团队建设，致力于打造一个多元化且包容的团队文化。他们努力促进团队成员之间的信任与合作，提升团队整体的绩效。

2. 敏捷团队

敏捷团队（Agile Team）是指在敏捷项目管理框架下工作的一组跨职能人员，他们协作开发产品、解决问题，并持续改进工作方式。敏捷团队通常是自组织的，并且能够根据项目的需求和变化迅速做出调整。敏捷团队的工作方式强调快速交付、频繁反馈、持续改进以及高度协作。

敏捷团队的核心特征是：

（1）跨职能：敏捷团队通常由具备多种技能的人员组成，包括开发人员、测试人员、设计师、业务分析师等。团队内部具备完成整个产品开发生命周期所需的所有技能，因此能够独立完成任务，而无须依赖外部资源。

（2）自组织：敏捷团队具有高度的自主性，能够自主决定如何完成任务和解决问题。团队成员共同制订计划、分配任务，并根据项目进展不断调整工作方式。自组织团队能够更灵活地应对变化，并快速做出反应。

（3）小规模：敏捷团队通常较小，通常由 5 ～ 9 人组成。团队规模较小有助于提高沟通效率和协作能力，使团队能够更加灵活和敏捷地运作。

（4）高效沟通：敏捷团队注重开放和直接的沟通。通过每日站会（Daily Standup）、迭代计划会议（Sprint Planning）、迭代评审会议（Sprint Review）和迭代回顾会议（Sprint Retrospective），团队成员保持紧密联系，确保信息透明和及时共享。

（5）持续交付：敏捷团队以短周期（通常为 2 ～ 4 周）的迭代方式工作，每个迭代周期结束时，团队都会交付可工作的产品增量。通过持续交付，团队能够更早地获得客户反馈，并迅速做出调整。

（6）持续改进：敏捷团队定期反思和回顾自己的工作方式，识别需要改进的地方，并在下一个迭代中进行优化。通过不断改进，团队能够提高效率、减少浪费，并提升产品质量。

（7）客户和业务导向：敏捷团队始终以客户需求为导向，优先开发能够为客户创造最大价值的功能。通过频繁的反馈循环，团队能够确保开发的产品符合客户期望，并及时调整以应对变化。

（8）赋权和信任：敏捷团队的成功依赖于团队成员的自主性和责任感。团队成员被赋予决策权，并被信任能够高效完成任务。这种信任关系促进了团队的合作和创新。

敏捷团队的常见角色包括：

（1）产品负责人（Product Owner）：负责定义产品待办列表（Product Backlog）中的条目，并根据业务价值和优先级进行排序。产品负责人代表客户的利益，确保团队开发的产品功能符合业务需求。

（2）Scrum Master：是敏捷框架（如 Scrum）中的一个关键角色，负责确保团队遵循敏捷原则和实践，移除团队面临的障碍，并促进团队成员之间的协作。Scrum Master 不是项目经理，而是团队的服务者和促进者。

（3）开发团队（Development Team）：是执行具体任务并交付可工作的产品增量的核心。开发团队通常由开发人员、测试人员、设计师等组成，他们共同负责从需求分析到产品交付的全过程。

敏捷团队是敏捷项目管理的核心，他们通过跨职能合作、自组织和持续改进的方式，灵活应对项目中的各种挑战。敏捷团队的工作方式强调快速交付、频繁反馈和客户导向，能够在快速变化的环境中保持高效和灵活。尽管面临一些挑战，敏捷团队的优势使其成为现代项目管理中不可或缺的组成部分，尤其是在软件开发和创新领域。

3. 敏捷实践的基本构件

敏捷方法中，为了确保团队能够高效工作，灵活应对变化，持续交付高质量的产品，需要有一些基本的敏捷实践，这些实践涵盖了从需求管理、开发流程到团队协作和产品交付的各个方面。

（1）迭代开发（Iterative Development）。

迭代开发是将项目分成多个短周期（称为迭代或 Sprint）来进行，每个迭代通常持续 2～4 周。在每个迭代周期内，团队完成从需求分析、设计、开发、测试到交付的全过程。

（2）每日站会（Daily Standup Meeting）。

每日站会是一种短而集中的团队会议，通常持续 15 分钟，团队成员站着进行，以确保会议简短高效。

会议流程：

- 昨天做了什么：每个团队成员简要汇报昨天完成的工作。
- 今天计划做什么：团队成员说明今天的工作计划。
- 遇到的障碍：团队成员报告任何阻碍他们完成任务的问题，以便团队或 Scrum Master 帮助解决。

（3）产品待办列表管理（Product Backlog Management）。

产品待办列表是一个动态的、优先级排序的需求清单，包含所有尚未完成的工作项，如功能、修复、技术改进等。

管理流程：

● 创建和维护：产品负责人负责创建和维护产品待办列表，确保所有条目都有清晰的描述。

● 优先级排序：根据业务价值、风险和其他因素，产品负责人为待办项设置优先级，最高优先级的工作项会被优先开发。

● 不断更新：随着项目的进展和外部条件的变化，产品待办列表会持续更新和调整。

（4）迭代计划会议（Sprint Planning Meeting）。

迭代计划会议是在每个迭代开始时举行的，团队与产品负责人一起决定在本迭代中要完成的工作项。

会议流程：

● 回顾待办列表：产品负责人介绍当前优先级最高的待办项，团队讨论每项的具体内容和需求。

● 任务分解：团队将待办项分解成更小的可执行任务，并评估每个任务的工作量。

● 承诺和计划：根据团队的容量（即团队在迭代中可投入的工作量），团队选择并承诺在本迭代中完成的任务，并制订详细的工作计划。

（5）迭代评审会议（Sprint Review Meeting）。

迭代评审会议是在每个迭代结束时举行的，团队展示本次迭代完成的产品增量，并向产品负责人和其他干系人收集反馈。

会议流程：

● 展示产品：团队演示已完成的功能，并解释这些功能如何满足客户的需求。

● 收集反馈：产品负责人和干系人提供反馈，讨论产品是否符合预期，是否需要调整优先级或需求。

● 计划调整：根据反馈，产品待办列表可能会进行调整，以更好地反映客户和市场需求。

（6）迭代回顾会议（Sprint Retrospective Meeting）

迭代回顾会议是一个团队内部的反思会议，在每个迭代结束后举行，旨在回顾团队的工作流程、沟通和协作，识别成功之处和需要改进的地方。

会议流程：

● 回顾目标：团队回顾本迭代的目标，评估目标是否达成。

● 讨论表现：团队讨论哪些做得好，哪些需要改进，探讨是否有更好的工作方式。

● 制订改进计划：基于讨论的结果，团队制定具体的改进措施，并在下一个迭代中付诸实施。

四、敏捷实践的测量

在敏捷项目管理中，测量和评估项目进展和绩效是确保项目成功的关键。敏捷项目管理强调快速迭代、持续改进和客户满意度，因此其测量指标不仅关注传统的时间、成本和范围，还包括团队效率、质量和价值交付等方面。以下是敏捷项目管理中常见的测量方法和指标。

（1）燃尽图（Burndown Chart）：敏捷项目管理中最常用的工具之一，用于显示团队在迭代期间的工作进度。它展示了剩余工作量（通常以故事点或任务数表示）随时间的推移而减少的情况。

（2）燃起图（Burnup Chart）：显示团队在迭代或项目中的完成工作量，通常与总体工作量（范围）进行比较。它展示了团队在项目中的进展，以及可能增加的范围变更。

（3）速度（Velocity）：团队在一个迭代周期内完成的工作量，通常以故事点、任务数或功能点表示。速度是敏捷团队的一个关键绩效指标。

（4）交付周期时间（Cycle Time）：从任务开始到完成所需的时间。它能够衡量团队从任务开始到交付的效率。

（5）累积流程图（Cumulative Flow Diagram, CFD）：显示了项目中工作项的流动状态，通常包括"待办""进行中""完成"等状态。它通过彩色区域表示每个阶段的工作项数量随时间的变化。

（6）客户满意度（Customer Satisfaction）：通过调查或直接反馈来衡量客户对已交付产品的满意程度。这是评估敏捷团队成功与否的关键指标之一。

（7）进度完成指数（SPI）和成本绩效指数（CPI）：

- SPI：进度完成指数，用于衡量实际完成工作与计划工作的对比。
- CPI：成本绩效指数，用于衡量实际成本与预算成本的对比。

五、Scrum 实践

Scrum 是一种广泛使用的敏捷框架，主要用于软件开发和项目管理。它以迭代和增量的方式帮助团队有效地处理复杂的项目。Scrum 强调团队协作、灵活地应对变化以及频繁交付可工作的产品增量。通过一系列的角色、事件和工件，Scrum 为团队提供了一个结构化的工作流程，确保项目在短周期内持续推进并实现客户价值。

（1）Scrum 角色包括：

- 产品负责人（Product Owner）：产品负责人负责定义和管理产品待办列表（Product Backlog），确保团队开发的产品符合客户需求和业务目标。产品负责人根据业务价值和优先级对待办项进行排序，并持续与团队沟通需求和目标。
- Scrum Master：Scrum Master 是团队的服务者和促进者，确保团队遵循 Scrum 框架并持续改进工作方式。Scrum Master 帮助团队移除工作中的障碍，促进团队成员之间的协作和沟通。
- 开发团队（Development Team）：开发团队由跨职能的专业人员组成，包括开发人员、测试人员、设计师等。团队共同负责从需求分析到交付的所有工作。团队通常是自组织的，成员一起决定如何完成待办项，并对迭代结果负责。

（2）Scrum 事件包括：

- 迭代（Sprint）：Sprint 是一个固定的时间周期，通常为 2～4 周。在每个 Sprint 中，团队从产品待办列表中选择待办项，完成并交付可工作的产品增量。每个 Sprint 都是一个完整的项目周期，包含计划、设计、开发、测试和交付。

- **Sprint 计划会议（Sprint Planning）**：在 Sprint 开始时，团队和产品负责人共同讨论并选择要在本次 Sprint 中完成的待办项。团队还会制订实现这些待办项的详细计划。

- **每日站会（Daily Standup / Daily Scrum）**：每天早上，团队举行 15 分钟的站立会议，讨论昨天的进展、今天的计划以及遇到的障碍。站会帮助团队保持同步，并快速解决问题。

- **Sprint 评审会议（Sprint Review）**：Sprint 结束时，团队举行评审会议，向产品负责人和其他干系人展示本次 Sprint 完成的工作，并收集反馈。

- **Sprint 回顾会议（Sprint Retrospective）**：在每个 Sprint 结束后，团队举行回顾会议，反思工作流程、团队合作和沟通，并制订改进计划，以便在下一次 Sprint 中实施。

（3）Scrum 工件包括：

- **产品待办列表（Product Backlog）**：产品待办列表是一个动态的需求清单，包含所有需要开发的功能、修复和技术改进。产品负责人负责维护和优先级排序产品待办列表。

- **Sprint 待办列表（Sprint Backlog）**：Sprint 待办列表是从产品待办列表中选择的待办项，团队在本次 Sprint 中计划完成的任务清单。它包括每个待办项的具体任务和实现计划。

- **增量（Increment）**：增量是每个 Sprint 结束时交付的可工作产品部分。它必须是"完成的"，即满足团队定义的"完成的标准"（Definition of Done），并且可以被发布。

（4）定义已完成（Definition of Done，DoD）：定义已完成是团队对"完成"产品的标准化定义，确保每个增量都符合质量要求。DoD 通常包括开发、测试、文档和验收等方面的要求。

Scrum 的工作流程包括：

- **Sprint 计划会议**：在 Sprint 开始时，产品负责人和开发团队共同举行 Sprint 计划会议。产品负责人介绍优先级最高的待办项，团队根据自己的容量和能力选择并承诺在本次 Sprint 中完成的待办项。这些选定的待办项形成了 Sprint 待办列表。

- **每日站会**：每天，团队成员在每日站会上简短汇报自己昨天的工作、今天的计划以及遇到的障碍。Scrum Master 会帮助解决团队面临的问题，确保团队顺利推进。

- **开发和测试**：在 Sprint 期间，开发团队根据 Sprint 待办列表进行开发和测试。团队自组织地完成任务，确保每个待办项都达到"定义已完成"的标准。

- **Sprint 评审会议**：Sprint 结束时，团队在评审会议上展示本次 Sprint 的工作成果，向产品负责人和其他干系人演示增量产品。产品负责人和干系人提供反馈，帮助团队调整和优化产品方向。

- **Sprint 回顾会议**：在评审会议之后，团队举行回顾会议，反思整个 Sprint 的工作表现。团队讨论哪些方面做得好，哪些方面需要改进，并制定具体的改进措施，以便在下一个 Sprint 中实施。

- **下一个 Sprint**：在 Sprint 回顾之后，团队立即进入下一个 Sprint，重复以上流程。通过连续的 Sprint，Scrum 团队不断交付产品增量，直到项目完成。

Scrum 是一个结构化的敏捷框架，帮助团队在快速变化的环境中高效工作。通过明确的角色分工、定期的事件和清晰的工件，Scrum 使团队能够在短周期内持续交付高质量的产品，并通过频繁的反馈和改进来适应客户需求。尽管 Scrum 在实践中可能面临一些挑战，但其灵活性、透明度和协作性使其成为许多组织在复杂项目中首选的管理方法。

六、Kanban

看板（Kanban）是一种视觉化的工作管理方法，源自精益生产，后被引入敏捷项目管理中，用于优化工作流程、提高团队效率、减少在制品（WIP）和提高整体生产力。看板通过将工作项可视化、限制在制品数量、管理工作流程和持续改进来帮助团队更加灵活、透明地管理项目。

敏捷看板的核心概念包括：

（1）可视化工作流程：看板的核心是将工作流程以看板的形式展示出来，看板可以以物理形式（如白板）或电子形式（电子看板工具）实现。看板板面被划分为多个列，每列代表工作流程中的一个阶段。例如，典型的列包括"待办（To Do）""进行中（In Progress）""完成（Done）"。每个工作项表示为一个卡片（任务卡），卡片在看板上从左向右移动，随着任务的进展而进入不同的工作阶段。

（2）限制在制品（WIP，Work in Progress）：在制品是指正在进行但尚未完成的工作项。看板通过设置 WIP 限制来控制每个工作阶段的任务数量，防止团队同时处理过多任务，从而提高工作效率。WIP 限制帮助团队识别并解决瓶颈，确保工作流的平稳运行，减少等待时间和多任务处理的负面影响。

（3）管理工作流程：看板强调对整个工作流程的持续管理和优化。团队通过看板实时监控工作进展，识别流程中的瓶颈和障碍，并采取相应措施加以改进。团队定期检查看板上的任务流动情况，确保工作顺畅，并不断优化工作流程，提升效率。

（4）持续改进：看板框架倡导通过定期反思和调整来持续改进工作方式。团队在回顾会议中分析看板的使用情况，讨论如何改进工作流程，并在实践中测试新的改进措施。通过持续改进，团队能够逐步提高工作效率、减少浪费，并增强适应变化的能力。

敏捷看板的工作流程如下：

- 设立看板：首先，团队设立看板，定义工作流程的各个阶段，并在看板上划分对应的列。例如，列可以包括"待办""进行中""代码审查""测试""完成"等。接着，团队创建任务卡，将工作项（如用户故事、缺陷修复、任务等）写在卡片上，并将其放在看板的第一列（通常是"待办"）。

- 定义 WIP 限制：团队根据工作流程的需求和团队的容量，为每个列设置 WIP 限制。例如，团队可能决定在"进行中"列中同时进行的任务不超过 3 个，以避免多任务处理导致的效率下降。当某列达到 WIP 限制时，团队必须完成或移除一些任务，才能开始新的任务。这鼓励团队专注于当前任务，确保其完成后再启动新任务。

- 任务流动：任务卡片随着工作进展从一列移动到另一列。团队成员在工作时，选择"待办"列中的任务，将其移到"进行中"列，开始处理。任务完成后，团队成员将卡片移到"完成"列。任务卡片的流动状态在看板上清晰可见，使得所有团队成员和干系人都能实时了解工作进展。

- 监控与优化：团队持续监控看板上的任务流动，识别出工作流中的瓶颈（如某列中的任务积压过多）并进行调整。例如，增加对某个阶段的资源投入，或简化某个阶段的流程。团队定期举行看板回顾会议，分析工作流程中的问题，讨论改进措施，并在下一周期中实施。

- 持续改进与反馈：团队在实际工作中不断测试和改进工作流程。例如，通过减少WIP限制来加快任务完成速度，或通过调整列和任务卡片的分类来更好地反映工作流程。反馈循环不仅来自团队内部，也来自外部干系人，他们的意见可以帮助团队更好地优化工作流程。

附录 B　常用项目管理术语中英文对照表

一、五大过程组

1. 启动过程组　　　　　Initiating Process Group
2. 规划过程组　　　　　Planning Process Group
3. 执行过程组　　　　　Executing Process Group
4. 监控过程组　　　　　Monitoring and Controlling Process Group
5. 收尾过程组　　　　　Closing Process Group

二、十大知识领域

1. 项目整合管理　　　　Integration Management
2. 项目范围管理　　　　Scope Management
3. 项目进度管理　　　　Schedule Management
4. 项目成本管理　　　　Cost Management
5. 项目质量管理　　　　Quality Management
6. 项目资源管理　　　　Resource Management
7. 项目沟通管理　　　　Communications Management
8. 项目风险管理　　　　Risk Management
9. 项目采购管理　　　　Procurement Management
10. 项目干系人管理　　　Stakeholder Management

三、49 个项目管理过程

1. 制定项目章程　　　　Develop Project Charter
2. 制订项目管理计划　　Develop Project Management Plan
3. 指导与管理项目工作　Direct and Manage Project Work
4. 管理项目知识　　　　Manage Project Knowledge
5. 监控项目工作　　　　Monitor and Control Project Work
6. 实施整体变更控制　　Perform Integrated Change Control
7. 结束项目或阶段　　　Close Project or Phase
8. 规划范围管理　　　　Plan Scope Management
9. 收集需求　　　　　　Collect Requirements
10. 定义范围　　　　　　Define Scope
11. 创建　　　　　　　　WBS Create WBS
12. 确认范围　　　　　　Validate Scope
13. 控制范围　　　　　　Control Scope
14. 规划进度管理　　　　Plan Schedule Management

15. 定义活动	Define Activities
16. 排列活动顺序	Sequence Activities
17. 估算活动持续时间	Estimate Activity Durations
18. 制订进度计划	Develop Schedule
19. 控制进度	Control Schedule
20. 规划成本管理	Plan Cost Management
21. 估算成本	Estimate Costs
22. 制定预算	Determine Budget
23. 控制成本	Control Costs
24. 规划质量管理	Plan Quality Management
25. 管理质量	Manage Quality
26. 控制质量	Control Quality
27. 规划资源管理	Plan Resource Management
28. 估算活动资源	Estimate Activity Resources
29. 获取资源	Accessing Resources
30. 建设团队	Develop Team
31. 管理团队	Manage Team
32. 规划沟通管理	Plan Communications Management
33. 管理沟通	Manage Communications
34. 控制沟通	Control Communications
35. 规划风险管理	Plan Risk Management
36. 识别风险	Identify Risks
37. 实施定性风险分析	Perform Qualitative Risk Analysis
38. 实施定量风险分析	Perform Quantitative Risk Analysis
39. 规划风险应对	Plan Risk Responses
40. 实施风险应对	Implement Risk Responses
41. 控制风险	Control Risks
42. 规划采购管理	Plan Procurement Management
43. 实施采购	Conduct Procurements
44. 控制采购	Control Procurements
45. 结束采购	Close Procurements
46. 识别干系人	Identify Stakeholders
47. 规划干系人参与	Plan Stakeholder Management
48. 管理干系人参与	Manage Stakeholder Engagement
49. 监督干系人参与	Supervise Stakeholder Engagement

四、项目管理工具与技术

| 1. 专家判断 | Expert Judgment |
| 2. 数据收集 | Data Gathering |

3. 头脑风暴	Brainstorming
4. 焦点小组	Focus Groups
5. 访谈	Interviews
6. 人际关系与团队技能	Interpersonal and Team Skills
7. 冲突管理	Conflict Management
8. 引导	Facilitation
9. 会议管理	Meeting Management
10. 会议	Meetings
11. 核对单	Checklist
12. 项目管理信息系统	Project Management Information System
13. 知识管理	Knowledge Management
14. 信息管理	Information Management
15. 积极倾听	Active Listening
16. 领导力	Leadership Skills
17. 人际交往	Networking
18. 大局观	Big Picture
19. 数据分析	Data Analysis
20. 备选方案分析	Alternative Analysis
21. 成本效益分析	Cost-Benefit Analysis
22. 挣值分析	Earned Value Analysis
23. 根本原因分析	Root Cause Analysis
24. 趋势分析	Trend Analysis
25. 偏差分析	Variance Analysis
26. 决策	Decision
27. 变更控制工具	Change Control Tools
28. 识别配置项	Identify Configuration Items
29. 记录并报告配置项状态	Records and Reports the Status of Configuration Items
30. 进行配置项核实与审计	Verify and Audit Configuration Items
31. 识别变更	Identify Changes
32. 记录变更	Changed Record
33. 做出变更决定	Make a Change Decision
34. 跟踪变更	Track Changes
35. 投票	Vote
36. 独裁型决策制定	Authoritarian Decision-Making
37. 多标准决策分析	Multi-Criteria Decision Analysis
38. 文件分析	Document Analysis
39. 回归分析	Regression Analysis
40. 问卷调查	Questionnaires and Surveys
41. 标杆对照	Benchmarking

42. 数据表现	Data Representation
43. 亲和图	Affinity Diagrams
44. 思维导图	Mind-Mapping
45. 名义小组技术	Nominal Group Technique
46. 观察和交谈	Observation and Conversation
47. 系统交互图	Context Diagrams
48. 原型法	Prototypes
49. 产品分析	Product Analysis
50. 分解	Decomposition
51. 检查	Inspection
52. 滚动式规划	Rolling Wave Planning
53. 前导图（紧前关系绘图法）	Precedence Diagramming Method（PDM）
54. 箭头图（箭线图法）	Arrow Diagramming Method（ADM）
55. 确定和整合依赖关系	Identify and Integrate Dependencies
56. 提前量和滞后量	Lead Time，Lag Time
57. 强制性依赖关系	Mandatory Dependencies
58. 选择性依赖关系	Discretionary Dependencies
59. 外部依赖关系	External Dependencies
60. 内部依赖关系	Internal Dependencies
61. 类比估算	Analogous Estimating
62. 参数估算	Parametric Estimating
63. 三点估算	Three-Point Estimating
64. 自下而上估算	Bottom-Up Estimating
65. 储备分析	Reserve Analysis
66. 进度网络分析	Schedule Network Analysis
67. 关键路径法	Critical Path Method
68. 资源优化	Resource Optimization
69. 资源平衡	Resource Leveling
70. 资源平滑	Resource Smoothing
71. 假设情景分析	What-If Scenario Analysis
72. 模拟	Simulation
73. 进度压缩	Schedule Compression
74. 快速跟进	Fast Tracking
75. 赶工	Crashing
76. 项目评估与审查技术	Program Evaluation and Review Technique
77. 敏捷或适应型发布规划	Agile or Adaptive Release Planning
78. 迭代燃尽图	Sprint Burndown Chart
79. 绩效审查	Performance Reviews
80. 质量成本	Cost of Quality

81. 成本汇总	Cost Aggregation
82. 历史信息审核	Historical Information Audit
83. 资金限制平衡	Funding Limit Reconciliation
84. 融资	Financing
85. 计划价值	Planned Value
86. 挣值	Earned Value
87. 实际成本	Actual Cost
88. 进度偏差	Schedule Variance
89. 成本偏差	Cost Variance
90. 进度绩效指数	Schedule Performance Index
91. 成本绩效指数	Cost Performance Index
92. 图表	Chart
93. 预测	Forecast
94. 完工尚需绩效指数	To-Complete Performance Index（TCPI）
95. 决策技术	Decision-Making Techniques
96. 流程图	Flowchart
97. 逻辑数据模型	Logical Data Model
98. 矩阵图	Matrix Diagrams
99. 测试与检查的规划	Planning of Tests and Inspections
100. 过程分析	Process Analysis
101. 因果图	Cause and Effect Diagram
102. 直方图	Histogram
103. 散点图	Scatter Diagram
104. 审计	Audits
105. 面向 X 的设计	Design for X
106. 问题解决	Problem Solving
107. 质量改进方法	Quality Improvement Methods
108. 核查表	Checksheets
109. 统计抽样	Statistical Sampling
110. 测试 / 产品评估	Testing and Product Evaluation
111. 控制图	Control Chart
112. 工作分解结构	Work Breakdown Structure（WBS）
113. 组织分解结构	Organizational Breakdown Structure（OBS）
114. 资源分解结构	Resource Breakdown Structure
115. 组织理论	Organizational Theory
116. 职能经理	Functional Manager
117. 执行组织中的其他项目管理团队	Other Project Management Teams in the Executive Organization
118. 外部组织和供应商	External Organizations and Vendors

119. 预分派	Pre-assignment
120. 虚拟团队	Virtual Teams
121. 集中办公	Colocation
122. 沟通技术	Communication Technology
123. 共享门户	Share the Portal
124. 视频会议	Video Conferencing
125. 音频会议	Audio Conferencing
126. 电子邮件 / 即时通信软件	Email and Internet Message
127. 影响力	Influence
128. 激励	Incentive
129. 谈判	Negotiation
130. 团队建设	Team-building
131. 认可与鼓励	Recognition and Rewards
132. 培训	Training
133. 个人和团队评估	Individual and Team Assessments
134. 制定决策	Decision Making
135. 情商	Emotional Intelligence
136. 影响	Influence
137. 沟通需求分析	Communication Requirements Analysis
138. 沟通模型	Communication Models
139. 沟通方法	Communication Methods
140. 互动沟通	Interactive Communication
141. 推式沟通	Push Communication
142. 拉式沟通	Pull Communication
143. 沟通风格评估	Communication Styles Assessment
144. 政策意识	Policy Awareness
145. 文化意识	Cultural Awareness
146. 沟通技能	Communication Skills
147. 项目报告	Project Reports
148. 沟通胜任力	Communication Competence
149. 反馈	Feedback
150. 非口头技能	Non-verbal Skills
151. 演示	Demo
152. 核查单	Checklist
153. 假设条件和制约因素分析	Analysis of Assumptions and Constraints
154.SWOT 分析	SWOT Analysis
155. 提示清单	Cue List
156. 风险数据质量评估	Risk Data Quality Assessment
157. 风险概率和影响评估	Risk Probability and Impact Assessment

158. 风险分类　　　　　　　　　　Risk Categorization

159. 概率和影响矩阵　　　　　　　Probability and Impact Matrix

160. 不确定性表现形式　　　　　　Manifestations of Uncertainty

161. 敏感性分析　　　　　　　　　Sensitivity Analysis

162. 决策树分析　　　　　　　　　Decision Tree Analysis

163. 威胁应对策略　　　　　　　　Strategies for Threats

164. 上报、规避、转移、减轻、接受　Escalation，Avoid，Mitigate，Transfer，Accept

165. 机会应对策略　　　　　　　　Strategies for Chance

166. 应急应对策略　　　　　　　　Contingent Response Strategies

167. 上报、开拓、分享、提高、接受　Escalation，Exploit，Share，Enhance，Accept

168. 整体项目风险应对策略　　　　Strategies for Overall Project Risks

169. 技术绩效分析　　　　　　　　Technical Performance Analysis

170. 供方选择分析　　　　　　　　Supply-side Selection Analysis

171. 最低成本　　　　　　　　　　Minimum Cost

172. 仅凭资质　　　　　　　　　　Qualifications Alone

173. 基于质量或技术方案得分　　　Score Based on Quality or Technical Solutions

174. 基于质量和成本　　　　　　　Based on Quality and Cost

175. 单一来源　　　　　　　　　　Single Source

176. 固定预算　　　　　　　　　　Fixed Budget

177. 广告　　　　　　　　　　　　Advertising

178. 投标人会议　　　　　　　　　Bidder Conference

179. 索赔管理　　　　　　　　　　Claims Administration

180. 干系人分析　　　　　　　　　Stakeholder Analysis

181. 权力 / 利益方格　　　　　　　Power-Interest Grid

182. 干系人立方体　　　　　　　　Stake Cube

183. 凸显模型　　　　　　　　　　Highlight the Model

184. 影响方向　　　　　　　　　　Influence Direction

185. 优先级排序　　　　　　　　　Prioritization

186. 干系人参与度评估矩阵　　　　Stakeholder Engagement Assessment Matrix

187. 观察和交谈　　　　　　　　　Observation and Conversation

188. 基本规则　　　　　　　　　　Ground Rules

五、项目管理过程的输入输出

1. 项目管理文件　　　　　　　　Project Management Documents

2. 协议　　　　　　　　　　　　Agreements

3. 事业环境因素　　　　　　　　Enterprise Environmental Factors

4. 组织过程资产　　　　　　　　Organizational Process Assets

5. 项目章程　　　　　　　　　　Project Charter

6. 假设日志　　　　　　　　　　Assumption Log

7. 其他知识领域规划过程的输出	Output of the Planning Process for Other Knowledge Areas
8. 项目管理计划	Project Management Plan
9. 子计划	Sub-management Plan
10. 基准	Baseline
11. 其他组件	Other Components
12. 项目文件	Project Documents
13. 批准的变更要求	Approved Change Requests
14. 需求跟踪矩阵	Requirements Traceability Matrix
15. 风险登记册	Risk Register
16. 风险报告	Risk Report
17. 里程碑清单	Milestone List
18. 项目进度计划	Project Schedule
19. 项目沟通记录	Project Communications Records
20. 经验教训登记册	Lessons Learned Register
21. 变更日志	Change Log
22. 可交付成果	Deliverables
23. 工作绩效数据	Work Performance Data
24. 问题日志	Issue Log
25. 变更请求	Change Request
26. 纠正措施	Corrective Action
27. 预防措施	Preventive Action
28. 缺陷措施	Defective Action
29. 更新	Update
30. 活动清单	Activity List
31. 需求文件	Requirements Documentation
32. 干系人登记册	Stakeholder Register
33. 资源分解结构	Resource Breakdown Structure
34. 项目团队派工单	The Project Team Dispatches Work Orders
35. 供方选择标准	Source Selection Criteria
36. 人事管理制度	Personnel Management System
37. 组织对沟通的要求	The Organization's Requirements for Communication
38. 估算依据	Basis of Estimates
39. 成本预测	Cost Forecasts
40. 进度预测	Schedule Forecasts
41. 质量报告	Quality Report
42. 工作绩效信息	Work Performance Information
43. 工作绩效报告	Work Performance Reports
44. 变更需求	Change Requirements
45. 缺陷补救	Defect Repair

46. 变更管理计划	Change Management Plan
47. 配置管理计划	Configuration Management Plan
48. 范围基准	Scope Baseline
49. 进度基准	Schedule Baseline
50. 成本基准	Cost Baseline
51. 质量控制测量结果	Quality Control Measurements
52. 验收的可交付成果	Accepted Deliverables
53. 采购文档	Procurement Documentation
54. 配置管理知识库	Configuration Management Repository
55. 最终产品、服务或成果	Final Product，Service，or Result
56. 项目最终报告	Final Report of the Project
57. 运营和支持文件	Operations and Support Documentation
58. 项目或阶段收尾文件	Project or Phase Closure Documents
59. 经验教训知识库	Lessons Learned Repository
60. 质量管理计划	Quality Management Plan
61. 项目生命周期描述	Project Lifecycle Description
62. 开发方法	Development Approach
63. 范围管理计划	Scope Management Plan
64. 需求管理计划	Requirements Management Plan
65. 干系人参与计划	Stakeholder Participation Plan
66. 业务需求	Business Requirement
67. 干系人需求	Stakeholder Requirement
68. 解决方案需求	Solution Requirement
69. 过渡和就绪需求	Transition and Readiness Requirement
70. 项目需求	Project Requirement
71. 质量需求	Quality Requirement
72. 项目范围说明书	Project Scope Statement
73. 产品范围描述	Product Scope Description
74. 验收标准	Acceptance Criteria
75. 项目的除外责任	Project Exclusions
76. 规划包	Planning Package
77. 工作包	Work Package
78. 核实的可交付成果	Validated Deliverables
79. 绩效测量基准	Performance Measurement Baseline（PMB）
80. 进度管理计划	Schedule Management Plan
81. 项目进度模型	Project Schedule Model
82. 进度计划的发布和迭代长度	Release and Iteration Length of the Schedule
83. 准确度	Accuracy
84. 计量单位	Unit of Measure

85. 工作分解结构	Work Breakdown Structure（WBS）
86. 项目进度模型维护	Project Schedule Model Maintenance
87. 控制临界值	Control Critical Values
88. 绩效测量规则	Performance Measurement Rules
89. 报告格式	Report Format
90. 活动属性	Activity Attributes
91. 项目进度网络图	Project Schedule Network Diagrams
92. 资源需求	Resource Requirement
93. 资源分解结构	Resource Breakdown Structure
94. 资源日历	Resource Calendars
95. 持续时间估算	Duration Estimates
96. 横道图	Bar Chart
97. 里程碑图	Milestone Chart
98. 进度数据	Schedule Data
99. 项目日历	Project Calendars
100. 风险管理计划	Risk Management Plan
101. 成本管理计划	Cost Management Plan
102. 精确度	Precision
103. 组织程序链接	Organize Program Links
104. 成本估算	Cost Estimates
105. 可行性研究文件	Feasibility Study Documents
106. 可行性研究报告	Feasibility Study Report
107. 项目评估报告	Project Evaluation Report
108. 项目资金需求	Project Funding Requirements
109. 质量测量指标	Quality Metrics
110. 测试与评估文件	Test and Evaluation Documents
111. 资源管理计划	Resource Management Plan
112. 识别资源	Identify Resources
113. 获取资源	Acquire Resources
114. 角色与职责	Roles and Responsibilities
115. 项目组织图	Project Organization Chart
116. 项目团队资源管理	Project Team Resource Management
117. 团队建设	Team Building
118. 认可计划	Accreditation Program
119. 团队章程	Team Charter
120. 资源需求	Resource Requirements
121. 采购管理计划	Procurement Management Plan
122. 实物资源分配单	Material Resource Location Sheet
123. 团队绩效评价	Team Performance Assessments

124. 沟通管理计划	Communications Management Plan
125. 风险管理策略	Risk Management Strategies
126. 方法论	Methodology
127. 资金	Funding
128. 时间安排	Timing
129. 风险类别	Risk Category
130. 干系人风险偏好	Stakeholder Risk Appetite
131. 风险概率和影响	Risk Probability and Impact
132. 跟踪	Traceability
133. 风险应对建议	Risk Response Recommendations
134. 总价合同	Fixed-Price Contract
135. 成本补偿合同	Cost-Reimbursable Contract
136. 工料合同	Time and Materials Contract（T&M Contract）
137. 采购策略	Procurement Strategy
138. 交付方法	Delivery Method
139. 合同支付类型	Contract Payment Type
140. 采购阶段	Procurement Phase
141. 采购工作说明书	Procurement Statement of Work
142. 招标文件	Bid Documents
143. 信息邀请书	Request for Information（RFI）
144. 报价邀请书	Request for Quotation（RFQ）
145. 建议邀请书	Request for Proposal（RFP）
146. 自制或外购决策	Make-or-buy Decisions
147. 独立成本估算	Independent Cost Estimates
148. 卖方建议书	Seller Proposals
149. 选定的卖方	Selected Sellers
150. 采购关闭	Procurement is Closed
151. 支付计划和请求	Payment Schedules and Requests
152. 卖方绩效评估文件	Seller Performance Evaluation Documents
153. 预审合格卖方清单更新	Pre-qualified Seller List Update
154. 采购档案	Procurement Dossier
155. 身份信息	Identity Information
156. 干系人分类	Stakeholder Classification
157. 评估信息	Evaluate Information
158. 项目管理计划更新	Project Management Plan Updates
159. 项目文件更新	Project Documents Updates
160. 组织过程资产更新	Organizational Process Assets Updates
161. 事业环境因素更新	Enterprise Environmental Factors Updates
162. 采购文档更新	Procurement Documentation Updates

附录 C　常用项目管理表格

一、启动过程组常用表格

项 目 章 程

项目名称：_____

项目发起人：_____ 准备日期：_____

项目经理：_____ 项目客户：_____

项目目的或理由：

项目描述：

高水平项目和产品需求：

总预算：

启动风险：

里程碑总表	到期日

里程碑总表	到期日

项目目标	成功标准	批准人

范围：

时间：

成本：

质量：

其他：

验收标准：

项目经理职权层级

人员配备决策：

预算管理和偏差：

技术决策：

冲突解决：

超出职权范围的申请途径：

批准：

_____　　　　　_____

项目经理签字　　　　　　　　　　　　发起人或委托人签字

_____　　　　　_____

项目经理姓名　　　　　　　　　　　　发起人或委托人姓名

_____　　　　　_____

干系人登记册

项目名称：_____　　　　准备日期：_____

姓名	职位	角色	联系信息	需求	期望	影响	分类

干系人分析矩阵

项目名称：＿＿＿＿＿＿＿＿＿＿　　　　　准备日期：＿＿＿＿＿＿＿＿＿＿

权力

收益

干系人管理策略

项目名称：＿＿＿＿＿＿＿＿＿＿　　　　　准备日期：＿＿＿＿＿＿＿＿＿＿

姓名	影响	估算作用	策略

二、规划过程组常用表格

需 求 文 件

项目名称：_____   准备日期：_____

干系人	需求	分类	排序	验收标准

需求跟踪矩阵

项目名称：_____   准备日期：_____

需求信息					关系跟踪			
编号	需求	排序	分类	来源	与目标的关系	WBS 中可交付成果清单	检验	确认

需求信息					关系跟踪			
编号	需求	排序	分类	来源	与目标的关系	WBS中可交付成果清单	检验	确认

内部需求跟踪矩阵

项目名称：_____   准备日期：_____

编号	商业需求	排序	来源	编号	技术需求	排序	来源

项目范围说明书

项目名称：_____ 准备日期：_____

产品范围描述：

项目可交付成果：

项目验收标准：

项目例外事项：

项目的约束：

项目的假设：

假设和约束日志

项目名称：_____ 准备日期：_____

编号	分类	假设/约束	责任方	到期日	活动	状态	评价

编号	分类	假设／约束	责任方	到期日	活动	状态	评价

WBS 词典

项目名称：＿＿＿＿＿＿＿＿＿　　　　准备日期：＿＿＿＿＿＿＿＿＿

工作包名称：	WBS 编号：

工作描述：

里程碑： 1. 2. 3.	到期日：

编号	活动	资源	人工			物资			总成本
			小时	单价	合计	数量	成本	合计	

质量需求：

验收标准：

技术信息：

合同信息：

活 动 清 单

项目名称：_____　　　　准备日期：_____

编号	活动	工作描述

活 动 属 性

项目名称：_____　　　　准备日期：_____

编号：		活动：			
工作描述：					
紧前	关系	时间提前量或时间滞后量	紧后	关系	时间提前量或时间滞后量
资源需求的标号或类型：		技能需求：		其他需要的资源：	
人力投入的类型：					
执行的地点：					
强制日期或其他约束：					
假设：					

活动资源需求

项目名称：_____　　　　　　准备日期：_____

WBS 编号	资源类型	数量	说明

假设：

活动持续时间估算

项目名称：_____　　　　　　准备日期：_____

WBS 编号	活动	工作小时数	持续时间估算

WBS 编号	活动	工作小时数	持续时间估算

活动成本估算

项目名称：_____   准备日期：_____

WBS 编号	资源	直接成本	非直接成本	储备	估算	方法	假设/约束	附加信息	范围	置信水平

自下而上的成本估算工作表

项目名称：_____　　　　准备日期：_____

WBS 编号	人工 时间	人工 比率	总人工	物资	供给	设备	差旅	其他直 接成本	非直接 成本	储备	估算

质量测量指标

项目名称：_____　　　　准备日期：_____

编号	项目	测量指标	测量方法

风险登记册

项目名称：_____ 准备日期：_____

风险编号	风险说明书	概率	影响				等级	响应
			范围	质量	进度	成本		

修订后的概率	修订后的影响				修订后的等级	责任方	行动	状态	说明
	范围	质量	进度	成本					

概率影响矩阵

项目名称：_____ 准备日期：_____

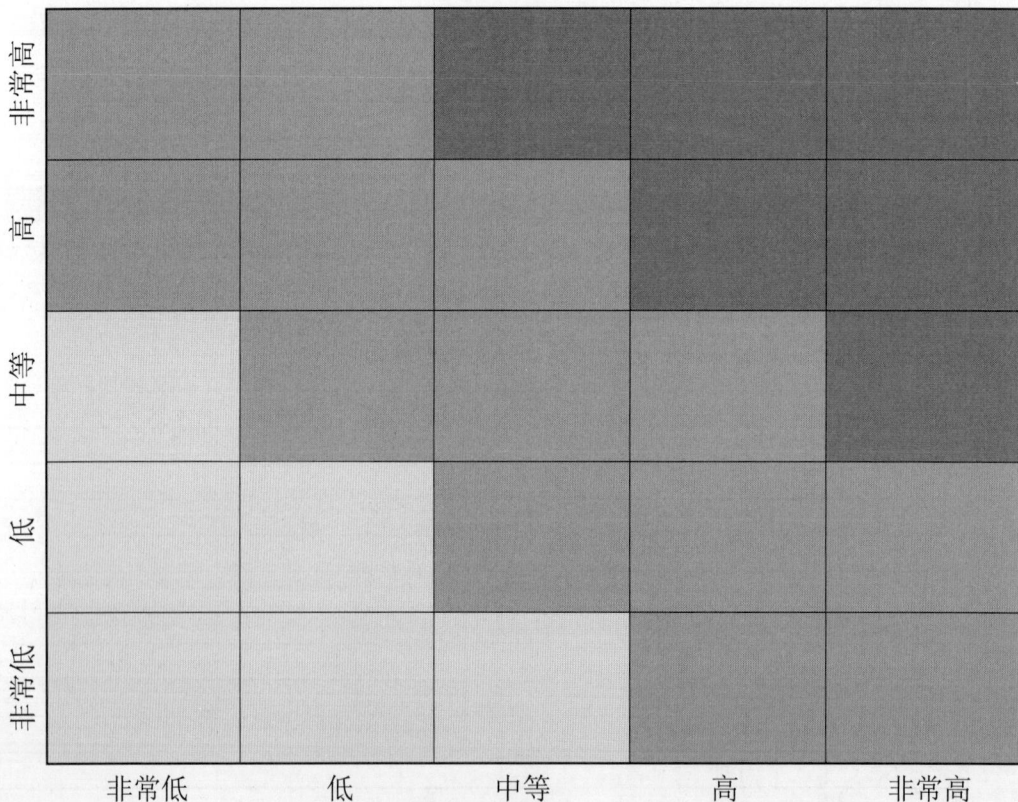

非常高 / 高 / 中等 / 低 / 非常低

非常低　低　中等　高　非常高

风险数据表

项目名称：_____　　　　准备日期：_____

风险标志：	风险描述：							
状态：	风险的起因：							

概率	影响				等级	响应		
	范围	质量	进度	成本				

修正后的概率	修正后的影响				修正后的等级	责任方	措施
	范围	质量	进度	成本			

次风险：

残余风险：

应急计划：	应急资金：
	应急时间：

应变计划：

其他：

供方选择标准

项目名称：_____　　　　准备日期：_____

标准	1	2	3	4	5
标准 1					
标准 2					
标准 3					
标准 4					
标准 5					

标准	权重	候选方1等级	候选方1分数	候选方2等级	候选方2分数	候选方3等级	候选方3分数
标准 1							
标准 2							
标准 3							
标准 4							
标准 5							
总计							

三、执行过程组常用表格

变更请求

项目名称：_____   准备日期：_____

个人需要的变更：_____   变更编号：_____

变更分类：

☐ 范围   ☐ 质量   ☐ 需求

☐ 成本   ☐ 进度   ☐ 文档

建议的变更的详细描述：

建议的变更的理由：

建议的变更的影响：

范围	□ 增加	□ 减少	□ 修正
描述：			

质量	□ 增加	□ 减少	□ 修正
描述：			

需求	□ 增加	□ 减少	□ 修正
描述：			

成本	□ 增加	□ 减少	□ 修正
描述：			

进度	□ 增加	□ 减少	□ 修正
描述：			

项目文档：			

其他：

处理　　　　　　　□ 同意　　　　　　□ 搁置　　　　　　□ 拒绝

理由：

变更委员会的签署：

姓名	角色	签署

日期：_____

变更日志

项目名称：_____　　　　准备日期：_____

变更编号	分类	变更描述	提交	提交日期	状态	处理

续表

变更编号	分类	变更描述	提交	提交日期	状态	处理

决策日志

项目名称：_____　　　　准备日期：_____

编号	分类	决策	责任方	日期	说明

质 量 审 计

项目名称：_____   准备日期：_____

项目审计者：_____   审计日期：_____

被审计的领域：

□ 项目	□ 项目过程	□ 项目文档
□ 产品	□ 产品需求	□ 产品文档
□ 被批准的变更的实施	□ 纠正或预防措施的实施	□ 缺陷弥补
□ 质量管理计划	□ 组织政策	□ 组织程序

可以分享的良好实践：

改进领域的描述：

缺陷的描述：

编号	缺陷	措施	责任方	到期日

说明：

团 队 名 录

项目名称：_____　　　　准备日期：_____

姓名	角色	部门	E-mail	电话号码（手机和固定电话）	工作时间

团 队 章 程

项目名称：_____　　　　准备日期：_____

团队价值观和原则：

会议纪律：

沟通规则：

决策制定过程：

冲突管理办法：

其他协议：

签字: 日期:

_____ _____

_____ _____

_____ _____

_____ _____

_____ _____

团队绩效评估

项目名称:_____   准备日期:_____

技术绩效:

范围	□ 超出期望	□ 满足期望	□ 需要改进
说明:			
质量	□ 超出期望	□ 满足期望	□ 需要改进
说明:			
进度	□ 超出期望	□ 满足期望	□ 需要改进
说明:			
成本	□ 超出期望	□ 满足期望	□ 需要改进
说明:			

人际能力:

沟通	□ 超出期望	□ 满足期望	□ 需要改进
说明:			
合作	□ 超出期望	□ 满足期望	□ 需要改进
说明:			
冲突管理	□ 超出期望	□ 满足期望	□ 需要改进
说明:			
决策制定	□ 超出期望	□ 满足期望	□ 需要改进
说明:			

团队的道德观

说明：

开发领域：

领域	方法	措施

团队成员绩效评估

项目名称：_____　　　　准备日期：_____

技术绩效：

范围	□ 超出期望	□ 满足期望	□ 需要改进
说明：			
质量	□ 超出期望	□ 满足期望	□ 需要改进
说明：			
进度	□ 超出期望	□ 满足期望	□ 需要改进
说明：			
成本	□ 超出期望	□ 满足期望	□ 需要改进
说明：			

人际能力：

沟通	□ 超出期望	□ 满足期望	□ 需要改进
说明：			

合作	□ 超出期望	□ 满足期望	□ 需要改进
说明：			

冲突管理	□ 超出期望	□ 满足期望	□ 需要改进
说明：			

决策制定	□ 超出期望	□ 满足期望	□ 需要改进
说明：			

领导力	□ 超出期望	□ 满足期望	□ 需要改进
说明：			

优势：

劣势：

开发领域：

领域	方法	措施

其他说明：

问题日志

项目名称：_____　　　　准备日期：_____

问题编号	分类	问题	对目标的影响	紧急程度

责任方	措施	状态	到期日	说明

四、监控过程组常用表格

项目绩效报告

项目名称：_____　　　　准备日期：_____

项目经理：_____　　　　发起人：_____

当前报告阶段的工作完成情况：

1.
2.
3.
4.
5.
6.

当前报告阶段计划的但没有完成的工作情况：

1.
2.
3.
4.

偏差的根本原因：

对即将完成的里程碑或项目到期日的影响：

计划的纠正或预防措施：

当前报告阶段已花费的资金：

偏差的根本原因：

对整个预算或应急资金的影响：

计划的纠正或预防措施：

下一报告阶段计划的工作：

1.
2.
3.
4.

下一报告阶段计划的成本：

识别的新风险：

问题：

说明：

偏 差 分 析

项目名称：_____　　　　准备日期：_____

进度偏差：

计划的结果	实际结果	偏差

根本原因：

计划的响应：

成本偏差：

计划的结果	实际结果	偏差
根本原因：		
计划的响应：		

质量偏差：

计划的结果	实际结果	偏差
根本原因：		
计划的响应：		

挣值状态报告

项目名称：_____ 准备日期：_____

完工预算（BAC）：_____ 全部状态：_____

项目	当前报告阶段	当前阶段累计	过去阶段累计
计划价值（PV）			
挣值（EV）			
实际成本（AC）			
进度偏差（SV）			
成本偏差（CV）			
进度绩效指数（SPI）			
成本绩效指数（CPI）			
产生进度偏差的根本原因：			
对可交付成果、里程碑或关键路径的影响：			
产生成本偏差的根本原因：			
对预算、应急资金或储备的影响：			

续表

项目	当前报告阶段	当前阶段累计	过去阶段累计
计划的百分比			
已挣得的百分比			
已花费的百分比			
完工估算（EAC）：			
EAC w/CPI（BAC/CPI）			
EAC w/CPI×SPI[AC+（BAC-EV）/（CPI×SPI）]			
所选择的 EAC、判断和期望值：			
完工尚需绩效指数（TCPI）			

风 险 审 计

项目名称：_____　　　　准备日期：_____

项目审计：_____　　　　审计日期：_____

风险事件审计：

事件	原因	响应	说明

风险响应审计：

事件	响应	成功	改进措施

风险管理过程审计：

过程	要遵守的规定	所使用的工具和技术
规划风险管理		
识别风险		
进行定性风险分析		
进行定量风险分析		
规划风险响应		
监督和控制风险		

可共享的良好实践的描述：

要改进的领域的描述：

产品验收表格

项目名称：_____　　　　准备日期：_____

编号	需求	检验方法	确认方法	验收标准	状态	签收

五、收尾过程组常用表格

采 购 审 计

项目名称：_____   准备日期：_____

项目审计者：_____   审计日期：_____

卖方绩效审计

哪些方面做得好：	
范围	
质量	
进度	
成本	
其他	
哪些方面有待改进：	
范围	
质量	
进度	
成本	
其他	

采购管理过程审计

过程	是否跟进	所使用的工具和技术
规划采购		
实施采购		
管理采购		
结束采购		

可共享的良好实践的描述：

待改进领域的描述：

项 目 签 收

项目名称：_____ 准备日期：_____ 项目经理：_____

项目描述：

项目目标	成功标准	是否满足	偏差

范围：

时间：

成本：

质量：

其他：

合同信息：

批准：

_____ _____
项目经理签字 委托人签字

项目经理姓名   委托人姓名

日期   日期

经验教训登记册

项目名称：_____   准备日期：_____

项目绩效分析

过程	做得好的方面	有待改进的方面
需求定义和管理		
范围定义和管理		
进度制定和控制		
成本估计和控制		
质量规划和控制		
人力资源的可获得性，团队开发和绩效		
沟通管理		
干系人管理		
报告		
风险管理		
采购规划和管理		
过程改进信息		
特殊产品的信息		
其他		

风险和问题

编号	风险或问题描述	响应	说明

质量缺陷

描述	解决方案	说明

卖方管理

卖方	问题	解决方案	说明

其他

其他绩效领域	待改进领域

附录 D 本书工具技术和工件速查表

序号	名称	对应管理领域	页码
常用模型（23 个）			
1	情境领导力模型	资源管理	208
2	OSCAR 模型	资源管理	209
3	跨文化沟通模型	沟通管理	210
4	沟通渠道有效性模型	沟通管理	211
5	执行鸿沟和评估鸿沟	沟通管理	211
6	马斯洛需求层次理论	资源管理	212
7	双因素理论	资源管理	213
8	内在动机和外在动机	资源管理	214
9	需求理论	资源管理	214
10	X 理论、Y 理论、Z 理论	资源管理	215
11	组织变革管理	资源管理	216
12	ADKAR® 模型	资源管理	216
13	Virginia Satir 变革模型	资源管理	217
14	Cynefin 框架	资源管理	218
15	Stacey 矩阵	资源管理	219
16	塔克曼阶梯	资源管理	220
17	Drexler/Sibbet 团队绩效模型	资源管理	221
18	冲突模型	资源管理、沟通管理	222
19	谈判	资源管理、沟通管理	223
20	最佳结合点	资源管理、沟通管理	224
21	凸显模型	干系人管理	224
22	KANO 模型	范围管理、需求管理	225
23	MoSCoW 模型	范围管理、需求管理	226
数据收集技术（10 个）			
1	标杆对照	范围管理、质量管理、干系人管理	228
2	头脑风暴	整合管理、范围管理、质量管理、干系人管理	228
3	引导	整合管理	228
4	核查表	质量管理	229
5	核对单	整合管理、质量管理、风险管理	229

序号	名称	对应管理领域	页码
6	焦点小组	整合管理、范围管理	229
7	访谈	整合管理、质量管理、风险管理	230
8	市场调查	采购管理	230
9	问卷和调查	范围管理、质量管理、干系人管理	230
10	抽样统计	质量管理	230
	数据分析技术（29个）		
1	备选方案分析	整合管理、范围管理、进度管理、成本管理、质量管理、资源管理、风险管理、干系人管理	230
2	其他风险参数评估	风险管理	231
3	假设条件和制约因素分析	风险管理、干系人管理	231
4	质量成本	成本管理、质量管理	232
5	成本效益分析	整合管理、质量管理、资源管理、风险管理	232
6	决策树分析	风险管理	233
7	文件分析	整合管理、范围管理、质量管理、风险管理、干系人管理	235
8	挣值分析	整合管理、进度管理、成本管理、采购管理	235
9	趋势分析	整合管理、范围管理、进度管理、成本管理、资源管理、采购管理	236
10	敏感性分析	风险管理	238
11	影响图	风险管理	239
12	迭代燃尽图	敏捷管理、进度管理	240
13	自制或外购分析	采购管理	241
14	绩效审查	进度管理、质量管理、资源管理、采购管理	242
15	过程分析	质量管理	242
16	回归分析	整合管理	243
17	储备分析	进度管理、成本管理、风险管理	243
18	风险概率和影响矩阵	风险管理	244
19	根本原因分析	整合管理、质量管理、风险管理、干系人管理	245
20	蒙特卡洛分析	风险管理	246
21	干系人分析	干系人管理、风险管理	247
22	SWOT分析	风险管理	248
23	偏差分析	整合管理、范围管理、进度管理、成本管理	249
24	假设情景分析	整合管理、进度管理	250
25	干系人映射分析	干系人管理	260

序号	名称	对应管理领域	页码
26	商业合理性分析	立项管理、资源管理	261
27	生命周期评估	整合管理	262
28	价值流图	进度管理、质量管理、风险管理	262
29	多标准决策分析	整合管理、范围管理、质量管理、资源管理、风险管理、干系人管理	264
数据表现工具（12个）			
1	亲和图	范围管理、质量管理	250
2	因果图	质量管理	251
3	控制图	质量管理	252
4	流程图	质量管理	253
5	层级图	资源管理、风险管理	254
6	直方图	质量管理	254
7	矩阵图	质量管理	254
8	责任分配矩阵	资源管理	258
9	思维导图	质量管理	258
10	散点图	质量管理	259
11	干系人参与度评估矩阵	干系人管理	259
12	累积流图	敏捷管理、范围管理	264
估算工具与技术（7个）			
1	亲和分组	敏捷管理、范围管理、进度管理	265
2	类比估算	进度管理、成本管理、资源管理	266
3	参数估算	进度管理、成本管理、资源管理	267
4	单点估算	进度管理、成本管理	267
5	多点估算	进度管理、成本管理	267
6	故事点估算	敏捷管理、范围管理、进度管理	269
7	宽带德尔菲	-	270
人际关系与团队技能（12个）			
1	积极倾听	整合管理、沟通管理、干系人管理	270
2	沟通风格评估	沟通管理	270
3	冲突管理	整合管理、资源管理、干系人管理	271
4	文化意识	沟通管理、干系人管理	271
5	情商	资源管理	271
6	引导	整合管理、范围管理、风险管理	272

序号	名称	对应管理领域	页码
7	影响力和领导力	资源管理、干系人管理	272
8	名义小组技术	范围管理	273
9	团队建设	资源管理	274
10	谈判	资源管理、采购管理	274
11	工作跟随	范围管理、沟通管理、干系人管理	275
12	政治意识	沟通管理、干系人管理	275
会议和活动（14个）			
1	会议管理	各领域通用	276
2	待办事项细化会	敏捷管理	276
3	迭代规划会	敏捷管理	276
4	迭代审查会	敏捷管理	277
5	每日站会	敏捷管理	277
6	项目启动会	-	277
7	项目开工会	-	278
8	项目审查会	-	278
9	项目状态会	-	278
10	项目收尾会	-	278
11	项目回顾会	-	278
12	风险审查会	-	279
13	变更控制会	-	279
14	投标人会议	采购管理	279
其他工具和技术（21个）			
1	审计	风险管理、质量管理、采购管理	280
2	集中办公和虚拟团队	资源管理	281
3	沟通模型、沟通方法和沟通技术	沟通管理、干系人管理	282
4	系统交互图	范围管理	283
5	风险的应对策略	风险管理	283
6	分解	范围管理、进度管理	284
7	活动的依赖关系	进度管理	285
8	网络进度图	进度管理	286
9	关键路径法	进度管理	287
10	提前量和滞后量	进度管理	290
11	进度压缩	进度管理	290

序号	名称	对应管理领域	页码
12	资源优化	进度管理	291
13	进度网络分析	进度管理	292
14	资金限制平衡	成本管理	292
15	原型法	范围管理	293
16	滚动式规划	进度管理	293
17	知识管理	整合管理	293
18	影响地图	-	294
19	净推荐值	-	295
20	时间盒	敏捷管理、范围管理	295
21	专家判断	各领域通用	296
常用的项目管理工件			
1	商业论证	立项管理	297
2	项目章程	整合管理	299
3	范围管理计划	范围管理	302
4	需求管理计划		304
5	进度管理计划	进度管理	305
6	成本管理计划	成本管理	308
7	质量管理计划	质量管理	309
8	资源管理计划	资源管理	311
9	沟通管理计划	沟通管理	313
10	风险管理计划	风险管理	315
11	采购管理计划	采购管理	316
12	干系人参与计划	干系人管理	318
13	变更管理计划	整合管理	320
14	配置管理计划		321
15	范围基准	范围管理	323
16	进度基准	进度管理	326
17	成本基准	成本管理	328
18	绩效测量基准	整合管理	330
19	项目生命周期描述		333
20	开发方法		334
21	管理审查		335
22	迭代计划、发布计划、测试计划		337

序号	名称	对应管理领域	页码
23	假设日志	整合管理	340
24	变更日志		340
25	问题日志		341
26	制约条件		342
27	活动清单、活动属性	进度管理、成本管理、资源管理	343
28	活动持续时间估算、成本估算、资源估算		344
29	项目范围说明书	范围管理	345
30	需求文件		346
31	需求跟踪矩阵		348
32	资源分解结构	资源管理	349
33	资源日历		351
34	风险分解结构	风险管理	352
35	干系人登记册	干系人管理	353
36	风险登记册	风险管理	354
37	团队章程	整合管理	355
38	风险报告	风险管理	357
39	质量报告	质量管理	359
40	合同	采购管理	361
41	经验教训登记册	整合管理	365
42	甘特图	进度管理	365
43	用户故事	敏捷管理	366
44	待办事项列表		367